本书系国家社会科学基金重大项目"马克思主义国家治理理论研究"（项目编号：22&ZD005）阶段性成果

马克思主义
政治学说论纲

许耀桐　著

人民出版社

目 录

引　言⋯⋯⋯⋯⋯⋯⋯⋯⋯⋯⋯⋯⋯⋯⋯⋯⋯⋯⋯⋯⋯⋯⋯⋯⋯⋯⋯⋯⋯⋯001

上篇　总　论

第一章　思想来源⋯⋯⋯⋯⋯⋯⋯⋯⋯⋯⋯⋯⋯⋯⋯⋯⋯⋯⋯⋯⋯⋯⋯⋯003

　　一、马克思恩格斯受到古希腊罗马政治哲人的深刻影响⋯⋯⋯⋯⋯003

　　二、马克思恩格斯对近代欧洲政治思想的批判与超越⋯⋯⋯⋯⋯⋯010

　　三、马克思恩格斯对近代空想社会主义学说的传承扬弃⋯⋯⋯⋯⋯017

第二章　研究进路⋯⋯⋯⋯⋯⋯⋯⋯⋯⋯⋯⋯⋯⋯⋯⋯⋯⋯⋯⋯⋯⋯⋯024

　　一、马克思恩格斯之前的政治学的研究起点和重点⋯⋯⋯⋯⋯⋯⋯024

　　二、马克思主义政治学说以研究利益为出发点的独特进路⋯⋯⋯⋯031

　　三、马克思主义政治学说围绕利益关系生成的研究对象⋯⋯⋯⋯⋯040

第三章　体系建构⋯⋯⋯⋯⋯⋯⋯⋯⋯⋯⋯⋯⋯⋯⋯⋯⋯⋯⋯⋯⋯⋯⋯045

　　一、马克思恩格斯对无产阶级的解放和历史使命的阐论⋯⋯⋯⋯⋯045

　　二、无产阶级解放任务的确定构成马克思主义政治学说的开端⋯⋯053

　　三、《共产党宣言》标志着马克思主义政治学说的全面创立⋯⋯⋯063

　　四、马克思主义政治学说与科学社会主义的区别⋯⋯⋯⋯⋯⋯⋯⋯071

第四章　基础坚实 ··073

一、辩证唯物论和历史唯物论为政治学说奠定哲学基础··············073

二、劳动价值和剩余价值理论为政治学说奠定

政治经济学基础 ··079

三、无产阶级解放和人类解放为政治学说奠定

科学社会主义基础 ··085

第五章　特色彰显 ··092

一、马克思主义政治学说彰显了浓郁的时代特色 ·················092

二、马克思主义政治学说彰显了强烈的阶级特色 ·················097

三、马克思主义政治学说彰显了独创的学术特色 ················103

下篇　分　论

第六章　阶级理论 ··111

一、阶级的产生与发展趋势 ·····································111

二、阶级划分的标准与阶层分析方法 ····························122

三、阶级斗争是历史发展的伟大动力 ····························130

第七章　革命理论 ··139

一、马克思恩格斯赋予革命的深刻含义 ··························139

二、无产阶级革命的特点和条件 ································149

三、无产阶级革命的道路选择 ··································158

四、无产阶级革命需要组成工农联盟 ····························167

五、无产阶级革命的发展进程 ··································171

第八章　国家理论···180

一、对国家的基础及其产生和本质的揭示·················180

二、对国家的类型和职能、作用的分析·····················186

三、新型社会主义国家的建立和未来的发展···············193

第九章　政党理论···205

一、共产党是无产阶级组织的最高形式·····················205

二、无产阶级解放运动必须坚持党的领导···················210

三、共产党实行既民主又集中的民主制组织制度···········215

四、要正确开展党内斗争和坚持党的团结···················224

第十章　民主理论···230

一、对古代氏族社会原始民主的评价肯定···················230

二、对古希腊和古罗马时期民主的论述分析···············235

三、批判封建专制主义和揭露资产阶级民主的实质·········241

四、未来社会主义国家民主的构想和实践范例···············247

第十一章　治理理论···255

一、马克思恩格斯对治理内涵的深刻阐述···················255

二、对旧国家政权的国家治理作出的剖析挞伐···············261

三、对新型无产阶级政权国家治理的赞颂褒扬···············270

四、展示人类社会治理发展的总趋向和全图景···············283

第十二章　自由与共同体理论·································290

一、作为共同体灵魂的马克思主义自由理念···············290

二、马克思恩格斯对社会形式和共同体的理论分析·········297

三、马克思恩格斯对人的全面而自由发展的内涵分析……………………309

四、对未来促进人的全面而自由发展的科技条件分析……………………317

主要参考文献……………………………………………………………………322

后　记……………………………………………………………………………329

引　言

在人类思想史上，但凡称得上鸿儒硕学的理论研究成果，都是与人的问题有关的系统性、体系化的知识、学问。人的问题关涉对"从何处来""往何处去"①，即人类社会是如何产生和发展的，未来人类将进入怎样的境域，应当实现什么样的目标和价值的探究。马克思主义就是探究这些重大问题的理论结晶和精粹成果。马克思主义是关于无产阶级和人类解放的学说，归根到底就是人的彻底解放、最终实现共产主义的学说，涵盖了哲学、政治经济学、科学社会主义、政治学、法学、社会学、人类学、历史学、民族学、宗教学、教育学、新闻学、军事学等学科，形成了一个超大型的思想理论体系。

马克思和恩格斯是马克思主义的创始人，他们是前所未有、光芒万丈、泽被后世的思想巨擘，为人类作出了伟大的贡献。马克思在中学时代就立下了远大志向，他在《青年在选择职业时的考虑》中表示："在选择职业时，我们应该遵循的主要指针是人类的幸福和我们自身的完美"，"如果我们选择了最能为人类而工作的职业，那么，重担就不能把我们压倒，因为这是为大家作出的牺牲；那时我们所享受的就不是可怜的、有限的、自私的乐趣，我们的幸福将属于千百万人"②。恩格斯也是如此，在青少年时期，就研读了哲学、历史、文学艺术等各类著作，从中汲取了丰富的思想养料，他在诗作里吐露了渴望人类自由的心声：

---

① 《马克思恩格斯全集》第47卷，人民出版社2004年版，第64页。
② 《马克思恩格斯全集》第1卷，人民出版社1995年版，第459页。

"清晨即将来临，晨星闪烁，昭示着黎明，自由的钟声把一切善良的人唤醒"①。

马克思主义，有狭义和广义两种概念。狭义的马克思主义是指马克思和恩格斯两人共同创立的基本观点、理论和学说的体系并冠以马克思的名字。对此，恩格斯曾做过解释，他说："我不能否认，我和马克思共同工作40年，在这以前和这个期间，我在一定程度上独立地参加了这一理论的创立，特别是对这一理论的阐发。但是，绝大部分基本指导思想（特别是在经济和历史领域内），尤其是对这些指导思想的最后的明确的表述，都是属于马克思的。我所提供的，马克思没有我也能够做到，至多有几个专门的领域除外。至于马克思所做到的，我却做不到。马克思比我们大家都站得高些，看得远些，观察得多些和快些。马克思是天才，我们至多是能手。没有马克思，我们的理论远不会是现在这个样子。所以，这个理论用他的名字命名是理所当然的。"②其实，恩格斯本人是非常谦逊和低调的。事实上，在马克思主义创立的过程中，他作出了重大贡献，而且在很多方面是出色的、独到的，如果把恩格斯的名字加上去，也是完全可以的。至于广义的马克思主义，是不仅包含了狭义马克思主义的内涵，而且包含了马克思和恩格斯之后众多的继承者，对他们的理论作出的不断丰富和发展而形成的马克思主义。狭义马克思主义和广义马克思主义的关系在于：狭义意义上的马克思主义，是被理论界学人称为马克思主义的原型理论、元典理论或古典理论，它是后来的广义意义上的马克思主义，即马克思和恩格斯的继承者发展马克思主义的理论基础和原典依据，因此，两者之间的关系是源与流的关系。马克思主义的政治学说也是这样，也有狭义和广义两种概念之分。

由于作者的研究旨趣和学识能力所及，本书研究的是狭义的马克思主义政治学说，即马克思和恩格斯的政治学说。毫无疑义，马克思主义政治

---

① 《马克思恩格斯全集》第2卷，人民出版社2005年版，第169页。
② 《马克思恩格斯选集》第4卷，人民出版社2012年版，第248页注①。

学说和马克思主义一样，是关于无产阶级和人类解放的学说。为什么这样说呢？因为从对马克思主义所下的这个经典定义来看，其实就出自马克思和恩格斯为科学社会主义与政治学说所下的定义以及由此确定的研究对象。马克思主义的科学社会主义和政治学说研究的都是关于无产阶级解放的条件，最终是为了实现无产阶级和人类的解放。因而，马克思主义的科学社会主义和政治学说在马克思主义整体中占据中心的位置，起着重大的作用。它们构成整个马克思主义思想理论体系的核心和纲领，是行动中的马克思主义，也是马克思主义的出发点和归宿。

马克思主义政治学说和科学社会主义具有共同性，但这么说并不等于它们是一回事、是同一学科。尽管它们之间有着最为密切的关系，然而它们在研究对象、研究范围以及研究的具体内容方面都有着明显的区别。从研究对象看，马克思主义政治学说和科学社会主义都研究无产阶级的解放条件，但科学社会主义主要从总体上去研究，研究无产阶级解放的众多条件，而马克思主义政治学说则侧重于研究无产阶级解放的政治条件；从研究范围看，科学社会主义着重从宏观上阐述资本主义和社会主义这两个社会形态的关系以及变动与发展的趋势，而马克思主义政治学说主要研究在一定的经济关系基础上形成的政治关系，它涵盖了阶级、阶层、社会集团等之间的关系，涵盖了对立阶级之间、非对立阶级之间以及特定的阶级内部的关系；从研究内容看，科学社会主义包括了社会主义的历史、理论、生产、分配、国家、家庭、教育等方面的研究，构成综合性研究的学科，而马克思主义政治学说主要围绕着无产阶级利益而生成的政治与社会关系，全面展开对资本主义和社会主义社会的政治思想、政治革命、政治制度、政治机构、政治系统、政治改革、政治治理和政治发展等方面的研究，构成专门性研究的学科。

本书对马克思主义政治学说的研究，分为总论和分论两个部分，这是作者对马克思主义政治学说内涵与构成的一种理解和分析。在总论部分，论述了马克思主义政治学说的思想来源、研究对象、体系结构、理论基础以及基本特点等问题，从这五个方面综合性地把握马克思主义政治学说的整体样貌和不同于其他政治学说的鲜明特色。在分论部分，围绕马克思和恩格斯关注的重大政治问题，从阶级、革命、国家、政党、民主、治理、自由与共同体等这些主要的政治概念、范畴和原理展开，建构马克思主义政治学说的理论体系。

本书形成的马克思主义政治学说研究范式，不同于其他同类的著作。到目前为止，根据有关资料统计，国内学界对于马克思主义政治学的研究大约出版了 12 种著作①。这 12 种著作对于推进马克思主义政治学的研究、普及马克思主义政治学的理论知识，起了很好的作用，收到了良好的效果。但在 12 种著作中，多数属于论述广义马克思主义政治学的范畴，而专门进行狭义马克思主义政治学研究的仅有一种（即李延明等著：《马克思恩格斯政治学说研究》）。比较起来，本书在谋篇布局、架构搭建和研究路径上，均与它们迥异。

马克思主义政治学说是充满魅力的学说，这一学说思考和解决了人类的恒久主题，即无产阶级和人类如何摆脱各种禁锢与奴役的枷锁，实现人的彻底解放，真正得到全面而自由的发展。作者以为，在现有的已出版的著作中虽然对马克思主义政治学作出了很好的研究，但还是十分不够的，若是和马克思主义哲学、政治经济学、科学社会主义以及其他的马克思主

---

① 这 12 种著作（按出版时间排序）是：1.《马克思列宁主义政治学纲要》（中国人民大学马克思列宁主义基础系政治学教研室编，中国人民大学出版社 1962 年 9 月版）；2.《马克思主义政治学说史纲》（李振海著，天津教育出版社 1990 年 8 月版）；3.《马克思主义政治学》（白铁民、邱秀田、范明英、徐蕙芬主编，吉林人民出版社 1990 年 9 月版）；4.《马克思主义政治学——科学社会主义》（王中惠主编，中国商业出版社 1990 年 11 月版）；5.《马克思主义政治学》（蔡灿津著，新疆人民出版社 1992 年 8 月版）；6.《马克思主义政治学》（刘星汉、王邦佐、孙关宏、王沪宁主编，复旦大学出版社 1992 年 9 月版）；7.《当代马克思主义政治学》（曹文光著，河南人民出版社 1992 年 10 月版）；8.《马克思主义政治学》（李承主编，新华出版社 1994 年 10 月版）；9.《政治的逻辑——马克思主义政治学原理》（王沪宁主编，上海人民出版社 1994 年 12 月版、2004 年 9 月版、2016 年 10 月版）；10.《马克思主义政治学说：进程、体系和逻辑》（刘彤著，东北师范大学出版社 1998 年版，2008 年版，2017 年 6 月版）；11.《马克思恩格斯政治学说研究》（李延明、刘青建、杨海蛟著，人民出版社 2002 年 1 月版）；12.《马克思主义政治理论与实践》（万斌、郁建兴等著，浙江人民出版社 2002 年 9 月版）。

义学科的研究成果比较起来，显得稀疏和偏少，需要加大研究力度。有鉴
于此，作者撰作了本书，希望通过本书的出版，对于助力推动马克思主义
政治学说研究的深入发展有所裨益。

上篇　总　论

第一章　思想来源

　　马克思主义是一个严整完备的科学理论体系，政治学说是其中的一个部分。马克思主义政治学说和世界上其他政治学说一样，也必然要站在前人的肩膀上，借助已有的思想材料才能进行创造。马克思主义政治学说有着深广的思想来源，主要来自古希腊罗马时期的政治哲学，近代欧洲文艺复兴、启蒙运动和资产阶级革命时期产生的政治思潮以及西欧空想社会主义者的政治思想。马克思恩格斯研究了政治思想史上大量的文献与资料，囊括了古希腊罗马的政治哲人，欧洲文艺复兴、启蒙运动和资产阶级革命时期的思想家，以及近代英法德空想社会主义者的几乎所有的著作，并针对他们的政治观点作出评议、阐发新论。

一、马克思恩格斯受到古希腊罗马政治哲人的深刻影响

　　马克思恩格斯对古希腊、古罗马的文化思想和政治学说始终保持着浓厚的兴趣，甚至到了偏爱的程度。据麦卡锡主编的《马克思与亚里士多德19世纪德国社会理论与古典的古代》一书介绍，在马克思的书房中共藏有89卷古希腊和古罗马作者的书籍，其中一半以上(有48卷)是原文。[①]从高中到大学，马克思都一直沉浸在古典文化和哲学的氛围中。他的希腊

---

① 参见郭奕鹏：《马克思思想中的古典与现代——基于马克思与亚里士多德关系的考察》，《现代哲学》2013年第4期。

语和拉丁文（古罗马的官方语言）成绩很好，在他的中学毕业证书上这样记载："卡尔·马克思能很好地翻译和解释古典作品中最艰深的地方，特别是那些与其说难在文词的晦涩、毋宁说难在内容和思想的逻辑关系的地方；他的拉丁文作文表现出丰富的思想和对题义的深刻理解"①。恩格斯拥有非凡的语言学才能，在中学时代就掌握了拉丁文、希腊文和法文。尤其是他充分掌握了希腊文的词法和句法方面的知识，能够准确地翻译荷马和欧里庇得斯的作品，也能理解掌握柏拉图的对话体裁论著中的思想内容。他还根据希腊神话故事中奥狄浦斯王的儿子波吕涅克斯同企图非法篡夺权力的伊托克列斯展开对战的情节，用古希腊文写成了一首题为《伊托克列斯和波吕涅克斯决斗》的长诗，为描写决斗场面创造了生动的背景，并在学校的公众集会上声情并茂地朗读了。这首诗显示了恩格斯对古希腊神话的渊博知识和对希腊文的娴熟运用。② 对于拉丁文，无论是散文作家或诗人的作品，特别是李维和西塞罗等人的著作，恩格斯都能毫无困难、毫不费力地理解其整体的联系，清晰地掌握其思路，熟练地把拉丁文课文译成德语。由于马克思恩格斯熟稔古希腊、古罗马的历史和文化，他们的学术生涯都与研究古希腊哲人的政治哲学密切相关。

众所周知，古希腊产生了政治学。现代政治学中所研究的"政治"（Politics），源于希腊语的"波里"（Polis），意为"城邦"，它是人们在生活中结成的共同体。在古希腊的雅典，每当需要商议公共事务时，公民就集合于城邦的卫城里共同作出决定。因而，城邦意味着人们过着集体的、社会的政治生活。政治学是一个广义、宽泛的概念，其中主要包含政治哲学（Political philosophy）和政治科学（Political science），而政治科学也被称为狭义的政治学。施特劳斯认为，政治哲学是哲学的一个分支，它以寻根究源、广泛而系统的方式探讨人类政治生活的根本问题，"古典政治哲学根源于这个事实：在政治共同体中，不同团体之间争权引发的争议塑造

---

① ［德］弗·梅林：《马克思传》，樊集译，人民出版社 1965 年版，第 10 页。
② 参见刘凤舞：《恩格斯传》，解放军出版社 1989 年版，第 5 页。

着政治生活。古典政治哲学的目的就是解决某些政治争议，这些争议在好公民（而非党徒）的精神中具有一种根本性和典型性；古典政治哲学追求一种最符合人类美德之要求的秩序。"①对于政治生活中发生的一切，施特劳斯作了阐释，它们都涉及好与坏、善与恶、正义与非正义的价值判断，而价值判断是以一定的判断标准为前提的，政治哲学努力的就是探讨这些标准问题，以期获得关于这些标准的真正知识，所以，人类的政治生活需要哲学解释和引导。而政治科学，则研究当下政治活动中的行为模式及其规律问题，要求使用具体形式或运用实证方法，因而，施特劳斯指出："'政治科学'作为卓越治邦者或政治家的技能，取决于正确处理个别处境；政治科学的直接'产物'即得到有效传达的命令、法令或谏言，它们都意在处理个别事件。"②简言之，政治哲学是以思想理性探究为要旨的学问，政治哲学是"理论学"；而政治科学是面向社会实际问题的，指向政治操作的应用性学问，政治科学是"社会学"和实践学。二者的不同正如布坎南说的："政治理论关注的问题是：国家是什么？政治哲学把这个问题扩展为：国家应该是什么？政治'科学'则问道：国家是如何组织起来的？"③因此，政治哲学是关于政治"是什么、为什么"的问题，政治科学是关于"做什么、怎么做"的问题。政治哲学和政治科学的关系是"道"和"术"的关系，虽然政治哲学的"道"可以不谈"术"，但它需要指涉政治生活的事实，从中探讨价值理性问题以及张扬反思批判精神；虽然政治科学的"术"可以避开价值文化和理性观念的争论，但它无法不包含着"道"、也无法离开"道"。

马克思恩格斯虽然没有写下专门的政治学著作，但在他们的著述中包含了丰富的政治哲学和政治科学的论述。马克思的学术研究起步于1840

① ［美］施特劳斯：《古典政治理性主义的重生——施特劳斯思想入门》，郭振华等译，华夏出版社2011年版，第110页。
② ［美］施特劳斯：《古典政治理性主义的重生——施特劳斯思想入门》，郭振华等译，华夏出版社2011年版，第102页。
③ ［美］詹姆斯·M.布坎南、戈登·塔洛克：《同意的计算——立宪民主的逻辑基础》，陈光金译，中国社会科学出版社2000年版，第2页。

年下半年至 1841 年 3 月底写成的博士论文：《德谟克利特的自然哲学和伊壁鸠鲁的自然哲学的差别》。虽然马克思博士论文研究的是古希腊哲学问题，但其中包含了浓郁的政治哲学思想。古希腊时代的哲学，人才辈出、流派繁多，马克思为什么对并不显赫的、属于晚期希腊哲学的伊壁鸠鲁派情有独钟呢？这是因为，伊壁鸠鲁主义与当时的斯多亚主义、怀疑主义共同构成意志自由的思想，马克思关注的是伊壁鸠鲁哲学透露出的强烈意涵，它体现了人的心灵、精神的东西，是无比精微和纯粹，又极具生命力和动力、活力的自由意志。

在博士论文中，马克思比较了伊壁鸠鲁与德谟克利特在哲学认识论上的差别：德谟克利特注重必然性，否定偶然性，在他看来"必然性是命运，是法，是天意，是世界的创造者。"[①] 而伊壁鸠鲁则与之相反，注重偶然性，否定必然性，他指出："被某些人当作万物主宰的**必然性，并不存在**，无宁说有些事物是**偶然的**，另一些事物则取决于我们的**任意性**。"[②] 出于这样的差别，德谟克利特认为，原子在虚空中只有两种运动形式，即直线下落运动和相互排斥运动；伊壁鸠鲁却认为，原子有三种运动形式，除了德谟克利特认定的两种运动形式外，还有原子脱离直线而偏斜的运动。

马克思高度评价了伊壁鸠鲁发现的原子偏斜运动。他认为，正是"**原子脱离**直线**而偏斜**却把伊壁鸠鲁同德谟克利特区别开来了"[③]。偏斜运动是对直线运动的否定和扬弃，在这种否定和扬弃的过程中，马克思揭示出自我意识的辩证运动。原子在直线运动中由于受到直线的定在规定只能垂直下坠，这时的原子根本不具有独立性，只是一个丧失了个性的普遍的原子。马克思认识到，处于直线运动中的原子还不是原子的完成状态，其自身的特质仍然被隐匿，并没有真正实现。为了实现原子的自我规定，就需要对直线运动进行否定。于是，伊壁鸠鲁补充了原子的偏斜运动——原子脱离了原先既定的直线运动轨迹，从空间抽象的点一跃成为个别性、独立

---

① 转引自《马克思恩格斯全集》第 1 卷，人民出版社 1995 年版，第 25 页。
② 转引自《马克思恩格斯全集》第 1 卷，人民出版社 1995 年版，第 25—26 页。
③ 《马克思恩格斯全集》第 1 卷，人民出版社 1995 年版，第 30 页。

性、自由的自为存在。在马克思看来，伊壁鸠鲁用原子脱离直线而偏斜运动的观念，纠正了德谟克利特的机械决定论，打破了命运的束缚，从而阐明个人的意志自由、个性和独立性。马克思指出，原子脱离直线而偏斜是具有普遍意义的原子运动规律，是贯穿于伊壁鸠鲁整个思想体系的一般规律，这实质上提出了事物自我运动的辩证思想，包含了古希腊哲学家思想中所固有的辩证因素。马克思在肯定和吸取了伊壁鸠鲁的原子偏斜运动体现的自我意识与自由思想后，进一步批判了宗教对哲学和个人的压制，强调理性的作用，要使世界和人的本身变得合理化。马克思在博士论文的附录中引用了霍尔巴赫在《自然体系》中说的一句话："最有害的事莫过于劝人相信存在着一种超自然的存在物，在这种存在物面前，理性必须默不作声，为了成为一个幸福的人，你就必须为这个存在物牺牲尘世上的一切。"①马克思就这样断然否定了超自然的存在物——神的存在，世界和人的自我意识都应当是理性的。对意志自由、自我意识、理性等重要理念的确证，成为马克思主义政治学说包含的重要内涵。

古希腊的雅典城邦，是政治学的发源地，也是民主政治的发源地，孕育了民主理念和精神。1843 年 1 月，马克思在《〈莱比锡总汇报〉的查禁和〈科隆日报〉》一文中，首次使用了"政治学"这一科学名称和"政治实践"的科学用语②。5 月，在给卢格的信中，马克思特别提到了古希腊亚里士多德的《政治学》③。对亚里士多德提出的关于人天生是政治动物的命题，马克思十分赞成，指出"人是最名副其实的政治动物"④。在《〈科隆日报〉第 179 号的社论》中，马克思由衷地赞扬了古希腊以及罗马在人类文明史上的地位。他说："希腊和罗马就是古代世界各民族中具有极高'历史文明'的国家。希腊的内部极盛时期是伯里克利时代，外部极盛时期是亚历山大时代。在伯里克利时代，智者派、称得上哲学化身的苏格拉底、

---

① 转引自《马克思恩格斯全集》第 1 卷，人民出版社 1995 年版，第 98 页。
② 《马克思恩格斯全集》第 1 卷，人民出版社 1995 年版，第 397 页。
③ 参见《马克思恩格斯全集》第 47 卷，人民出版社 2004 年版，第 57 页。
④ 《马克思恩格斯全集》第 30 卷，人民出版社 1995 年版，第 25 页。

艺术以及修辞学等都排斥了宗教。"① 马克思之所以推崇古希腊和古罗马，而其中又以古希腊为甚，是因为"民主"一词源于希腊文 demoskratein（其 demos 意为人民，kratein 意为统治），古希腊的雅典产生了伟大的民主思想。马克思提及的伯里克利时代，是雅典民主制发展的高潮。公元前 443 年至公元前 429 年，伯里克利连续 14 年当选为雅典的首席将军。在伯里克利主政期间，雅典实行了三大民主措施：一是设立公民大会，公民大会是立法机关和最高权力机关，每隔 10 天左右集会一次。参加大会的公民都有发言权。发言时可以提出任何建议或批评公职者，最后进行表决。二是设立五百人议事会，作为公民大会常设机构，闭会期间处理日常事务，处理宣战媾和大事，负有种种行政职权，并且事前审核那些提交公民大会讨论的大事。三是设立陪审法庭，成为最高司法与监察机关，它由六千人组成，从十个部落中用抽签的方法选出六百人，六千人中五千人是陪审法庭的正式陪审员，一千人为预备陪审员。伯里克利的这些改革措施，使雅典的民主政治最终确立，其民主的理论与实践为近代以来的民主政体和政治制度奠定了基础。马克思还对古希腊智者派和苏格拉底加以肯定，这是因为他们都坚决地否定了宗教。智者，即职业教师，他们是适应着雅典民主政治活动的需要而产生的。民主要求在各种公共集会上发表演说、回答人们提出的各种问题，因而智者们广招门徒，向青年人传授辩论的雄辩术和文法、修辞、辩证法。智者派对自然哲学持怀疑态度，如著名的智者普罗泰戈拉，就主张人是衡量万物的尺度，从根本上否定了宗教神学。雅典政府就曾因其主张无神论而予以驱逐并焚烧他的书籍。而苏格拉底正是因为被雅典法庭以侮辱雅典神、亵渎传统宗教的罪名判处死刑的。宗教，是扼杀自由和民主的刽子手，长达千年的中世纪宗教统治，是自由和民主的死敌。马克思对古希腊智者和苏格拉底反宗教的赞美，就是对自由和民主的褒扬。

恩格斯在中学时代，就已萌生了自由民主、反对专制统治的革命思

---

① 《马克思恩格斯全集》第 1 卷，人民出版社 1995 年版，第 212 页。

想。这与他研读古典哲学、历史、文学艺术等各类著作，实现了同宗教信仰的决裂，成为战斗的无神论者是分不开的。1836 年秋，16 岁的恩格斯写了《海盗的故事》，这篇故事的背景是，1821 年 1 月在希腊发生了轰轰烈烈的民族解放斗争，当时在德国国内也因此引发了一场支持希腊独立的、广泛的群众运动，一直持续到了 19 世纪 30 年代。恩格斯深受感染，在故事中明确表达了对希腊人民抗击土耳其外来侵略的英勇斗争的同情。他借故事里的船长说的话："我们是真正的希腊人，是知道珍重自由的人。……我想劝你加入我们一伙，参加斗争，争取希腊人的自由"①，抒发了自己渴望自由、为自由而战斗的豪情。

由于受到古典哲学与历史文化的深刻影响，恩格斯倾心于对古希腊罗马的政治研究。他研究了古希腊罗马时代的宗教政治问题，在《论原始基督教的历史》一文中，恩格斯说，布鲁诺·鲍威尔证明了"基督教不是从外面、从犹地亚地区输入而强加给希腊罗马世界的，至少就其作为世界性宗教的形成而言，它正是这个世界的最道地的产物"②。至于最初的基督徒来自什么样的人呢？"主要来自属于人民最低阶层的'受苦受难的人'，革命因素总是这样形成的。"③然而，对于巨大的罗马世界强权，零散的小部落或城市进行任何反抗都是无望的。出路在哪里？出路找到了，但不是在现世，而只能在宗教的来世里，肉体死后灵魂继续存在，就渐渐成为罗马世界各地公认的信条。恩格斯指出，本来古代世界具有强烈的自发唯物主义，把人世生活看得比冥土生活宝贵得多，"希腊人把死后的永生还看成是一种不幸。于是，基督教出现了。它认真地对待彼岸世界的报偿和惩罚，造出天国和地狱。一条把受苦受难的人从我们苦难的尘世引入永恒的天堂的出路找到了。"④恩格斯由此揭示了宗教出现的根本原因和反对反抗、革命的政治实质。

---

① 《马克思恩格斯全集》第 2 卷，人民出版社 2005 年版，第 8 页。
② 《马克思恩格斯全集》第 29 卷，人民出版社 2020 年版，第 555 页。
③ 《马克思恩格斯全集》第 29 卷，人民出版社 2020 年版，第 564 页。
④ 《马克思恩格斯全集》第 29 卷，人民出版社 2020 年版，第 565 页。

恩格斯也研究了雅典国家和罗马国家如何产生的问题。在人类历史上，古希腊是世界上最早进入阶级社会和产生奴隶制国家的地方之一。公元前 8 世纪，古希腊形成了数百个城邦国家。在众多的城邦国家中，最著名的、影响最大的是雅典城邦国家。在《家庭、私有制和国家的起源》中恩格斯指出，雅典国家是靠部分地改造希腊氏族制度的机关，部分地用设置新机关来排挤掉它们，并且最后完全以真正的国家机关来取代它们而发展起来。随着私有制的产生，氏族制度对于被剥削的人民已不能有任何帮助，梭伦在公民中推行了以财产为依据、划分等级的改革，这就需要国家保护私有产权。梭伦的所谓政治革命，不过是"为了保护一种所有制而反对另一种所有制的革命。"① 因而国家的本质特征，是和人民大众分离的公共权力，并且要由军队和警察来保护私有制度的秩序。与古希腊城邦国家崛起差不多的时代，公元前 6 世纪，古罗马国家也是在出现了私有财产、氏族社会解体的基础上形成的。雅典国家和罗马国家的不同只在于，前者的形成过程非常纯粹，没有受到任何外来的或内部的暴力干涉，国家是直接地和主要地从氏族社会本身内部发展起来的阶级对立中产生的，"是最纯粹、最典型的形式"②；后者的氏族社会则变成了封闭的贵族制，与之对立的是没有权利只有义务的平民，"平民的胜利炸毁了旧的血族制度，并在它的废墟上面建立了国家，而氏族贵族和平民不久便完全溶化在国家中了。"③

二、马克思恩格斯对近代欧洲政治思想的批判与超越

在欧洲度过长达千年黑暗的中世纪后，迎来了近代的文艺复兴、宗教改革、启蒙运动和资产阶级革命。与"中世纪的历史只知道一种形式的意

---

① 《马克思恩格斯选集》第 4 卷，人民出版社 2012 年版，第 129 页。
② 《马克思恩格斯选集》第 4 卷，人民出版社 2012 年版，第 186 页。
③ 《马克思恩格斯选集》第 4 卷，人民出版社 2012 年版，第 186 页。

识形态，即宗教和神学"①，一切社会学科都成为神学的分支、神学的婢女相比，文艺复兴时代正如恩格斯说的"是一个需要巨人并且产生了巨人的时代，那是一些在思维能力、激情和性格方面，在多才多艺和学识渊博方面的巨人。"②一大批人文主义者、政治思想家，打破神学的禁锢，呼唤人的归来，呼唤人的解放，反对神权政治，反对封建专制，倡导普遍的自由、平等、民主和博爱，为资产阶级革命摇旗呐喊，为建立资本主义社会制度大造舆论，由此产生了近代西方政治思想。

马克思恩格斯生活的时代，是近代西方政治思想广泛传播和深入发展的时代，自由、平等、民主、国家、政治体制以及人的信仰、权利、理性、解放等一系列问题，构成近代欧洲政治思想家的中心议题，也同样成为马克思恩格斯极为关注的焦点。他们既从中受到了滋养、启发和教益，成为知识来源，又突破了资产阶级狭隘的眼界和局限，完成了对近代欧洲政治思想的批判与超越。

文艺复兴运动以来的近代欧洲政治思潮，斗争的矛头直指基督宗教和神学政治。对宗教的分析批判始于16世纪，一直持续到19世纪，主要表现为：其一，泛神论与自然神论，认为神泛同于世界而存在，神即自然。斯宾诺莎从"实体是自因"的哲学原理出发，认为上帝或神就是自然、亦即实体，这就否定了上帝创世说。对此，马克思恩格斯是认同的，他们认为，虽然自然神论还不够深刻，但"至少对唯物主义者来说——不过是摆脱宗教的一种简便易行的方法罢了"③。其二，怀疑论与无神论，休谟和康德认为人类的全部知识源于感官印象，认识的界限也止于感官印象，宗教信念如上帝存在、创世、灵魂不灭等得不到感官印象的确证，其存在与否是值得怀疑的，原则上是不可知的，因而，这极易导致对宗教的否定。以狄德罗、霍尔巴赫、爱尔维修等启蒙思想家为主要代表的法国百科全书派，在宗教观上主张无神论。在他们的眼中，整个世界都是物质的、无限

---

① 《马克思恩格斯选集》第4卷，人民出版社2012年版，第242页。
② 《马克思恩格斯选集》第3卷，人民出版社2012年版，第847页。
③ 《马克思恩格斯全集》第2卷，人民出版社1957年版，第165页。

的、客观存在的，没有非物质的存在，更没有任何超自然力量从无中创造出世界来。世界是物质的自我运动、自我存在，它就是自我存在的始源。霍尔巴赫认为，神灵观念是人的想象和虚构，神的神性实际上是人把人的人性加于神，是人性的客体化，神是人创造的。这一革命性的宗教理论启发了后来的德国青年黑格尔派和费尔巴哈的宗教异化学说，也是马克思恩格斯所充分认可的。其三，反宗教斗争。19 世纪前后的德国，出现了康德、费希特、黑格尔这样伟大的哲学家。这个时期的思想界有一个非常重要的特征，那就是对基督教进行无情的哲学批判和公开的反宗教斗争。尤其是青年黑格尔派站在前列，他们高举起彻底世俗化的旗帜，成为向传统教会挑战的引人注目的思想家，如施特劳斯、鲍威尔、施蒂纳、卢格以及费尔巴哈等，恩格斯曾这样描述："在当时的理论的德国，有实践意义的首先是两种东西：宗教和政治。……但是，政治在当时是一个荆棘丛生的领域，所以主要的斗争就转为反宗教的斗争"[①]。费尔巴哈的全部著作都服从一个总的思想，那就是宗教研究，他直接把神学转化成人学，把神或上帝的本质归结为人的本质，归结为人的自我异化。

启蒙思想家和青年黑格尔派的反宗教斗争，对马克思恩格斯的影响是巨大的。恩格斯曾把启蒙思想家赞誉为"伟大人物"，认为他们"本身都是非常革命的。他们不承认任何外界的权威，不管这种权威是什么样的。宗教、自然观、社会、国家制度，一切都受到了最无情的批判；一切都必须在理性的法庭面前为自己的存在作辩护或者放弃存在的权利"[②]。但是，马克思恩格斯没有停留在启蒙思想家和青年黑格尔派的水平上，其反宗教的立场和观点更加坚决也更加彻底。他们展开了对黑格尔、青年黑格尔派和费尔巴哈的深刻批判，科学地把宗教界定为"不过是支配着人们日常生活的外部力量在人们头脑中的幻想的反映，在这种反映中，人间的力量采取了超人间的力量的形式"[③]，揭示了宗教的起源与存在的根源，阐明了宗

---

① 《马克思恩格斯选集》第 4 卷，人民出版社 2012 年版，第 226—227 页。
② 《马克思恩格斯选集》第 3 卷，人民出版社 2012 年版，第 391 页。
③ 《马克思恩格斯选集》第 3 卷，人民出版社 2012 年版，第 703 页。

教的本质就是人的本质的异化，指出了消除宗教观念和改造社会的根本途径，确立了马克思主义科学的宗教政治观。

对宗教的批判和反对教会权威，必然从神性转到人性，唤醒人对自身的重视，强调并肯定人的地位和作用。近代西方政治思想的一个突出贡献是形成了人的自由和平等的学说。格劳秀斯把人的生命、躯体、自由看作是自然赋予人的神圣不可侵犯的权利，或曰"天赋人权"。洛克认为，人的生命、自由、财产三者是不可分离的自然权利，其中自由是更本质的权利。洛克把自由作为政治学的核心理念，从他的自然状态说、社会契约论到法治与分权的学说，都是他的自由主义思想不可分割的组成部分。发动启蒙运动的思想家伏尔泰、孟德斯鸠、卢梭，从人文主义精神出发，以人为中心，高举"天赋人权"的旗帜，宣扬人的自由平等学说。伏尔泰主张自由是除了法律以外不依赖任何别的东西，他坚决捍卫人的言论自由和出版自由，认为有了这两种自由，其他一切自由就有了可靠的保障。孟德斯鸠无比珍视自由，认为自由是个人的无价之宝，是"不能出卖的"。他将自由分为"哲学的自由"和"政治的自由"，"哲学的自由"是能够行使自己的意志，"政治的自由"是要有安全或自己相信有安全。孟德斯鸠也关注"言论自由"和"财产自由"，这与意志和安全的自由是联系在一起的。卢梭说："人是生而自由的"①，但要实现自由，离不开平等，因为没有平等，自由便不能存在。正是基于这一认识，卢梭把不平等视为人类社会一切邪恶的根源，在他看来，平等具有更重要的价值。因为人与人之间不平等的出现导致了人对人的依附与奴役即自由的丧失。卢梭认为，他的使命就是提供某种政治和社会的设计，使人类重新回到平等与自由的状态。

受到格劳秀斯、洛克、伏尔泰、孟德斯鸠和卢梭关于人的自由和权利学说的熏陶浸染，马克思恩格斯从青年时代起就为自由和平等呼喊。马克思在大学期间加入了青年黑格尔派的团体组织——由大学教师、中学教员

① ［法］卢梭：《社会契约论》，何兆武译，商务印书馆2003年版，第4页。

和文学家组成的"博士俱乐部",主要讨论黑格尔的哲学和政治问题。马克思被称赞为"博士俱乐部"里知识最渊博的成员,是"唯一的伟人""真正的哲学家"①,他勇敢地批判宗教教条,捍卫信仰自由、出版自由。大学毕业后不久,马克思投入社会,积极参加政治斗争。1842年2月,马克思写的《评普鲁士最近的书报检查令》,是他的第一篇政论性文章,直接针对德皇威廉四世拒绝言论出版自由,顽固推行文化专制主义的法令。马克思敏锐地看到了问题的实质,对德国的君主专制制度和封建势力发起猛烈的抨击。马克思要求赋予人民以言论自由,反对书报检查,反对追究倾向,反对惩罚思想,其矛头直指普鲁士专制政府,洋溢着革命民主主义的精神。恩格斯虽然没有上过大学,但他在1841年服兵役时来到柏林,经常到柏林大学听课,也参加了青年黑格尔派的团体组织——"自由人"小组。1842年3月至9月,恩格斯在《莱茵报》上共发表了十二篇文章。在这些文章中,恩格斯坚决主张改革现存社会制度,维护言论、出版自由,反对保守思想。他强烈地反对统治者践踏人民主权、出版自由、司法独立等原则,历史地分析了官僚集权同专制国家的联系,说明了集权和自由的关系。1844年8月,恩格斯在巴黎与马克思会面,从此开始了长达40年的合作。在他们合作后撰写的《神圣家族》和《德意志意识形态》中,提出了人民群众在历史中起着决定的作用,指出随着物质生产的发展,群众必然会认识到自己的利益同少数统治者的利益相冲突,自觉地参加到社会的历史活动中来,成为社会进步的主要动力,阐述了人类自由与人类解放的理想,指出要使人的个性与能力获得自由而充分的发展,需要生产力的高度发展、需要开展消灭现存状况的共产主义运动、需要无产阶级的普遍联合和扬弃异化,才能真正实现人的全面发展。马克思恩格斯关于自由与平等的论述是最革命的和最科学的理论。

16世纪下半叶,自布丹提出国家主权学说后,国家权力与民主制逐

---

① [苏]彼·费多谢耶夫等:《卡尔·马克思》,生活·读书·新知三联书店1980年版,第16页。

渐成为政治学的一个核心议题。布丹确定了"国家"和"主权"两个概念的联系，将主权看作是国家最本质的特征，国家主权应包括：立法与颁布法律、任命公职人员、征税、决定战争与和平、缔结国际条约等权力。西方国家为了推翻封建专制，建立民主共和制度，在主权问题上展开广泛的争论，始终围绕着是主权在君、还是主权在民进行。卢梭旗帜鲜明地提出了人民主权学说，并将国家主权与民主制相联系，阐述了人民主权的基本规定。卢梭认为，首先，国家主权属于人民。卢梭的社会契约学说阐明了人们通过订立契约来建立国家，国家是通过社会契约得以产生的。订立契约是联合的个人让渡了自由给国家，又从国家那里得到了自由，因而，国家的主权就是人民的主权，国家的主权应当属于人民。其次，主权是不可转让的。主权必须由人民掌握，如果人民转让了主权，就意味着出卖自由，也就等于出卖自己的生命。卢梭批判了格劳秀斯和霍布斯等人主张主权可以转让给君主的错误思想，他指出，若主权者把权利转让给别人，就等于主权者给自己加上一个"在上者"。在转让主权的情况下，人民只能唯唯诺诺地服从，丧失了主权者的品质，国家也就毁灭了。再次，主权是不可分割的。因为主权代表着人民统一的共同的意志——"公意"，这个意志是不可分割的。公意是一个整体，一旦被分割，就不成其为公共意志，主权也就不存在了。因此，卢梭不同意洛克和孟德斯鸠的分权理论，认为他们没有形成关于主权的正确概念。当然，在实践中卢梭并不反对应把行政权、司法权和对外权等权力分开来，他反对的只是把行政权、司法权等与主权并列，因为前者是从主权派生出来的并从属于主权的，不能把派生的权力误认为是主权本身。最后，主权是绝对的、至高无上的。卢梭提出，要把国家与政府区分开来，国家和政府在性质上和职权上都有着本质的区别。国家是"公意"的体现，是主权者，这是由社会契约的结合而形成的主权权力，政府是从属的执行机关，执行主权者的意志，处于从属地位。卢梭从主权不可转让、不可代表的理念出发，认为只有人民自己能够直接运用主权，由此可见，他主张人民直接参政、管理公共事务。卢梭更倾向于实行雅典的"直接民主制"，尽最大的可能和限度实现人民对政府的直接管理。

人民主权和民主制的学说自然使马克思恩格斯深受影响，他们都曾认真研读过卢梭的《社会契约论》等著作，认为应该运用卢梭的民主主义思想与普鲁士黑暗的封建专制统治作斗争。马克思非常赞赏卢梭的民主制思想，对民主制作出很高的评价。马克思说，民主制中的"每一个环节实际上都只是整体人民的环节""**国家制度本身**只表现为**一种**规定，即人民的自我规定"①，"国家制度、法律、国家本身，就国家是政治制度来说，都只是人民的自我规定和人民的特定内容"②。马克思恩格斯对人民主权和民主制理论既予以认同，更着重于批判。恩格斯指出，所谓"理性的国家、卢梭的社会契约在实践中表现为，而且也只能表现为资产阶级的民主共和国"③。人民主权学说虽然名义上代表全体人民，但不过维护的是有财产的资产阶级，并没有代表作为人民主权主体的无产阶级。虽然卢梭关于"政治人"的抽象概念论述的很对，但并不现实、彻底，马克思指出："只有当现实的个人把抽象的公民复归于自身，并且作为个人，在自己的经验生活、自己的个体劳动、自己的个体关系中间，成为**类存在物**的时候，只有当人认识到自身'固有的力量'是**社会**力量，并把这种力量组织起来因而不再把社会力量以**政治**力量的形式同自身分离的时候，只有到了那个时候，人的解放才能完成。"④卢梭的人民主权论不可能成为无产阶级和劳动人民为彻底实现自身解放和人类解放的理论。而马克思恩格斯提出的人民主权主张，是"真正的民主制"⑤"人民的国家制度"⑥，它虽然在形式上和卢梭一样，但这里的"人民"是以无产阶级和劳动大众为中心，实现了对其根本的变革和超越。

---

① 《马克思恩格斯全集》第3卷，人民出版社2002年版，第39页。
② 《马克思恩格斯全集》第3卷，人民出版社2002年版，第41页。
③ 《马克思恩格斯选集》第3卷，人民出版社2012年版，第392页。
④ 《马克思恩格斯全集》第3卷，人民出版社2002年版，第189页。
⑤ 《马克思恩格斯全集》第3卷，人民出版社2002年版，第41页。
⑥ 《马克思恩格斯全集》第3卷，人民出版社2002年版，第39页。

三、马克思恩格斯对近代空想社会主义学说的传承扬弃

马克思恩格斯的政治学说与同时代的政治思想明显的区别在于，它具有社会主义的特质，主张建立社会主义，实现社会主义。马克思恩格斯政治学说的这一鲜明特质，是与他们在政治理念上倾向于社会主义、广泛涉猎空想社会主义著作、深入接触工人阶级劳动群众，坚信社会主义是人类解放的必然的、唯一正确的途径，进而创立了科学社会主义的理论所分不开的。马克思恩格斯的政治学说和科学社会主义理论之间有着最为密切的联系，因而，近代西欧的空想社会主义学说成为其最直接的来源。

马克思早在大学期间，就从他的老师甘斯教授的讲课中认识了法国的圣西门主义。在此之前，青年马克思尚未接触到社会主义学说，是甘斯第一次给他上了空想社会主义的启蒙课，这个影响无疑是深刻的。1841 年春，马克思大学毕业后，放弃了在大学执教的念头，直接投入社会政治活动，主要为《莱茵报》撰稿，并在 1842 年 10 月担任了《莱茵报》编辑。马克思在编辑《莱茵报》时，遇到了如何对"共产主义"的现实问题进行评判的难题，他上任伊始就撰写了《共产主义和奥格斯堡〈总汇报〉》一文。在文章中，马克思看到了当时社会矛盾的客观性，肯定共产主义运动的合理性和重要意义，但对 19 世纪的空想社会主义学说明确表明了态度，提出要对共产主义进行"理论论证"，即建立科学社会主义理论的任务。马克思为此钻研了圣西门、傅立叶、勒鲁（圣西门派）、孔西得朗（傅立叶派）以及蒲鲁东、德萨米、魏特林和卡贝等空想社会主义者的著作，参加了当时由《莱茵报》的主要创始人赫斯发起的关于共产主义问题的讨论。这为日后马克思批判地改造空想社会主义，创立科学社会主义奠定了坚实的理论基础。

和马克思相似的是，恩格斯在柏林大学旁听课程时，加入了青年黑格尔派"自由人"小组的活动，与赫斯相识。赫斯是当时青年黑格尔派中最早的共产主义宣传者之一，他写的有关书籍引起了恩格斯对共产主义问题

的重视并倾向于社会主义。1842 年 11 月底，恩格斯来到英国曼彻斯特"欧门—恩格斯公司"，即他父亲和合伙人开办的棉纺厂当总助理，这使恩格斯与工人阶级和工人运动发生了密切的联系，他不但亲身感受到资本主义社会存在的各种矛盾，而且亲眼看到工人阶级受到的压迫和剥削。恩格斯进一步转向了社会主义，认识到社会主义和共产主义是工人阶级和劳动人民解放的理论，应该成为自己研究的重大课题。在曼彻斯特期间，恩格斯通过阅读英、法、德三国社会主义和共产主义者的大量刊物和著作，研究他们的思想和主张，并参加当时的各种工人团体活动，听取报告，以及与这些工人团体的领袖人物建立个人联系，提出和思考各种问题，很快地作出了关于社会主义和共产主义的许多论述。恩格斯写的《伦敦来信》《大陆上社会改革运动的进展》等文，系统地介绍了当时英、法、德三国空想社会主义学说和运动的发展状况。恩格斯认为，英国的社会主义者比法国的社会主义者更有原则和更为实际，英国社会主义运动的创始人是欧文；但在法国，社会主义运动更为浩大，有五十多万共产主义者，圣西门是一个大力主张社会改革的人，而比较有影响的是傅立叶主义，还有卡贝的伊加利亚派共产主义者，他们大大超过了先前的法国共产主义者；至于德国，魏特林成为德国共产主义的创始者和领导人，他的《和谐与自由的保证》一书，评述了旧的社会制度，概述了新的社会制度，很快就把整个德国工人阶级团结起来了。对于英、法、德三国空想社会主义学说和运动，恩格斯做了一个很好的总结，他指出，英法德三国产生共产主义学说的情况不同，"英国人达到这个结论是通过**实践**""法国人达到这个结论是通过**政治**""德国人则通过**哲学**"[①]。

毫无疑问，马克思恩格斯在准备形成无产阶级新的世界观的过程中，接受了当时空想社会主义（空想共产主义）的思想影响。他们认为，空想的社会主义或共产主义的学说有着巨大的历史功绩，一是对资本主义进行愤怒的揭露和政治批判，二是为人类描绘和设计了未来理想社会的政治蓝

---

① 《马克思恩格斯全集》第 3 卷，人民出版社 2002 年版，第 474 页。

图，为马克思恩格斯创立科学社会主义理论及其政治学说提供了有益的思想材料。

出版于1516年的《乌托邦》，是近代空想社会主义"思潮的起点"[1]。莫尔本人被尊为"空想社会主义的鼻祖"[2]。在《乌托邦》第一部中，莫尔对新生的资本主义统治阶级残酷剥削压迫劳动人民的罪恶本质作了极为生动而又深刻的解剖。针对英国早期资本主义原始积累的圈地运动，莫尔形象地描写道，原来的羊"一向是那么驯服，那么容易喂饱，据说现在变得很贪婪、很凶蛮，以至于吃人，并把你们的田地，家园和城市蹂躏成废墟"[3]。"羊吃人"的圈地运动造成悲惨的后果，"佃农从地上被撵走……是在欺诈和暴力手段之下被剥夺了自己的所有，或是受尽冤屈损害而不得不卖掉本人的一切。这些不幸的人在各种逼迫之下非离开家园不可"[4]。后来，马克思在《资本论》第一卷里引用了这一说法，他说："托马斯·莫尔在他的《乌托邦》一书中谈到一个奇怪的国家，在那里，'羊吃人'"[5]。

资产阶级的剥削压迫造成了社会的贫富悬殊。康帕内拉说道，贫与富的对立使整个社会分成两个极端：一方面，富人由于掌握了大量物质财富，整日游手好闲，无所事事，过着淫逸放荡，腐化寄生的生活。另一方面，穷人由于丧失了生产及生活资料，为了糊口被迫出卖自己的劳动，任人宰割，"这些人由于逐日从事力所不及的不间断的工作而精疲力竭，或濒于死亡。"[6]为什么会出现贫富两极分化呢？摩莱里尖锐地指出："私有制是世界的罪恶的渊薮"，"私有制是一切罪恶之母"[7]。圣西门更深刻地阐明，

---

① ［俄］普列汉诺夫等：《论空想社会主义》上卷，中国人民大学编译室等译，商务印书馆1980年版，第189页。

② ［俄］普列汉诺夫等：《论空想社会主义》上卷，中国人民大学编译室等译，商务印书馆1980年版，第202页。

③ ［英］托马斯·莫尔：《乌托邦》，戴镏龄译，商务印书馆1982年版，第21页。

④ ［英］托马斯·莫尔：《乌托邦》，戴镏龄译，商务印书馆1982年版，第21—22页。

⑤ 《马克思恩格斯全集》第44卷，人民出版社2001年版，第827页。

⑥ ［意］康帕内拉：《太阳城》，陈大维、黎思复、黎廷弼译，商务印书馆1980年版，第23页。

⑦ ［法］摩莱里：《自然法典》，黄建华、姜亚洲译，商务印书馆1982年版，第163、171页。

所有制是社会大厦的基础，而政府只是它的形式的论点，这是具有初步的历史唯物主义意识观念。对此，恩格斯指出："经济状况是政治制度的基础这样的认识"在圣西门那里已经"以萌芽状态表现出来"①。

私有制造成经济上的贫富对立，也造成阶级的对立，马布利以世界上第一个建立资本主义制度的英国为例，尖锐地指出，正是私有制"把我们分成了两个阶级：富人阶级和穷人阶级"②。有了对立的阶级，就有阶级斗争。圣西门在 1802 年就"认识到法国革命是阶级斗争，并且不仅是贵族和资产阶级之间的，而且是贵族、资产阶级**和无财产者**之间的阶级斗争"③。恩格斯认为，这是极为天才的发现。圣西门到了晚年，正如马克思所说的，他更以"工人阶级的代言人"姿态出现，"宣告他的努力的最终目的是工人阶级的解放"④。

从经济上贫富对立、政治上阶级对立的事实出发，空想社会主义者深入到了私有制和国家的关系问题，观察到了私有制造成资本主义可恶的政权和政治上的特权，揭露了资产阶级国家的性质是压迫奴役劳动人民的工具。巴贝夫指出，资产阶级国家依靠暴力进行统治，资产阶级政府为了保住它那有主人也有奴隶的制度，"就要靠刺刀来保卫自己"⑤。圣西门从法国阶级斗争的事实出发，指出统治阶级凭借着国家的力量来建立和巩固统治秩序，他们从一开始当权，"就暴露出武力统治的特点和特性"，他们"是依靠宝剑来建立自己的一切权力的"⑥。

在充分揭露、批判资本主义的基础上，空想社会主义者彻底否定了资本主义。究竟怎样才能推翻资本主义的统治呢？在空想社会主义者中意见不一，有的主张走暴力推翻资产阶级统治的革命道路，可以称为暴力革命派；也有的主张通过和平的方法改良资本主义而达到社会主义，可以称为

---

① 《马克思恩格斯选集》第 3 卷，人民出版社 2012 年版，第 646 页。
② 《马布利选集》，何清新译，商务印书馆 1960 年版，第 44 页。
③ 《马克思恩格斯选集》第 3 卷，人民出版社 2012 年版，第 782 页。
④ 《马克思恩格斯全集》第 46 卷，人民出版社 2003 年版，第 684 页。
⑤ 《巴贝夫文选》，梅溪译，商务印书馆 1962 年版，第 49 页。
⑥ 《圣西门选集》第 3 卷，董果良、赵鸣远译，商务印书馆 1985 年版，第 203—204 页。

和平改造派；还有一些人则认为，首先要以和平改良资本主义为主，在和平手段行不通的情况下，再转向采取暴力革命的手段，可以称为两手兼用派。

在暴力革命派中，闵采尔强调必须依靠人民群众的力量。他说，要建立"千载太平之国"，就应当拿起剑来，把诸侯和贵族当成"旧壶破罐"摧毁掉。巴贝夫揭示了人民革命爆发的原因和必然性，他说："生活状况已经恶劣到再也无法忍受的时候，那末，被压迫者就一定要奋起反对压迫者"，"穷人奋起革命反对富人乃是不可避免的历史的必然性。"[①] 布朗基认为，共产主义必须经过暴力革命才能实现，他说："共产社会不能自己产生出来"，"只能在摧毁了旧堡垒的基础上才能建立"[②]。革命就是要消灭建立在不平等和剥削基础上的现有秩序，打倒压迫者，把人民从富人的压迫下解放出来。

在和平改造派中，圣西门把宣传作为实现社会变革的唯一手段。首先，是向国王宣传。通过宣传使国王认识到，为了尽到自己的职责和维护王权自身的利益，必须把精神权力交给学者、艺术家，把世俗权力交给实业家。其次，是向各民族人民宣传。通过宣传使广大人民群众万众一心地向国王表达心愿，唤起国王利用他掌握的权力来实现势在必行的社会改革。傅立叶认为，通过他所设计的法朗吉的试验，就可以实现理想社会。欧文鼓吹阶级调和，他宣称无产阶级和资产阶级可以携手合作，"富人与穷人、统治者与被统治者实际上利益是一致的。"[③] 要求无产阶级同情资产阶级，对他们讲"真慈善"和"博爱"。

在两种手段兼用派中，莫尔是采取先动用武力征服未开化民族建立国家，然后通过贤明的君主，制定良好的法律，废除私有制，把现存社会改造成为理想社会的。在康帕内拉写的《太阳城》里，既有对战争场面的栩栩如生的描写，充满对出自正义而使用暴力的赞扬；又有对贤明

① 《巴贝夫文选》，梅溪译，商务印书馆1962年版，第28、58页。
② 《布朗基文选》，皇甫庆莲译，商务印书馆1979年版，第83页。
③ 《欧文选集》第1卷，柯象峰、何光来、秦果显译，商务印书馆1979年版，第175页。

的君主极尽歌颂之能事，表达了贤明君主有着可以拯救社会的伟大作用。马布利更明显地表达了暴力革命与和平改造两种手段都可以采用的看法。他严正指出，那种"认为内战永远是不公正的，号召公民不要以武力对付暴力，这是最违反道德和公益的学说"①。但他又说："在道德的帮助下，可以轻而易举地建立良好的秩序和纪律"②。由此可知，马布利主张可以采取和平改造的手段，只有在万不得已的情况下，才走暴力革命的道路。

推翻了资本主义的统治之后，要建立怎样的理想国家呢？空想社会主义构想了一套新的国家制度和美好的社会图景，揭示了社会主义新国家具有的一些重要职能，以及未来国家发展的趋势。

多数的空想社会主义者要求国家要巩固和发展生产资料公有制，消灭一切剥削现象和寄生虫，担负起组织社会生产、分配、消费的任务，管理好社会的文化、科学、教育事业，保障人民享有各项民主自由的权利，还要抵御外来侵略。为了保卫自己的国家，例如在康帕内拉设想的太阳城中，人人要参加军事训练，参加军工生产，搞好军事建设。

关于未来国家发展的基本趋势，圣西门作出了一个重要的论断："如用两三句话来概括，政治学就是**关于生产的科学**，也就是以建立最有利于各种生产的事物秩序为目的的科学。"③恩格斯认为，圣西门关于对人的政治统治应当变成对物的管理和对生产过程的领导这种思想，是"废除国家"④和国家消亡的重要思想。圣西门认为："在旧体系下，社会实质上是受人的统治；在新体系下，社会只是受到原则的统治。"⑤在新的政治制度下，"除了人作用于物这种活动之外，再也不存在什么人类的有益活

① 《马布利选集》，何清新译，商务印书馆1960年版，第132页。
② 《马布利选集》，何清新译，商务印书馆1960年版，第13页。
③ 《圣西门选集》第1卷，王燕生、徐仲年、徐基恩等译，董果良校，商务印书馆1979年版，第169页。
④ 《马克思恩格斯选集》第3卷，人民出版社2012年版，第783页。
⑤ 《圣西门选集》第1卷，王燕生、徐仲年、徐基恩等译，董果良校，商务印书馆1979年版，第245页。

动了。"① 新制度的根本点就在于它把"人力作用于物"即把对人的统治变成对物的管理和对生产过程的领导。圣西门关于国家消亡的思想，包含着唯物主义因素和辩证法思想的因素。

马克思恩格斯对空想社会主义作出了高度评价，恩格斯称赞道："他们终究是属于一切时代最伟大的智士之列的，他们天才地预示了我们现在已经科学地证明了其正确性的无数真理。"②"这种思想经过了彻底的酝酿，就成为**新世界秩序的思想**。"③空想社会主义为马克思主义政治学说提供了有益的启发和借鉴。

① 《圣西门选集》第1卷，王燕生、徐仲年、徐基恩等译，董果良校，商务印书馆1979年版，第243页。
② 《马克思恩格斯选集》第3卷，人民出版社2012年版，第37页。
③ 《马克思恩格斯文集》第1卷，人民出版社2009年版，第320页。

第二章　研究进路

马克思恩格斯在进入社会研究领域后就十分关注利益问题。他们着眼于社会的现实，探讨工人、农民和市民生活的各种利益问题。在马克思恩格斯青年时代，之所以能够推动他们从唯心主义转向唯物主义、从革命民主主义转向共产主义，决定性的因素就是深入社会生活，展开了对现实物质利益的探究。马克思恩格斯以利益作为政治学研究的出发点，以利益为枢纽点和轴线，研究利益与政治利益的发生和发展、研究利益与阶级的关系、利益与社会的关系、利益与国家的关系、利益与权力的关系、利益与权利的关系等。利益作为马克思主义政治学说的出发点，体现了马克思主义哲学和马克思主义政治经济学的必然要求，也是它的逻辑发展的必然结果。

一、马克思恩格斯之前的政治学的研究起点和重点

在马克思主义政治学说产生之前的西方政治学思想，主要有四种形态，一是古希腊以柏拉图、亚里士多德为代表的古典政治思想，二是古罗马西塞罗的法学政治思想，三是中世纪奥古斯丁和阿奎那的神学政治思想，四是近代马基亚维里的权力政治思想。这四种政治思想各自有着不同的研究起点和重点，构成了各自不同的体系形态。

在古代希腊，正义的思想贯穿始终，人们把正义视为社会的最高规范、视为协调各阶层利益的尺度，也看作衡量优良政体的标准。柏拉图

就把正义论作为他的政治思想的起点和重点，同时也是他的政治思想的归宿。

柏拉图的政治学著作主要有《理想国》（即《国家篇》）《政治家篇》《法律篇》等。柏拉图把正义作为不变的理念和唯一真实的原本来看待，他从正义的理念出发，形成了国家正义论。柏拉图的国家正义论，立足于社会分工论的基础，他认为，人的生活需求是多方面的，因此产生了社会分工。因为人的食物需要，产生了农夫；因为人的居住需要，则必须有工匠；出于安全的需要，就要有军人和统治者。由于人的需要是多重的，每个人又不能够完全自足自立，于是便组成社团，才建立了国家，国家表现为一种互换劳务的服务体系。在社会分工论的基础上，柏拉图得出了正义的定义：正义是建立国家时定下的原则，"每个人必须在国家里执行一种最适合他天性的职务。"①国家的正义，就是"三种人在国家里各做各的事"②。作为具有欲望的体力劳动者、具有意志的军人护卫者以及拥有理智的统治者，要各司其职，各得其所。对于个人而言，正义就是能从事自己的工作并胜任工作；对于他人及社会而言，就是每个人要能承担他有资格承担的工作。因此，正义就构成维系社会的纽带，它既是一种公民的私人道德，又是一种国家的公共道德。作为公民道德，应该具有"四美德"，即智慧、勇敢、节制和正义四个部分。其中，哲学家（统治者）的美德是智慧，军人的美德是勇敢，而节制、正义的美德则不专属于某一等级，它体现在全体公民之中。在四种美德中，正义是智慧、勇敢、节制三种美德的统一，由于有了正义这种美德的存在，才会产生智慧、勇敢、节制这三种德性，并使它们得以在国家中保持。作为公共道德，正义是建立理想国家的总原则。正义是国家的一种秩序，只有各个等级保持了分工合作的状态时，社会才能保持普遍的和谐，才能实现国家的正义。

亚里士多德是柏拉图的学生，他坚持了"正义"的思想，并把它与"善"

---

① ［古希腊］柏拉图：《理想国》，郭斌和、张竹明译，商务印书馆1986年版，第154页。
② ［古希腊］柏拉图：《理想国》，郭斌和、张竹明译，商务印书馆1986年版，第169页。

联系在一起，认为"政治学上的善就是'正义'"①，把"正义"确立为最高层次的政治理想和最高的政治价值评判标准。亚里士多德将正义分为四种：一是分配的正义。他认为，在荣誉、财富或任何其他可以在政治共同体成员中进行分割的事物，都要作正义的分配。正义的分配原则是，规定平等的人分享平等的利益和规定不平等的人分享不平等的利益。二是补偿的正义，称为"矫正性的"正义，涉及民法中原告向被告就损失索求赔偿，适用数量平等的原则；三是交往的正义，涉及以货币为度量的以物易物；四是公平的正义，对法律制定中有所缺失的地方进行补救。亚里士多德也将正义分为基于自然的正义和基于法律或契约的正义，在他看来，虽然正义的事物和所有人类事物一样都易于变化，但仍存在着基于自然的公正事物。他举例说，就如人的右手天生比左手有力，谁的双手都不可能一样地灵活。至于基于法律或契约的正义，他认为各政治制度之间与城邦之间一样有着各自不同的天性，而天生最好的制度在任何地方都只有一个，无论在什么样的情况下，无论正义原则的具体表现形式如何，但对于正义的城邦，有一项原则却是共同的，那就是法治，亦即正义的原则必须通过法律而不是统治者个人的意志而体现出来。亚里士多德还把正义原则运用于对城邦政体的评判。他认为，判定政体是否正义，可以从统治者的目的来看，如果统治者要为全邦谋利益，这样的政体就是正义的政体，可以叫作正宗的、优良的政体。但是，如果统治者只谋取私利，这样的政体就是不正义的、变态的政体。在分析正宗政体蜕变的原因时，亚里士多德指出，主要原因是由于偏离了建国的正义。为了免于衰败灭亡，只有对组成城邦的各个要素作适当的调和。什么是理想的政体呢？亚里士多德认为，最理想的政体是混合政体、共和政体。这种政体是以中产阶级为基础的中间形式的政体。混合政体选拔官吏，兼顾了三项同等重要的因素——自由出身、财富和才德，不像民主政体只顾自由出身，也不像寡头政体只顾财产，又不像贵族政体只顾才德。"共和政体的本旨只是混合贫富，兼顾资

---

① ［古希腊］亚里士多德：《政治学》，吴寿彭译，商务印书馆1965年版，第148页。

产阶级和自由出身的人们而已"①。因此，这种体制是最稳定的、正义的城邦制度。

西塞罗是古罗马共和国末期著名的政治家和法学家。在古代罗马，有着最系统和完备的法律体系，罗马人对法律采取了世俗化的现实态度。如果说希腊城邦要求公民参与政治活动是作为道德的一种责任和义务的话，那么，罗马共和国则是通过法律对公民参与政治活动提供保护和服务，由此构成鲜明的法律政治思想。西塞罗的法律政治思想，以法律研究为起点和重点，探索了法与国家、法与宗教、法与官员等关系。关于法与国家的关系，西塞罗指出，有国家就有法律，法律先于国家存在。这个法源是什么呢？就是自然法。他说，世界上存在两种法，一是自然法，一是由人们制定、颁布的成文法。通常人们只注重成文法，其实，自然法才是最根本的。他认为，自然法先于成文法而存在，它是正义的基准或尺度，有了它，正义与非正义、善与恶才有了衡量的基准。从法的角度出发，西塞罗给国家下了一个著名的定义："国家乃是人民的事业"②。所谓国家是人民的事业，就是国家属于人民，为人民所有。"共和国"这一名称的本来含义，就是属于人民的国家，国家为人民共同财产。在指出国家是人民的事业后，西塞罗又指出："但人民不是人们某种随意聚合的集合体，而是许多人基于法权的一致性和利益的共同性而结合起来的集合体。"③西塞罗特别强调法律的作用，他认为，法律是连接人民的纽带，是国家的实质，没有法律就没有国家。西塞罗的国家概念反映了罗马共和国的特征，也反映了罗马人重法主义的传统。关于法与宗教的关系，西塞罗强调，宗教仪式和习俗并不仅仅是宗教问题，而是国家的基本秩序。宗教仪式和习俗也是罗马共和国的基本法，要制定关于宗教的法律，宗教法的改变将导致国家性质的改变。在探讨法与官员的关系时，西塞罗有一句名言：行政官是说话的法律，法律是无声的行政官。他十分重视官员与法律制度的联系，提出

① ［古希腊］亚里士多德：《政治学》，吴寿彭译，商务印书馆1965年版，第199页。
② ［古罗马］西塞罗：《论共和国》，王焕生泽，上海人民出版社2006年版，第75页。
③ ［古罗马］西塞罗：《论共和国》，王焕生泽，上海人民出版社2006年版，第75页。

要制定官员法。官员法首先要规定，权力应是合法的；其次，要规定各类官员的职责；最后，官员法在涉及官员和公民的关系时应规定，公民有权向官员申诉。

在中世纪，随着西欧封建社会的形成，基督教逐步确立其统治地位。在基督教思想家中，奥古斯丁是最有名望、最有权威的基督教"教父学"学者。他的代表作《上帝之城》，是基督教政治思想的"结晶"和"经典"，确立了中世纪基督教神学政治学的起点。奥古斯丁把《圣经》中关于亚当与夏娃偷吃智慧之果的故事作了出色的发挥，提出了人的"原罪说"。从人的"原罪说"和人的堕落出发，奥古斯丁解析了国家的起源问题，提出了著名的"双国"理论，即"上帝之城"和"世人之城"，"世人之城"是与"上帝之城"即"天上之国"相对立的"地上之国"。两个国家的形成，根源在于天使的背叛，善与恶就具体化为以善的上帝为一方和以恶的人类为一方的相对立。"天上之国"的成员除了神和天使之外，还有上帝的"选民"即仁慈的上帝从人类中选取一部分，使其信仰基督而得救，其余的人则无法逃脱惩罚的命运。只有那些笃信上帝并在虔诚、敬畏、忏悔、勤劳和禁欲等一切善行方面都遵守教规、信奉教会信条的人，才能成为上帝的"选民"。奥古斯丁这样说，是为了把人们的注意力从尘世中脱离开，引向神圣，引向天国。奥古斯丁的"双国论"，明显地突出了"上帝之城"高过"世人之城"，认定神权至上。在奥古斯丁时代，基督教会是国家的一部分，皇帝是其最高首脑，可以直接干预和控制教会内部事务。奥古斯丁力图使教会从国家的控制下获得独立，免受世俗权威的支配。同时，他还要求世俗政府为教会的神圣使命服务，如维持秩序、镇压异端等。出于这样的目的，奥古斯丁当然主张教会的使命要高于世俗国家的使命，教会的权力要高于世俗国家的权力。奥古斯丁认为，"天上之国"和"地上之国"这两个国家的根本区别在于它们以两种不同的爱为基础，"两种爱组成两种国度：地上的国度是爱自己乃至蔑视上帝，天上的国度是爱上帝乃至蔑视自己。"[①]基督教

---

① 引自何汝璧等：《西方政治思想史》，甘肃人民出版社 1989 年版，第 51 页。

是上帝之爱的具体表现，它是按照上帝的爱建立起来的，它教导人们追求真正的和平与至善，只有它能引导人们归向"天上之国"。

在奥古斯丁之后，托马斯·阿奎那是中世纪基督教神学和神权政治理论的最高权威，他本人也被基督教会奉为圣人，是"神学界之王"。阿奎那的国家学说认为，人是上帝的创造物，因此，归根结底城邦（国家）来自上帝的创造。公民在城邦的制度和秩序中生活的同时，还要成为另一个由上帝的神意统治的世界共同体中的公民。而神意指引公民去获得的道德和正义，要远远优于在任何人类制度中所能得到的。在国家权力来源的问题上，"君权神授"说是中世纪的主流学说。阿奎那竭力论证教权高于政权。他借用使徒保罗的话说"没有权柄不是出于神的"，指出是上帝为人类社会安排了君王，授予这些君王以统治尘世的权力。君王是上帝的佣人，君权是神授的。他说："人类的统治权起源于神的统治权，并且应当以神的统治权为模仿的榜样。"[1] 由于宗教权力和世俗权力都是从神权得来的，因此"世俗权力要受宗教权力的支配。"[2] 教皇是上帝在人间的代表，"教皇的权力在世俗问题和宗教问题上都是至高无上的"[3]，国家要服从教会，国王要服从教皇，教皇要服从上帝。

近代掀起的文艺复兴包括宗教改革运动，在政治领域冲破了中世纪宗教神学政治的枷锁，直接产生了新的政治思想和政治主张，形成了具有历史进步意义的资产阶级政治学说。尼科洛·马基雅维里就是这样的代表。马基雅维里在《君主论》中，把人性作为政治学的理论基础，指出人是国家的目的和对象，人是国家命运的操纵者。他以"人"为中心观察国家，以权利作为法的基础，指出国家的基本要素是军队、法律体系和行政机构与职能等方面，从而开创了近代以民族国家为研究重点的政治学。马基雅维里认为，权力是国家的核心和政治的目的。他反对把道德的良善作为政治追求的目标，主张政治就是权力，统治者应以夺取权力和保持权力为根

---

① 《阿奎那政治著作选》，马清槐译，商务印书馆1963年版，第132页。
② 《阿奎那政治著作选》，马清槐译，商务印书馆1963年版，第152页。
③ 《阿奎那政治著作选》，马清槐译，商务印书馆1963年版，第153页。

本目的。君主要治理好国家，必须依靠政治权术，即统治的技巧、手法、谋略。马基雅维里为君主提出了一整套的政治权术理论。他认为，政治权术有两条基本原则：一是政治与道德无涉，君主在政治上不存在道德与否的问题，无所谓善与恶，只讲有利还是有害、成功抑或失败。二是手段要服从目的，君主为了目的，可以不择手段。他说："一位君主如果能够征服并且保持那个国家的话，他所采取的手段总是被人们认为是光荣的，并且将受到每一个人的赞扬。"[①] 只要目的正当，什么手段都可以用；不能因为手段的恶而影响目的的善。据此，马基雅维里认为，君主可以作恶。"君主必须有足够的明智远见，知道怎样避免那些使自己亡国的恶行，并且如果可能的话，还要保留那些不会使自己亡国的恶行"[②]。对此，马克思指出，马基雅维里肯定了君主"作恶比行善带来的后果更好。"[③] 君主不必仁慈，马基雅维里说："被人畏惧比受人爱戴是安全得多的"[④]。君主可以玩弄权术，马基雅维里认为，君主"应当同时效法狐狸与狮子。由于狮子不能够防止自己落入陷阱，而狐狸则不能够抵御豺狼。因此，君主必须是一头狐狸以便认识陷阱，同时又必须是一头狮子，以便使豺狼惊骇。"[⑤] 君主可以骗人，一位英明的统治者绝不能够，也不应当遵守信义。言而无信、诡计多端的君主在斗争中，往往能够取得很大的成效，最后战胜那些老实的人。君主可以虚伪。马基雅维里认为，君主还应当善于伪装，要善于掩盖自己的兽性。除上述之外，马基雅维里也提出了君主要避开那些谄媚者，君主应当经常征求臣民的意见等。

从以上对马克思恩格斯之前西方政治学思想的论述可知，其政治学研究的起点都是从唯心主义虚幻的理性出发，脱离社会现实空谈正义、人性、法律力量甚至于神的意志。虽然新兴的资产阶级政治学出现后，对神

---

① 〔意〕马基雅维里：《君主论》，潘汉典译，商务印书馆 1985 年版，第 85—86 页。
② 〔意〕马基雅维里：《君主论》，潘汉典译，商务印书馆 1985 年版，第 74 页。
③ 《马克思恩格斯全集》第 1 卷，人民出版社 1995 年版，第 175 页。
④ 〔意〕马基雅维里：《君主论》，潘汉典译，商务印书馆 1985 年版，第 80 页。
⑤ 〔意〕马基雅维里：《君主论》，潘汉典译，商务印书馆 1985 年版，第 83—84 页。

学政治理论和封建道德给予有力的回答和冲击，但过分夸大权力的作用，主张政治无道德，则助长了反人类的暴政。

二、马克思主义政治学说以研究利益为出发点的独特进路

马克思恩格斯和前人不同，当他们进入社会生活实践后，立即将关注的目光投放到底层群众的利益问题，将其作为自己思考研究政治学的起点。马克思恩格斯紧紧抓住利益问题，观察一切、分析一切，形成了马克思主义政治学说研究政治问题的独特进路。

1841 年 5 月至 7 月，第六届莱茵省议会举行会议。由于讨论公布省议会记录的问题，以及许多城市出现的对于新闻出版自由的请愿，议会开展了关于新闻出版自由的辩论。马克思抓住这一重大事件，从 1842 年 4 月起，写了一系列的论文、短评和报道，投入到了反对封建专制主义的政治斗争。5 月，马克思的文章开始在《莱茵报》上连载，根据斗争的需要，全面地揭露了普鲁士政府反人民的政策措施。在第一篇论文《关于新闻出版自由和公布省等级会议辩论情况的辩论》发表后，引发了轩然大波，以至于接下来的第二篇论文关于论普鲁士政府与教会的冲突纠纷，被书报检查机关扣压不发，后来不知所终丢失了。半年后的 10 月，马克思又写了第三篇论文《关于林木盗窃法的辩论》，就林木盗窃法问题发表评论，痛斥了莱茵省议会将立法权变为保护林木占有者私人利益的工具。到了 12 月中旬，《莱茵报》连续发表了描述摩泽尔地区农民悲惨境况的两篇报道。这引起了政府的不满，莱茵省总督冯·沙培尔竟然指责报道是"进行诽谤""企图激起不满和怨恨"，并要求作出解释。在报道摩泽尔河沿岸地区情况的作者彼·科布伦茨一方面因为懦弱、一方面因为能力不足而不敢申辩的时候，马克思站了出来，挺身为其辩护。马克思搜集了众多的材料，在 1842 年底和 1843 年初写作了《摩泽尔记者的辩护》，据理反驳，尖锐地抨击了普鲁士的社会政治制度。在上述马克思的这几篇文章中，充分显

示了他运用利益的观点来看待政治现象和政治斗争问题。

马克思的第一篇论文，虽然主题是关于新闻出版自由的问题，但他在分析各个等级对待新闻出版自由的态度时，揭示了当时德国的社会结构，揭示了在这场辩论后面隐藏的各等级的利益，敏锐地指出了从对立的社会利益中如何产生不同的意见分歧。他强调指出："在这里进行论战的不是**个人**，而是**等级**。"①"在形形色色反对新闻出版自由的辩论人进行论战时，实际上进行论战的是他们的特殊等级。"②把议会中进行辩论的人看成是代表特定等级的观点，孕育着正确认识个人和阶级、阶级和阶级利益关系的思想。通过新闻出版自由的辩论，马克思得出一个惊世骇俗的结论："人们为之奋斗的一切，都同他们的利益有关"③。当然，此时的马克思对于利益的认识还是较为粗浅的。在如何看待物质利益这个根本的、核心的问题上，并没有摆脱唯心主义的羁绊。他要求辩论新闻出版自由的代表们，不应该为物质利益所左右，而应该服从于对自由精神的认识，认为自由报刊"是使物质斗争升华为精神斗争，并且把斗争的粗糙物质形式观念化的一种获得体现的文化"④。在新闻出版自由问题上，当物质利益问题以明显的形式摆在面前时，马克思的唯心主义观点同客观现实的矛盾开始尖锐冲突起来，从而迫使他去思考、探索如何获得突破。

在马克思生活的年代发生的所谓的林木盗窃问题，实际上是关系到当时德国贫苦农民物质利益的问题。当时由于农民破产、生活贫困，破坏森林、狩猎和牧场的行为已成为常事。国家为了维护剥削者的利益，对林木盗窃者严厉惩处，到19世纪40年代，在普鲁士审理的20万件左右的刑事案中，就有约15万件是涉及盗窃林木和违反关于森林、狩猎与牧场立法的"罪行"。但省议会还认为惩罚处置不严，竟然要求将捡拾枯枝也列为盗窃林木的范围，予以法律制裁，这显然是封建地主对贫苦农民物质利

---

① 《马克思恩格斯全集》第1卷，人民出版社1995年版，第146页。
② 《马克思恩格斯全集》第1卷，人民出版社1995年版，第155页。
③ 《马克思恩格斯全集》第1卷，人民出版社1995年版，第187页。
④ 《马克思恩格斯全集》第1卷，人民出版社1995年版，第179页。

益的进一步剥夺。马克思写的第三篇论文《关于林木盗窃法的辩论》，斥责了地主阶级的这种不法行为，抨击了普鲁士的国家和法。在这篇论文中，马克思第一次摆脱了精神领域的约束，从精神殿堂进入世俗世界，探讨了物质利益问题，用他自己的话说，这是"来到坚实的地面上演戏"，谈的是"意义重大的真正的现实生活问题"①。马克思坚决捍卫劳动群众的物质利益，他愤怒地指责省议会以卑鄙的手段对付穷人，指责统治者维护封建地主的特权，揭露了国家"成为林木所有者的耳、目、手、足，为林木所有者的利益探听、窥视、估价、守护、逮捕和奔波"②的实质，揭示了有产者和无产者由利益对立产生的法律与政治的对立。

在《摩泽尔记者的辩护》中，马克思指出，从19世纪20年代中叶到30年代中叶，普鲁士葡萄连年歉收，又因关税同盟建立后税率低，法国葡萄酒大量进口，价格跌落，销路不畅，而高利贷者、资产者又对摩泽尔地区农民进行残酷的盘剥，而政府则拒绝了当地关于削减土地税、豁免摩泽尔河和萨尔河两岸葡萄种植者1838年的葡萄酒税的请求，反诬农民的求救呼声是"无理取闹"。对此，马克思气愤地说："谁要是经常亲自听到周围居民在贫困中发出的**毫无顾忌的**呼声，他就容易失去那种善于用最优美、最谦恭的方式来表述思想的美学技巧，他也许还会认为自己**在政治**上有义务暂时公开地使用那种在贫困中产生的民众语言，因为他在自己的故乡每时每刻都无法忘记这种语言。"③马克思在分析摩泽尔地区农民贫困的原因时，一针见血地指出："摩泽尔河沿岸地区的贫困状况不能看作是一种**简单的**状况。……不能认为摩泽尔河沿岸地区的**贫困状况**和国家管理机构无关"④。正因为国家保护剥削者利益，才造成了摩泽尔地区农民的经常性贫困。马克思坚持为劳动人民辩护，就是坚持捍卫贫苦民众的物质利益，同时，他的思想也越发接近唯物主义和共产主义，越发坚定了站在人

---

① 《马克思恩格斯全集》第1卷，人民出版社1995年版，第240页。
② 《马克思恩格斯全集》第1卷，人民出版社1995年版，第267页。
③ 《马克思恩格斯全集》第1卷，人民出版社1995年版，第357页。
④ 《马克思恩格斯全集》第1卷，人民出版社1995年版，第364页。

民群众一边的政治立场。

由于受到普鲁士书报检查机关的迫害，1843 年 3 月马克思退出《莱茵报》编辑部，他用一年多时间进行了更为深入的理论研究。人有着各种利益的问题，但人的利益又是怎么来的呢？马克思认为，人的利益从人的需要而来。在《1844 年经济学哲学手稿》中，马克思指出："人直接地是**自然存在物**。人作为自然存在物，而且作为有生命的自然存在物，一方面具有**自然力、生命力，**是**能动的**自然存在物；这些力量作为天赋和才能、作为**欲望**存在于人身上；另一方面，人作为自然的、肉体的、感性的、对象性的存在物，同动植物一样，是受动的、受制约的和受限制的存在物"①。这就是说，人在具有社会属性的同时，仍然保留着自然属性，这种自然属性首先表现为他的基本需要。当然，动物和人一样也有需要，但是人的需要和动物的需要有着根本性的差异，这一差异不在于需要对象上的差异，而在于需要的满足和实现方式不同。动物需要的满足是通过自身的本能行为来直接占有自然界现存的对象，而人的需要的满足必须借助于社会过程才能完成。不同学科对于需要的理解不尽一致，如心理学认为，需要主要强调的是人作为主体的某种状态，即人感觉到缺少点什么。哲学侧重于确定需要对于个人以及社会的生存和发展所具有的客观意义。经济学理解的需要则强调需要的对象，即需要"什么"。现代研究表明，人的需要是一个多层次的体系，它由各种特殊的需要构成，每一个特殊需要又由许多方面和内容构成。马斯洛提出了生理需要、安全需要、爱的需要、受尊重的需要、自我实现的需要五种基本需要，认为它们的满足一般是由低层次向高层次逐级实现的。而作为马斯洛的人的第一个需要——生理需要，其实，马克思与恩格斯早在《德意志意识形态》中已经说明了："首先应当确定一切人类生存的第一个前提，也就是一切历史的第一个前提，这个前提是：人们为了能够'创造历史'，必须能够生活。但是为了生活，首先就需要吃喝住穿以及其他一些东西。因此第一个历史活动就是生产满

---

① 《马克思恩格斯全集》第 3 卷，人民出版社 2002 年版，第 324 页。

足这些需要的资料，即生产物质生活本身，而且，这是人们从几千年前直到今天单是为了维持生活就必须每日每时从事的历史活动，是一切历史的基本条件。"① 后来，恩格斯《在马克思墓前的讲话》中指出："马克思发现了人类历史的发展规律，即历来为繁芜丛杂的意识形态所掩盖着的一个简单事实：人们首先必须吃、喝、住、穿，然后才能从事政治、科学、艺术、宗教等等"②。在人的众多的需要中，人作为自然存在物，人作为"生存的第一个前提""首先就需要吃喝住穿"这些生活的物质的东西，是分析人的一切需要的切入点。

此后，马克思对需要的研究不但强调了物质需要的重要性，同时也充分肯定政治需要、精神需要的意义，并辩证地说明了它们与物质需要之间的关系。人们之间的社会关系形成以后，不仅使人们在特定的社会范围之内生产和生活，而且决定着生产成果在社会成员之间的分配，制约着人们需要的满足程度，使得人与需求对象之间的关系转化为人与人之间的关系，在这种社会关系中便产生了利益。与此同时，利益反过来又对需要的满足和新的需要的产生起着决定性的作用。因为利益存在于人的社会活动以及活动所形成的社会关系之中，它对人的需要的具体内容、对象、需要满足的程度起着制约作用。也就是说，由于社会关系和社会规律的作用，每个人特定需要能否得到满足以及得到满足的程度都是不同的。个人的需要之间、个人需要与集体需要或者社会的需要完全有可能出现不一致甚至出现矛盾的地方。在这种情况下，就出现了利益矛盾。需要反映的是人对客观需求对象之间的关系，也就是人和自然之间的矛盾；而利益反映的是人与人之间因为对需求对象的依赖而产生的相互关系，也就是说，要有效解决人和自然之间的矛盾，必须首先解决好人与人之间的矛盾。在这里，需要和利益的关系就表现为目的和手段的关系，目的能否实现以及实现的程度，完全取决于手段的选择。在需要——利益——需要的满足（即利益

---

① 《马克思恩格斯选集》第 1 卷，人民出版社 2012 年版，第 158 页。
② 《马克思恩格斯选集》第 3 卷，人民出版社 2012 年版，第 1002 页。

的实现）的过程中，同时不断产生着新的需要和新的利益。可见，需要就是利益，所谓利益指的是人在满足需要、同时产生新的需要的过程中结成的人和人之间的经济关系、政治关系、社会关系以及价值关系。

与马克思相比，恩格斯由于其父亲要他早早从事经商的原因，1837年，中学还没毕业时就到巴门的商行里当练习生，刚刚17岁就开始踏足社会。对于恩格斯而言，资本家的生意经他没有一点兴趣，尤其是当时巴门资产者的生活方式更使他头痛万分。恩格斯在《伍珀河谷来信》中说："这些人过着可怕的生活，但还觉得蛮不错；白天埋头于他们的账目的进出，而且是那样专心致志，简直令人难以置信；晚上到了一定的时间，就三五成群，打牌消遣，谈几句国事和抽抽烟，直到钟打过9点以后，才各自回家。日复一日，没有丝毫变化，而且谁要妨碍他们，谁就会倒霉"[①]。在讨厌和蔑视资产者生活的同时，恩格斯把关注的目光投向了底层工人的生活，他指出，工人们"在低矮的房子里劳动，吸进的煤烟和灰尘多于氧气，而且大部分人从6岁起就在这样的环境下生活，这就剥夺了他们的全部精力和生活乐趣。……特别是伍珀河谷的工厂工人，普遍处于可怕的贫困境地；梅毒和肺部疾病蔓延到难以置信的地步"[②]。一旦恩格斯接触到和资本的直接对立物的劳动，目睹了劳动阶级为生产资本而作的种种牺牲和不幸，初步观察到了阶级对立的问题，就更加激起他思索人世间种种不平等的问题。

恩格斯在1842年11月底来到英国的曼彻斯特，这是恩格斯在思想和政治方面发展的转折点。在英国，他写了《英国对国内危机的看法》《国内危机》《各个政党的立场》《英国工人阶级状况》《谷物法》《伦敦来信》等一系列文章，对基于物质利益的阶级和阶级斗争问题有了明显的洞察力。恩格斯分析了英国的社会状况，随着英国工业的飞速发展，固然可使国家富庶，但也造成了一个勉强糊口的急速增长着的无产者阶级、赤贫者

---

① 《马克思恩格斯全集》第 2 卷，人民出版社 2005 年版，第 58 页。
② 《马克思恩格斯全集》第 2 卷，人民出版社 2005 年版，第 44 页。

阶级，而这个阶级占了英国全国人口的三分之一，甚至几乎是一半。英国的资本主义社会不可能离开无产阶级，也不可能消灭无产阶级。只要商业稍微停滞，就会使这个阶级的大部分人挨饿，遇上大规模的商业危机，则会使整个阶级都挨饿。恩格斯由此得出结论："按人数来说，这个阶级已经成了英国最强大的一个阶级，当他们意识到这一点的时候，英国富翁们就该倒霉了。"①恩格斯还尖锐地指出，无产阶级和资产阶级的利益矛盾和冲突不可调和，只有进行革命，"只有通过暴力变革现有的反常关系，根本推翻门阀贵族和工业贵族，才能改善无产者的物质状况。"②这个改善无产者的物质状况的革命，正像英国发生的一切事件一样，它的"开始和进行将是为了利益，而不是为了原则，只有利益能够发展成为原则，就是说，革命将不是政治革命，而是社会革命"③。恩格斯把政治革命以及更高的社会革命与原则、利益紧密地联系在一起，而且以利益作为分析政治问题的起始点。

当然，处在思想转折中的恩格斯，当时也还没有完全摆脱唯心主义。与马克思相同的是，他在物质利益问题的看法上也有非常矛盾的时候。恩格斯虽然看到了物质利益在阶级对立中的作用，却对它持否定的态度，认为思想原则应高于物质利益。他说："对于一个顽固的不列颠人，却无论如何也讲不明白，那就是所谓的物质利益在历史上从来不可能作为独立的、主导的目的出现，而总是有意无意地为引导着历史进步方向的原则服务。"④因此，恩格斯此时对物质利益的看法，显然带有转变时期的特征，具有二重性：一方面表现了他对当时英国资产阶级的自私自利、贪婪成性，把自己狭隘的物质利益凌驾于整个社会之上的憎恨，必须解决无产阶级的物质利益问题；另一方面则表现出他受到了重视思想原则，轻视物质利益的唯心主义思想的影响。在恩格斯看来，虽然英国当时是世界上最

---

① 《马克思恩格斯全集》第3卷，人民出版社2002年版，第410页。
② 《马克思恩格斯全集》第3卷，人民出版社2002年版，第411页。
③ 《马克思恩格斯全集》第3卷，人民出版社2002年版，第411—412页。
④ 《马克思恩格斯全集》第3卷，人民出版社2002年版，第407—408页。

发达的工业国，但实际上比欧洲任何一个国家都更为封建落后，还完全沉浸在中世纪的国家里，这必然要和当时已经走在前面的精神发展发生冲突，思想原则应该高于物质利益。

物质利益是一个带有根本性质的问题。在人类社会发展中，到底是物质资料生产还是思想原则起决定作用？这不仅对哲学、政治经济学、科学社会主义具有重大意义，而且对于政治学来说，也是一个根本的、起决定性的问题。在这个问题上，正如列宁所说的："恩格斯到英国后才成为社会主义者。"①在曼彻斯特近两年的时间里，恩格斯最终完成了向唯物主义和共产主义的转变。晚年，恩格斯在回顾自己参与马克思历史唯物主义的创立时，曾作出明确的阐述："我在曼彻斯特时异常清晰地观察到，迄今为止在历史著作中根本不起作用或者只起极小作用的经济事实，至少在现代世界中是一个决定性的历史力量；这些经济事实形成了产生现代阶级对立的基础；这些阶级对立，在它们因大工业而得到充分发展的国家里，因而特别是在英国，又是政党形成的基础，党派斗争的基础，因而也是全部政治史的基础。"②这表明，恩格斯将物质利益和经济事实作为研究政治学的出发点，作为研究政治问题和全部政治史的坚实基础。

1844年8月底，恩格斯前往巴黎与马克思会面。由于两人在新的基础上讨论了许多基本理论问题，并且意见完全一致，他们开始了共同的工作，合作撰写了《神圣家族》。《神圣家族》的问世，表明马克思恩格斯已经彻底摆脱了唯心主义，形成对物质利益问题的历史唯物主义认识，分析了思想、精神和群众、利益的关系。他们指出："思想本身根本**不能实现什么东西。思想要得到实现，就要有使用实践力量的人。**"③马克思恩格斯认为，人民群众创造自己的历史，但是他们的思想、动机又是由什么决定的呢？他们看到了，都是同人民群众的物质利益直接联系在一起的。在创造历史的活动中，包括人们的政治思想和动机，总是要同一定的物质利益

---

① 《列宁选集》第1卷，人民出版社2012年版，第92页。
② 《马克思恩格斯选集》第4卷，人民出版社2012年版，第202页。
③ 《马克思恩格斯文集》第1卷，人民出版社2009年版，第320页。

相联系。

马克思恩格斯以 18 世纪震撼欧洲的法国资产阶级革命为例指出，任何革命都不是为了某一种纯粹的思想，而是为了实际的物质利益的。法国资产阶级革命绝不是由什么观念的冲突而引起的，也不是由组成所谓的什么威严的"笔"预先规定策划的，其根源深藏于当时法国的物质关系中。它是由新兴的资本主义生产关系和没落的封建主义生产关系的矛盾，以及由此而决定的阶级利益的对抗引起的。正是资产阶级的物质利益"如此强大有力，以至胜利地征服了马拉的笔、恐怖主义者的断头台、拿破仑的剑，以及钉在十字架上的耶稣受难像和波旁王朝的纯血统"①。虽然思想在革命发展的过程中起着一定的作用，但是它所起的作用的性质、程度、范围和结局都取决于它同物质利益的关系。

马克思恩格斯不但揭示了人们的政治思想、动机同物质利益联系的必然性，也阐明了这种联系所表现出来的复杂性。18 世纪法国资产阶级革命同以往历史上的革命一样，也造成一种时代的"色调"，任何在历史上能够实现的群众性的"利益"，在它最初出现于世界舞台时，在"思想"或"观念"中都会远远超出自己的现实界限，而同一般的人的利益混淆起来，从而造成似乎这种某个阶级的"利益"就是"全民利益"的错觉。新兴的资产阶级为了争得自己的统治，不得不赋予自己的"思想"以普遍性的形式号召和动员群众；为了斗争的需要，不得不把自己的"利益"硬说成是全民的利益。这就造成了资产阶级的政治口号反映人民群众普遍利益的假象。马克思恩格斯就此指出了资产阶级革命的局限性，"这场革命只有对于**那样一些群众**来说才是'不合时宜的'，那些群众认为在**政治**'思想'中并没有体现关于他们的现实'**利益**'的思想，所以他们的真正的根本原则和这场革命的根本原则并不是一致的，他们获得解放的现实条件和资产阶级借以解放自身和社会的那些条件是根本不同的。"②这就是说，广大群

---

① 《马克思恩格斯文集》第 1 卷，人民出版社 2009 年版，第 287 页。
② 《马克思恩格斯文集》第 1 卷，人民出版社 2009 年版，第 287 页。

众逐渐认识到了资产阶级的"政治思想"只代表部分群众，即资产阶级的利益，而并不代表自己的现实利益。从这个意义上说，法国资产阶级革命没有满足广大群众的利益要求，因而对于广大群众来说，革命是"不合时宜的"。

马克思恩格斯深刻地阐明了政治学中的一个重要关系，即革命和利益的内在关系，说明了如果革命仅仅引起了群众的关注和唤起了群众的热情是不够的，如果不能实现人数众多群众的现实利益，只能是"激起暂时**热情**和掀起表面**风潮**"①，这样的革命就是不合时宜的、不可能成功的。由此，马克思恩格斯得出一个重要的认识："'**思想**'一旦离开'**利益**'，就一定会使自己出丑。"②

三、马克思主义政治学说围绕利益关系生成的研究对象

1845 年春天，马克思在研究了费尔巴哈的《关于哲学改造的临时纲要》以及《基督教的本质》等著作后，拟定了《关于费尔巴哈的提纲》。这份提纲被恩格斯称为"包含着新世界观的天才萌芽的第一个文献"③，它科学地论证了崭新的世界观，尤其是阐明革命实践、社会实践的重大作用，标志着马克思主义哲学的诞生。同时，基于人的利益特别是围绕着无产阶级的利益而结成的社会关系，构成了马克思主义政治学说的研究对象。

在《关于费尔巴哈的提纲》中，马克思提出一个关于人的本质的科学命题："人的本质不是单个人所固有的抽象物，在其现实性上，它是一切社会关系的总和。"④ 早在形成这个提纲之前，马克思恩格斯就已经明确，

---

① 《马克思恩格斯文集》第 1 卷，人民出版社 2009 年版，第 287 页。
② 《马克思恩格斯文集》第 1 卷，人民出版社 2009 年版，第 286 页。
③ 《马克思恩格斯选集》第 4 卷，人民出版社 2012 年版，第 219 页。
④ 《马克思恩格斯选集》第 1 卷，人民出版社 2012 年版，第 135 页。

劳动和物质利益是把人们联系起来的纽带，在物质利益的背后，隐藏着的是基于这种物质利益的人与人的社会关系。马克思恩格斯认为，人的劳动和劳动产品，不仅是人的存在的确证，同时也反映着人对人的社会关系，在劳动生产过程中，形成的是人们的社会关系。因此，当马克思针对着费尔巴哈把人理解为是建立在自然主义基础之上的自然属性、而否定人的社会属性，"强调自然过多而强调政治太少"①，只是用自然科学的、生物学的观点看待人的本质，而把人的本质和人的存在混为一谈的错误观点进行批判时，必然从人的现实存在的物质利益出发揭示出人的社会关系。

　　人的本质是一切社会关系总和的规定，说明了社会关系的总和是一个由各种社会关系组成的有机统一体。在这些社会关系中，既有物质的、经济的关系，也有思想的、政治的关系；既有家庭关系，也有各种形式的社会联系和交往；在生产过程中，更有人与人的社会生产关系，阶级社会中还存在阶级的关系，等等。在这些诸多的社会关系中，不仅有各种关系之间的从属关系，而且还有相互影响和相互作用的关系。尽管它们彼此间发生了相互影响和相互作用，但思想、政治关系总是受着经济关系的制约，各种社会关系包括阶级关系，归根结底，取决于生产关系。因此，按照关于人的本质是一切社会关系总和的观点就可以清楚地界定，其中的建立于一定生产关系基础上的政治关系，就成为马克思主义政治学说确立的研究对象和基本的研究内涵。

　　马克思恩格斯认为，政治关系是一种具有公共性的社会关系。马克思指出："人们的**政治**关系同人们在其中相处的一切关系一样自然也是**社会的、公共的**关系。"②公共性是与人类社会共始终的永恒范畴，只要有人类社会存在，就会有社会的公共生活，也就会有源于社会性的公共性。从某种意义说，国家的产生也是公共性的一种体现，马克思说："随着城市的出现，必然要有行政机关、警察、赋税等等，一句话，必然要有公共机

---

① 《马克思恩格斯全集》第 47 卷，人民出版社 2004 年版，第 53 页。
② 《马克思恩格斯全集》第 4 卷，人民出版社 1958 年版，第 334 页。

构，从而也就必然要有一般政治。"① 这里讲的国家公共机构，除了具有政治统治的职能之外，还必须具有公共服务的职能，恩格斯说："政治统治到处都是以执行某种社会职能为基础，而且政治统治只有在它执行了它的这种社会职能时才能持续下去。不管在波斯和印度兴起和衰落的专制政府有多少，每一个专制政府都十分清楚地知道它们首先是河谷灌溉的总管，在那里，没有灌溉就不可能有农业。"② 这就是说，国家要举办治水工程、兴修水利，要组织运输、联络通讯、文化教育、社会福利、公益事业，还要举行赈灾、救济活动等。更为重要的是，国家不会永恒存在，正如恩格斯指出的："国家再好也不过是在争取阶级统治的斗争中获胜的无产阶级所继承下来的一个祸害；胜利了的无产阶级也将同公社一样，不得不立即尽量除去这个祸害的最坏方面，直到在新的自由的社会条件下成长起来的一代有能力把这国家废物全部抛掉。"③ 这说明，国家公共机构职能不是静态的、一成不变的，而是动态的、不断发展变化的。在无产阶级夺取国家政权，进入社会主义社会后，从总体发展的趋势看，其政治的、社会的公共职能将不断扩大，而政治统治职能将不断缩小，直至公共职能最终完全实现。

无疑，在阶级社会里，政治关系最明显突出的是阶级性的社会关系。在阶级社会中，政治关系主要就是相互对抗的阶级之间的关系，因此，马克思恩格斯指出："一切阶级斗争都是政治斗争"④。阶级斗争最终都会上升为政治斗争，政治斗争是阶级斗争的最高形式。列宁说："政治就是各阶级之间的斗争，政治就是无产阶级为争取解放而与世界资产阶级进行斗争的关系。"⑤ 人们在生产活动中由于对生产资料占有的关系不同，形成了不同的阶级和阶级关系，阶级关系必然会集中反映到政治中来。人们在生产

---

① 《马克思恩格斯选集》第 1 卷，人民出版社 2012 年版，第 184 页。
② 《马克思恩格斯选集》第 3 卷，人民出版社 2012 年版，第 559—560 页。
③ 《马克思恩格斯选集》第 3 卷，人民出版社 2012 年版，第 55 页。
④ 《马克思恩格斯选集》第 1 卷，人民出版社 2012 年版，第 409 页。
⑤ 《列宁全集》第 39 卷，人民出版社 2017 年版，第 448 页。

关系中形成的剥削与被剥削的对立关系必然要表现为政治上统治和被统治、压迫和被压迫的关系，因而表现为政治领域中被剥削、压迫阶级推翻剥削、压迫阶级统治的夺取政权的激烈斗争。当然，马克思主义政治学说既要注意到政治的阶级关系不仅包括敌对阶级之间的关系，而且还包括其他类型的阶级关系，包括非对抗阶级之间的关系，如无产阶级与农民的关系、与本阶级群众的关系等。尤其在社会主义社会，在剥削阶级作为阶级已经不存在后，政治则主要是人民内部不同阶层、群体、团体等方面的关系，形成了一种新的政治关系。

马克思恩格斯认为，政治关系是经济关系和经济利益的集中表现。人们的经济关系，包括生产资料所有权关系以及生产过程中的支配、被支配关系和生产成果的分配关系，这样的“每一既定社会的经济关系首先表现为**利益**。”[1]马克思说：“**群体**即原始共同体的**给人带来满足和乐趣的纽带**——从而是**个性**的片面发展。但是只要我们分析这种个性的内容即它的利益，它的真正性质就会显露出来。那时我们就会发现，这些利益又是一定的社会集团共同特有的利益，即**阶级利益等等**，所以这种个性本身就是阶级的个性等等，而它们最终全都以**经济条件**为基础。这种条件是国家赖以建立的基础，是它的前提。”[2]政治关系，就是建立在既定的社会经济关系和利益的经济基础之上，并进行实际的运行。从根本上说，政治关系是由经济关系和利益决定的，体现着经济关系和利益的根本要求。但同时应该注意到，政治以围绕着特定的权力活动的集中方式，体现和反映着经济关系和利益的根本要求，并且对经济关系起着反作用。因而，政治和政治关系集中体现了社会的经济关系和经济利益。

政治的根本问题是国家政权问题，马克思主义认为，国家政权问题是全部政治问题的核心。政治斗争的首要任务是夺取国家权力和巩固国家权力，由此，决定了权力关系是一种基本的政治关系。在存在着阶级的社会

[1] 《马克思恩格斯选集》第3卷，人民出版社2012年版，第258页。
[2] 《马克思恩格斯全集》第45卷，人民出版社1985年版，第646—647页。

里，必然存在着国家，而一切政治现象和人们的政治生活，都与国家政权有着密切的关系。列宁根据马克思主义政治学说的原理指出，政治关系和政治活动的重要内容"就是参与**国家**事务，给国家定方向，确定国家活动的形式、任务和内容"①。

由上可知，马克思恩格斯从强调人的本质是一切社会关系的总和出发，确定了政治关系是人们重要的一种社会关系，而政治关系无非是集中体现了在一定经济关系基础形成的经济利益关系，它广泛地涵盖了阶级、阶层、社会集团等之间的关系，涵盖了对立阶级之间、非对立阶级之间以及特定的阶级内部的关系。政治关系的实质是以国家的公共权力实行权威性的价值分配来维护、协调和实现人们的经济利益、政治利益和社会利益。这样围绕着无产阶级利益而生成的政治关系，构成了马克思主义政治学说的研究对象。

---

① 《列宁全集》第 31 卷，人民出版社 2017 年版，第 128 页。

第三章　体系建构

马克思主义政治学说在本质上是无产阶级的政治学、社会主义的政治学，因为它是为着无产阶级的解放、为着社会主义的建立而研究和创立的。马克思恩格斯阐明无产阶级只有完成自己承担的任务，推翻资本主义统治，建设社会主义社会，才能实现包括自身在内的、彻底的人类解放。在马克思恩格斯之前，从来还没有一位思想家能够站在唯物主义的立场上说明无产阶级的命运和前途。即使是空想社会主义者，也只是同情无产阶级，把无产阶级看成是一个受苦受难最深、生活境遇最惨的阶级，需要像空想社会主义者这样的"天才人物"去拯救他们。只有马克思恩格斯真正揭示了无产阶级的历史地位和肩负的历史使命，《共产党宣言》提出"**全世界无产者，联合起来！**"①，制定了无产阶级解放的纲领和政治思想体系，标志着马克思主义政治学说的全面创立。

一、马克思恩格斯对无产阶级的解放和历史使命的阐论

无产阶级（Proletariat）一词，源于拉丁语 Proletariis。在拉丁语中，Proletariis 意为"子女的生产者"（proletariis 是从 proles 即"后代"演变来的），他们在古罗马公民中处于社会的最底层。这些人几乎没有任何财产，当然也不必去服兵役，因为服兵役的责任属于有财产的人，无产阶级对国家的

---

① 《马克思恩格斯选集》第 1 卷，人民出版社 2012 年版，第 435 页。

贡献仅仅是不断地生育子女而已。①

无产阶级的概念在法国大革命期间被使用，并开始在社会上流行。圣西门在写于1821年的《无产阶级》一文中，试图对什么是无产阶级作出界定。他认为，无产阶级是"构成实业阶级的基本群众的非熟练工人"②。圣西门所说的"实业阶级"乃是一个大杂烩，它主要涵盖三大部分：一是工厂主、农场主、商人、银行家等人，称为"实业家"；二是学者、科学家、技术人员和艺术家等人，叫作"理论实业家"；三是工人无产者。圣西门把三部分人糅合在一起，可见他对阶级的理解是混乱的、错谬的。同时，圣西门之所以把由实业阶级基本群众的"工人无产者"构成的无产阶级称为"非熟练工人"，是因为他认为，随着科学和工业的进步发展，在现有的社会制度下，无产阶级难以掌握科学技术，"这些非熟练工人已被实业阶级中的一切有实力的人士所抛弃。"③ 因而，圣西门把无产阶级视作极同情怜悯的对象。对于无产阶级的命运和出路，他提出的具体方案是设置一笔巨额基金，帮助工人就业劳动，以免他们坐以待毙。相比圣西门来说，傅立叶更接近于理解资本主义社会有着两大阶级：一个叫"工人阶级"④，一个叫"工厂主阶级"⑤，即形成无产阶级和资产阶级的对立。工厂主阶级差不多只做些领导工作和监督工作，但这并非是生产；工人阶级则是肩负全部劳动重荷的阶级，终日劳作而吃不饱、穿不暖。傅立叶详尽考察了法国和英国的资本主义工厂制度，研究了雇佣劳动给工人带来的严重后果。他深刻地指出："工厂主阶级所关心的是，削减工人的工资和掩盖他们的贫困。"⑥ 他

---

① 参见 [古罗马] 西塞罗：《论共和国》，王焕生译，上海人民出版社2006年版，第166—167页。
② 《圣西门选集》第2卷，董果良译，商务印书馆1982年版，第8页。
③ 《圣西门选集》第2卷，董果良译，商务印书馆1982年版，第8页。
④ 《傅立叶选集》第1卷，赵俊欣、吴模信、徐知勉、汪文漪译，商务印书馆1979年版，第86页。
⑤ 《傅立叶选集》第1卷，赵俊欣、吴模信、徐知勉、汪文漪译，商务印书馆1979年版，第117页。
⑥ 《傅立叶选集》第1卷，赵俊欣、吴模信、徐知勉、汪文漪译，商务印书馆1979年版，第117页。

得出的结论是："文明制度的结构在拥有若干巨大的财富的同时，只能生产种种骇人听闻的事件和无数的赤贫者。"①而且，无产者的贫困将随着生产的发展程度而增长，变得越来越贫困。傅立叶与圣西门一样，认为工人阶级最终连获得令人厌恶的工作的机会都没有了。

与空想社会主义者的这些观点截然相反，马克思恩格斯认为，无产阶级是人类历史上最伟大的阶级。伴随着机器大工业出现的无产阶级是资产阶级和资本主义社会的掘墓者。它生活在社会底层，是受剥削最重、受压迫最深的阶级，这样的经济地位和政治地位，决定了无产阶级具有其他劳动阶级所不具有的优秀品质。

马克思从提出人类解放的问题出发，进而提出无产阶级的概念和无产阶级解放的问题，并深刻阐述无产阶级的历史使命，是在 1843 年 10 月至 1844 年 2 月撰写的、发表在《德法年鉴》上的《论犹太人问题》和《〈黑格尔法哲学批判〉导言》两篇文章。

《论犹太人问题》的写作，缘于马克思同原"博士俱乐部"的朋友、青年黑格尔派的首领鲍威尔就犹太人问题展开的公开论战。当时，德国资产阶级民主运动日渐高涨。犹太人在德国是最受歧视的民族，越来越多的人参加了关于犹太人解放问题的讨论。鲍威尔在他的《犹太人问题》和《现代犹太人和基督教徒获得自由的能力》两本小册子里，完全混淆、颠倒了宗教解放、政治解放、人类解放之间的关系。他把犹太人的解放以及一般人的解放问题，说成是宗教解放的问题，主张犹太人放弃犹太教，基督徒放弃基督教，其他的一切人都放弃宗教，使宗教在政治上被废除，就能实现人的政治解放，并实现人类解放。这样一来，严肃、尖锐的社会政治问题，就被化为纯粹宗教的问题。事实上，宗教解放、政治解放、人类解放绝不是一回事。

马克思对鲍威尔把犹太人问题归结为宗教问题，进行了批驳。马克思

---

① 《傅立叶选集》第 2 卷，赵俊欣、吴模信、徐知勉、汪文漪译，商务印书馆 1981 年版，第 187 页。

认为,宗教解放是要撕去披在封建专制政权上的神圣外衣,使人民摆脱对神的信仰和对来世的幻想。但很显然的是,提出犹太人的解放问题,不单是一个宗教解放的问题,犹太人的解放斗争不能只停留在纯宗教斗争的水平上,它在实质上属于政治解放的范畴,反宗教斗争为政治斗争开辟了道路。政治解放是指,国家从宗教中解放出来,即宗教不再是国家的精神,要改变政教合一的政制,实行政教分离,让宗教从公共政治领域进入私人领域,国家不再是宗教的世俗权力的机关,把国家权力不仅从教皇手里、而且从国王手里夺过来,交还给市民社会。很清楚,这样的政治解放,还只是资产阶级性质的革命。资产阶级革命废除了封建制度,普遍实行资产阶级的自由、平等、博爱和民主的原则,它在本质上实现了资产阶级的政治解放。资产阶级的政治解放也没有解决宗教解放的问题,历史已经证明,资产阶级革命并没有废除宗教,也无需废除宗教,而只要实现国家与宗教的分开,对公民实行宗教信仰的自由。资产阶级革命是在推翻封建政权和等级制的条件下,在人民还信教的情况下获得政治解放的。因此,马克思认为,政治解放和宗教解放根本不是一回事,求得政治解放也无须放弃宗教。法国和英国的资产阶级革命都证明了这一点,政治解放根本不以消灭宗教为前提,它可以在绝大多数人还信教的情况下使国家从宗教里解放出来。

马克思进一步指出,鲍威尔也"没有探讨**政治解放对人的解放的关系,因此,他提供的条件只能表明他毫无批判地把政治解放和普遍的人的解放混为一谈**"[1]。政治解放,即只是"资产阶级解放"[2],虽然在人类历史上是一大进步,但是,"**政治解放**本身并不就是**人的解放**。"[3] 资产阶级的政治解放是不完全的、不充分的解放,在已经获得了政治解放的国家里,人的自由和发展仍然受到种种限制,政治国家不仅没有废除私有财产,反而以私有财产为前提,仍是建立在私有财产基础上,其法律也是保护私有制

---

① 《马克思恩格斯全集》第3卷,人民出版社2002年版,第168页。
② 《马克思恩格斯全集》第3卷,人民出版社2002年版,第390页。
③ 《马克思恩格斯全集》第3卷,人民出版社2002年版,第180页。

的。在这样的国家里，"政治解放一方面把人归结为市民社会的成员，归结为**利己的、独立的**个体，另一方面把人归结为**公民**，归结为法人。"①它并没有消除市民社会和政治国家的对立，从而保存着由私有制产生的人的异化。和鲍威尔根本不同的是，马克思看到了政治解放的局限性，认为不能把它和"普遍的人的解放"即人类解放混淆，必须区分这两种解放，并把人类解放置于政治解放之上。马克思认为，政治解放和人类解放是两个不同的发展阶段。在政治解放之后还要进行人类解放。他指出，不是政治解放而是人类解放才是人的最终目的，达到这个的目的是"直接为**人的解放工作**，并转而反对人的自我异化的**最高实际表现**"②。人类在朝着自我解放的征途中，决不能停止在政治解放的阶段上，它必然要向前发展为人类解放。这样的人类解放，是"只有当现实的个人把抽象的公民复归于自身，并且作为个人，在自己的经验生活、自己的个体劳动、自己的个体关系中间，成为**类存在物**的时候，只有当人认识到自身'固有的力量'是**社会力量**，并把这种力量组织起来因而不再把社会力量以**政治**力量的形式同自身分离的时候，只有到了那个时候，人的解放才能完成"③。也就是说，必须宣布革命是不间断的，必须废除私有制，使宗教消亡，最终实现人类解放。

马克思在提出人类解放的任务后，继续探讨究竟怎样才能实现人类解放？必须由什么力量来实现人类解放？这些问题在《论犹太人问题》中并没有得到解决，而是在《〈黑格尔法哲学批判〉导言》中得到回答的。

马克思对德国无产阶级的形成作出了科学的分析，指出"德国无产阶级只是通过兴起的**工业**运动才开始形成；因为组成无产阶级的不是**自然形成的**而是**人工制造的**贫民，不是在社会的重担下机械地压出来的而是由于社会的**急剧解体**、特别是由于中间等级的解体而产生的群众，虽然不言而喻，自然形成的贫民和基督教日耳曼的农奴也正在逐渐跨入无产阶级的

---

① 《马克思恩格斯全集》第 3 卷，人民出版社 2002 年版，第 189 页。
② 《马克思恩格斯全集》第 3 卷，人民出版社 2002 年版，第 192 页。
③ 《马克思恩格斯全集》第 3 卷，人民出版社 2002 年版，第 189 页。

行列"①。在这里，首先，马克思说明了无产阶级的产生是旧的社会解体、新兴工业崛起的结果，是历史发展的必然；其次，马克思说明了无产阶级队伍的构成，随着越来越多的贫民、农奴和中间阶级的分化，无产阶级是一个唯一不断成长壮大的阶级。

那么，无产阶级是一个怎样的阶级呢？马克思指出，无产阶级是"一个被戴上**彻底的锁链**的阶级，……形成一个由于自己遭受普遍苦难而具有普遍性质的领域"②，它和其他相同的阶级、等级一样，与资本主义社会的基础——私有制发生了全面矛盾，因而，无产阶级是唯一彻底革命的阶级，任何改良的措施都不能使无产阶级摆脱自己的奴隶地位。为此，马克思提出了无产阶级的重大任务是消灭私有制，"无产阶级宣告**迄今为止的世界制度的解体**，……无产阶级要求**否定私有财产**"③。无产阶级一无所有，已与私有制彻底决裂，因而它能坚决消灭私有制。无产阶级要消灭私有制，"只不过是把社会已经提升为**无产阶级**的原则的东西，把未经无产阶级的协助就已作为社会的否定结果而体现在**它身上**的东西提升为**社会的原则**"④。这就是说，资本主义私有制的内在矛盾，造成了无产阶级和人民群众的普遍贫困，这本身就决定了私有制自身要被彻底否定。消灭私有制后，无产阶级并不占有任何私有财产，体现在无产阶级身上的原则是建立社会的公有制，只有确立这样的社会原则，才能使整个社会都摆脱了私有财产。

马克思进一步阐述了无产阶级解放和人类解放的关系，并提出了无产阶级的历史使命。他指出，无产阶级的解放"不要求享有任何**特殊的权利**"⑤，因为无产阶级本身的存在，是"表明人的**完全丧失**，并因而只有通过**人的完全回复**才能回复自己本身"⑥。无产阶级的阶级性质决定了它是

---

① 《马克思恩格斯全集》第3卷，人民出版社2002年版，第213页。
② 《马克思恩格斯全集》第3卷，人民出版社2002年版，第213页。
③ 《马克思恩格斯全集》第3卷，人民出版社2002年版，第213页。
④ 《马克思恩格斯全集》第3卷，人民出版社2002年版，第213页。
⑤ 《马克思恩格斯全集》第3卷，人民出版社2002年版，第213页。
⑥ 《马克思恩格斯全集》第3卷，人民出版社2002年版，第213页。

"一个若不从其他一切社会领域解放出来从而解放其他一切社会领域就不能解放自己的领域"①。这说明，无产阶级和全体被剥削、被压迫人民的利益是完全一致的，无产阶级的解放是与人的解放、人类解放联系在一起的。由此，马克思阐明了无产阶级的历史使命，这个历史使命就是：无产阶级如果不同时使整个社会摆脱阶级划分和阶级斗争，使社会永远从剥削、压迫和阶级斗争中解放出来，也就不能争得自身的彻底解放。在过去的阶级社会中，历史上的任何一个阶级的解放，都意味着带来新的剥削和奴役，而无产阶级的解放，则"**必须推翻**那些使人成为被侮辱、被奴役、被遗弃和被蔑视的东西的**一切关系**"②，这就包含了"**彻底的**革命，**全人类的**解放"③。因而，无产阶级的历史使命就是无产阶级承担的任务，无产阶级需要完成的任务就是实现全人类的解放和无产阶级的解放，因为全人类的解放，自然也就意味着无产阶级本身的解放，或者同样地可以说，无产阶级的解放，就是全人类本身的解放。

马克思还分析了无产阶级在实现伟大历史使命时，哲学和理论所发挥的重要作用。马克思虽然肯定了"革命需要**被动**因素，需要**物质**基础。理论在一个国家实现的程度，总是决定于理论满足这个国家的需要的程度。"④ 但他并不否认理论的作用，马克思指出："批判的武器当然不能代替武器的批判，物质力量只能用物质力量来摧毁；但是理论一经掌握群众，也会变成物质力量。理论只要说服人 [ad hominem]，就能掌握群众；而理论只要彻底，就能说服人[ad hominem]。"⑤ 马克思的这段名言深刻揭示了物质和精神、理论和实践的辩证关系。马克思还形象地把无产阶级比喻为人类解放的"**心脏**"，把哲学比作"**头脑**"，指出："哲学把无产阶级当作自己的**物质**武器，同样，无产阶级也把哲学当作自己的**精神**

① 《马克思恩格斯全集》第 3 卷，人民出版社 2002 年版，第 213 页。
② 《马克思恩格斯全集》第 3 卷，人民出版社 2002 年版，第 207—208 页。
③ 《马克思恩格斯全集》第 3 卷，人民出版社 2002 年版，第 210 页。
④ 《马克思恩格斯全集》第 3 卷，人民出版社 2002 年版，第 209 页。
⑤ 《马克思恩格斯全集》第 3 卷，人民出版社 2002 年版，第 207 页。

武器；思想的闪电一旦彻底击中这块素朴的人民园地，**德国人**就会解放成为人。"①

在无产阶级的解放和历史使命问题上，恩格斯和马克思的认识完全一致。1842 年 11 月底，恩格斯前往英国的曼彻斯特，开始了第一次侨居国外的生活。他深入到英国社会"生活的深处"，研究和分析了它的政治、经济的历史和现状，在短短的两三个月里，就先后写了《国内危机》《各个政党的立场》《英国工人阶级状况》等一系列理论文章，谈了自己对英国革命问题的基本看法，揭示了导致政治和社会革命的内在因素。恩格斯提出了"政治革命"和"社会革命"的问题，把政治革命看成是用一种政权代替另一种政权，而社会革命则是根本改变人的生活条件，消除劳动者的贫困。恩格斯的这种提法与马克思关于"政治解放"和"人类解放"的见解不谋而合。这说明，恩格斯从那时起就拥有和马克思相同的观点。自从恩格斯在英国的工业中心曼彻斯特认识了无产阶级后，工人阶级就成为他经常研究的中心课题。特别是从 1844 年秋至 1845 年 3 月，恩格斯深入到工人阶级中，通过了解工人阶级的工作生活状况，并且阅读了他所能找得到的在他以前论述英国工人阶级状况的一切著作，仔细研究了他所能看到的一切官方文件，倾尽全力写作了《英国工人阶级状况》，揭示出无产阶级推翻资本主义制度、争取人类解放的历史使命。这本书的意义，诚如列宁所指出的："在恩格斯以前有很多人描写过无产阶级的痛苦，并且一再提到必须帮助无产阶级。恩格斯**第一个**指出，无产阶级**不只**是一个受苦的阶级，正是它所处的那种低贱的经济地位，无可遏止地推动它前进，迫使它去争取本身的最终解放。而战斗中的无产阶级是能够**自己帮助自己**的。工人阶级的政治运动必然会使工人认识到，除了社会主义，他们没有别的出路。另一方面，社会主义只有成为工人**阶级**的**政治**斗争的目标时，才会成为一种力量。这就是恩格斯论英国工人阶级状况的一书的基本

---

① 《马克思恩格斯全集》第 3 卷，人民出版社 2002 年版，第 214 页。

思想。"① 由此可见，恩格斯把无产阶级的最终解放，作为社会主义开展政治斗争的核心问题，他预示了"革命**必然**到来，要找到一个和平解决问题的方法，现在已经太晚了"②。无产阶级的解放，是通过社会革命实现社会主义的根本目的。

二、无产阶级解放任务的确定构成马克思主义政治学说的开端

马克思在《论犹太人问题》《〈黑格尔法哲学批判〉导言》里阐述了无产阶级解放和无产阶级历史使命问题后，并没有停止探索的步伐，他在1844 年 5 月底至 8 月写的《1844 年经济学哲学手稿》、1844 年 7 月底写的《评一个普鲁士人的〈普鲁士国王和社会改革〉》以及 1844 年夏秋和恩格斯合著的《神圣家族》、1845 年秋—1846 年 5 月合著的《德意志意识形态》中，继续对无产阶级解放和全人类解放之间关系的问题作出深入探讨。

在《1844 年经济学哲学手稿》中，马克思分析了异化劳动的问题。他指出，私有财产是人的异化劳动的必然结果。由此，马克思从异化劳动与私有财产的关系中得出结论："社会从私有财产等等解放出来、从奴役制解放出来，是通过**工人解放**这种**政治**形式来表现的，这并不是因为这里涉及的仅仅是工人的解放，而是因为工人的解放还包含普遍的人的解放；其所以如此，是因为整个的人类奴役制就包含在工人对生产的关系中，而一切奴役关系只不过是这种关系的变形和后果罢了。"③ 马克思再一次地谈到人的解放问题，他指出，共产主义"是人的解放和复原的一个**现实的**、对下一段历史发展来说是必然的**环节**"④。要实现人的解放，就要实现共产主义。

---

① 《列宁选集》第 1 卷，人民出版社 2012 年版，第 91—92 页。
② 《马克思恩格斯文集》第 1 卷，人民出版社 2009 年版，第 497 页。
③ 《马克思恩格斯全集》第 3 卷，人民出版社 2002 年版，第 278 页。
④ 《马克思恩格斯全集》第 3 卷，人民出版社 2002 年版，第 311 页。

1844 年 6 月，德国爆发了西里西亚纺织工人起义。在当时的德国，工人深受工厂主、包卖商和封建主的重重压迫和剥削。由于商品竞争的原因，工厂主大幅度降低工人工资以减少生产成本，使工人的生活极端困苦。西里西亚织工起义，是一次直接反对资本家残酷剥削的斗争，斗争目标极其鲜明地对准了私有制，提出了推翻资本主义私有制的问题。对于这场伟大的起义，此时和马克思创办《德法年鉴》的合作者卢格，却极力把它贬低为就像地方闹水灾或饥荒似的，只有局部性的意义，而且主要是因为行政机关办事不力或者慈善事业办得不够。马克思对卢格关于起义的看法存在分歧，并发生了公开的争论。马克思写了《评一个普鲁士人的〈普鲁士国王和社会改革〉》一文，驳斥了卢格荒唐的论点，把资产阶级的平庸俗气同工人阶级的高大勇猛相对照，高度赞扬了工人起义的行动，赞扬了工人阶级的力量。马克思指出："资产阶级，包括其哲学家和学者在内，有哪一部论述资产阶级解放——**政治**解放——的著作能和魏特林的《和谐与自由的保证》一书媲美呢？只要把无产阶级巨大的**童鞋**同德国资产阶级极小的政治烂鞋比较一下，我们就能够预言**德国的灰姑娘**将来必然长成一个**大力士的体型**。"① 从这次西里西亚织工起义，马克思看到了德国无产阶级的素质，它同时就是德国的社会素质，看到了在无产阶级身上具有解放的力量，他说："只有在**无产阶级**身上才能找到它的解放的积极因素。"②

在《神圣家族》中，马克思恩格斯批判了鲍威尔把废除宗教迷信同政治解放对立起来，认为有宗教迷信，就没有政治解放的错误认识。他们指出，政治解放与宗教信仰并不矛盾，相反，只有实现了政治解放，才能真正获得宗教信仰的自由。所谓政治解放，不过是资产阶级的民主革命，其实质就是对社会进行资产阶级民主改革，目的就在于争取政治自由，争得人权，这是市民社会精神因素和政治因素的不可遏制的运动。与政治解放相对立的是人类解放这一更高的问题，马克思恩格斯提出人类要获得解

---

① 《马克思恩格斯全集》第 3 卷，人民出版社 2002 年版，第 390 页。
② 《马克思恩格斯全集》第 3 卷，人民出版社 2002 年版，第 391 页。

放，就要消灭"现代社会的**一切非人性的生活条件**"①，而鲍威尔却把资产阶级的政治解放和人类解放完全混为一谈。

在《德意志意识形态》中，马克思恩格斯继续深入地思考了无产阶级解放和人的解放的问题。无产阶级解放和人的解放需要两个基本的条件，其一是生产力的高度发展，他们指出："只有在现实的世界中并使用现实的手段才能实现真正的解放；没有蒸汽机和珍妮走锭精纺机就不能消灭奴隶制；没有改良的农业就不能消灭农奴制；当人们还不能使自己的吃喝住穿在质和量方面得到充分保证的时候，人们就根本不能获得解放。"②其二是大规模的无产阶级化，只有工业生产力的发展导致了革命阶级的形成，才能推翻现存的资本主义社会，实现共产主义。马克思恩格斯初步地叙述了未来共产主义社会的基本特征：共产主义是形成了一个"控制了自己的生存条件和社会全体成员的生存条件的革命无产者的共同体"，"它是各个人的这样一种联合（自然是以当时发达的生产力为前提的），这种联合把个人的自由发展和运动的条件置于他们的控制之下。"③

从以上马克思以及他和恩格斯合著的著作中可知，他们把人的解放聚焦在无产阶级的解放上，聚焦在共产主义的实现上。马克思之所以把人的解放、无产阶级的解放理解为是共产主义的实现，这是因为："**共产主义是私有财产即人的自我异化的积极的**扬弃，因而是通过人并且为了人而对**人的**本质的真正**占有**；因此，它是人向自身、向**社会的**即合乎人性的人的复归，这种复归是完全的，自觉的和在以往发展的全部财富的范围内生成的。"④这样的人的解放和无产阶级的解放，包含着马克思在上述著作中对人的三个层次和属性的分析。

第一，"**人**直接地是**自然存在物**"⑤。人作为自然存在物，一方面具有

① 《马克思恩格斯文集》第 1 卷，人民出版社 2009 年版，第 262 页。
② 《马克思恩格斯选集》第 1 卷，人民出版社 2012 年版，第 154 页。
③ 《马克思恩格斯选集》第 1 卷，人民出版社 2012 年版，第 202 页。
④ 《马克思恩格斯全集》第 3 卷，人民出版社 2002 年版，第 297 页。
⑤ 《马克思恩格斯全集》第 3 卷，人民出版社 2002 年版，第 324 页。

改造自然的能动力量，另一方面又像动植物一样，受到自然界的制约和限制。人不能离开自然界而存在，不能离开同自然界的物质变换而生活。人作为自然存在的规定，体现了人和自然的关系，体现了人的自然属性。

第二，"人不仅仅是自然存在物，而且是**人的**自然存在物"①。这就是说，人是为自身而存在的存在物，因而是类存在物。人作为类存在物，有着自己产生发展，从幼稚走向成熟的一部人的历史。人作为类存在物的规定，体现人和自身的关系，体现了人的生理属性。

第三，"**人的本质**是人的**真正的共同体**"②。共同体一般指的是共同条件和共同利益的生存集体，如血缘共同体、地域共同体、文化共同体等。个人与共同体的关系是共同体的精髓，只有每一个单个人的需要和本质在共同体中彻底实现，这种共同体才是现实的而不是"虚幻的共同体"。共同体也包括政治共同体，这种政治共同体带有鲜明的阶级和政治性质，例如，资产阶级建立的资本主义统治的国家，就是与工人相脱离的"虚幻的共同体"。这种共同体是"某一阶级的各个人所结成的、受他们的与另一阶级相对立的那种共同利益所制约的共同关系，总是这样一种共同体，这些个人只是作为一般化的个人隶属于这种共同体，只是由于他们还处在本阶级的生存条件下才隶属于这种共同体；他们不是作为个人而是作为阶级的成员处于这种共同关系中的"③。因此，"具有**社会**灵魂**的政治革命**"是合理的、必然的，"一般的**革命**——**推翻**现政权和**废除**旧关系——是**政治行动**。但是，**社会主义**不通过**革命**是不可能实现的。社会主义需要这种**政治行动**，因为它需要**破坏**和**废除**旧的东西。"④无产阶级只有通过社会革命，推翻资本主义的政治共同体——国家，形成一个"无产者的共同体"，即"真正的共同体""自由人的联合体"，才能实现无产阶级的解放和人的解放。

---

① 《马克思恩格斯全集》第3卷，人民出版社2002年版，第326页。
② 《马克思恩格斯全集》第3卷，人民出版社2002年版，第394页。
③ 《马克思恩格斯选集》第1卷，人民出版社2012年版，第201—202页。
④ 《马克思恩格斯全集》第3卷，人民出版社2002年版，第395页。

从人所拥有的属性和人的属性所面临的实际状况出发，马克思指出，人尚处在"人类社会的史前史"。因为直到现在为止，人类在很大程度上仍然受到自然、人的生理及其社会的必然王国的约束，仍然处在盲目的状态。由是，马克思提出人的解放的条件和标准：首先，作为人征服自然的标志，是生产力的巨大发展。没有生产力的长足进步，当人还不能使自己的吃喝住穿在质和量方面得到充分供应的时候，人就根本不能获得解放。其次，人的解放是"人的一切感觉和特性的彻底**解放**"[1]。人的生理器官得到了充分的运用和发挥，人类处在最适合自身的环境中生存发展。最后，人已经完全摆脱了私有制的奴役、阶级的压迫和政治的统治。由此可见，马克思所说的人的解放，"是人和自然界之间、人和人之间的矛盾的**真正解决**，是存在和本质、对象化和自我确证、自由和必然、个体和类之间的斗争的真正解决。"[2] 这样的社会，就是共产主义社会，就是人从自然界、自身世界和人类社会中争取到全面发展的自由，人最终成为自然界、自身世界和人类社会的主人。

论及无产阶级的解放，有一个根本问题：无产阶级是靠别人来解放还是靠自己解放自己？这个问题，在马克思发表于《德法年鉴》上的两篇文章中已经作出初步的回答，马克思指出，无产阶级是一个若不解放其他一切社会领域，也就不能解放自己领域的阶级，意即无产阶级必须解放其他的社会阶级，同时把自己解放出来。如果说这个论述只是包含了无产阶级能够解放自己的意思的话，那么，在马克思恩格斯合著的《神圣家族》中就更加鲜明地表达出来了。马克思恩格斯指出："无产阶级能够而且必须自己解放自己。"[3] 这个论断阐明了深刻的道理。

首先，无产阶级无法不解放自己。因为在无产阶级身上，一切属于人的东西实际上已完全被剥夺，在无产阶级的生活条件中集中表现了现代社会的一切生活条件所达到的非人性的顶点，无产阶级已经无法再回避的、

---

① 《马克思恩格斯全集》第 3 卷，人民出版社 2002 年版，第 303—304 页。
② 《马克思恩格斯全集》第 3 卷，人民出版社 2002 年版，第 297 页。
③ 《马克思恩格斯文集》第 1 卷，人民出版社 2009 年版，第 262 页。

无法再掩饰的、绝对不可抗拒的贫困的必然性，无产阶级已经没有任何退路，他们只能奋起反抗才有出路。因此，马克思恩格斯指出："如果无产阶级不消灭它本身的生活条件，它就不能解放自己。如果它不消灭集中表现在它本身处境中的现代社会的**一切**非人性的生活条件，它就不能消灭它本身的生活条件。"① 无产阶级注定要为解放自己而战。

其次，无产阶级无法靠别人解放。无产阶级是人类历史上受压迫、受剥削最深、人数最多的阶级，在无产阶级这里将结束人类社会的阶级对立。这样的阶级特性决定了无产阶级的解放和以往任何一个人或某个阶级的解放是不同的。马克思恩格斯指出，历史上的奴隶在所有的私有制关系中，只要废除奴隶制关系，奴隶就能解放自己，并由此成为无产者。历史上的农奴，其解放的道路更有多种：农奴可以逃到城市里去做手工业者或者可以交钱给地主代替劳役的产品，从而成为自由的佃农或者可以把他们的封建主赶走自己变成私有者。当然，奴隶和农奴的这种解放不是作为一个阶级解放出来的，而是单独解放出来的；他们也没有越出等级制度的范围，而只是构成了一个新的等级。至于资产阶级，它的解放条件不过是消灭一切等级。只要消灭了封建等级，摆脱封建羁绊，就能获得解放，获得发展资本主义的自由。因此，上述某些人或某个阶级的解放都是人的局部性解放，有的甚至是把自身的解放建立在他人受奴役的基础上。无产阶级的解放不仅与奴隶和农奴的解放截然不同，也和资产阶级的解放根本不同。资本主义社会造成的全部生存条件，是任何单个的无产者所无法控制的。无产者在本阶级的范围内没有机会获得转为另一个阶级的各种条件。无产阶级的解放不是把其他的阶级作为奴役对象，无产阶级只有消灭一切阶级和一切阶级差别才能获得解放。

最后，无产阶级解放自己不仅是可能的、而且是现实的。因为无产阶级经受着最实际、最全面的锻炼，特别是大工业生产的锻炼，使其具备了能够实现解放自己的能力。马克思恩格斯指出："无产阶级并不是白白地

① 《马克思恩格斯文集》第 1 卷，人民出版社 2009 年版，第 262 页。

经受那种严酷的但能使人百炼成钢的**劳动**训练的。问题不在于某个无产者或者甚至整个无产阶级暂时**提出**什么样的目标，问题在于**无产阶级究竟是什么**，无产阶级由于其**身为无产阶级**而不得不在历史上有什么作为。它的目标和它的历史使命已经在它自己的生活状况和现代资产阶级社会的整个组织中明显地、无可更改地预示出来了。"①当时先进国家的无产阶级，已经有很大一部分人意识到自己的历史使命和任务，而且还在不断地努力使这种意识完全明确起来。

从以上论述可知，马克思恩格斯提出了"无产阶级解放"（也包括他们先后提出的"无产者的解放""工人解放""工人的解放""工人阶级解放""工人阶级的解放"等类似提法）和"人类解放"（也包括马克思恩格斯先后提出的"人的解放""全人类解放""普遍的人的解放""一切社会成员的解放"等类似提法），并阐述了"无产阶级解放"和"人类解放"二者在本质上是一致的。马克思恩格斯对"无产阶级解放"和"人类解放"的论述，是非常重要的理论阐述，特别是"无产阶级解放"任务的确定，构成了马克思主义政治学说的开端。

既然"无产阶级解放"和"人类解放"二者在本质上是一致的，为什么只把"无产阶级解放"任务的确定作为马克思主义政治学说的开端呢？这是因为：

一是"无产阶级解放"对于"人类解放"来说，具有特殊的含义。换言之，"无产阶级解放"除了具备与"人类解放"相同的含义外，还具有自己独特的含义。无产阶级如何获得解放呢？马克思恩格斯指出，工人革命的第一步就是使无产阶级上升为统治阶级，然后，无产阶级将利用无产阶级专政，一步步地实行夺取资产阶级的全部资本和保证无产阶级生存发展的各种措施。这些措施将使一切生产工具集中在国家即组织成为统治的无产阶级手里，促进生产力的迅猛发展。随着生产力总量的不断增加，阶级和阶级差别逐渐消亡了，旧社会的各种关系也才会最终

---

① 《马克思恩格斯文集》第 1 卷，人民出版社 2009 年版，第 262 页。

消失。很显然，作为"无产阶级解放"的概念，包含着两层不可分割的含义：第一，它是指无产阶级获得了政治统治的地位和经济管理的权力。这意味着无产阶级得到本阶级的解放，即无产阶级经过革命夺取了国家政权、建立了公有制的社会主义经济制度，获得政治上、经济上的解放。然而，无产阶级在政治上、经济上的解放并不意味着无产阶级的历史使命已经结束，无产阶级的解放就到此为止。第二，它是指无产阶级的彻底解放，而这种解放也就是"人类解放"，等同于"人类解放"。无产阶级在成为统治阶级后，只表示无产阶级和资产阶级在政治地位方面来了个颠倒，并不意味着资产阶级和其他阶级已不复存在。无产阶级不能满足和停留在自身解放这一点上，还必须毫不懈怠地发展社会生产力，为消灭一切阶级和阶级差别、消灭一切旧社会的关系和旧的意识观念，使所有的人都获得解放而奋斗，这正如恩格斯说的："工人阶级的解放，从而没有例外的一切社会成员的解放，才得以实现。"① 由此可见，上述"无产阶级解放"概念的第一层含义特别重要，这是"人类解放"的概念所不具备的。

二是"无产阶级解放"对于"人类解放"来说，具有科学的方法论意义。历史上各个阶级的不同政治力量和仁人志士可以提出"人类解放"的主张，但却只有马克思主义同时提出"无产阶级解放"和"人类解放"。它对于指导"人类解放"的革命实践来说，具有科学的方法论意义，充分体现了马克思主义政治学说作为革命的社会科学的真理性，成为区别于其他任何一种解放学说的界碑。马克思恩格斯从一开始最深切关心的就是工人阶级和劳动人民饥寒交迫的痛苦命运。尽管无产阶级也是人，但这样的说法不过是诡辩。如果从"人类解放"出发的话，既无助于解剖资本主义社会，不可能得出社会革命的结论，就弄不清楚进行无产阶级革命的依靠力量是什么，也不可能正确理解社会革命的进程。在阶级社会里，"人"是划分为阶级的。马克思恩格斯对那些不分阶级、抽象地谈论人的

---

① 《马克思恩格斯全集》第29卷，人民出版社2020年版，第294—295页。

论调，总是给予严厉的批判的。当赫斯的"真正的"社会主义胡诌"为什么要分什么共产主义者、社会主义者呢？我们都是人"① 时，马克思恩格斯尖刻地讽刺道："为什么要分什么人、兽、植物、石头呢？我们都是物体！"② 阶级分析是马克思主义政治学说分析资本主义社会的可靠方法，如果不分阶级，笼统地从一切"人"出发，难道无产阶级革命可以依靠有社会性的包括一切阶级的人去进行吗？从"无产阶级解放"作为一个阶级解放的含义来说，只有它成为"人类解放"绕不开的不可或缺的前提和步骤。

三是"无产阶级解放"对于"人类解放"来说具有特殊的理论价值。马克思主义政治学说的中心和重点只能放在无产阶级身上，这个阶级只要没有获得解放，全人类的解放就是一句空话。对此，恩格斯作了清楚的阐述："共产主义不是一种单纯的工人阶级的党派性学说，而是一种最终目的在于把连同资本家在内的整个社会从现存关系的狭小范围中解放出来的理论。这在抽象的意义上是正确的，然而在实践中在大多数情况下是无益的，甚至是有害的。只要有产阶级不但自己不感到有任何解放的需要，而且还全力反对工人阶级的自我解放，工人阶级就应当单独地准备和实现社会变革。"③ 恩格斯还指出："在原则上，共产主义是超越资产阶级和无产阶级之间的敌对的；共产主义只承认这种敌对在目前的历史意义，而不承认它在将来还有存在的必要；共产主义正是要消除这种敌对。"④ 由此可见，如果不强调在资产阶级和无产阶级对立的条件下，无产阶级通过革命首先实现无产阶级自身的解放，人类解放就没有任何意义。

概言之，马克思主义政治学说把无产阶级解放任务的确定作为开端是完全科学的，"人类解放"必须通过"无产阶级解放"才能达到，如果不是从这样的开端出发，是无论如何走不到"人类解放"的终点的。具体地

---

①　转引自《马克思恩格斯全集》第 3 卷，人民出版社 1965 年版，第 550 页。

②　《马克思恩格斯全集》第 3 卷，人民出版社 1965 年版，第 551 页。

③　《马克思恩格斯文集》第 1 卷，人民出版社 2009 年版，第 370 页。

④　《马克思恩格斯文集》第 1 卷，人民出版社 2009 年版，第 497 页。

说，"无产阶级解放"必须经过"政治解放""经济解放""社会解放"三个解放进程才能彻底实现"无产阶级解放"和"人类解放"。

首先，是无产阶级的政治解放。无产阶级只有对资产阶级进行政治革命，通过建立"民主的国家制度达到无产阶级的政治解放"①。在《共产主义信条草案》中恩格斯提出的这个"无产阶级的政治解放"，完全是针对"资产阶级的政治解放"提出来的。无产阶级的政治解放，就像资产阶级夺取封建阶级的政权一样，是要夺取资产阶级国家政权，建立社会主义"民主的国家制度"，建立无产阶级的"政治统治"。如果没有这样的"政治解放"，无产阶级解放就根本无从谈起。这一解放是以无产阶级经过革命夺取了国家政权为标志的。所以，无产阶级把国家政权夺到手的日子作为无产阶级解放的隆重节日。

其次，是无产阶级的经济解放，马克思和恩格斯在起草的《伦敦代表会议决议》中指出："工人阶级的经济解放是一切政治运动都应该**作为手段**服从于它的伟大目标"②。当无产阶级在取得了"政治解放"之后，还要致力于"经济解放"，一步步地实行对资产阶级全部资本的剥夺、进行生产资料私有制的社会主义改造，将一切生产工具集中在国家即组织成为统治阶级的无产阶级手里，建立生产资料公有制和按劳分配制度，促进生产力的迅猛发展。

最后，是无产阶级的社会解放，"工人的社会解放同他们的政治解放是不可分割的"③。随着生产力总量的不断增加，阶级和阶级差别的逐渐消亡，旧的各种社会关系才会随之消失，这样的社会解放就是无产阶级自身的彻底解放。无产阶级自身的彻底解放，就是消灭了一切阶级和阶级差别、破除一切旧的观念、旧的社会关系，使所有的人无一例外地都得到解放。因而在实现了无产阶级彻底解放的同时，也就实现了人类解放。

---

① 《马克思恩格斯全集》第 42 卷，人民出版社 1979 年版，第 379 页。
② 《马克思恩格斯全集》第 17 卷，人民出版社 1963 年版，第 454 页。
③ 《马克思恩格斯全集》第 17 卷，人民出版社 1963 年版，第 455 页。

三、《共产党宣言》标志着马克思主义政治学说的全面创立

1847 年春，马克思恩格斯参加了组织第一个无产阶级的国际组织——共产主义者同盟的活动。他们受同盟的委托，为同盟起草了党的纲领。1848 年 2 月，马克思恩格斯发表了《共产党宣言》，完整地阐述了马克思主义政治学说的一系列原理。它的发表标志着马克思主义政治学说的全面创立。

马克思恩格斯还在 1846 年建立共产主义通讯委员会的时候，他们工作的重点之一，就是尽一切可能争取德国正义者同盟的盟员。马克思恩格斯针对魏特林、格律恩和蒲鲁东等人理论观点的批判极大地提高了同盟的思想水平，使同盟盟员愈来愈认识到自己信奉魏特林、格律恩和蒲鲁东等人的理论观点是毫无根据的，日益相信马克思恩格斯理论的正确性。于是，1847 年 1 月 20 日，正义者同盟伦敦总部派出全权代表约瑟夫·莫尔，前往会见马克思恩格斯，诚心诚意地邀请他们加入正义者同盟，得到了马克思恩格斯的同意。1847 年 6 月 2 日至 9 日，正义者同盟在伦敦秘密地召开了第一次代表大会，大会决定把正义者同盟改名为共产主义者同盟。共产主义者同盟第一次代表大会的最后一项议题，是讨论制定共产主义者同盟的纲领。

共产主义者同盟纲领的形成，经过三个主要阶段：1847 年 6 月初，恩格斯编写了《共产主义信条草案》；随后于 10 月底，恩格斯将其改写成《共产主义原理》；1847 年 12 月—1848 年 1 月，马克思恩格斯在原有的基础上写成《共产党宣言》。这就是说，恩格斯与马克思先后为共产主义者同盟写了纲领的三个稿本，即：《共产主义信条草案》《共产主义原理》《共产党宣言》（以下简称《信条》《原理》《宣言》）。这三个纲领稿本系统地阐述了马克思主义政治学说的主要思想，成为马克思主义政治学说全面创立的标志。

——关于阶级的理论。在《信条》里，恩格斯科学地分析了资本主义

社会的阶级形成的状况。指出资产阶级和无产阶级作为资本主义社会中既相对立又互相联系的两大阶级，是在工业革命以后产生的。随着资本主义大工业的发展，"从前的中间等级，特别是小手工业师傅日益破产，劳动者早先的状况发生了根本的变化，产生了两个逐渐并吞所有其他阶级的新的阶级。"① 资本主义社会划分为资产者与无产者两大对立的阶级。在《原理》中，恩格斯阐明了现代无产阶级是最先进、最革命的阶级，他指出："无产阶级是完全靠出卖自己的劳动（力）而不是靠某一种资本的利润来获得生活资料的社会阶级。"② 这个阶级人数众多，决定着资本主义社会未来的走向。在《宣言》里，马克思恩格斯阐述了阶级的存在必然导致阶级斗争。《宣言》指出："至今一切社会的历史都是阶级斗争的历史。"③ 正是通过对整个人类社会阶级斗争历史的叙述，马克思恩格斯指出，资本主义社会的无产阶级和资产阶级的斗争，是资本主义社会基本矛盾作用的结果。《宣言》根据无产阶级同资产阶级斗争的总规律、总趋势，得出了"资产阶级的灭亡和无产阶级的胜利是同样不可避免的"④ 科学结论。资本主义社会的基本矛盾决定了资本主义制度的必然灭亡，但是资产阶级不会自动退出历史舞台，无产阶级只有通过阶级斗争，才能埋葬资本主义制度。

　　——关于革命的理论。无产阶级是一个同整个旧世界对立的革命阶级，这个革命阶级从旧世界中产生了必须进行社会革命的意识，但它要抛弃任何空想的、盲干的政治行动。恩格斯在《信条》里指出："任何密谋都不但无益，甚至有害。……世界上几乎所有国家的无产阶级的发展都受到有产阶级的暴力压制，因而是共产主义者的敌人用暴力引起革命。如果被压迫的无产阶级因此最终被推向革命，那么，我们将用实际行动来捍卫无产阶级的事业"⑤。无产阶级通过对资产阶级的政治革命，将建立"民主

---

① 《马克思恩格斯全集》第 42 卷，人民出版社 1979 年版，第 375 页。
② 《马克思恩格斯选集》第 1 卷，人民出版社 2012 年版，第 295 页。（恩格斯在 1888 年英文版上加了一个注："这是指有**文字**记载的全部历史。"）
③ 《马克思恩格斯选集》第 1 卷，人民出版社 2012 年版，第 400 页。
④ 《马克思恩格斯选集》第 1 卷，人民出版社 2012 年版，第 413 页。
⑤ 《马克思恩格斯全集》第 42 卷，人民出版社 1979 年版，第 378 页。

的国家制度达到无产阶级的政治解放"①。这里，恩格斯提出的"无产阶级的政治解放"是针对"资产阶级的政治解放"提出来的，而且把它作为建立公有制的第一个基本条件，已经包含了革命是为了夺取政权的思想，即建立"民主的国家制度"。到了撰写《原理》的时候，恩格斯更明确地指出："共产主义革命将不是仅仅一个国家的革命，而是将在一切文明国家里，至少在英国、美国、法国、德国同时发生的革命，在这些国家的每一个国家中，共产主义革命发展得较快或较慢，要看这个国家是否有较发达的工业，较多的财富和比较大量的生产力。"② 这样的"革命将建立**民主的国家制度**，从而直接或间接地建立无产阶级的政治统治"③。无产阶级既要获得"政治解放"，当然就要建立自己的"政治统治"。何以实行"政治统治"呢？唯有获得国家政权。至于无产阶级应该选择怎样的方式进行革命，恩格斯指出，应当根据实际情况，既要争取和平的办法，又要准备采用暴力的办法。在《宣言》中，对于革命的方式问题说得更加坚决了，无产阶级革命必须采用暴力革命的手段，因为这是由资产阶级单方面挑起的，资产阶级凭借着反革命的暴力维持统治，所以，马克思恩格斯说，资产阶级建立起来的"政治权力，是一个阶级用以压迫另一个阶级的有组织的暴力"④，无产阶级必须用革命的暴力反对反革命的暴力，这是无产阶级革命的基本规律。

　　——关于国家的理论。国家问题是马克思主义政治学说的核心问题。早在 1845 年秋马克思恩格斯合著《德意志意识形态》时，他们就指出："每一个力图取得统治的阶级，即使它的统治要求消灭整个旧的社会形式和一切统治，就像无产阶级那样，都必须首先夺取政权"⑤。在《原理》中，恩格斯对于这个问题的论述又明确多了，他指出，无产阶级革命首先

---

① 《马克思恩格斯全集》第 42 卷，人民出版社 1979 年版，第 379 页。
② 《马克思恩格斯选集》第 1 卷，人民出版社 2012 年版，第 306 页。
③ 《马克思恩格斯选集》第 1 卷，人民出版社 2012 年版，第 304 页。
④ 《马克思恩格斯选集》第 1 卷，人民出版社 2012 年版，第 422 页。
⑤ 《马克思恩格斯文集》第 1 卷，人民出版社 2009 年版，第 536—537 页。

要"建立无产阶级的政治统治"①。这里的"政治统治"就包含了国家问题。而在《宣言》中，马克思恩格斯更直接地提出，共产党领导的无产阶级革命就是要"推翻资产阶级的统治，由无产阶级夺取政权"②。无产阶级夺取政权后，必须建立无产阶级专政的国家，正如列宁指出的："阶级斗争学说经马克思运用到国家和社会主义革命问题上，必然导致承认无产阶级的**政治统治，无产阶级的专政**"③。关于无产阶级专政国家的任务是什么，《宣言》指出："无产阶级将利用自己的政治统治，一步一步地夺取资产阶级的全部资本，把一切生产工具集中在国家即组织成为统治阶级的无产阶级手里，并且尽可能快地增加生产力的总量。"④这就是说，无产阶级专政的国家必须剥夺资产阶级的生产资料，而且还要镇压他们的反抗。同时，无产阶级专政的国家要不断加强无产阶级和被剥削劳动群众的联盟，动员和组织千百万人民群众参加社会主义建设，最大可能地推进生产力的发展。由于无产阶级通过革命建立起来的社会主义公有制的生产关系适合生产力的性质，所以，无产阶级专政的国家一定能尽快地"增加生产力的总量"。

——关于政党的理论。在《信条》中，还没有涉及政党问题的论述，但恩格斯在《原理》中，立即增写了对各种社会主义流派的批判以及对待各政党的态度两个问题。《原理》阐明，共产党人必须支持"为无产阶级谋利益的政党"⑤。到了《宣言》时，马克思恩格斯不但以大量的篇幅，而且直接论述了共产党是怎样的政党问题。《宣言》指出，无产阶级组织成为政党，是阶级斗争发展的客观规律。共产党比以往的一切无产阶级政党都具有无比强大的生命力。《宣官》论述了共产党是无产阶级的新型政党，它和其他的工人政党既有联系也有区别。作为一个新型的无产阶级政党，

---

① 《马克思恩格斯选集》第 1 卷，人民出版社 2012 年版，第 304 页。
② 《马克思恩格斯选集》第 1 卷，人民出版社 2012 年版，第 413 页。
③ 《列宁选集》第 3 卷，人民出版社 2012 年版，第 131 页。
④ 《马克思恩格斯选集》第 1 卷，人民出版社 2012 年版，第 421 页。
⑤ 《马克思恩格斯选集》第 1 卷，人民出版社 2012 年版，第 311 页。

共产党的显著特点在于："一方面，在无产者不同的民族的斗争中，共产党人强调和坚持整个无产阶级共同的不分民族的利益；另一方面，在无产阶级和资产阶级的斗争所经历的各个发展阶段上，共产党人始终代表整个运动的利益。因此，在实践方面，共产党人是各国工人政党中最坚决的、始终起推动作用的部分；在理论方面，他们胜过其余无产阶级群众的地方在于他们了解无产阶级运动的条件、进程和一般结果。"① 在《宣言》里，马克思恩格斯还为共产党规定了政治斗争的基本策略："共产党人为工人阶级的最近的目的和利益而斗争，但是他们在当前的运动中同时代表运动的未来。"② 从这一基本原理出发，马克思恩格斯制定了共产党人对各种党派的基本态度，并根据当时各国不同的革命进程以及各个政党面临的具体革命任务，提出了具体的斗争策略。《宣言》特别强调了共产党领导的作用，无产阶级要完成自己的历史使命必须坚持共产党领导，共产党的正确领导，是无产阶级获得解放的最根本的条件、最可靠的保证。共产党在对待和其他工人政党的相互关系时，既要团结和依靠这些工人政党组织共同战斗，充分发挥它们的革命作用，又必须正确引导这些工人政党组织朝着胜利的方向前进。《宣言》指出，共产党的领导作用决不是靠强制来实现的，而是靠指导思想的正确和模范的行动体现出来。共产党既是指路人又是带路人。共产党之所以能够领导革命和建设，是因为它是群众利益的代表者。它除了代表整个无产阶级运动的利益之外，没有自己的任何特殊利益。

——关于民主的理论。恩格斯在《信条》里明确指出，无产阶级建立的国家是"民主的国家"③。《原理》重申了在这一点，"无产阶级革命将建立**民主的国家制度**。"④ 并且指出，共产主义者在进行无产阶级革命前要首先参加民主革命，"必须帮助资产阶级尽快地取得统治，以便尽快地再把

① 《马克思恩格斯选集》第 1 卷，人民出版社 2012 年版，第 413 页。
② 《马克思恩格斯选集》第 1 卷，人民出版社 2012 年版，第 434 页。
③ 《马克思恩格斯全集》第 42 卷，人民出版社 1979 年版，第 379 页。
④ 《马克思恩格斯选集》第 1 卷，人民出版社 2012 年版，第 304 页。

它推翻。"① 在《共产党宣言》中，马克思恩格斯对民主问题作了历史性回顾，肯定了"资产阶级在历史上曾经起过非常革命的作用"②。资产阶级革命的作用就在于否定了封建专制，带来了资产阶级民主，而资产阶级民主具有历史进步意义。因此，他们主张，共产党人要积极投身资产阶级革命，大力推动资产阶级民主革命取得彻底胜利，把它作为无产阶级革命的前奏。他们指出，德国的封建现状就是共产党人更大的敌人，党应当巧妙地和资产阶级一起行动去争取宪法、选举权、集会自由、出版自由。正因为这样，《宣言》阐明："共产党人把自己的主要注意力集中在德国，因为德国正处在资产阶级革命的前夜，因为同 17 世纪的英国和 18 世纪的法国相比，德国将在整个欧洲文明更进步的条件下，拥有发展得多的无产阶级去实现这个变革，因而德国的资产阶级革命只能是无产阶级革命的直接序幕。"③ 在资产阶级革命之后，共产党人要继续向资产阶级进攻，利用资产阶级民主革命的胜利为无产阶级取得更多的斗争手段，通过无产阶级革命推翻资产阶级。因而，《宣言》明确指出："工人革命的第一步就是使无产阶级上升为统治阶级，争得民主。"④ 在无产阶级争得属于自己的民主，也就是真正的人民民主、社会主义的民主后，共产党人必须继续推进和发展社会主义民主。

——关于治理的理论。马克思主义政治学说不但是关于进行国家革命的理论，而且是关于进行国家建设的理论。国家这个概念具有广义和狭义两种含义，其广义的含义包括立法、行政、司法三大部分以及国防、军队、警察、监狱等强力部门；其狭义的含义就是专指行使行政权力的政府部门。从政治学研究的角度出发，国家建设主要指政府体制的改革和政府自身的建设。无产阶级夺取政权、建立了社会主义国家后，新型的国家也具有对内对外的职能。在对内职能中，其中的社会管理与治理就是政府及

① 《马克思恩格斯选集》第 1 卷，人民出版社 2012 年版，第 311 页。
② 《马克思恩格斯选集》第 1 卷，人民出版社 2012 年版，第 402 页。
③ 《马克思恩格斯选集》第 1 卷，人民出版社 2012 年版，第 435 页。
④ 《马克思恩格斯选集》第 1 卷，人民出版社 2012 年版，第 421 页。

其机构承担的最重要的职能。马克思恩格斯十分重视政府的建设和治理问题，并且从当时的情况出发，提出了具体的治理措施。在《共产党宣言》中就明确论述了无产阶级夺取国家政权后系统的国家治理问题，提出要发展民主、尽可能快地增加生产力的总量，并具体地提出十条国家治理的措施。马克思还曾使用过"政府治理"①的概念，揭示了治理的实质问题，指出"要靠人民赋予的权力来治理国家"②。恩格斯也使用了"治理国家"③的提法，认为在国家治理中，地方治理十分重要，"地方自治即'自己来治理自己的地方'"④。特别是在世界上第一个无产阶级政权巴黎公社建立后，马克思恩格斯认真总结巴黎公社经验，强调了无产阶级的国家和政府，必须履行好"社会公仆"的职责，必须培养和造就一支全心全意为人民服务的干部队伍，治理好各项社会事务，贯彻"真正的民主制"，实现人民当家作主的原则和要求。随着国家的消亡，国家治理将进一步发展到未来自由人联合体的社会治理。

——关于自由与共同体的理论。自由，是共产党人追求的理想社会的灵魂和最高境界。马克思早在 1842 年写的《〈科伦日报〉第 179 号的社论》中就第一次提出了"自由人的联合体"⑤的观点。在《德意志意识形态》中，马克思恩格斯明确阐述了在采取政治行动和政治革命之后建立共同体的思想，而且指出，历史上的征服者和占有者，当他们定居下来"所采纳的共同体形式，应当适应于他们面临的生产力发展水平，如果起初情况不是这样，那么共同体形式就应当按照生产力来改变。"⑥ 这就是说，"共同体"必须适应于生产力并按照生产力的要求来改变和发展。无产阶级也是这样，"在革命中，一方面迄今为止的生产方式和交往方式的权力以及社会结构的权力被打倒，另一方面无产阶级的普遍性质以及无产阶级为实现

---

① 《马克思恩格斯全集》第 11 卷，人民出版社 1995 年版，第 237 页。
② 《马克思恩格斯全集》第 12 卷，人民出版社 1962 年版，第 701 页。
③ 《马克思恩格斯全集》第 3 卷，人民出版社 2002 年版，第 405 页。
④ 《马克思恩格斯全集》第 18 卷，人民出版社 1964 年版，第 547 页。
⑤ 《马克思恩格斯全集》第 1 卷，人民出版社 1995 年版，第 217 页。
⑥ 《马克思恩格斯选集》第 1 卷，人民出版社 2012 年版，第 207 页。

这种占有所必需的能力得到发展，同时无产阶级将抛弃它迄今的社会地位遗留给它的一切东西。"① 这预示了要把未来的共同体建设成为全新的社会组织。在《信条》谈及未来的社会时，恩格斯指出，要"把社会组织成这样：使社会的每一个成员都能完全自由地发展和发挥他的全部才能和力量"②。在《原理》中，恩格斯继续发挥了《信条》提出的"完全自由地发展"的观点，形成一个由社会全体成员组成的"共同联合体"——"共产主义联合体"，"使社会全体成员的才能得到全面发展"③。在《原理》中，恩格斯还进一步阐述道："由社会全体成员组成的共同联合体来共同地和有计划地利用生产力；把生产发展到能够满足所有人的需要的规模；结束牺牲一些人的利益来满足另一些人的需要的状况；彻底消灭阶级和阶级对立；通过消除旧的分工，通过产业教育、变换工种、所有人共同享受大家创造出来的福利，通过城乡的融合，使社会全体成员的才能得到全面发展"④，这里，非常详尽地列出了治理的任务。在这样的基础上，马克思恩格斯在《宣言》中明确提出了他们未来的社会共同体的基本形式是组成自由人的"联合体"，自由全面发展的思想被完整地表述为："代替那存在着阶级和阶级对立的资产阶级旧社会的，将是这样一个联合体，在那里，每个人的自由发展是一切人的自由发展的条件。"⑤ 马克思恩格斯明确地把人的"自由发展"作为"联合体"的限定语。后来，马克思在《资本论》中则明确地称为"自由人联合体"⑥。1894年，在恩格斯逝世的前一年，当有人请求恩格斯为《新纪元》周刊写一段题词，用简短的字句表述关于未来社会的基本思想时，恩格斯就在回信中选用了《宣言》中关于"联合体"的这句话，还说，除了这句话外，"再也找不出合适的了"⑦。可见，马克思恩格

---

① 《马克思恩格斯选集》第 1 卷，人民出版社 2012 年版，第 210 页。
② 《马克思恩格斯全集》第 42 卷，人民出版社 1979 年版，第 373 页。
③ 《马克思恩格斯选集》第 1 卷，人民出版社 2012 年版，第 308—309 页。
④ 《马克思恩格斯选集》第 1 卷，人民出版社 2012 年版，第 308—309 页。
⑤ 《马克思恩格斯选集》第 1 卷，人民出版社 2012 年版，第 422 页。
⑥ 《马克思恩格斯全集》第 44 卷，人民出版社 2001 年版，第 96 页。
⑦ 《马克思恩格斯选集》第 4 卷，人民出版社 2012 年版，第 647 页。

斯对自由和自由人联合体（共同体）的理论是多么的重视，自由和自由人
联合体（共同体）的理论在马克思主义的思想体系中又是何等的重要。

四、马克思主义政治学说与科学社会主义的区别

从以上阐述《信条》《原理》《宣言》中包含的马克思主义政治学说的
主要思想可知，《共产党宣言》的发表确实标志着马克思主义政治学说的
全面创立。

这里需要说明的是，在马克思主义研究领域，学界有一个共同的认
识，即《共产党宣言》的问世，是被当作科学社会主义正式诞生的标志。
作为马克思主义三个重要组成部分之一的科学社会主义，恩格斯在《原理》
中指出，它"是关于无产阶级解放的条件的学说"。[①] 那么，这对于同样
要研究"无产阶级解放"的马克思主义政治学说来讲，二者究竟有着怎样
的关系？应该如何将它们区分开来并认识它们的不同呢？

毫无疑义，马克思主义政治学说与科学社会主义有着最为密切的关
系，无论是在研究的对象方面，还是在研究的范围和内容方面，二者都有
着很多的相同与交叉。但是，不能因此认为，马克思主义的政治学说就是
科学社会主义，或者说科学社会主义就是马克思主义的政治学说。应该看
到，二者有着明显的区别。

首先，科学社会主义研究"无产阶级解放的条件"，其范围和内容都
十分广泛，它包括了经济条件、政治条件、文化条件、教育条件、科技条
件、历史条件、社会条件、国际条件等诸多方面，涉及资本主义和社会主
义两大社会形态。恩格斯写于1876—1878年的《反杜林论》中的第三编"社
会主义"，就包括了历史、理论、生产、分配、国家、家庭、教育等内容，
显而易见，科学社会主义是一门综合性的科学。马克思主义的政治学说也

---

① 《马克思恩格斯选集》第 1 卷，人民出版社 2012 年版，第 295 页。

是研究"无产阶级解放的条件"的，但它只是集中于研究无产阶级解放的政治条件，因而，它是一门专门性的科学。

其次，虽然科学社会主义和马克思主义政治学说的研究有交叉性，即都要研究无产阶级解放的政治条件，但二者研究的范围和内容又有所区别。科学社会主义研究的无产阶级解放的政治条件，主要是资本主义和社会主义这两个社会形态的政治状况和政治发展，而马克思主义政治学说则还要加上研究原始社会、奴隶社会、封建社会的社会状况、政治状况和政治发展，比起科学社会主义来要多上三个社会形态的社会状况、政治状况和政治发展。从这个意义上说，马克思主义政治学说研究无产阶级解放的政治条件的范围和内容又比科学社会主义的研究要大得多、广得多了。

最后，在研究的细节方面也有区别。如前所述，科学社会主义作为一门综合性的科学，它要研究无产阶级解放的众多条件，政治条件只是其中的一个条件，因此科学社会主义在研究无产阶级解放的政治条件时，如同研究其他的解放条件一样，主要着眼于从整体上去研究，着重从宏观上阐述资本主义和社会主义这两种社会形态的政治关系，以及变动与发展的趋势。而作为专门研究无产阶级政治解放条件的马克思主义政治学说，恩格斯曾指出："政治学以人作为基础"①，即它是以人的利益作为研究的逻辑起点，围绕着无产阶级利益而生成的政治与社会关系，全面展开对资本主义和社会主义社会的政治思想、政治革命、政治制度、政治机构、政治系统、政治改革、政治治理和政治发展等的研究，形成一系列的概念、范畴、原理。所以，马克思主义政治学说比起科学社会主义来，在研究无产阶级政治解放方面既有系统性、宏观性的共同特点，又具有更加深化、更多细节的特点。

---

① 《马克思恩格斯全集》第 3 卷，人民出版社 2002 年版，第 527 页。

第四章　基础坚实

马克思主义是一个博大精深的理论体系，主要有三个组成部分：哲学、政治经济学、科学社会主义。马克思主义政治学说也是其宏大理论体系中的重要内容。和其他的政治学说不同，马克思主义政治学说不是单纯独自地、直接地从自身的理论基础出发，而是奠立在马克思主义哲学、政治经济学和科学社会主义坚实的思想基础之上。如果不是扎根于马克思主义哲学、政治经济学和科学社会主义之基，就不可能生成马克思主义政治学说之果。马克思主义哲学的辩证唯物主义和历史唯物主义，为政治学说提供了根本的世界观、方法论，确定了政治的主体力量，揭示了政治的实质和发展规律；马克思主义政治经济学的劳动价值和剩余价值理论，为政治实践活动找到了改造世界的力量；马克思主义的科学社会主义理论，为政治学说充分彰显了无产阶级解放的特点和基本发展趋势。

一、辩证唯物论和历史唯物论为政治学说奠定哲学基础

马克思于 1835 年 10 月进入波恩大学，学习的是法学专业。一年之后，马克思转到柏林大学法律系。柏林大学是当时政治思想斗争的中心，1818 至 1831 年间黑格尔曾在这里讲学，到了 19 世纪 30 年代中期，许多讲座仍由他的学生主持。柏林大学浓郁的哲学氛围吸引着马克思，他通读了黑格尔的全部著作和他的大多数学生的著作，并开始结识青年黑格尔派"博士俱乐部"的成员并参加他们的活动。没多久，马克思的法律专业课程的

学习比起钻研哲学来已愈来愈退居次要地位。1837 年 11 月 10 日，马克思在致他父亲的长信中谈到这种情况时说："我必须攻读法学，而且首先渴望专攻哲学。""没有哲学就无法深入。于是我就可以心安理得地重新投入哲学的怀抱"①。

哲学对于马克思来说，最吸引他的是黑格尔的辩证法思想，他也成了黑格尔的唯心主义者。1842 年 10 月，马克思担任《莱茵报》编辑。在《莱茵报》工作期间，马克思发现在许多重大的理论问题上，黑格尔的唯心主义哲学解决不了问题。例如，国家的本质是什么？国家同社会的物质利益究竟是一种什么样的关系？在这样一些根本问题上，马克思当时还来不及搞清楚。他在同官方和省议会的辩论中，秉持的仍然是黑格尔唯心主义的国家观，认为"国家不仅有按照既符合自己的理性、自己的普遍性和自己的尊严，也适合于被告公民的权利、生活条件和财产的方式来行事的手段，国家义不容辞的义务就是拥有这些手段并加以运用"。② 按照黑格尔的理论，国家是普遍理性和普遍利益的集中表现，任何私人利益都不得侵犯这样的最高理性和最高利益。马克思正是以此抨击少数私有者僭越于国家和法之上的不法行为。但无论是在第六届莱茵省议会上关于出版自由和林木盗窃法的辩论中，还是在《莱茵报》同莱茵省总督就摩泽尔地区农民生活状况进行的论战中，社会上存在着利益对立的不同等级，国家总是成为贵族、特权者的私人利益服务的工具，国家理性被撕成了碎片。黑格尔包罗万象的哲学终究不是万能的思想武器，他的《法哲学原理》解决不了现实的物质利益问题。尤其是政府查封《莱茵报》的严峻事实，最终动摇了马克思对于黑格尔国家观念的信仰。马克思开始从唯心主义转向了唯物主义。

在 1843 年 3 月马克思辞去《莱茵报》职务之后，为了彻底弄清国家和法的本质，弄清国家和社会的物质生活之间的关系，他又回到黑格尔的

---

① 《马克思恩格斯全集》第 47 卷，人民出版社 2004 年版，第 7、11 页。
② 《马克思恩格斯全集》第 1 卷，人民出版社 1995 年版，第 261 页。

国家和法的理论研究上。马克思撰写了《黑格尔法哲学批判》，紧紧抓住黑格尔法哲学的中心部分即国家学说不放，对《法哲学原理》的第 261 节到 313 节（即第三篇第三章国家部分）逐一进行分析评注，系统地揭露了黑格尔在关于国家的本质，国家制度内部的结构如在王权、行政权和立法权以及等级制、长子继承权等问题上的唯心主义谬论，阐发了马克思关于市民社会决定国家、人民创造国家制度、反对君主立宪制、主张人民主权等具有辩证唯物主义和历史唯物主义的初步的观点，把被黑格尔颠倒了的国家决定市民社会、决定物质生活关系的理论观点重新颠倒过来。1843 年秋冬，马克思又写了《论犹太人问题》和《〈黑格尔法哲学批判〉导言》，发表在 1844 年出版的《德法年鉴》上，发现了造成现存国家制度和市民社会解体的无产阶级，并阐述了无产阶级的历史使命，进一步丰富了他的唯物主义思想。

恩格斯和马克思一样，青年时代曾一度持有黑格尔唯心主义的理性观念。在马克思参加《莱茵报》工作期间，恩格斯也开始从唯心主义向唯物主义转变。但两人有所不同的是，马克思主要从哲学着手，通过批判黑格尔唯心主义的国家观，结合现实生活实际，转向了唯物主义；恩格斯则主要通过投身英国社会，参加工人运动，在实际中了解工人阶级，在批判英国资产阶级的政治经济学和唯心主义历史观中，转向了唯物主义。恩格斯主要的研究成果是发表在《德法年鉴》上的两篇文章，即《国民经济学批判大纲》和《英国状况：评托马斯·卡莱尔的〈过去和现在〉》（1843 年伦敦版）。在《国民经济学批判大纲》中，恩格斯把私有制看作资本主义经济制度、社会关系和国家的基础，把批判私有制当作分析资本主义生产方式和资产阶级政治经济学范畴的出发点。恩格斯指出："社会关系只是为了私有制而存在"[①]，决不是被黑格尔"绝对精神"的唯心主义国家观所颠倒的国家决定市民社会和社会关系。恩格斯明确阐述了经济基础对国家的阶级和政治关系起着决定作用，揭示了资本主义国家的经济基础

---

① 《马克思恩格斯全集》第 3 卷，人民出版社 2002 年版，第 446 页。

是私有制，是造成资本主义社会中一切矛盾、分裂和阶级对立的总根源。他说："私有制的最直接的结果是生产分裂为两个对立的方面：自然的方面和人的方面，即土地和人的活动。"① 人的活动又分解为劳动和资本，因此，人、土地、资本"这三种要素中的每一种都分裂。一块土地与另一块土地对立，一个资本与另一个资本对立，一个劳动力与另一个劳动力对立。……私有制把每一个人隔离在他自己的粗陋的孤立状态中，又因为每个人和他周围的人有同样的利益，所以土地占有者敌视土地占有者，资本家敌视资本家，工人敌视工人"②。最后，恩格斯认为，处在这样矛盾和分裂中的资本主义社会必然导致"全面变革社会关系、使对立的利益融合、使私有制归于消灭"③。最终，资本主义国家的经济基础将被彻底铲除。

恩格斯发表在《德法年鉴》上的另一篇文章是《英国状况：评托马斯·卡莱尔的〈过去和现在〉》（1843 年伦敦版）。当时，英国作家、历史学家和唯心主义哲学家卡莱尔从唯心主义国家观的立场出发，宣扬"英雄崇拜"或"天才崇拜"，鼓吹由英明的统治者主宰国家、治理国家，要求建立"真正的贵族"，寻找最卓越的人以形成"真正的领导和真正的政府"。恩格斯在这篇文章中清算了卡莱尔的英雄史观。恩格斯指出："贵族——目前还包括中间阶级——已经日暮途穷；它的全部思想，一直到最终结论，都已卖弄净尽，而且见诸实际，它的王国正迅速走向灭亡。"④ 相比之下，"只有工人、英国的贱民、穷人，才是真正值得尊敬的人，……拯救英国要靠他们，他们身上还有可造之材；他们没有文化知识，但也没有偏见，他们还有力量从事伟大的民族事业"⑤。由是，恩格斯确信，随着工业革命的发展和工人阶级的兴起，必将形成摧毁资产阶级国家的深厚的物质力量和强大的阶级力量。

---

① 《马克思恩格斯选集》第 1 卷，人民出版社 2012 年版，第 33—34 页。
② 《马克思恩格斯选集》第 1 卷，人民出版社 2012 年版，第 34 页。
③ 《马克思恩格斯选集》第 1 卷，人民出版社 2012 年版，第 45 页。
④ 《马克思恩格斯全集》第 3 卷，人民出版社 2002 年版，第 497 页。
⑤ 《马克思恩格斯全集》第 3 卷，人民出版社 2002 年版，第 497 页。

马克思和恩格斯殊途同归，两人都完成了从唯心主义到唯物主义的转变。在转向唯物主义后，他们互相切磋、紧密合作，在批判资产阶级、小资产阶级的各种流行思潮的斗争中，制定了辩证唯物主义和历史唯物主义的基本理论。在两人合著的《神圣家族》中，马克思恩格斯批判了鲍威尔及其同伙，揭露了他们的主观唯心主义实质。黑格尔思辨唯心主义的秘密，就在于把概念独立化、实体化，而鲍威尔的自我意识却成了不依赖于具体世界精神的任意活动，既否定了存在于人之外的自然界，也否定了作为自然存在物的人本身，这样，自我意识就成了绝对的创造主体。马克思恩格斯唯物地解决了思维和存在的关系问题，阐明了唯物主义的基本原则。他们指出，在人的自我意识之外，存在着有别于思维的存在，有别于精神的自然、有别于主体的客体、有别于理论的实践；存在着不以人的自我意识为转移的客观的外部世界。从物质生产在历史发展中起决定作用的观点出发，马克思恩格斯深刻论证了人民群众是历史的创造者。他们指出："历史活动是群众的活动，随着历史活动的深入，必将是群众队伍的扩大。"①

1845 年 1 月，马克思拟定了《关于费尔巴哈的提纲》。费尔巴哈的唯物主义有合理的成分，但其形而上学的观点和机械决定论则是错谬的。《提纲》从根本上批判了费尔巴哈和一切旧唯物主义的局限性，第一次把社会实践当作辩证唯物主义和历史唯物主义的基本范畴提了出来，标志着马克思不仅同唯心主义划清了界线，而且同旧唯物主义划清了界线，成为制定马克思主义哲学体系的纲领性文件。马克思认为，客观世界是认识的对象，同时又是改造的对象，人们对客观世界的认识，正是在改造客观世界中实现的。他指出："人的思维是否具有客观的真理性，这不是一个理论的问题，而是一个**实践的**问题。人应该在实践中证明自己思维的真理性，即自己思维的现实性和力量，自己思维的此岸性。关于思维——离开实践的思维——的现实性或非现实性的争论，是一个纯粹**经院哲学的**问题。"②

① 《马克思恩格斯文集》第 1 卷，人民出版社 2009 年版，第 287 页。
② 《马克思恩格斯选集》第 1 卷，人民出版社 2012 年版，第 134 页。

马克思说明了，确定人的思维是否反映了客观真理，在思维或理论的范围内是无法解决的，只有实践是认识的基础和检验真理的标准。马克思把实践理解为"**革命的实践**"和"改变世界"，他说："哲学家们只是用不同的方式**解释**世界，问题在于**改变**世界。"①《提纲》贯穿着马克思主义哲学的革命批判精神，强调了马克思主义哲学同旧哲学的对立，马克思指出："旧唯物主义的立脚点是市民社会，新唯物主义的立脚点则是人类社会或社会的人类。"②旧唯物主义立足于资本主义私有制，它是资产阶级的世界观，而新的唯物主义，则是无产阶级的世界观。

1845 年秋至 1846 年 5 月，马克思恩格斯又合著了《德意志意识形态》。这部著作系统地阐述了马克思恩格斯创立的唯物主义历史观。在《德意志意识形态》中，马克思恩格斯不仅从现实的人出发，揭示了物质资料生产在社会生活中起决定的作用，并且对物质资料生产方式进行了分析，第一次论述了生产力与生产关系的辩证规律。马克思恩格斯使用"交往形式""交往关系""交往方式"的概念来表达生产关系，强调生产力决定生产关系。马克思恩格斯还进一步研究了社会结构和政治结构同生产的联系，阐述了经济基础和上层建筑关系的原理。社会交往形式（即生产关系）是生产力借以运动的形式；而另一方面，它在一切时代都构成国家的基础以及任何其他的观念的上层建筑的基础。马克思恩格斯指出了国家和法对于所有制的依赖关系，虽然国家采取了一种虚幻的共同体形式，仿佛是公共利益的代表，但是，它实际上不过是"统治阶级的各个人借以实现其共同利益的形式，是该时代的整个市民社会获得集中表现的形式"③。

马克思恩格斯的哲学思想，吸取了黑格尔哲学中辩证法的合理内核而摒弃其唯心主义，吸取了费尔巴哈哲学中唯物主义而摒弃其形而上学和社会历史问题上的唯心观点，创立了辩证唯物主义和历史唯物主义，为马克思主义的政治学说奠定了坚实的哲学基础。第一，根据物质第一性、意识

---

① 《马克思恩格斯选集》第 1 卷，人民出版社 2012 年版，第 136 页。
② 《马克思恩格斯选集》第 1 卷，人民出版社 2012 年版，第 136 页。
③ 《马克思恩格斯选集》第 1 卷，人民出版社 2012 年版，第 212 页。

第二性，物质决定意识、社会存在决定社会意识的原理，为人们指出了观察、分析任何政治问题，必须着眼于社会的经济物质利益。人们之所以要从事政治活动，都是为了要实现自己的利益，如果离开了物质利益事实而谈论政治活动，就将成为无稽之谈。抓住经济物质利益，是理解和解决一切政治问题的主线。统治阶级和统治集团进行政治统治，是为了维护自身的利益。不同的社会阶级、政党、团体和个人参与政治活动，也同样是为了影响社会来获得或实现自己的经济和政治的利益与权利。第二，根据社会生产力是社会发展的决定性力量，人民群众是社会生产力的体现者和代表者，是推动社会历史前进的创造者的原理，为人们明确了政治的主体是人民群众，人民群众是推动政治发展的主力军。政治发展必须反映和代表人民群众的意愿与要求，如果背离了人民群众的意愿与要求，任何政治活动就一定要招致失败。第三，根据经济基础决定上层建筑，上层建筑又服务和反作用于经济基础，人类社会的运动是有规律的，总是由低级向高级发展的原理，为人们阐明了政治发展是有规律可循的，一定的社会形态是一定的经济基础和一定的上层建筑的相统一，上层建筑的政治决策和权力运行，必须服从并有利于经济基础和生产力的发展，否则，将会带来社会的动荡、政治的倒退。

二、劳动价值和剩余价值理论为政治学说奠定政治经济学基础

马克思研究经济学，受到了三个方面的影响：一是 1842—1843 年间，马克思作为《莱茵报》的编辑，第一次遇到要对所谓物质利益发表意见的难事。莱茵省议会关于林木盗窃和地产析分的讨论，当时莱茵省总督冯·沙培尔就摩泽尔农民状况同《莱茵报》展开的官方论战，还有关于自由贸易和保护关税的辩论，这些是促使马克思去研究经济问题的最初动因。二是马克思在批判黑格尔的法哲学时，得到了一个新认识，即"法的关系正像国家的形式一样，既不能从它们本身来理解，也不能从所谓人类

精神的一般发展来理解，相反，它们根源于物质的生活关系，这种物质的生活关系的总和，黑格尔按照18世纪的英国人和法国人的先例，概括为'市民社会'，而对市民社会的解剖应该到政治经济学中去寻求。"① 于是，1844年马克思在巴黎开始了对政治经济学的研究，以探求理解社会发展的钥匙。三是恩格斯早年在英国时先于马克思而研究政治经济学，写出了批判经济学范畴的天才大纲——《政治经济学批判大纲》，无疑对马克思研究探索这个领域产生了深刻的影响。同时，在恩格斯的影响推动下，马克思把政治经济学的研究大大地向前推进了一步，提出了许多新的看法和观点。

马克思初步探索政治经济学取得的成果是《1844年经济学哲学手稿》（以下简称《手稿》）。英国古典政治经济学是马克思主义经济学说的主要理论来源，马克思在开始研究政治经济学时给予了充分的重视，将其作为自己研究的主要对象，吸取了它的进步成果，批判了其错误的乃至反动的东西，为创立科学的政治经济学说奠定基础。

马克思在考察英国资产阶级国民经济学时，十分重视关于劳动价值的理论。劳动价值论最先由威廉·配第提出，他说："劳动是财富之父，土地是财富之母。"他第一次将劳动和土地一起作为创造财富的两个因素加以研究，但是他的劳动价值仅限于农业生产，只有从事农业生产粮食的劳动，才创造产品价值。与配第不同的是，亚当·斯密则把劳动价值论普遍化，推广到工业和其他生产的领域。斯密在《国民财富的性质和原因的研究》中明确指出，劳动是价值的基础，"由此可见，只有劳动才是价值的普遍尺度和准确尺度，换言之，只有用劳动作标准，才能在一切时代和一切地方比较各种商品的价值。"② 大卫·李嘉图进一步发展了斯密的劳动价值论。他指出，正确确定了交换价值源泉的斯密是不彻底的，没有坚持产品的价值取决于其中所耗费的劳动量的原则。由此，李嘉图提出价值

---

① 《马克思恩格斯选集》第2卷，人民出版社2012年版，第2页。
② ［英］亚当·斯密：《国民财富的性质和原因的研究》上卷，郭大力、王亚南译，商务印书馆1972年版，第32页。

的另一种标准尺度，认为产品价值多少取决于与之相交换的这种标准尺度的量。李嘉图的重要贡献在于，提出和确立了商品价值由劳动时间来决定的原理。李嘉图还进一步研究了劳动创造的价值应该如何分配于社会的各阶级的问题，即以地租、利润和工资如何分配于土地占有者、资本家和工人。他不同意斯密关于商品价值由各种收入构成的观点，强调了劳动是商品价值的唯一尺度。

但是，李嘉图的劳动价值论也不彻底。作为资产阶级的政治经济学家，他和斯密一样，不可能将劳动价值论贯彻到底，因为若完全承认劳动价值论，那么工人创造的产品就应该全部归工人所有。这使得李嘉图同所有的资产阶级经济学家一样不愿意如此赞成，因而，他同意并接受了斯密将商品价值分解为土地、资本和劳动的各种收入的观点，并在斯密的生产费用论的基础上建立和发展自己的分配论。

马克思继承了英国古典政治经济学的劳动价值论并作出了发展创新。正如列宁说的："亚当·斯密和大卫·李嘉图通过对经济制度的研究奠定了**劳动价值论**的基础。马克思继续了他们的事业。他严密地论证了并且彻底地发展了这个理论。他证明：任何一个商品的价值，都是由生产这个商品所消耗的社会必要劳动时间的数量决定的。"[1] 在《手稿》这部经济学著作中，马克思已经触及到了这个基本问题，他指出："财富的**本质**不是某种**特定的**劳动，不是与某种特殊要素结合在一起的、某种特殊的劳动表现，而是**一般劳动**。"[2] 马克思对"特定的劳动""特殊的劳动"与"一般的劳动"作出了明确的区别。稍后不久，在《神圣家族》中，马克思进而将物品的价值规定为需要的劳动时间，"在直接的物质生产领域中，某物品是否应当生产的问题即物品的价值问题的解决，本质上取决于生产该物品所需要的劳动时间。"[3] 这表明，马克思初步科学地论证了劳动价值论，为提出剩余价值理论奠定了基础。

---

[1]　《列宁选集》第 2 卷，人民出版社 2012 年第 3 版修订版，第 312 页。
[2]　《马克思恩格斯全集》第 3 卷，人民出版社 2002 年版，第 292 页。
[3]　《马克思恩格斯全集》第 2 卷，人民出版社 1957 年版，第 62 页。

在《手稿》中，马克思还研究了工资、利润和地租问题，通过分析资本主义社会财富分配的三种主要形式，揭示了工人、资本家、土地所有者对立的经济根源。与资产阶级政治经济学家相反，马克思不是从抽象公式出发，而是从现实的经济事实出发，研究了劳动、资本及其利润和地租的本质特点，揭露了这三种收入形式的相互关系和与之相联系的各个阶级之间利益的根本对立。马克思首先揭露了资本和工资的本质，资本是"对他人劳动产品的私有权""是对劳动及其产品的**支配权力**"①，不是任何资金都可以称作资本的，"资金只有当它给自己的所有者带来收入或利润的时候，才叫作**资本**。"②资本家之所以能用资本剥削工人，只是由于他是资本的所有者。资本家通过资本攫取巨额利润，把大多数居民变为一无所有的出卖自己劳动的工人，完全是资本主义私有制发展的结果。马克思在分析了资本主义各种社会状态对工人生活的影响后得出结论："在社会的衰落状态中，工人的贫困日益加剧；在增长的状态中，贫困具有错综复杂的形式；在达到完满的状态中，贫困持续不变。"③ 这是对资本主义发展时期工人贫困状况最彻底的揭露，是对资本剥削本质的最充分的暴露。马克思同样深刻地揭露了地租的实质，指出土地所有者同劳动者的关系，也是赤裸裸的剥削和被剥削的关系。马克思正是通过对资本主义经济关系的研究，揭露了物质关系所掩盖的基于利益根本对立的阶级关系，指出"各种利益的敌对性的对立、斗争、战争，被承认是社会组织的基础"④。这种对立和竞争的加剧，工人"已经降到最低限度的工资不得不进一步降低。而这就必然导致革命"⑤。《手稿》展示了马克思研究政治经济学得出的革命结论。

在初步建立科学的劳动价值论的基础上，马克思于1847年7月出版了《哲学的贫困》一书，进而阐述了他关于剩余价值的观点。恩格斯指出：

---

① 《马克思恩格斯全集》第 3 卷，人民出版社 2002 年版，第 238 页。
② 《马克思恩格斯全集》第 3 卷，人民出版社 2002 年版，第 239 页。
③ 《马克思恩格斯全集》第 3 卷，人民出版社 2002 年版，第 230 页。
④ 《马克思恩格斯全集》第 3 卷，人民出版社 2002 年版，第 254 页。
⑤ 《马克思恩格斯全集》第 3 卷，人民出版社 2002 年版，第 265 页。

"那时候，马克思自己已经弄清了他的新的历史观和经济观的基本特点。当时刚刚出版的蒲鲁东《经济矛盾的体系，或贫困的哲学》一书，使他有机会阐述这些基本特点"[①]。这就是说，马克思在写作《哲学的贫困》时，已经完全形成了具有"新的经济观"即剩余价值理论的主要观点。批判蒲鲁东的《贫困的哲学》，不过是马克思得以借此机会把它阐述了出来。

马克思对蒲鲁东的批判，就是从批判他的价值理论入手的。他指出，蒲鲁东对价值的解释不仅不是什么新的发现，反倒是对李嘉图的劳动价值论做了唯心主义的空想的解释。蒲鲁东离开社会分工谈交换价值，当然就不知道交换价值的起源，也不可能正确地说明交换价值和使用价值的矛盾，以至于把这一矛盾弄到了荒谬的程度。他的所谓"构成价值"，实质上只是交换价值而已。他认为的"价值矛盾"，就是使用价值和交换价值之间的矛盾，也就是不能按个别生产者的个别劳动时间进行交换而产生的矛盾。

马克思在批判蒲鲁东的"价值矛盾"时指出，建立在分工之上的生产中，产品价值具有作为使用价值和交换价值的二重性。商品是使用价值和价值的统一体。发现商品的使用价值是比较简单的，而发现商品的价值却是十分复杂的事情。如果只是独立地考察一个商品，是无论如何也不能发现它的价值。只有和另外一个商品相交换的时候，才能感到它确实是有价值的，因为商品的价值只能表现在交换价值上，或者说表现在另外一种商品的使用价值上，这就要通过对交换价值的分析，深入到对商品内在价值的分析。由此，马克思以阐述体现在商品中的劳动的二重性为前提。虽然此时马克思还没有使用抽象劳动和具体劳动这样的科学概念，但他已经对具体劳动和抽象劳动的内涵作了较明确的区分。马克思在谈到劳动力只是一种商品时指出，一方面"由于劳动被买卖，因而它也和任何其他商品一样，也是一种商品，因此它也有交换价值。但是劳动的价值或作为商品的劳动并不生产什么，正如粮食的价值或者作为商品的粮食不能当作食物

[①] 《马克思恩格斯全集》第 28 卷，人民出版社 2018 年版，第 210 页。

一样"①。另一方面"劳动决不是'不确定的东西';进行买卖的不是一般的劳动，而总是某种确定的劳动。不仅劳动的性质由对象来确定，而且对象本身也由劳动的特性来确定"②。马克思认为，劳动（力）之所以能够被买卖，是因为劳动（力）中隐含着价值。但是劳动（力）也和其他商品一样，当人们说某个东西是商品时，那已经不是指购买它的目的，而是指想从这个东西中取得效用。在这里，马克思第一次把体现在商品中的抽象劳动和具体劳动加以区分，并指出了创造交换价值的只是抽象劳动。

马克思在《哲学的贫困》中通过对劳动（力）这种特殊商品的分析，通过体现在商品中的劳动二重性的初步阐明，不仅给劳动价值论奠定了科学的基础，而且也给剩余价值理论提供了根据和一些要点。这个理论在稍后的《雇佣劳动与资本》《关于自由贸易问题的演说》等著作中得到了发展。马克思指出："**工资不是工人在他所生产的商品中占有的一份。工资是原有商品中由资本家用以购买一定量的生产性劳动力的那一部分。**"③"工人拿自己的劳动力换到生活资料，而资本家拿他的生活资料换到劳动，即工人的生产活动，亦即创造力量。工人通过这种创造力量不仅能补偿工人所消费的东西，并且还使积累起来的劳动具有比以前更大的价值。"④ 对此，恩格斯指出，1847 年的马克思"不仅已经非常清楚地知道'资本家的剩余价值'是从哪里'产生'的，而且已经非常清楚地知道它是怎样'产生'的"⑤。毋庸置疑，剩余价值理论的创立经历了一个很长的过程，它虽然完成于 19 世纪五六十年代，马克思《资本论》的发表标志着劳动价值和剩余价值的理论得到了系统和完善。但是，在 19 世纪 40 年代时它们确实已经出现了萌芽并具备了雏形。

马克思首创了生产商品的劳动二重性学说，创造了科学的劳动价值

---

① 《马克思恩格斯全集》第 4 卷，人民出版社 1958 年版，第 100 页。
② 《马克思恩格斯全集》第 4 卷，人民出版社 1958 年版，第 100—101 页。
③ 《马克思恩格斯选集》第 1 卷，人民出版社 2012 年版，第 331 页。
④ 《马克思恩格斯选集》第 1 卷，人民出版社 2012 年版，第 342 页。
⑤ 《马克思恩格斯全集》第 45 卷，人民出版社 2003 年版，第 12 页。

论，建立了科学的剩余价值理论，发现了资本积累的一般规律和历史趋势，揭示了资本主义为社会主义所代替的必然性，并预见了未来社会主义和共产主义社会的一些基本特征，从而为马克思主义政治学说奠定了坚实的政治经济学基础。恩格斯在评价马克思为政治经济学作出的理论贡献时指出，马克思"发现了现代资本主义生产方式和它所产生的资产阶级社会的特殊的运动规律。由于剩余价值的发现，这里就豁然开朗了，而先前无论资产阶级经济学家或者社会主义批评家所做的一切研究都只是在黑暗中摸索"①。

如果说马克思主义哲学为政治学说确立了人民群众，而这样的人民群众指的就是工人阶级和劳动大众是政治活动与政治发展主体的话，那么，马克思主义政治经济学就从劳动价值论和剩余价值理论的基本观点出发，论证了为什么人民群众必然是政治斗争和政治发展的主体。马克思的劳动价值论和剩余价值理论，不仅说明了工人阶级和劳动大众在经济上受到了残酷剥削，而且在政治上受到了沉重压迫；工人阶级和劳动大众不仅在经济上、政治上是一个受苦受难的阶级群体，而且随着资本主义危机的加深，工人阶级和劳动大众必然成为推翻资产阶级统治的政治力量。

三、无产阶级解放和人类解放为政治学说奠定科学社会主义基础

马克思恩格斯在 1842 年至 1844 年发生了"两个转变"，一个是从唯心主义向唯物主义的转变，开始创立辩证唯物主义和历史唯物主义；另一个是从革命民主主义向共产主义转变，开始创立科学社会主义理论。1848年，马克思恩格斯合著的《共产党宣言》以经典文献的形式，向全世界宣告了无产阶级的新世界观和科学社会主义的诞生。

---

① 《马克思恩格斯选集》第 3 卷，人民出版社 2012 年版，第 1002—1003 页。

　　科学社会主义这一概念，有广义和狭义两种。广义的科学社会主义概念是马克思主义的同义语，即它是关于全世界的无产阶级和人类彻底解放的学说。马克思主义主要由哲学、政治经济学和科学社会主义三大部分构成。狭义的科学社会主义概念，就是指作为三大部分之一的科学社会主义。之所以称科学社会主义，正如马克思说的："也只是为了与空想社会主义相对立才使用"①。马克思主义三大部分的各自作用是：马克思主义的哲学为无产阶级的解放和人类解放提供科学的世界观和方法论；马克思主义的政治经济学从资本主义社会经济运动的规律本身，阐明了资本主义生产方式的性质及其产生、发展和灭亡的历史必然性，为社会主义最终代替资本主义、实现无产阶级解放和人类解放进行经济学方面的论证；马克思主义的科学社会主义，则是提供给无产阶级如何去变革资本主义，建立和建设社会主义、共产主义，实现无产阶级解放和人类解放的基本原理和战略策略。因此，狭义的科学社会主义同无产阶级的革命斗争和建设事业有着最直接、最密切的联系。这三大部分的内在关系是：如果没有马克思主义的哲学和政治经济学，也就没有科学社会主义。而科学社会主义是马克思主义哲学和政治经济学的践行与落实。马克思恩格斯研究哲学和政治经济学的目的，归根到底是为无产阶级和人类解放指明前进的道路和奋斗的目标，也就是得出科学社会主义的结论，如果没有科学社会主义，也就不能体现马克思主义哲学和政治经济学的实际作用。科学社会主义是马克思主义哲学和政治经济学发展的合乎逻辑的归宿，因此，恩格斯指出："现代的唯物主义，它和过去相比，是以科学社会主义为其理论成果的。"②恩格斯在这里说的科学社会主义，显然指的是狭义的科学社会主义。虽然恩格斯说了，马克思主义的哲学是以狭义的科学社会主义为理论成果的，但实际上马克思主义的政治经济学也是如此。作为狭义的科学社会主义，不但是由于马克思发现了历史唯物主义和剩余价值理论，使社会主义从空想

① 《马克思恩格斯选集》第3卷，人民出版社2012年版，第341页。
② 《马克思恩格斯全集》第26卷，人民出版社2014年版，第362页。

变为科学，而且是马克思恩格斯"诉诸**群众**，诉诸**无产阶级**"[1]，亲身参加了工人阶级的社会主义运动，发现了无产阶级的历史使命才得以创立的。

恩格斯在 1842 年 11 月底前往英国曼彻斯特"欧门—恩格斯公司"工作后，就把大部分的时间用来读书和接触工人群众。恩格斯在《致大不列颠工人阶级》中曾这样说道："我放弃了资产阶级的社交活动和宴会、波尔图酒和香槟酒，把自己的空闲时间几乎全部用来和普通**工人交往**"[2]。恩格斯不愿出入资产阶级的豪门府第，却情愿屈身于工人的贫民窟，同普通的劳动群众交朋友，观察他们的日常生活，了解他们的状况和疾苦，支持他们的反抗斗争，与受苦受难的阶级同呼吸、共命运。恩格斯这样做，目的是寻求工人阶级和劳动人民解放的道路。

恩格斯不但深入工人群众，而且更关注工人运动，与工人领袖密切来往。当时的宪章运动是英国工人开展的政治运动，宪章派是指宪章运动的参加者和领导者形成的组织。宪章派提出了包括工人权利在内的争取普选权和议会民主改革的六项政治要求，被恩格斯称为是"近代第一个工人政党"[3]，高度评价了宪章派的斗争。恩格斯和宪章派以及它的机关报《北极星报》，建立了密切的联系，同主持《北极星报》的朱利安·哈尼建立了深厚的友谊。恩格斯和詹姆斯·李奇也保持着密切的接触，李奇是宪章派四人执行委员会的委员，是在曼彻斯特城的著名领袖。他是一个有才智的工人、无产阶级运动的组织者和宣传家、恩格斯的挚友。在英国期间，恩格斯还与德国的正义者同盟在伦敦的中心建立了直接联系。在与同盟的领导成员亨利希·鲍威尔、约瑟夫·莫尔和卡尔·沙佩尔结识时，恩格斯说："1843 我在伦敦认识了他们三人，这是我遇到的第一批革命无产者。"[4]1845 年 8 月，当恩格斯陪同马克思来到伦敦时，恩格斯把他们以及他们的朋友们都介绍给马克思认识。马克思和恩格斯共同出席了一次在

---

[1]　《列宁全集》第 26 卷，人民出版社 2017 年版，第 49 页。
[2]　《马克思恩格斯选集》第 1 卷，人民出版社 2012 年版，第 81 页。
[3]　《马克思恩格斯选集》第 3 卷，人民出版社 2012 年版，第 768 页。
[4]　《马克思恩格斯选集》第 4 卷，人民出版社 2012 年版，第 198 页。

伦敦召集的有宪章派、正义者同盟盟员和英国民主派领导人参加的聚会。

马克思恩格斯在参加工人运动和与工人政党交往中发现，这些运动和政党在理论方面受到了唯心主义与空想社会主义的严重影响，在各地的共产主义者中间，思想认识非常混乱。各种非科学的社会主义、共产主义学说没有得到应有的批判和清算。为了在工人运动和工人政党中更好地宣传科学社会主义，1846 年 2 月，马克思恩格斯在比利时的布鲁塞尔创立了共产主义通讯委员会。成立布鲁塞尔共产主义通讯委员会，促进了科学社会主义同工人运动的相结合，也为改造正义者同盟奠定了基础。布鲁塞尔共产主义通讯委员会成立后，很快就建立起许多国际联系，同德国的很多城市以及英国、法国、荷兰、丹麦等国的社会主义组织形成了巩固的联系，发展成为共产主义运动的一个重要的思想中心和政治中心。马克思恩格斯不仅为布鲁塞尔共产主义通讯委员会积极筹措经费，做了很多组织工作，而且重要的是展开对资产阶级的、小资产阶级的各种冒牌社会主义的政治观点的激烈斗争。通过共产主义通讯委员会这个组织形式，马克思恩格斯在内部开展了对于当时影响最大的两个社会主义派别，即魏特林的空想社会主义（又称"手工业共产主义"）和克利盖、格律恩的"'真正的'社会主义"（又称"哲学的共产主义"）的批判，取得了在两条战线理论论战的胜利，阐明和捍卫了他们所主张的科学社会主义原理。

魏特林空想社会主义曾有过一定的历史功绩，它正确地指出私有制是一切社会罪恶的根源，要使病态社会康复，就必须消灭私有制。消灭私有制只有靠工人的斗争才能实现。但他认为，只要建立一支传奇式的"四万人的革命军队"就可以把瑞士闹个天翻地覆，进行"全面的革命"，一举实行"平均的共产主义"。他自命为解救无产阶级的新救世主，天才地构思出了新的社会制度，能够解决资本主义社会的矛盾，废除资本主义制度，这使得他的空想社会主义完全建立在历史唯心主义的基础之上，根本不适合现实斗争的需要。马克思恩格斯批判了魏特林的空想社会主义，他们指出，首先，魏特林空想社会主义的世界观是历史唯心主义。只有用科学的历史唯物主义世界观的宣传去取代那种关于共产主义是解救人类的至高无上的宗教式的宣传，才能使工人具有清醒的头脑，认清自己的前途和坚持正确的方向。其次，魏特林不能理解资产阶级革命的真正历史意义。在他看来，只要穷人理解了他的思想并相应地付诸行动，便可立即消灭财产，建立平等正义的人间"千年王国"。与魏特林醉心于空想而否定无产阶级解放的具体历史条件相反，马克思恩格斯从实际情况出发，指出在德国面临的即将来到的革命，不是无产阶级战胜资产阶级，而是资产阶级战胜封建制度。无产阶级只有积极参加资产阶级革命，进行长期艰巨的严酷斗争，才能实现最后的解放。最后，魏特林认为他对于"共产主义"事业所从事的"准备工作"，要比马克思恩格斯"进行书斋里的批判和分析更重要"，这完全颠倒了是非黑白。马克思恩格斯创立唯物史观，决不是为了高谈阔论、炫耀学问，而是用来指导实践。马克思恩格斯指出，无产阶级必须参加资产阶级民主革命，是为了不脱离现实斗争，避免成为一个无知者，而无知从来不会使人得到教益，这是马克思恩格斯对魏特林空想社会主义的致命宣判。

"真正的"社会主义的要害在于掩盖了资本主义制度的剥削实质，歪曲了无产阶级和资产阶级的对立及其根源，而空谈所谓普遍的人类之爱。马克思恩格斯指出，克利盖"把共产主义描绘成某种充满爱而和利己主义相反的东西，并且把有世界历史意义的革命运动归结为几个字：爱和恨，共产主义和利己主义"①。克利盖出于道德的愤慨，把资本主义描绘成"利己主义"，认为"利己主义"产生的结果是"恨"，但是，他又认为只要"向妇女们呼吁""向新出现的鼓动者们呼吁""向财主们呼吁""用爱把人类联合起来"，最终就会导致"共产主义"。马克思恩格斯揭露了克利盖对于共产主义的种种欺骗宣传，并同这类反动企图划清了界限，强调了无产阶级同资产阶级之间的阶级对立的不可调和性。

工人群众和工人组织的领导人，总是容易被一些所谓的"理论家"所左右。正义者同盟组织先是受到魏特林空想社会主义的支配，后又受到格

---

① 《马克思恩格斯全集》第 4 卷，人民出版社 1958 年版，第 8 页。

律恩"'真正的'社会主义"的影响。格律恩不仅在一定程度上控制了正义者同盟领导人和巴黎支部领导人艾韦贝克，并且通过他在工人群众中也造成极大的思想混乱。为此，1846 年 8 月中旬，恩格斯受马克思和布鲁塞尔共产主义通讯委员会的委托，亲自前往巴黎开展活动和集会，进行对"'真正的'社会主义"面对面的思想斗争。在集会上，许多工人要求恩格斯给他们阐明共产主义究竟是什么？恩格斯以极其明快而简洁的语言，给共产主义下了定义："（1）实现同资产者利益相反的无产者的利益；（2）用消灭私有制而代之以财产共有的手段来实现这一点；（3）除了进行暴力的民主的革命以外，不承认有实现这些目的的其他手段。"① 恩格斯关于什么是共产主义的定义，恰好涉及与"'真正的'社会主义"争论的各要点，澄清了许多模糊认识，它如雷贯耳，使工人们感到耳目一新。经过一番热烈讨论之后，绝大多数人相信恩格斯的论点是正确的。因此，大家完全同意并承认遵守恩格斯为共产主义所作的定义。这样，格律恩的"'真正的'社会主义"，就在大多数人心目中，甚至在他的一部分追随者的心目中声誉扫地了。

正是经过这样的斗争，正义者同盟的领导人确信马克思恩格斯的观点是正确的，同意由他们来阐述科学社会主义学说作为同盟的纲领，同意由他们对同盟组织进行根本的改组。1947 年 2 月，正义者同盟发出文告，决定于 1847 年 6 月 1 日在伦敦召开了第一次代表大会，并委托马克思恩格斯为大会起草文件和部署工作。1847 年 6 月，恩格斯撰写了《共产主义信条草案》——共产主义者同盟的第一个纲领稿本。1947 年 10 月底至 11 月，恩格斯又写成了共产主义者同盟的第二个纲领稿本——《共产主义原理》。但是，恩格斯觉得《共产主义原理》还有不足之处。为了进一步做好制定同盟纲领的工作，大会决定委托马克思恩格斯起草新的同盟纲领，这就是 1848 年 2 月问世的共产主义者同盟的第三个党的纲领稿本，也是正式的党纲《共产党宣言》。在《宣言》中，马克思恩格斯系统、集

---

① 《马克思恩格斯全集》第 47 卷，人民出版社 2004 年版，第 423 页。

中地阐述了科学社会主义原理：消灭私有制，资本主义的灭亡和社会主义
的胜利是历史的必然，工人阶级要组成自己的政党——共产党，用革命的
暴力推翻资产阶级的统治，使无产阶级上升为统治阶级，实行无产阶级专
政和社会主义民主，要夺取资产阶级的全部资本，把一切生产工具集中在
国家手里，并且尽可能快地增加生产力的总量，实现人的自由、全面的发
展，建立"自由人联合体"即共产主义社会。《共产党宣言》的发表，标
志着科学社会主义的诞生。

马克思恩格斯科学社会主义理论的创立，为马克思主义的政治学说奠
定了坚实的社会主义基础。从本质上说，马克思主义的政治学说就是社会
主义的政治学，它以实现无产阶级和人类解放的政治条件为研究对象，以
实现无产阶级解放和人类解放的政治目标为最终目的。马克思主义政治学
说与科学社会主义理论紧密联系，并以其作为根本的理论指南。

第五章　特色彰显

马克思主义政治学说在 19 世纪 40 年代末的诞生，是人类思想史上的一件大事。它是无产阶级反对资产阶级斗争的政治要求和理论表现，也是资本主义与社会主义两大社会形态政治思想激烈冲突的必然结果。马克思主义政治学说的问世绝非偶然，随着第一次工业革命的发生和资本主义大工业的发展，为马克思主义政治学说的产生准备了阶级基础和社会条件。从 18 世纪 60 年代开始，英国等国家出现了两个新兴阶级，即资产阶级和无产阶级。资本主义社会生产力和生产关系的发展，不仅加剧了两大阶级之间的对立，而且壮大了无产阶级的力量。19 世纪 30—40 年代，欧洲先后爆发了法国里昂工人武装起义、英国工人宪章运动和德国西里西亚织工起义，三大工人运动标志着无产阶级开始作为独立的政治力量登上了历史舞台，为马克思主义政治学的产生提供了实践基础。在政治学发展史上，马克思主义政治学说是大工业时代和无产阶级造就的政治学，彰显了鲜明的特色，具有深远的历史意义。

一、马克思主义政治学说彰显了浓郁的时代特色

马克思主义政治学说产生的时代，是资本主义大工业发展的时代。从 15 世纪末开始到 19 世纪初，世界资本主义经济的发展已有了三百多年的历史。"资本主义生产方式主要通过机械化工业的建立而扩大。18 世纪末在英国建立的'工厂'，不仅在英国本土，而且在比利时、法国、瑞士、

德国和美国，都分布得比较广泛。"①资本主义生产方式已经在西欧一些国家占据了统治地位，几个先进国家相继进入了发达的机器大工业阶段。

英国的资本主义产生较早，15世纪初时资本主义经济已在英国封建社会内部萌芽成长。通过圈地运动，英国加速了资本的原始积累，使资本主义生产方式迅速发展起来。到16世纪，英国就拥有了相当繁荣的工场手工业。17世纪40年代，英国爆发了资产阶级革命，经过半个世纪的曲折斗争，终于确立了资产阶级统治，开辟了资本主义迅速发展的新时代。布罗代尔说："英国机械革命，即历史上第一次大规模生产的Boom（繁荣景象）从18世纪末一直拓展到19世纪开外，形成了一种奇迹般的全国性增长"②。博德则具体地指出，英国在"1780—1880年间，有三种工业具有如此之大的影响和增长率，以致可以将其说成传动工业或推动工业，这就是棉纺、铸铁和铁路。"③其一是在棉纺业，由于珍妮纺纱机和瓦特蒸汽机的发明和应用，英国开始了具有重大历史意义的工业革命。其二是铸铁，铸铁的发展使英国在19世纪30—40年代，各主要工业部门的生产都先后采用了机器，形成了工厂制度。当时的英国，制造着全世界需要的工业产品，成了一个"世界工厂"。其三是铁路，恩格斯在《英国工人阶级状况》中，曾对英国铁路的快速发展作了这样详尽的记述："第一条大铁路是从**利物浦**通往**曼彻斯特**的铁路（1830年通车）。从那时起，所有大城市彼此之间都用铁路联系起来了。伦敦和南安普敦、布赖顿、多佛尔、科尔切斯特、剑桥、埃克塞特（经过布里斯托尔）、伯明翰之间有铁路相通；伯明翰和格洛斯特、利物浦、兰开斯特（一线经过牛顿和威根，一线经过曼彻斯特和博尔顿）、利兹（一线经过曼彻斯特、哈利法克斯，一线经过莱斯特、德比及设菲尔德）之间有铁路相通；利兹和赫尔、纽卡斯尔（经过约

---

① ［法］米歇尔·博德：《资本主义史（1500—1980）》，吴艾美、杨慧玫、陈来胜译，东方出版社1986年版，第103页。

② ［法］费尔南·布罗代尔：《资本主义的动力》，杨起译，生活·读书·新知三联书店1997年版，第73页。

③ ［法］米歇尔·博德：《资本主义史（1500—1980）》，吴艾美、杨慧玫、陈来胜译，东方出版社1986年版，第104页。

克）之间有铁路相通。此外还有许多正在建设和设计中的支线，不久以后从爱丁堡到伦敦只要一天的时间就够了。"① 大工业的发展，使英国物质生产的两大主要部门——农业和工业的占比发生了显著的变化，工业比重在1831 年从 42% 增长到 60%，1871 年则达到 73%。② 伴随着资本主义工业化的发展，英国也开始了城市化的进程。19 世纪 40—50 年代时，英国城市人口已占全国总人口的 52%。有居民达 10 万人口以上的城市有 10 个，其中，伦敦人口达到 230 万人，曼彻斯特的居民超过 40 万人，格拉斯哥达到 30 万人，伯明翰为 20 万人。在这些城市中，曼彻斯特是最重要的棉纺织工业城市，成为英国工业发达的中心。1835 年，曼彻斯特聚集了全国棉纺织业 80% 的工厂工人，1846 年则达到 85%。③ 工业的迅猛发展，导致英国雇佣工人人数迅速上升，由 1801 年的 140 万人，增加至 1841 年的 330 万人。④

法国资本主义的产生和发展，虽然稍后于英国，但早在 16 世纪，资本主义生产关系也缓慢地在法国封建社会内部开始萌芽。18 世纪末，法国资产阶级革命大大促进了资本主义的发展。到 19 世纪初，法国也开始工业革命，工业生产中使用机器的数量逐渐增多。1825 年，由于英国废除了关于机器出口的禁令，法国抓住这一有利时机，取消了对英国的大陆封锁政策，大批输入英国机器并从国外聘请熟练技工，以提高国内工业技术水平。根据统计数字，法国 1814 年仅有 15 家工厂使用蒸汽机，到 1830 年时达到 625 台蒸汽机，到 1847 年时蒸汽机增至 4853 台，⑤ 蒸汽机的功率在 1815 年到 1826 年间增加了 15 倍。随着机器生产逐步代替手工劳动和蒸汽机的日益广泛使用，最先普遍采用机器生产的纺织工业到

① 《马克思恩格斯文集》第 1 卷，人民出版社 2009 年版，第 401 页。
② 参见〔法〕米歇尔·博德：《资本主义史（1500—1980）》，吴艾美、杨慧玫、陈来胜译，东方出版社 1986 年版，第 105 页。
③ 参见〔法〕米歇尔·博德：《资本主义史（1500—1980）》，吴艾美、杨慧玫、陈来胜译，东方出版社 1986 年版，第 110 页。
④ 参见〔法〕米歇尔·博德：《资本主义史（1500—1980）》，吴艾美、杨慧玫、陈来胜译，东方出版社 1986 年版，第 108 页。
⑤ 参见孙伯鍨等：《马克思主义哲学史》第一卷，山西人民出版社 1982 年版，第 3 页。

40 年代末已拥有 11.6 万台纺织机和 350 万纱锭，全国已有棉纺织厂 566 家。[①] 生铁产量从 1810 年到 1830 年增加了 2 倍，1832 年为 71.40 万吨，到 1847 年高达 160.80 万吨。煤的开采量 1814 年为 100 万吨，1825 年为 150 万吨，1830 年为 170 万吨，到 40 年代末已接近 500 万吨。[②] 工业中棉花用量 1812 年为 1030 万公斤，1831 年为 2800 万公斤，1845 年猛增至 6400 万公斤。1815 年丝织品生产总值为 4000 万法郎，到 1830 年时增加为 8000 万法郎。[③] 自从 1832 年建成第一条全长 39 公里的里昂—圣艾蒂安铁路之后，铁路建设蓬勃兴起，到 40 年代末，法国已经完成了约 3000 公里的铁路线，从而进一步推动了工业的高涨。19 世纪 30—40 年代，是法国经济快速增长的时期，工业生产总值已从 1781—1790 年的 43% 上升到 1835—1844 年的 55%；对外贸易额从 1815 年的 6.21 亿法郎，增加到 1830 年的 11.31 亿法郎和 1847 年的 24.37 亿法郎。伴随法国资本主义的增长，工人阶级人数迅速增多。1828 年，巴黎有 24 万多工人，占首都人口的 34%。此外，巴黎和其他大城市每年还雇佣成千上万的季节工人，其中大多数是来自农村的贫苦农民。此时的法国工业，在世界上已仅次于英国居第二位。

至于德国，早在 15 世纪就出现了资本主义生产方式的萌芽，但它的经济发展比英国和法国都要迟缓得多。进入 19 世纪 30 年代和 40 年代后，由于德意志关税同盟的建立和受到英、法资本主义发展的影响，德国资本主义经济开始迅速地发展起来。德国工业革命也是从纺织工业开始的，到 1846 年时，关税同盟各邦中已有 313 家纱厂和 75 万枚机械纺锭，普鲁士的毛纺业中也有机械纺锭 45 万枚。机械化生产逐年增加，1826 年全普鲁士拥有蒸汽机仅 58 台，1837 年增加到 328 台，到 1846 年时又增至 1138

---

① 参见樊亢等编：《主要资本主义国家经济简史》，人民出版社 1973 年版，第 197 页。
② 参见 [苏] 波梁斯基：《外国经济史（资本主义时代）》，郭吴新等译，生活·读书·新知三联书店 1963 年版，第 304 页。
③ 参见周一良、吴于廑主编：《世界通史近代部分》上册，人民出版社 1962 年版，第 242 页。

台。① 采煤和冶金业开始使用煤炭炼铁，建立了使用焦煤的高炉和采用搅拌法炼铁等新技术，煤和铁产量都有很大增长。1824 年第一艘汽轮在莱茵河上开航，接着创办了汉萨汽船公司和汉堡——美洲汽船公司等几个航运公司，内河航运和海运事业得到了一定的发展。虽然在 1835 年才修成纽伦堡—费尔特全长 12 公里的第一条铁路，但 10 年之后，已形成柏林、科隆、慕尼黑、纽伦堡、法兰克福等铁路中心，到 1848 年时全国铁路线总长达 2500 公里。这时期施泰因——哈登堡的政治、经济改革，促进了工农业方面的资本主义的发展。到 40 年代末，德国除莱茵——威斯特伐利亚已发展成重工业区外，萨克森、西里西亚和柏林等地区的工业生产也有了飞速的发展。1800 年，德国的工人还不及 9 万，到了 30 年代初增至 40 万，到了 40 年代末增至 200 万，其中产业工人为 80 万。②

除上述英、法、德三国外，欧洲其他国家如比利时、瑞士、西班牙等国的资本主义大工业也都有了显著的发展。到 19 世纪上半期，以上诸国也都先后进入了工业革命的阶段。

工业革命，是人类有史以来从事的生产从工场手工业向大机器工业的飞跃，它彻底改变了整个社会的经济结构，促使人类社会由传统的农业社会向工业社会转变，改变了整个世界的面貌。工业革命极大地提高了社会生产力，建立了资本主义真正的经济基础，使资本主义最终战胜了封建主义。工业革命加速了城市化进程，促进了人口和财富的增长，引起交通运输业的技术革命，密切了国际交流，促进了资本主义世界体系的形成，也导致阶级关系的深刻变化，无产阶级作为一支独立的政治力量，开始出现在历史的舞台上。马克思恩格斯对于这场工业革命和资产阶级曾经在历史上起推动的作用，予以了高度的评价。他们在《共产党宣言》指出："资产阶级在它的不到一百年的阶级统治中所创造的生产力，比过去一切世代创造的全部生产力还要多，还要大。自然力的征服，机器的采用，化学在

---

① 参见孙伯鍨等：《马克思主义哲学史》第一卷，山西人民出版社 1982 年版，第 4 页。
② 参见周一良、吴于廑主编：《世界通史近代部分》上册，人民出版社 1962 年版，第 281 页。

工业和农业中的应用，轮船的行驶，铁路的通行，电报的使用，整个整个大陆的开垦，河川的通航，仿佛用法术从地下呼唤出来的大量人口——过去哪一个世纪料想到在社会劳动里蕴藏有这样的生产力呢?"① 马克思主义政治学说，就是工业革命和社会先进生产力的产物，是工人阶级的政治理论，彰显了浓郁的产业革命和现代社会的时代特色。

二、马克思主义政治学说彰显了强烈的阶级特色

工业革命和社会先进生产力不仅为马克思主义政治学说的产生准备了时代条件，而且还提供了阶级力量——无产阶级。工人运动的发展和工人阶级的解放，催生了马克思主义政治学说。马克思主义政治学说是与工人运动相结合的产物，彰显了马克思主义政治学说强烈的阶级特色。

工业革命造就了先进生产力，也造出了资产阶级和无产阶级两大阶级。资产阶级从它产生的那天起，就背负着自己的对立物——雇佣的无产阶级。没有无产阶级，资产阶级就不能生存。资产阶级是随着中世纪的行会师傅而发展成为现代资产者，相应的行会帮工和行会外的短工便发展成为无产者。然而，与大工业相联系的近代工业资产阶级和无产阶级，则是在工业革命后迅速形成的。恩格斯说："工业革命创造了一个大工业资本家的阶级，但是也创造了一个人数远远超过前者的产业工人的阶级。随着工业革命逐步波及各个工业部门，这个阶级在人数上不断增加；随着人数的增加，它的力量也增强了。"②

资本主义生产力的快速发展，引发资本主义生产方式固有的内在矛盾——社会化大生产和资本主义私人占有之间的矛盾日趋激化，经济危机就是这种矛盾的表现。自 1825 年发生第一次危机以来，资本主义国家周

---

① 《马克思恩格斯选集》第 1 卷，人民出版社 2012 年版，第 405 页。
② 《马克思恩格斯选集》第 3 卷，人民出版社 2012 年版，第 768 页。

期性地受到危机的冲击。在危机中，商业停顿，产品滞销，银根紧缺，信用停止，工厂倒闭，好像是发生了社会大瘟疫。这说明，资本主义社会的生产关系和生产力的矛盾日益尖锐化，生产力起来反抗资本主义的生产关系，反抗作为资产阶级及其统治生存条件的私有制。

随着资本主义社会生产力和生产关系矛盾的尖锐化，无产阶级和资产阶级的矛盾也尖锐起来。资本家为了攫取最大限度的利润，采用了种种方法，如大幅度地降低工资、延长劳动时间和增加劳动强度，以及廉价雇佣童工、女工，竭力榨取工人的血汗，使得大多数工人挣扎在死亡线上。恩格斯在对英国工人阶级状况的调查中，全面揭露了当时工人阶级的悲惨生活：在工人居住的贫民窟里，简直像猪圈一样，污秽不堪、臭气熏天、人畜杂处、疾病丛生，有些工人甚至无栖身之所。工人们的生活毫无保障，今天能找到工作就能勉强糊口，明天失业了就只得挨饿。纺织工人织出了大批的丝绸呢绒，供资本家和他们的太太小姐们享受，而工人自己却衣衫褴褛，不能蔽体。再加上每天 15 至 18 小时在恶劣的工作条件下从事繁重的劳动，工人们的身体受到严重的摧残，"他们几乎全都身体衰弱，骨瘦如柴，毫无气力，面色苍白，由于患有热病，他们身上除了那些在工作时特别用劲的肌肉以外，其他肌肉都是松弛的。几乎所有的人都消化不良，因而都或多或少地患着忧郁症，总是愁眉苦脸，郁郁寡欢。"[1] 遭受着沉重的剥削与压迫，无产阶级不断地反抗资产阶级，正如布罗代尔指出的："英国社会的不满情绪空前严重，砸毁机器的事件接连发生，旨在粉碎社会的激进主张、工团主义以及乌托邦社会主义等运动风起云涌。"[2] 在马克思恩格斯的祖国德国，工人运动也开始兴起，19 世纪初就发生了图灵根、萨克森等地的罢工事件。

从 19 世纪 30 年代起，一方面随着大工业的发展，另一方面随着资产阶级取得的政治统治的发展，无产阶级进行的反抗资产阶级的阶级斗争，

---

[1] 《马克思恩格斯文集》第 1 卷，人民出版社 2009 年版，第 418 页。

[2] [法] 费尔南·布罗代尔：《15 至 18 世纪的物质文明、经济和资本主义》第三卷，顾良、施康强译，生活·读书·新知三联书店 2002 年版，第 691 页。

在欧洲工业发达的国家上升到了首要地位。无产阶级从早期自发反对个别企业主、破坏机器的斗争中走了出来，发展到开展有组织的、大规模的政治罢工，无产阶级开始了独立的政治运动。其中最著名的有称为"三大工人运动"的 1831 年和 1834 年的法国里昂丝织工人起义，1836—1848 年的英国宪章运动以及 1844 年的德国西里西亚纺织工人起义。法国、英国和德国爆发的工人起义和工人运动，开辟了无产阶级反对资产阶级斗争的新纪元。

　　法国里昂丝织工人反对资本主义剥削压迫的两次起义，分别发生于 1831 年和 1834 年。1830 年 7 月法国第二次资产阶级革命的胜利，金融贵族攫取了政权，在革命中流血牺牲的无产阶级不但没有得到好处，经济状况反而比过去更加恶化，这在群众中引起了普遍的不满。里昂是法国丝织业中心，在工场主和包买商残酷剥削下，丝织工人和手工业者生活极为困苦。1831 年初，里昂工人掀起一场以要求提高工价为主要内容的运动，工人多次举行集会、请愿、游行。10 月间，工人与包买商谈判达成最低工价协议。但随之在七月王朝商业大臣的支持下，包买商撕毁了协议。1831 年 11 月 21 日，里昂丝织工人和其他手工业者为抗议厂商破坏工资合同、拒绝增加工人工资而宣布罢工，举行抗议示威。当工人队伍走向市区时，突然遭到资产阶级国民军袭击。于是，工人转为自发的武装起义，起义者高呼"不能劳动而生，毋宁战斗而死"的口号，手持腰刀、长矛、棍棒和步枪投入战斗。经过三天激战，工人们占领了里昂城，拘禁了省长。他们在告市民书中宣布："里昂将成立普选的初级代表大会，听取本省人民的要求，同时并将组织一个新的公民保安团。"[①]这是工人夺取政权的一次尝试。但这个计划还没有来得及执行，12 月初，起义就被七月王朝政府调来的军队镇压了。1834 年 4 月 9 日，里昂再次爆发丝织工人起义。起义的直接原因是政府逮捕工人互助会的领袖、审判罢工领袖，并

①　[法]让·勃吕阿：《法国工人运动史》第一卷，孙源、孟鞠如译，生活·读书·新知三联书店 1957 年版，第 234 页。

发布禁止工人结社集会的法令。这次起义具有更鲜明的政治性质，不仅提出经济要求，还提出废除君主制度、"建立共和国"的口号。起义者在旗帜上写着："我们为之斗争的事业是全人类的事业"。法国工人组织互助社和小资产阶级民主主义者组织人权社、进步社的成员组成总委员会，领导了这次斗争，起义也得到巴黎共和党人的支持。起义群众同政府军在里昂郊区和市内进行了 6 天血战，终因力量悬殊而被政府军镇压。这次起义获得了巴黎、马赛等重要城市工人的积极响应，在法国许多地区引起强烈的反响，推动了法国工人运动的发展，为工人运动史揭开了新的一页。

19 世纪 30—40 年代，英国无产阶级发动了全国性的争取政治权利的宪章运动。1832 年英国议会实行选举制度的改革，多少年来在这个以实行"议会民主"而闻名的国家里，只有缴纳高额所得税的人才有选举权，广大工人被排斥在议会大门之外。这就迫使工人不得不用自己的独立行动来争取政治权利。1836 年 6 月，全国成立了伦敦工人协会。次年 6 月，工人协会召集大会，草拟了一份致议会的请愿书，提出了争取普选权的六点要求："（1）一切有健全意识和没有犯罪行为的成年男子均有普选权；（2）议会每年改选一次；（3）为议员支付薪金，使没有财产的人也能够当代表；（4）选举采用无记名投票方式，以避免资产阶级的贿买和恐吓；（5）设立平等的选区，以保证平等的代表权；（6）取消纯属形式的 300 英镑地产的代表资格限制，使每个选民都同样有被选举权。"[1]1838 年 5 月 8 日，这个请愿书以《人民宪章》为名公布了。到 1839 年，在请愿书上签名的就有 125 万人以上。同年 7 月，请愿书遭议会否决，运动很快被镇压下去。从 1837 年爆发、持续到 1843 年的经济危机，造成大批工人失业，农业受灾，全国饥荒，因而出现了宪章运动的第二次高潮。1840 年 7 月，各地宪章派的代表在曼彻斯特召开了大会，宣告成立全国宪章派协会。它的宗旨是"实现下院的彻底改革，使下院能全面地忠实代表联合王国的全体人员"，为了"达到这一目的，只宜采取和平合法的手段"。协会在全

---

① 转引自《马克思恩格斯文集》第 1 卷，人民出版社 2009 年版，第 463 页。

国各地设有几百个分会，它被恩格斯称为："一个越来越巩固的和资产阶级对立的工人政党"①。1842年5月2日，伦敦街头人山人海，浩浩荡荡的工人队伍来到议会下院，宪章派全国协会的负责人向下院递交了全国宪章派第二次请愿书。请愿书上写道："尊敬的贵院就它现在的组成来说，既不是由人民选出来的，也不是由人民作主的。它只为少数人的利益服务，而对多数人的贫困、苦难和愿望置之不理。"请愿书还指出，在英国"统治者穷奢极欲，被统治者受苦挨饿"。例如，维多利亚女王每天的收入是164镑17先令60便士，她的丈夫亚尔伯特亲王的收入是104镑20先令，而千百万工人每天每人的收入只有两三个便士。第二次的请愿书，除了提出普选权外，还提出了废除贫民法、限制工作日、实行政教分离等要求。请愿书提出，在人民没有获得政权之前，消灭某一种垄断并不能使劳动者从贫困的状况中解脱出来，而在人民获得政权以后，所有的垄断和所有的压迫形式都应该停止。这里所说的垄断，指的是当时对选举权和纸币的垄断，对机器和土地的垄断，对报刊和宗教特权的垄断。在请愿书上签名的300余万人，占英国成年男子的一半以上。由于资产阶级激进派退出，这次运动成为真正的无产阶级运动。第二次的请愿书，仍遭议会否决，罢工运动也被镇压下去。1848年，在欧洲大陆革命风暴的推动下，宪章运动再度高涨，第三次提出了请愿书。请愿书进一步提出，劳动是一切财富的唯一来源，劳动者对于自己的劳动果实享有优先权。人民是权力的唯一来源。在请愿书上签名的有500万人。伦敦、曼彻斯特、伯明翰、利物浦、格拉斯哥等城市的工人举行了声势浩大的示威游行。1848年4月10日，全国宪章派第三次代表大会的代表把请愿书装在四套华丽的马车上向议会驶去，途中遭到宪兵的镇压，议会拒绝接受请愿书。接着，政府下令解散全国宪章派协会。当时，随着法国巴黎工人六月起义的失败，欧洲反动势力弹冠相庆、得志猖狂，宪章运动终告失败。历经12年之久的宪章运动虽然失败了，但它的政治意义是重大的，恩格斯在《英国工人阶级

---

① 《马克思恩格斯文集》第1卷，人民出版社2009年版，第463页。

状况》中深刻地评论了宪章运动，他指出："**宪章运动**是反抗资产阶级的强有力的形式""在宪章运动旗帜下起来反对资产阶级的是整个工人阶级，他们首先向资产阶级的政权进攻，向资产阶级用来保护自己的法律围墙进攻。"①

西里西亚织工起义是德国西里西亚地区纺织工人反对降低工资而自发举行的起义，是德国工人阶级发动的第一次重大的无产阶级起义。当时，西里西亚有发达的纺织业，这个地区从事棉麻纺织的工人和家庭手工业者受到工场主、包买商以及地主的残酷剥削。在19世纪40年代，由于资本家把英国机器纺织品冲击所带来的损失转嫁给工人，大幅度地降低工人工资以减少生产成本，使工人的生活极端困苦。就在起义前不久，西里西亚地区的3.6万名织工，饿死者竟达六千人。织工们自编了一首名为《血腥屠杀》的革命歌曲，控诉资本家罪行。歌中唱道："我们全都知道，什么是你们的贪欲，剥削穷人的最后一件衣裳，掏干他们的心肝五脏！"这首革命歌曲唱出了工人心中的愤怒，矛头直指私有制的剥削和压迫。马克思对这首歌倍加称赞："这是勇敢的战斗的**号令**。这支歌根本没有提到家庭、工厂、地区，相反，无产阶级一下子就决不含糊地、尖锐地、毫不留情地、威风凛凛地大声宣布，它反对私有制社会。"②1844年6月4日，以争取提高工资被拒绝为导火线，在欧根山麓两个纺织村镇彼特斯瓦尔道和朗根比劳爆发纺织工人自发的起义。起义群众高唱着已在该地区流行的革命歌曲《血腥屠杀》，从大工厂主茨文兹尔门前通过，声讨资本主义私有制对工人的剥削，却遭到了残酷的毒打和逮捕。愤怒的织工捣毁了工厂主的住宅。6月5日，3000名工人举行起义，捣毁一些工厂主的企业，烧毁账簿和财产契据，并同军队展开肉搏，打退了政府军的进攻。6月6日，普鲁士政府调来了大批军队镇压了起义，83名起义者被判重刑，数百名织工被鞭笞和强制劳役，工人们英勇的起义斗争失败了。起义虽然失败了，

---

① 《马克思恩格斯文集》第1卷，人民出版社2009年版，第463页。
② 《马克思恩格斯全集》第3卷，人民出版社2002年版，第390页。

但它推动了工人运动的发展。西里西亚主要城市布勒斯劳的手工业者和学徒，柏林、亚琛的纺织工人，马格德堡的糖厂工人等等，都先后举行罢工以及局部起义，响应西里西亚织工的斗争。马克思对这次起义给予很高评价，说"西里西亚起义恰恰在**开始**时就具有了法国和英国的工人起义在**结束**时才具有的东西，那就是对无产阶级本质的意识。这次起义的行动本身就具有这种**优越**性质。被毁掉的不仅有机器，即工人的这些敌手，而且还有**账簿**和财产契据；其他一切工人运动首先只是打击**工业企业的老板**，即明显的敌人，而这次运动同时还打击银行家，即隐蔽的敌人。最后，英国的工人起义没有一次是这样勇敢，这样有创见，这样持久的"①。

欧洲三大工人运动，开始显示出无产阶级的伟大历史作用。在三大工人运动中，无产阶级提出了自己独立的政治经济要求，冲击着资本主义制度，无产阶级反对资产阶级的斗争由此进入一个新阶段。三大工人运动虽都遭到镇压，但也留给人们深刻的教训：没有革命理论的指导，无产阶级就不可能取得革命的胜利。因此，创立建立在科学基础上的革命的理论，就成为时代的迫切需要，马克思主义政治学说的产生就满足了这个要求。

三、马克思主义政治学说彰显了独创的学术特色

19世纪40年代马克思主义政治学说的创立，实现了政治学领域一场革命性的变革。马克思主义以前的政治学，虽然也对各种社会政治现象作过某些分析和说明，提出了某些具有科学因素的认识，在历史上起过重大的影响作用，但是，由于受到时代、历史和阶级的局限，不可能深刻揭示社会政治现象的本质和发展规律。在政治学发展史上，马克思主义的政治学说是着眼于研究工人阶级和劳动人民大众如何通过自身的努力，摆脱剥削阶级的压迫统治，实现政治解放和社会解放，最终实现人类解放的一种

---

① 《马克思恩格斯全集》第3卷，人民出版社2002年版，第390页。

崭新的政治学说。和其他的政治学说相比，马克思主义政治学说在研究方面彰显了一系列独创的学术特色。

科学性。马克思主义政治学说以辩证唯物主义和历史唯物主义为理论基础，具有高度的科学性。以往的政治学都是立足于唯心主义历史观的基础上，用"上帝意志""永恒真理""民族精神""人的本性"等观念形态来解释各种社会政治现象。马克思主义政治学说立足于唯物主义历史观的基础上，把政治现象理解为一种客观的、按一定规律发展的社会现象，同时又把它看成一种受到各种物质条件制约的、反映了一定经济基础状况的相对独立的社会现象，深刻地揭示了政治来源于经济、决定于经济，同时又反作用于经济的实质。

阶级性。马克思主义政治学说以工人阶级和劳动人民大众为研究主体，具有鲜明的阶级性。以往的政治学都把政治说成是超阶级的、全民的，竭力掩盖和回避政治学的阶级性质。马克思主义政治学完全代表无产阶级和劳动人民的利益，公然申明它是为无产阶级服务的。它说明作为政治学研究核心的国家政权，就是阶级矛盾不可调和的产物，阶级关系和阶级斗争是政治学研究的基本内容，政治学研究要遵循阶级分析的方法。它为消灭资产阶级和一切剥削阶级、建立社会主义和共产主义提供政治学方面的理论依据，成为无产阶级求得政治解放和社会解放的强大精神武器。

革命性。马克思主义政治学说致力于无产阶级和劳动人民大众的解放，具有彻底的革命性。以往的政治学把政治活动当作是帝王将相、英雄豪杰的事情，否认人民群众的历史地位和作用。马克思主义政治学把政治活动看成是人民群众的事业，无产阶级和劳动人民大众的解放是政治学研究的根本目的。无产阶级和劳动人民大众要获得解放，就必须采取革命的方式，打碎旧的国家机器，推翻资本主义统治。

实践性。马克思主义政治学说作为一种理论形态十分强调为现实社会政治服务，具有强烈的实践性。马克思主义哲学关于认识世界和改造世界的任务规定，赋予其政治学的研究面向社会实际、并对社会进行改造的特性。马克思主义政治学的基本原理都是科学考察历史上的、现实社会的政治活动以及无产阶级政治实践的理论总结，反过来又给予无产阶级政治实践以有力的指导，推动了无产阶级解放运动的发展。马克思主义政治学的实践性，还体现在它坚持实践是检验真理的唯一标准，通过政治实践来检验、修正、补充和完善自己的理论。

创新性。马克思主义政治学说作为一种不断发展、与时俱进的科学理论，具有持续的创新性。马克思主义政治学不是故步自封的理论体系，它一天也不脱离人类社会文明发展的大道，乐于吸收一切的政治文明成果。马克思主义政治学极其关注世界的变化，关注时代的发展，致力于对新现象、新情况的探索，作出新的结论，阐述新的原理。

由于马克思主义政治学说具有一系列的鲜明特征，特别是它的创新性质，使它成为众多的政治学中最有生命力的政治学理论。马克思主义政治学说诞生后，对人类社会的发展进步产生了积极的作用，同时，它具有一系列科学的研究方法，在学科领域也给予现当代西方政治学以深刻的影响。

辩证分析法。马克思主义政治学说的基本研究方法，是唯物辩证法和历史辩证法的研究方法。辩证唯物主义和历史唯物主义属于哲学范畴，由于哲学是关于世界观的理论体系，是人们对整个世界包括自然界、人类社会和人的思想的总的看法和观点，具有认识论的功能。世界观和方法论是统一的，有什么世界观就有什么方法论，用世界观去指导认识世界，就是方法论。因而，辩证唯物主义和历史唯物主义能够为各门具体科学提供正确的指导思想和研究方法。运用辩证唯物主义和历史唯物主义观察、分析社会政治现象和活动，为马克思主义政治学说的诞生奠定了基础。具体地说，运用辩证唯物主义和历史唯物主义的基本方法，分析社会政治现象和活动，形成马克思主义政治学说系统的、特有的理论研究方法。

阶级分析法。在 18 世纪和 19 世纪，法国和英国的一些经济学家、历史学家开始用阶级的观点研究社会历史，并对阶级作出了经济分析。马克思主义创始人批判地吸收了以往的阶级分析观点，建立了科学的阶级分析理论，成为马克思主义分析政治现象的重要方法。马克思恩格斯在《共产党宣言》中，对无产阶级和资产阶级两大阶级的产生根源、发展阶段、内在矛盾和性质，作了深刻的分析，成为阶级分析的典范。马克思主义的阶级分析法，还包含对阶层、群体的分析，是阶级分析的延伸和具体化，在当代具有特别明显的指导作用。

经济分析法。马克思主义政治学说从政治与经济是密切联系的、一切政治活动都建立在一定的经济基础之上、反映一定经济关系的要求出发，非常重视从经济方面分析各种政治现象。经济分析法使人们更深刻、透彻地理解纷纭复杂的政治现象，揭示政治的本质和发展规律。马克思的《资本论》是运用经济分析法的典范，马克思从分析商品的资本主义经济关系入手，深刻地揭示了资本主义社会的基本矛盾，发现了资本主义必然灭亡和社会主义必然胜利的客观规律，为无产阶级专政和无产阶级解放提供了强大的思想武器。

历史研究法。马克思主义政治学说认为，任何政治现象都是具体的，都是与特定的历史条件相联系。在任何的政治研究中，必须把政治现象置于特定的历史条件和社会背景下进行考察，才能从历史的因果联系中揭示政治的本质及其发展规律。在政治研究中，考察每个问题都要看到某种政治现象在历史上怎样产生、在发展中经过了哪些主要阶段，并根据它的这种发展去考察这一事物现在是怎样的，将来的趋势如何，才能科学地指明了未来政治生活发展的方向。这是研究社会科学问题的一种最可靠的方法。

调查研究法。即在政治研究中，通过考察了解客观情况，直接获取第一手材料，并对获取的材料进行科学的分析，得出应有的结论。调查研究是一种科学的认识方法，也是马克思主义政治学特别重视的研究方法。它以辩证唯物论的认识论为基础，要求研究者通过亲身的接触和广泛的了解，并对这些材料进行全面而周密的研究，从中获取规律性的认识，得出符合客观实际的正确结论。马克思恩格斯在创立自己的理论体系时，就对19世纪30—40年代欧洲资本主义国家的经济政治情况进行了大量的调查研究。恩格斯的名著《英国工人阶级状况》，副标题为"根据亲身观察和可靠材料"，虽然写于 1844 年 9 月至 1845 年 3 月，但是恩格斯从 1843 年开始花了 21 个月时间，在英国进行了广泛而深入的调查，搜集了大量的关于英国工人生活条件、政治态度和斗争情况第一手材料才写成的。鉴于调查研究的重要性，马克思领导的国际工人协会在成立时，就在制定的《协会临时章程》中的第 6 条明确规定，中央委员会要承担的一项任务是"对欧洲各国的社会状况进行调查"。[①] 使进行调查研究成为对无产阶级政党的一个根本要求。

理论与实践相结合研究法。马克思主义政治学说是一种科学的理论形态，不是一种经院式的空洞理论。马克思主义政治学说强调研究要从实际的政治问题出发，上升到理论认识的高度，运用理论对实践进行指导，促使理论与实践紧密结合起来。理论与实践相结合的研究方法，既强调了只有实践才能出理论，又强调了理论必须切实地为实践服务，因此，它最突出地显示了马克思主义政治学说研究的鲜明特色。

马克思主义政治学说的研究方法，具有深刻的启发意义和巨大的影响作用。马克思主义政治学说并没有穷尽所有的政治学研究方法，因而它丝毫不排斥其他科学意义的研究方法。各种具有科学意义的研究方法，也不断地补充和丰富了马克思主义政治学说的研究方法。

---

① 《马克思恩格斯全集》第 21 卷，人民出版社 2003 年版，第 18 页。

下篇 分 论

第六章　阶级理论

　　阶级，是马克思主义政治学说中的一个基本概念范畴。马克思主义的阶级理论，是马克思恩格斯运用辩证唯物主义和历史唯物主义的世界观、方法论，对人类生产发展和社会发展进行深刻的经济、政治、历史分析得到的伟大成果，是无产阶级进行阶级斗争和革命斗争的锐利武器。这一理论科学地揭示了自阶级产生以来，每一个阶级在社会中的地位和作用。马克思主义的阶级理论，特别揭示了资本主义社会中无产阶级的地位和作用，为无产阶级提供了科学的阶级分析方法，助力无产阶级正确了解人类社会发展和历史阶段更替的规律和趋势，成为无产阶级系统地制定推翻资本主义社会和资产阶级的统治，取得建立社会主义和共产主义社会胜利的战略策略基础。

一、阶级的产生与发展趋势

　　在恩格斯编著的马克思《资本论》第三卷的最后一章"第五十二章阶级"中，马克思指出，资本主义社会存在三大阶级：工人阶级、资本家阶级和地主阶级，随后提出要研究"是什么形成阶级？""是什么使雇佣工人、资本家、土地所有者成为社会三大阶级的成员？"[①]虽然手稿到这里没有完成，看不到马克思的研究结果，但这个问题，在马克思恩格斯一生的著述

---

① 《马克思恩格斯全集》第46卷，人民出版社2003年版，第1002页。

中已经做出了回答。

马克思恩格斯根据确切的资料科学地指出，人类社会并不是从来就有阶级的，一切民族的发展在其历史上都曾有过没有阶级的时期。在原始社会里，由于生产力低下，人们只是为了自身的消费而生产，只有两性之间的自然分工，还没有形成社会分工，没有剩余生产品，也就不可能产生人对人的剥削，不可能产生阶级。在这个时期，就连战争中的俘虏也不可能成为奴隶，因为他们不能向别人提供剩余生产品。俘虏的命运是，或者被杀掉吃掉，或者加入原始公社作为平等的一员。马克思指出："没有一定程度的劳动生产率，工人就没有这种可供支配的时间，而没有这种剩余时间，就不可能有剩余劳动，从而不可能有资本家，而且也不可能有奴隶主，不可能有封建贵族，一句话，不可能有大占有者阶级。"① 后来，由于社会生产的发展，劳动分工和剩余生产品的出现，产生了交换，促使出现了私有财产，社会才出现了阶级。

人类第一个阶级社会，是从原始公社制度解体之后出现的。它发生于社会的第一次大分工，游牧部落从其余的野蛮人群中分离出来。这一分工不仅促使生产力显著提高，而且促使民族部落之间有可能进行经常性的交换。由于劳动生产率的提高、交换的发展和剩余产品的出现，劳动力就成为生产剩余价值的源泉，原始人不再杀掉俘虏，而把他们变为奴隶。第一次社会大分工对原始社会的解体和阶级的出现起了重大作用，正如恩格斯所说："第一次社会大分工，在使劳动生产率提高，从而使财富增加并且使生产领域扩大的同时，在既定的总的历史条件下，必然地带来了奴隶制。从第一次社会大分工中，也就产生了第一次社会大分裂，分裂为两个阶级：主人和奴隶、剥削者和被剥削者。"② 在第一次社会大分工之后，又发生了手工业和农业的第二次社会大分工。手工业和农业的分离后，劳动产品中日益增加的一部分是直接为了交换而生产的，这就把单个生产者之

---

① 《马克思恩格斯全集》第 44 卷，人民出版社 2003 年版，第 585 页。
② 《马克思恩格斯选集》第 4 卷，人民出版社 2012 年版，第 178 页。

间的交换提升为社会的生活必需，并由此产生了城市和乡村的对立。紧接着发生了第三次社会大分工，商业从农业与手工业中分离出来，造成了一个不再从事生产而只从事产品交换的阶级——商人。生产者丧失了对自己生活领域内全部生产的支配权，并遭受商人的剥削，进而随着贸易的扩大，随着货币和高利贷、土地所有权和抵押的产生，财富便迅速积聚和集中到一个人数很少的阶级手中。交换活动进一步推动了生产力的发展和劳动生产率的增长，人的劳动力的价值随之提高，奴隶劳动成为更加有利可图的事情。在这种情况下，以前的偶然产生和存在过的奴隶占有制，此时已成为社会制度的重要组成部分；以前的家内奴隶占有制，它的特点是把奴隶的劳动力用作辅助力量，现在变成了用奴隶去从事主要劳动的奴隶占有制度。随着生产和交换的继续发展，在氏族公社内产生的财产上的差别，生产资料集中在社会上极小一部分人的手里，奴隶的人数也大大地增加起来，奴隶的强制性劳动构成了整个社会的基础。恩格斯指出："随着在文明时代获得最充分发展的奴隶制的出现，就发生了社会分成剥削阶级和被剥削阶级的第一次大分裂。"[①]原始公社制度终于被瓦解，让位于分裂为奴隶和奴隶主的敌对阶级的社会。

上述是马克思恩格斯对人类社会第一次由无阶级产生了阶级、并分裂为剥削阶级和被剥削阶级两大对立阶级社会的主要过程和主要原因的分析。由此可见，马克思恩格斯揭示了阶级的产生完全是经济上的原因，它是生产力发展到一定历史阶段的必然产物。运用唯物史观分析阶级的产生，它必须具备两个基本前提、通过两种基本途径。

首先，阶级是在社会生产力发展到一定程度但其发达程度又不够高的基础上产生的。在原始社会，生产力发展水平极其低下，大家共同协作生产，所获得的产品平均分配，并且这种劳动仅能维持自己最基本的生产状况，没有多余的产品剩下，也就没有人们之间的剥削现象，根本不可能有阶级。而在原始社会末期，此时的生产力有了一定程度的发展，主要是金

---

① 《马克思恩格斯选集》第 4 卷，人民出版社 2012 年版，第 192 页。

属工具的使用提高了劳动生产率，使劳动产品有了剩余，这就为产生剥削和阶级准备了物质前提。恩格斯说："社会分裂为剥削阶级和被剥削阶级、统治阶级和被压迫阶级，是以前生产不大发展的必然结果。只要社会总劳动所提供的产品除了满足社会全体成员最起码的生活需要以外只有少量剩余，就是说，只要劳动还占去社会大多数成员的全部或几乎全部时间，这个社会就必然划分为阶级。"① 由于生产力的发展、劳动生产率的提高和剩余生产品的出现，这就给社会分裂为阶级提供了必要的前提和可能性。

其次，劳动的社会分工和交换的发展，造成公社内部出现财产不平等的状况，占有私有财产的产生和巩固，使得把社会分裂为阶级的可能性变为现实性。这是因为，如果只是单纯出现剩余产品而没有分工和交换发展的条件，它只能成为公社全体人员所有的公共财产。因此，除了在某些场合，阶级的划分曾经通过暴力和掠夺、欺诈和蒙骗来实现，而在大多数场合下，"分工的规律就是阶级划分的基础"②，社会分工是阶级产生的直接原因：第一，社会公共职能与生产劳动的分工，使公职人员在社会财产的分配以及社会劳动的支配上，居于优越地位，能够凭借分工的职能特权，把对社会的管理变成对劳动者的剥削，从而形成阶级分化。第二，生产分工引起商品交换，使产品脱离生产者的控制，造成通过货币权力占有别人劳动的条件。分工使生产者的社会联系表现为商品交换关系。产品一旦成为商品，就脱离了生产者之手，不再受他的直接支配。从这里就产生出产品变为别人的经济权力，并反过来支配生产者本人。总之，社会分工造成了人们的职业差别，并导致人们的利益、地位、所有关系、分配关系的不同，发生了人与人之间的阶级关系。

正是具备了上述两个产生阶级的基本前提和条件后，原始社会末期第一次出现的两大阶级，就循着两种基本途径应运而生了。一是原来为公社全体成员推举出来的公职人员，如公社首领、军事酋长、祭司等，这些人

---

① 《马克思恩格斯选集》第 3 卷，人民出版社 2012 年版，第 669 页。
② 《马克思恩格斯选集》第 3 卷，人民出版社 2012 年版，第 669 页。

员除了直接从事生产的义务外，久而久之便利用公共职位逐渐为自己积累了一些财富，由原来公社的公仆，变成了主人，他们是从公社内部形成起来的第一批贵族，随着私有财产的不断积聚而成为特权阶级，并成为社会的统治者。二是战争中的俘虏变为奴隶，以及公社内部的分化使一部分人贫穷而沦为奴隶。人类社会因此第一次分裂为两大对立的阶级，步入了阶级社会——奴隶制社会。

继第一个阶级社会后，随之而来的是第二个阶级社会，即农民阶级和地主阶级对立的中世纪封建社会，以及随后的第三个阶级社会，即无产阶级和资产阶级对立的资本主义社会。马克思恩格斯在《共产党宣言》中指出："在中世纪，有封建主、臣仆、行会师傅、帮工、农奴……从封建社会的灭亡中产生出来的现代资产阶级社会并没有消灭阶级对立。它只是用新的阶级、新的压迫条件、新的斗争形式代替了旧的。但是，我们的时代，资产阶级时代，却有一个特点：它使阶级对立简单化了。整个社会日益分裂为两大敌对的阵营，分裂为两大相互直接对立的阶级：资产阶级和无产阶级。"[1] 他们着重对现代社会中的资产阶级与无产阶级的产生作了分析。

马克思恩格斯指出："现代资产阶级本身是一个长期发展过程的产物，是生产方式和交换方式的一系列变革的产物。"[2] 在封建社会里，由于商品经济的发展，产生了初期城市。没有人身自由的农奴进入城市后，变成了有自由的城关市民，"从这个市民等级中发展出最初的资产阶级分子。"[3] 后来，随着生产力的进一步发展，新航路和新大陆的发现，工商业和航海业的发展，对商品需求的不断增加，封建行会手工业生产不能适应日益增长的需要，资本主义工场手工业代替封建行会手工业，工场手工业主代替行会师傅。商品需求总是不断增加，工场手工业生产也不能满足需要，引起了产业革命。机器大工业代替工场手工业，现代资产阶级代替工场手工

① 《马克思恩格斯选集》第1卷，人民出版社2012年版，第401页。
② 《马克思恩格斯选集》第1卷，人民出版社2012年版，第402页。
③ 《马克思恩格斯选集》第1卷，人民出版社2012年版，第401页。

业主。最初的资产阶级分子随着经济的发展成为现代资产阶级，把中世纪遗留下来的一切阶级排挤到后面去，在经济上取得统治地位。资产阶级在封建社会里是被压迫的等级，随着经济的发展，它在政治上相应地取得进展。从机器大工业发展以来，资产阶级在议会制的国家里，终于夺得了独占的政治统治权。

对于无产阶级的产生，马克思恩格斯做了重点分析。"随着资产阶级即资本的发展，无产阶级即现代工人阶级也在同一程度上得到发展"①，无产阶级是随着资本主义的产生发展而形成壮大的。资本主义生产经历了简单协作、工场手工业和机器大工业三个阶段，相应地，无产阶级也经历了由手工工场工人到产业工人的过程。资本主义生产关系是在封建社会末期产生的，在生产力的提高和商品经济的发展下，一些包买商把农村中分散的家庭手工业者组织起来，形成在其支配下的手工工场，手工业者丧失了独立性，变为雇佣工人。在城市，少数富裕的作坊主也雇佣工人进行生产，主要是雇佣帮工、破产的手工业者和贫苦农民。这样，就出现了早期的资本主义雇佣关系。这时，手工工场中劳动社会化基本形式是资本主义的简单协作，仍然保留着小生产者的劳动工具和操作方法。到了工场手工业阶段，随着生产力的发展，在手工技术基础上实行广泛的分工，生产工具日益专门化，工人只从事一种局部的片面的活动，逐渐丧失了全面从事原有手工业生产的习惯和能力。在资本主义简单协作和工场手工业阶段出现的雇佣工人，从事手工劳动，他们中大多数拥有自己的生产工具，所以还不是现代无产阶级，只是现代无产阶级的前身。现代无产阶级是在产业革命中形成的。18世纪60年代，英国首先开展了产业革命。这是一次以机器为主体的工厂制度代替以手工技术为基础的手工工场的革命。到19世纪30年代末，英国基本上完成了产业革命，实现了资本主义工业化，使英国成为第一个机器大工业占统治地位的国家。这次产业革命同时又是一次深刻的社会革命，引起了社会阶级关系的巨大变化。现代无产阶级的

① 《马克思恩格斯选集》第1卷，人民出版社2012年版，第407页。

形成是产业革命最重要的社会后果之一，在产业革命中产生的产业工人同资本主义简单协作和工场手工业阶段的雇佣工人不同，它不是从事手工劳动，而是从事机器生产。这些产业工人再也不会拥有自己的生产工具，已经完全丧失了生产资料，成了机器的附属物，被迫遭受资产阶级的长期奴役。这样，与机器生产相联系的以产业工人为主体的现代无产阶级也就形成了，因此，马克思说："英国工人是现代工业的头一个产儿。"①

马克思恩格斯认为，无产阶级是人类历史上最伟大的阶级。伴随着机器大工业出现的无产阶级是现代资本主义社会两大基本阶级之一。它生活在社会的最底层，是受剥削最重、受压迫最深的阶级。无产阶级这种经济地位和政治地位，决定它具有其他劳动阶级所不能具有的优秀品质。首先，无产阶级是先进生产力的代表者，是最有远大前途的阶级。无产阶级是与最先进的经济形式——社会化大生产相联系的。社会化大生产具有无限广阔的发展前景，可以容纳并不断应用最新的科学技术成就，推动人类社会不断前进。无产阶级代表着社会化大生产发展的要求，因而代表着历史发展的方向。无产阶级的阶级利益同整个人类的长远利益相一致，是掌握未来的先进阶级。无产阶级是大工业的产物，随着大工业的发展，无产阶级队伍不断壮大、增强力量，是最有远大前途的阶级。其次，无产阶级是革命最坚决最彻底的阶级。生活在资本主义社会最底层的无产阶级，除了自己的劳动力以外，不占有任何生产资料，为了生存，不得不充当资本家的雇佣工人，承受资本家的残酷剥削和压迫。无产阶级所处的这种社会地位，迫使它不得不起来革命，只有推翻资产阶级统治，建立自己的政治统治，才能摆脱剥削和压迫。由于无产阶级一无所有，在反对资产阶级的斗争中无后顾之忧，革命最坚决，因为"无产者在这个革命中失去的只是锁链。他们获得的将是整个世界。"②无产阶级作为私有制的对立物，它只有消灭一切私有制度，消灭一切阶级，解放全人类，才能最后解放自己，

①　《马克思恩格斯选集》第 1 卷，人民出版社 2012 年版，第 776 页。
②　《马克思恩格斯选集》第 1 卷，人民出版社 2012 年版，第 435 页。

因而革命最彻底。最后，无产阶级是最富有组织性、纪律性和集体主义精神的阶级。无产阶级是在社会化大生产中成长起来的，社会化大生产具有高度集中，紧密协作和连续性的特点。一个企业要制成产品需要经过不同的加工阶段，由不同的劳动者去完成不同工种或不同工序的劳动任务。因此，企业生产需要严密的组织，需要劳动者分工协作、集体劳动。无产阶级就在这样的生产条件下经过长期锻炼，培养了高度的组织纪律性和集体主义精神，不断增强团结。无产阶级的这些品质，在反对资产阶级的共同斗争中得到了不断的加强。无产阶级受到资产阶级各个阶层的剥削和资产阶级国家的统治，被迫组织起来进行斗争。而现代化的交通工具和通讯设备又为无产阶级相互支援和团结战斗提供了有利条件。面临强大的敌人，无产阶级更加需要有严密的组织、坚强的团结和铁的纪律，更加需要发扬集体主义精神。

马克思主义关于阶级产生的理论，科学地阐明了阶级的起源问题，指明了彼此对抗的阶级之间的对立性和必然性，从而使无产阶级得到了有力的斗争武器，这对于资产阶级统治者极为不利，因而，资产阶级十分仇视这一科学理论，并费尽心机地捏造出五花八门的观点学说，企图否定马克思主义关于阶级产生的科学理论。这其中，德国小资产阶级社会主义者、庸俗经济学家杜林鼓吹的"暴力论"，就是一个突出的论调。杜林在《国民经济学和社会经济学教程》一书中把暴力说成是历史发展的根本原因，他用"两个男人"的例子，来说明暴力就是一种奴役与被奴役的政治关系，这种政治关系构成"全部历史的出发点和基本事实"，"是历史上基础性的东西"，而经济关系"不过是一种结果或特殊情形"，只是"次等的事实"，"政治状态是经济状况的决定性的原因"，"本原的东西必须从直接的政治暴力中去寻找。"① 因此，暴力是历史上私有财产产生的原因，形成"基于暴力的所有制"。而阶级的出现，资本主义的分配、工资、利润、地租等形式的出现，也完全是使用了暴力的结果。对此，恩格斯在《反杜林论》

---

① 转引自《马克思恩格斯选集》第3卷，人民出版社2012年版，第537—538页。

里运用历史唯物主义的基本原理，给予了彻底的批驳。

第一，暴力虽然能够变更财产的所有者，但是它不造成私有财产。私有财产的产生，远比掠夺者（征服者）有可能占有他人的财富存在得更早。谁也不可能掠夺不存在的东西，而只能掠夺社会上已经造出来的东西和已成为私有的东西。对此，恩格斯指出："虽然财产可以由掠夺而得，就是说可以建立在**暴力**基础上，但是决不是必须如此。它可以通过劳动、偷窃、经商、欺骗等办法取得。无论如何，财产必须先由劳动生产出来，然后才能被掠夺。"[1] 私有财产和阶级在历史上的出现，决不是掠夺和暴力的结果，而是相反。

第二，不是掠夺方式决定生产方式，相反地，是生产方式决定了掠夺方式。夺取到的财物如何被利用，归谁所有，并不决定于暴力本身，而是决定于当时统治的社会关系。例如，原始社会在战争中取得的战利品，并不归个人所有，而是公共财产。俘虏也归公社所有。只是到了后来，公社内部出现了私有财产关系时，战利品才成为个人的财富。对于暴力和人们的生产关系、社会关系而言，恩格斯明确指出："暴力仅仅保护剥削，但是并不造成剥削；资本和雇佣劳动的关系才是他受剥削的基础，这种关系是通过纯经济的途径而决不是通过暴力的途径产生的。"[2]

第三，"暴力论"也不能说明，为什么那些没有过任何武力征服的民族也产生了阶级，例如，雅典的阶级产生就是由平民破产为奴隶的。"暴力论"更不能说明这样的事实：如果从表面上看，奴隶的产生和土地的占有，似乎是暴力的作用，那么，资产阶级和无产阶级的形成，并没有通过暴力。恩格斯分析道："在生产和交换的进一步发展中也必然要产生现代资本主义的生产方式，生产资料和生活资料必然被一个人数很少的阶级所垄断，而另一个构成人口绝大多数的阶级必然沦为一无所有的无产者，必然出现狂热生产和商业危机的周期交替，出现整个现在的生产无政府状

---

① 《马克思恩格斯选集》第 3 卷，人民出版社 2012 年版，第 541 页。
② 《马克思恩格斯选集》第 3 卷，人民出版社 2012 年版，第 532 页。

态。全部过程都由纯经济的原因来说明，而根本不需要用掠夺、暴力、国家或任何政治干预来说明。"①

由此可见，把"暴力"或"征服"作为私有财产和阶级产生的原因，是没有根据的，暴力不是产生社会阶级的原因，"暴力论"是荒谬的伪科学。其一，"暴力论"的哲学基础是唯心主义的，它离开了经济基础而到政治暴力中去寻找私有财产和阶级产生的原因，把政治暴力说成是第一性的东西，而经济基础倒成为第二性的东西。恩格斯指出："杜林先生为了证明暴力是'历史上基础性的东西'而特意编造的天真的例子证明：暴力仅仅是手段，相反，经济利益才是目的。目的比用来达到目的的手段要具有大得多的'基础性'，同样，在历史上，关系的经济方面也比政治方面具有大得多的基础性。"② 其二，"暴力论"是形而上学的，因为它抽象地来考察暴力这一因素，脱离了具体的历史发展阶段，不去分析暴力在各种不同的历史阶段上所起的不同作用；其三，"暴力论"鼓吹"外因论"，它看不到或不承认社会阶级的出现是由于社会生产方式自身发展的必然结果，而把这个原因归之于外来的力量，归之于外力（暴力）的作用。

当然，马克思恩格斯否定了暴力造成了阶级的产生、是历史发展的根本原因，并不意味着他们完全否定了暴力的进步性。杜林把暴力看成是绝对的坏事，认为人类的第一次暴力行为就是原罪，哀诉暴力行为玷污了直到现在为止的全部历史，并且主张在不触及资本主义生产方式的前提下，只要消除暴力干预分配的方式，就能消除资本主义弊端，实现普遍公平原则。与这样错谬的观点截然相反，恩格斯指出："暴力在历史中还起着另一种作用，革命的作用；暴力，用马克思的话说，是每一个孕育着新社会的旧社会的助产婆；它是社会运动借以为自己开辟道路并摧毁僵化的垂死的政治形式的工具"③。

综上所述，马克思恩格斯关于阶级产生的科学认识是：生产力有了一

---

① 《马克思恩格斯选集》第 3 卷，人民出版社 2012 年版，第 543 页。
② 《马克思恩格斯选集》第 3 卷，人民出版社 2012 年版，第 539 页。
③ 《马克思恩格斯选集》第 3 卷，人民出版社 2012 年版，第 564 页。

定的发展而又发展的不充分；社会出现了剩余产品或剩余劳动但又不能完全满足全体成员的需要；社会分工和社会职能的出现以及利用社会职能占有财富，催生了私有制；这几个条件的总和，构成了阶级产生和形成的前提与根本原因。在这些条件中，生产力是根源，分工是基础，剩余产品或剩余劳动是必要因素，而私有制则是直接的、决定性的因素。因此，马克思指出："**私有制**不是一种简单的关系"，而是"生产关系的总和""都是阶级关系"①，它是人们经济关系和阶级分化的真实反映。

关于阶级的发展趋势，马克思恩格斯认为，阶级既不是从来就有的，也不可能永恒地存在下去。到了未来共产主义社会，阶级就归于灭亡了。在共产主义社会里，无产阶级在消灭了阶级对立、阶级差别后，最后将消灭阶级自身。恩格斯指出："**无产阶级将取得国家政权，并且首先把生产资料变为国家财产**。但是这样一来，它就消灭了作为无产阶级的自身，消灭了一切阶级差别和阶级对立，也消灭了作为国家的国家。"②阶级之所以被最终消灭，是因为阶级的产生，是"以生产的不足为基础的，它将被现代生产力的充分发展所消灭。""所以，社会阶级的消灭是以生产高度发展的阶段为前提的，在这个阶段上，某一特殊的社会阶级对生产资料和产品的占有，从而对政治统治、教育垄断和精神领导地位的占有，不仅成为多余的，而且在经济上、政治上和精神上成为发展的障碍。"③生产力是一切社会发展的决定力量。阶级的产生、形成和发展，剥削阶级的消灭，以及一切阶级、阶级差别和社会差别的消灭，都依赖于生产力的发展。只有当生产力获得充分的发展，社会物质产品极大丰富时，一部分人占有另一部分人的劳动的现象，就会变成毫无意义的事了，从而造成剥削阶级和剥削者既不能存在又不能再产生的条件；只有当生产力获得充分的发展，社会物质产品极大丰富时，工农之间、城乡之间在所有制、劳动条件、生活水平等方面的差别，才会自然归于消失，工农两个阶级就不再存在；也只有

---

① 《马克思恩格斯全集》第 4 卷，人民出版社 1958 年版，第 352 页。
② 《马克思恩格斯选集》第 3 卷，人民出版社 2012 年版，第 668 页。
③ 《马克思恩格斯选集》第 3 卷，人民出版社 2012 年版，第 669—670 页。

当生产力获得充分的发展，伴随而来的教育科学文化水平极大提高时，脑力劳动和体力劳动的分工才会随之消失。这时，也只有这时，人类才能宣布，历史上出现的阶级现象已经永远消逝了。这就是说，在未来的共产主义社会里，只有通过自动化、智能化的大工业和信息化产业所达到的生产力的极大提高，使一切人都得到全面而自由的发展时，阶级才会被彻底地消灭。

二、阶级划分的标准与阶层分析方法

社会产生和形成了阶级之后，究竟怎样识别和划分阶级呢？这涉及阶级划分的标准和方法的根本问题。

马克思恩格斯在《共产党宣言》中，充分揭示了无产阶级和资产阶级两个对立阶级的经济根源。后来，恩格斯在《共产党宣言》1888年英文版上加了一个注："资产阶级是指占有社会生产资料并使用雇佣劳动的现代资本家阶级。无产阶级是指没有自己的生产资料，因而不得不靠出卖劳动力来维持生活的现代雇佣工人阶级。"[1] 这明确地说明了什么是资产阶级，什么是无产阶级。阶级划分的标准取决于生产资料的占有以及对剩余劳动（剩余价值）占有的情况。恩格斯所作的这个说明，确立了划分阶级的标准，从根本上划分了剥削阶级和被剥削阶级两大阶级，即：占有生产资料以及能够占有剩余劳动（剩余价值）的阶级是剥削阶级，而丧失了生产资料以及靠出卖劳动力从而被生产资料占有者攫取了剩余劳动（剩余价值）的阶级是被剥削阶级。正是基于马克思恩格斯这样的认识，后来的列宁对阶级下了一个明确、科学的定义："所谓阶级，就是这样一些集团，由于它们在一定社会经济结构中所处的地位不同，其中一个集团能够占有

---

① 《马克思恩格斯选集》第 1 卷，人民出版社 2012 年版，第 400 页注①。

另一个集团的劳动。"①

　　发现阶级的问题以及如何对阶级进行划分，并不是由马克思恩格斯
首创的。马克思曾指出，资产阶级经济学家"已经对各个阶级作过经济
上的分析"②。这里说的资产阶级经济学家，主要指的是以亚当·斯密和大
卫·李嘉图为代表的资产阶级古典经济学家。作为英国古典政治经济学的
创始人，斯密第一次运用经济范畴分析了资本主义社会的生产关系存在着
怎样的内在联系，成为划分资本主义社会阶级构成的第一人。在《国民财
富的性质和原因的研究》中，斯密以社会占有生产资料的多少和获得收入
的方式为依据，将资本主义社会划分为三个不同的阶级："即以地租为生、
以工资为生和以利润为生这三种人的收入。此三阶级，构成文明社会的三
大主要和基本阶级。一切其他阶级的收入，归根结底，都来自这三大阶级
收入。"③斯密认为，社会上的物质财富，主要是由他们创造出来的，而其
他阶级的收入都是从这里派生的。他指出："一国年产物的总价格或总交
换价值，亦必分解为这三个部分而分配于国内各居民。"④所有商品的交换
价值都来源于这三种收入，所有商品的构成因素都取决于这三种收入。从
这里可以看出，斯密按照地租、工资和利润的收入，把社会划分为三个最
主要的阶级。

　　继斯密之后，李嘉图成为英国古典政治经济学的又一个杰出代表，也
是英国古典政治经济学的完成者。在《政治经济学及赋税原理》的原序中，
李嘉图一开始就指出，凡劳动、机器和资本联合运用所生产的一切产品，
要在土地所有者、资本家和工人"这三个社会阶级之间进行分配"⑤。由此
可知，李嘉图与斯密一样，认为资本主义社会是由工人阶级、资本家阶级

---

① 《列宁选集》第 4 卷，人民出版社 2012 年版，第 11 页。
② 《马克思恩格斯选集》第 4 卷，人民出版社 2012 年版，第 426 页。
③ ［英］亚当·斯密：《国民财富的性质和原因的研究》上卷，郭大力、王亚南译，商
　　务印书馆 1972 年版，第 240—241 页。
④ ［英］亚当·斯密：《国民财富的性质和原因的研究》上卷，郭大力、王亚南译，商
　　务印书馆 1972 年版，第 261 页。
⑤ ［英］彼罗·斯拉法主编：《李嘉图著作和通信集》第一卷，郭大力、王亚南译，商
　　务印书馆 1962 年版，第 3 页。

和地主阶级这三大阶级构成的，并且把工资、利润和地租的收入，作为划分阶级的依据。作为斯密理论成果的继承者，李嘉图又继续向前了一步，他指出，社会总产品是一个确定的量，在三个阶级之间进行收入分配，必然表现为三个阶级经济利益的对立。工人只能从中分得一小部分，大部分被资本家拿走，而资本家又必须把一部分的资本所得分给地主。由于工人的工资、资本家的利润、地主的地租都是工人创造的商品价值的组成部分，无论哪一方获得更多的份额，另外两份份额将不可避免地下降。因此，工人、资本家和地主三个阶级之间是相互对立的。首先是工资与利润的对立，工资高，利润就低，利润高，工资就低。由此，从工资与利润的对立关系中，李嘉图揭示了资产阶级与工人阶级的对立。其次，利润和地租也是对立的。李嘉图认为，随着土地耕种面积的扩大，农产品价格不断上涨，工资日益上升，利润不断下降，地租会日益增加。一方面资本家与工人的利益对抗日趋加深，另一方面资本家与地主的利益对立也会日益激化。而地主阶级的利益增加，同样使工人阶级的利益蒙受损害，因此，地主阶级与工人阶级也处于对立地位。

以斯密、李嘉图为代表的古典经济学家的阶级划分思想最大的贡献是，他们主张从工资、利润和地租的构成上把社会划分为三个不同的阶级，并认为这三大阶级是其他一切阶级收入的来源。但是，他们又都局限于以收入以及以分工和职业作为划分阶级的标准，这些都是不科学的。

马克思恩格斯认为，阶级是由人们的经济关系决定的。马克思指出："在人们的生产力发展的一定状况下，就会有一定的交换［commerce］和消费形式。在生产、交换和消费发展的一定阶段上，就会有相应的社会制度形式、相应的家庭、等级或阶级组织，一句话，就会有相应的市民社会。有一定的市民社会，就会有不过是市民社会的正式表现的相应的政治国家。"[①] 这说明，市民社会是阶级社会，它的本质是阶级关系。恩格斯也指出："社会阶级在任何时候都是生产关系和交换关系的产物，一句话，

---

① 《马克思恩格斯选集》第 4 卷，人民出版社 2012 年版，第 408 页。

都是自己时代的**经济**关系的产物"①，"在每个历史地出现的社会中，产品分配以及和它相伴随的社会之划分为阶级或等级，是由生产什么、怎样生产以及怎样交换产品来决定的。"②

既然阶级由社会的经济关系决定，那么，阶级划分应该由经济关系的哪些因素决定呢？马克思在《资本论》第三卷第五十二章中曾针对斯密和李嘉图关于阶级分析的观点，指出："是什么使雇佣工人、资本家、土地所有者成为社会三大阶级的成员？乍一看来，好像就是收入和收入源泉的同一性。正是这三大社会集团，其成员，形成这些集团的个人，分别靠工资、利润和地租来生活，也就是分别靠他们的劳动力、他们的资本和他们的土地所有权来生活。不过从这个观点来看，例如，医生和官吏似乎也形成两个阶级，因为他们属于两个不同的社会集团，其中每个集团的成员的收入都来自同一源泉。对于社会分工在工人、资本家和土地所有者中间造成的利益和地位的无止境的划分，——例如，土地所有者分成葡萄园所有者，耕地所有者，森林所有者，矿山所有者，渔场所有者，——似乎同样也可以这样说。"③虽然，《资本论》第三卷的手稿到这里就中断了，人们无从看到马克思最终分析得出的结论，但是，从马克思现有的论述和行文的语气来看，他不仅反对以"收入和收入源泉"来划分阶级，而且也反对按照分工形成的不同职业来划分阶级。

如果从"收入和收入源泉"来划分阶级，也就是从收入分配的角度来划分阶级的话，马克思早在《〈政治经济学批判〉导言》中就分析过，土地、劳动和资本既是收入源泉和分配形式，又是生产要素；土地、劳动和资本作为分配形式，是以它们作为生产要素为前提的，而只有其中的劳动作为雇佣劳动才是决定的因素，"如果劳动不是规定为雇佣劳动，那么，劳动参与产品分配的方式，也就不表现为工资，如在奴隶制度下就是这样。……分配关系和分配方式只是表现为生产要素的背面。个人以雇佣

---

① 《马克思恩格斯选集》第3卷，人民出版社2012年版，第401页。
② 《马克思恩格斯选集》第3卷，人民出版社2012年版，第654页。
③ 《马克思恩格斯全集》第46卷，人民出版社2003年版，第1002页。

劳动的形式参与生产，就以工资形式参与产品、生产成果的分配。分配的结构完全决定于生产的结构。分配本身是生产的产物，不仅就对象说是如此，而且就形式说也是如此。就对象说，能分配的只是生产的成果，就形式说，参与生产的一定方式决定分配的特殊形式，决定参与分配的形式。把土地放在生产上来谈，把地租放在分配上来谈，等等，这完全是幻觉。"[1]

至于从分工和职业的角度划分阶级，马克思在 19 世纪 40 年代批判德国小资产阶级民主主义者海因岑时就明确地指出："'粗俗的'人的理智把阶级差别变成了'钱包大小的差别'，把阶级矛盾变成了'各行业之间的争吵'。钱包的大小纯粹是数量上的差别，它可以尽情唆使同一阶级的两人互相反对。大家知道，中世纪的行会是在'行业差别'的原则上互相对立的。但是大家也知道，现代的阶级差别绝不建立在'行业'的基础上"[2]。马克思恩格斯在《共产党宣言》也早已指出："资产阶级抹去了一切向来受人尊崇和令人敬畏的职业的神圣光环。它把医生、律师、教士、诗人和学者变成了它出钱招雇的雇佣劳动者。"[3] 由此可知，分工和职业的划分，未必能造成雇佣劳动关系，反过来，正是由于生产资料所有制关系和雇佣劳动关系的形成，使得不同的分工和职业的劳动者都沦为了被剥削阶级。最能体现这样的雇佣关系的概念，就是《共产党宣言》使用的"资产者和无产者""资产阶级和无产阶级"的概念。这样的概念，就丝毫没有包含分工和职业的任何要素。当然，不可否认，分工和分工造成的职业区别作为阶级划分的基础和一个条件，具有具体区分和标识不同阶级的作用。例如，工人阶级这个概念，又称产业工人阶级，指的是与大机器工业生产相联系的、以工资作为经济来源的工薪劳动者阶级。这在职业方面，就与从事农业生产的农民阶级区别开来。但是，分工和职业的这个作用，绝不能取代以生产资料的占有和对剩余劳动（剩余价值）占有的情况作为阶级划分的根本的、唯一的标准。

---

[1] 《马克思恩格斯选集》第 2 卷，人民出版社 2012 年版，第 695 页。
[2] 《马克思恩格斯全集》第 4 卷，人民出版社 1958 年版，第 343 页。
[3] 《马克思恩格斯选集》第 1 卷，人民出版社 2012 年版，第 403 页。

值得注意的是，马克思恩格斯在《共产党宣言》中还作了这样的论述："在阶级斗争接近决战的时期，统治阶级内部的、整个旧社会内部的瓦解过程，就达到非常强烈、非常尖锐的程度，甚至使得统治阶级中的一部分人脱离统治阶级而归附于革命的阶级，即掌握着未来的阶级。所以，正像过去贵族中有一部分人转到资产阶级方面一样，现在资产阶级中也有一部分人，特别是已经提高到能从理论上认识整个历史运动的一部分资产阶级思想家，转到无产阶级方面来了。"① 根据这一段论述，能否认为政治思想、政治态度和立场，也是阶级划分的根据和标准呢？答案显然不是。这是因为，其一，《共产党宣言》这段话，讲的是分析阶级力量、阶级队伍的问题，指出在激烈的阶级对立和斗争中，因为政治思想、政治态度和政治立场发生变化，一些人背叛了自己的阶级，出现了从资产阶级阵营转到无产阶级队伍，成为无产阶级成员的情况。但是，阶级划分标准的问题和阶级成员、阶级力量变化的问题，是不同的两个问题，并不是一个问题，二者不可混淆。其二，诚然，通过阶级划分标准，会为阶级力量、阶级成员的基本范围和构成，提供准确、科学的认识武器，然而，也不能仅仅局限于此。一个阶级的力量、阶级的队伍，不仅表现在经济方面，而且表现在政治方面和思想方面。因此，无产阶级政党在分析社会阶级时，应以分析经济关系为基础，同时结合分析它的政治态度和思想观点，只有这样，才能对阶级力量、阶级成员有全面、完整的认识，从而制定正确的阶级政策，组织宏大的阶级队伍。其三，阶级固然有其系统的、完整的思想意识形态，但它首先是同生产资料所有制相联系的客观存在的经济实体。因此，划分阶级标准的问题不同于识别和组织阶级力量的问题。如果离开经济关系，离开生产资料所有制的形式，用政治、思想去划分阶级，势必失去确定的、基本的内容，陷入历史唯心论的泥沼。概而言之，阶级划分的标准只能依据经济关系，必须坚持历史唯物主义的唯一性。

马克思恩格斯的阶级理论，不仅涉及了分析社会的阶级划分的问题，

---

① 《马克思恩格斯选集》第 1 卷，人民出版社 2012 年版，第 410 页。

而且涵容了深入分析社会的阶层划分的问题。在《共产党宣言》中，他们有一段经典的论述："在过去的各个历史时代，我们几乎到处都可以看到社会完全划分为各个不同的等级，看到社会地位分成多种多样的层次。在古罗马，有贵族、骑士、平民、奴隶，在中世纪，有封建主、臣仆、行会师傅、帮工、农奴，而且几乎在每一个阶级内部又有一些特殊的阶层。"①这说明，马克思恩格斯认为，历史上的各个社会，都广泛存在着多种多样的社会阶层。社会阶层包含两个基本方面：一方面是，与阶级密切关联并受到阶级关系影响的社会各阶层，它们夹处在阶级的中间地带，因此，马克思恩格斯把它们称为"中间阶层"或"中间等级"，有时也直接称为"中间阶级""中等阶级"；另一方面是，在每一个阶级内部存在的阶层。

马克思恩格斯认为，每个社会的阶级结构都由基本阶级和非基本阶级、统治阶级和被统治阶级、先进阶级和落后阶级构成。不同阶级之间和同一阶级内部还存在着不同阶层和等级。首先，在各个阶级社会里，除了存在着两个对立的主要阶级之外，还存在着其他的社会阶层。例如，在奴隶社会，有奴隶主（贵族）与奴隶两个主要的阶级，中间还有骑士、平民等社会阶层；在封建社会，有封建主和农奴两大主要的阶级，中间还有臣仆、行会师傅、帮工等社会阶层。至于在资本主义社会，对于除了资产阶级与无产阶级两大阶级外的其他社会阶层，马克思恩格斯用了"中间等级""中间阶层"加以概括，这些中间阶层主要有"小工业家、小商人、手工业者、农民"等，他们夹处在资产阶级和无产阶级之间，是社会中处于中等地位或中间等级的社会集团、社会群体。但这些中间阶层在马克思恩格斯看来，很快就要发生变化，他们都将"降落到无产阶级的队伍里来了，有的是因为他们的小资本不足以经营大工业，经不起较大的资本家的竞争；有的是因为他们的手艺已经被新的生产方法弄得不值钱了"②。随着资本主义中间阶层的不断瓦解和分化，传统意义上的中间阶层日渐消减，

---

① 《马克思恩格斯选集》第 1 卷，人民出版社 2012 年版，第 400—401 页。
② 《马克思恩格斯选集》第 1 卷，人民出版社 2012 年版，第 408 页。

资本主义越来越趋向于形成一个以资产阶级和无产阶级两大阶级对立为基本特征的社会结构。然而，马克思恩格斯也预见到，随着资本主义进一步发展，在传统中间阶层群体逐渐瓦解的同时，新的中间阶层也将在一定的阶段会有着增长和扩大的可能。在《1861—1863 年经济学手稿》中，马克思就曾经这样指出："介于工人为一方和资本家、地主为另一方之间的中间阶级不断增加"①，这是不能忘记的事实。

其次，除了与社会阶级相联系、相并列的社会阶层外，在各个阶级的内部也可以划分为不同的阶层。作阶级内部的阶层分析，是在阶级分析的基础上对阶级进行深层透视的基本方法。换言之，对社会结构的分析，不应仅仅停留在阶级上，每一个阶级都是一个庞大、复杂的群体，需要进一步地分层深化分析。因此，马克思恩格斯曾把工人阶级内部结构分成"产业无产阶级""商业无产阶级""农业无产阶级""脑力劳动无产阶级"以及"流氓无产阶级"等层次，把农民阶级分为"大农""中农""小农"或者"富农""中农""小自由农"等层次，把资产阶级分为"金融资产阶级""工业资产阶级""商业资产阶级"等不同的层次。

那么，对于社会的阶层该采用怎样的标准进行划分呢？马克思恩格斯认为，主要是在生产资料占有关系的前提下，结合其他的如职业、收入、财富、教育等多元标准进行划分、确认。其一，作为与社会的阶级有联系、总体上受到阶级关系影响和制约的阶层，对其划分应在阶级划分的基础上进行，即具体地考察其对生产资料的占有关系和在生产中所处的地位，并按照各自从事的职业确定其所属的阶层。例如，小工业家、小商人、手工业者、农民，在资产阶级和无产阶级构成社会对立两极的情况下，他们介于其间，虽占有少量的生产资料，但不足以形成雇佣劳动的剥削关系，因而构成各自职业不同的小私有者阶层。还有一些阶层，如个体从业的一般的律师、医生、作家、学者、艺术家、教师、管理人员、普通政府职员等，没有占有生产资料，主要凭借自身拥有的专业技术和技艺获

---

① 《马克思恩格斯全集》第 34 卷，人民出版社 2008 年版，第 647 页。

取收入，他们在资本主义社会中虽然也遭受着大资本的倾轧和排挤，但总体而言，所遭受的剥削不如无产阶级残酷，因而也构成了职业种类不同的小私有者阶层。其二，作为一个阶级内部的阶层划分，相对地说，情况就比较简单了，可根据职业种类、财富状况、收入水平、教育程度、社会地位等多重标准，对其进行具体的、深化的层次划分。

三、阶级斗争是历史发展的伟大动力

自原始社会解体和阶级产生后，社会上就有了阶级之间的斗争。迄今为止，"一切社会的历史都是阶级斗争的历史"① （是指有文字记载以来的历史，即奴隶社会以来的历史），这是马克思恩格斯合著的《共产党宣言》，以辩证唯物主义和历史唯物主义的崭新世界观考察和阐述阶级斗争的全部历史形成的阶级斗争思想。在《共产党宣言》发表后，马克思恩格斯政治学说的一系列著作，对人类历史进程中的阶级斗争进行了深入的分析和论证，进一步丰富了阶级斗争的理论，成为武装无产阶级政党战斗的思想武器。

为什么阶级的存在会引起阶级斗争呢？阶级斗争并不是人们可以随心所欲地制造的，阶级斗争，是指剥削阶级和被剥削阶级或统治阶级和被统治阶级之间的对立与冲突，它是由阶级间的剥削关系而引发的。阶级间的剥削关系，是指由于对生产资料的占有关系以及在生产体系中所处的位置不同，使得其中的一个剥削阶级能够利用其在生产过程中的有利地位，控制和奴役另一个被剥削阶级，而被剥削阶级为了摆脱控制和奴役，就不得不联合起来进行反抗和斗争。因此，在阶级的剥削关系中必然充满了阶级斗争。从奴隶社会到资本主义社会，人类几千年的历史就是这种不可调和的阶级斗争的历史。马克思恩格斯在《共产党宣言》中，运用历史唯物主义关于生产力与生产关系矛盾运动的规律，作为阶级的产生和阶级斗争

---

① 《马克思恩格斯选集》第 1 卷，人民出版社 2012 年版，第 400 页。

的根本依据，揭示了生产力与生产关系的矛盾运动就必然表现为阶级斗争，"自由民和奴隶、贵族和平民、领主和农奴、行会师傅和帮工，一句话，压迫者和被压迫者，始终处于相互对立的地位，进行不断的、有时隐蔽有时公开的斗争"①。在阶级社会里，阶级斗争成为推动社会发展的直接动力，恩格斯指出："说到'阶级斗争'，它不仅使我们回溯到'中世纪'，而且还回溯到古代共和国——雅典、斯巴达和罗马共和国的内部冲突。所有这些冲突都是阶级斗争。自从原始公社解体以来，组成为每个社会的各阶级之间的斗争，总是历史发展的伟大动力。"②

恩格斯为什么说阶级斗争是历史发展的伟大动力呢？这是因为，社会的发展和更替是由于生产力和生产关系之间的矛盾，这个矛盾的斗争推动着社会发展。但是，社会发展规律的实现，与自然界按规律发展的情形不同，自然界的发展是靠着自发的盲目力量起作用，而社会在按照一定规律运动发展的时候，人的社会实践和主观能动性起着一定的作用。在阶级社会里，生产力的发展和生产关系的变更，是通过阶级斗争来实现的。社会生产力和生产关系，不是虚无的东西。在生产力的诸要素中，最重要的是劳动力，是劳动者，是人；其次是生产资料，在阶级社会里，生产资料被一部分人占有着。生产关系是人们在生产活动中结成的相互关系，首先是人们对于生产资料所有权的关系，主要表现为被剥削的劳动者和占有生产资料的剥削者之间的关系。归根到底，生产力和生产关系的矛盾，表现为社会上一个集团与另一集团之间的矛盾，表现为阶级之间的矛盾，生产力和生产关系的矛盾斗争，表现为阶级之间的矛盾斗争。在阶级社会里，统治者的生产关系通常是对剥削阶级有利的，剥削阶级为保持自己的政治统治，总是尽可能地保持和力求巩固旧的生产关系。当这种旧的生产关系已经成为生产力继续发展的桎梏时，生产力的发展就提出了打破旧的生产关系的要求，所有的阶级社会都是如此。然而，打破旧的生产关系就意味着

---

① 《马克思恩格斯选集》第1卷，人民出版社2012年版，第400页。
② 《马克思恩格斯文集》第4卷，人民出版社2009年版，第505页。

消灭旧的剥削统治阶级，这是当时的剥削阶级所不甘心的，必然要想尽一切办法进行抵抗，千方百计地维护旧的生产关系，以保存自己的利益并继续生存下去。事实上是没有任何一个剥削统治阶级愿意自动退出历史舞台的。这时候，如果代表生产力进步的被剥削阶级的劳动者不起来斗争，社会发展就会陷入停滞。反之，被剥削阶级起而进行坚决的阶级斗争，就能推动生产力发展，社会就能继续前进。被剥削阶级在向剥削统治阶级进行的斗争中取得的胜利愈多，社会前进得越快。由此可见，在阶级社会里，阶级斗争体现为生产力和生产关系的矛盾，体现为对抗性社会生产方式中的进步与保守之间的斗争，体现为革命阶级与反动阶级的斗争。只有通过阶级斗争，才能克服保守和反动的东西，给生产力的继续发展开辟道路。马克思指出："没有对抗就没有进步。这是文明直到今天所遵循的规律。到目前为止，生产力就是由于这种阶级对抗的规律而发展起来的。"[①] 正因为如此，阶级斗争才成为推动社会前进的规律，贯穿了阶级社会的全部历史，才成为历史发展的伟大动力。

马克思恩格斯运用辩证唯物主义和历史唯物主义的世界观，为人们完整地叙述并科学地解剖了从古至今以及到未来的一部人类阶级斗争发展史。《共产党宣言》指出，古希腊、罗马时期的奴隶主与奴隶之间的对立斗争，是由奴隶社会的生产力和生产关系的矛盾决定的；在中古时代，封建主与农奴之间的对立斗争，是由封建社会的生产力和生产关系的矛盾决定的。这样的"每一次斗争的结局都是整个社会受到革命改造或者斗争的各阶级同归于尽"[②]。建立在封建社会阶级斗争结局上的资本主义社会，也是生产力和生产关系变革的产物。资本主义社会，是新的生产力和生产关系孕育和造就了新的剥削阶级——资产阶级，以阶级斗争的方式确立了新的生产关系和新的社会统治。在资本主义社会里，资本主义生产方式促进了生产力的高速发展，资产阶级在不到一百年的阶级统治中所创造的生

---

① 《马克思恩格斯全集》第 4 卷，人民出版社 1958 年版，第 104 页。
② 《马克思恩格斯选集》第 1 卷，人民出版社 2012 年版，第 400 页。

产力，比过去一切世代创造的全部生产力还要多，还要大。但是，资本主义的高速发展造成了两个结果，一方面，"社会所拥有的生产力已经不能再促进资产阶级文明和资产阶级所有制关系的发展；相反，生产力已经强大到这种关系所不能适应的地步，它已经受到这种关系的阻碍"①；另一方面，资产阶级凭借对生产资料的占有，通过雇佣劳动疯狂榨取工人阶级的剩余价值的剥削极其残酷、野蛮。马克思指出："资本来到世间，从头到脚，每个毛孔都滴着血和肮脏的东西。"②因而，这决定了除了自己的劳动力之外一无所有的无产阶级，必然要同资产阶级展开激烈的阶级斗争。资本主义社会的阶级矛盾，注定要使阶级斗争达到空前剧烈的程度。资本主义社会也将是人类历史上最后一个剥削形态的社会，它将成为人类历史上发生的最后一次的阶级斗争。当无产阶级战胜了资产阶级，"通过革命使自己成为统治阶级，并以统治阶级的资格用暴力消灭旧的生产关系，那么它在消灭这种生产关系的同时，也就消灭了阶级对立的存在条件，消灭了阶级本身的存在条件，从而消灭了它自己这个阶级的统治。"③正是通过无产阶级与资产阶级的阶级斗争，当无产阶级推翻了资本主义社会并建立起共产主义社会之时，阶级和阶级斗争将不复存在。人类摆脱了阶级斗争，步入无阶级的未来社会。

由于马克思恩格斯置身于无产阶级和资产阶级斗争的时代，他们给予这一时代的阶级斗争以特别的关注和分析，并且直接参加了国际共产主义运动，指导了无产阶级开展了对资产阶级的革命斗争。

马克思恩格斯指出，在资本主义社会里，"无产阶级经历了各个不同的发展阶段。它反对资产阶级的斗争是和它的存在同时开始的。"④无产阶级在反对资产阶级的斗争中，经历了从自在阶级到自为阶级的转变，起初只是个别的工人，尔后是某一工厂中的工人，然后是某一地方或某一部分

① 《马克思恩格斯选集》第 1 卷，人民出版社 2012 年版，第 406 页。
② 《马克思恩格斯选集》第 2 卷，人民出版社 2012 年版，第 297 页。
③ 《马克思恩格斯选集》第 1 卷，人民出版社 2012 年版，第 422 页。
④ 《马克思恩格斯选集》第 1 卷，人民出版社 2012 年版，第 408 页。

中的工人，为了个别的或一部分工人的利益，向直接剥削他们的单个的资本家作斗争。最后，工人采取联合行动，从反对个别本家的斗争转向反对整个资产阶级、整个资本主义制度的斗争。马克思恩格斯认为，要使无产阶级成为阶级，就必须将无产者组织起来，使他们形成一个阶级，为了阶级的利益进行阶级斗争。工人阶级只有通过大联合，才能成为一支足以对抗资产阶级的强有力的队伍。工人们的联合是利用大工业发展带来的日益便捷的交通工具，促使工人阶级的活动从个别的、地方性的和分散的斗争转变为集体性的、全国性的和有组织性的斗争。他们开始组织革命同盟来共同对抗资产阶级，这种同盟的结果就是工人阶级的队伍逐渐扩大，最终把一个个性质类似的区域斗争汇集成力量强大的全国性斗争。而只有在无产阶级"联合起来，形成一个自为的阶级。他们所维护的利益变成阶级的利益"① 的时候，才称得上真正开展了反对资产阶级的阶级斗争。

无产阶级向资产阶级斗争的过程中，采取了各种各样的斗争形式，例如，罢工、集会、示威游行、议会斗争、武装起义、革命战争等。这些多种多样的形式，可以归纳为三种基本形式，正如恩格斯指出："自从有工人运动以来，斗争是第一次在其所有三个方面——理论方面、政治方面和实践经济方面（反抗资本家）互相配合，互相联系，有计划地推进。"② 即无产阶级开展的经济斗争、政治斗争和思想斗争。

经济斗争是阶级斗争最早开展的基本形式。为了改善自己的生活条件，无产阶级反对资产阶级的最初表现形式就是经济斗争。"经济斗争是工人为争得**出卖劳动力**的有利条件，为改善工人劳动条件和生活条件而向厂主进行的集体斗争。"③ 无产阶级的经济斗争，是无产阶级处于痛苦的生活条件下的必然产物。世界各国的工人阶级都是从捍卫自己的经济利益来开始自己的斗争的。在经济斗争中，无产阶级建立了自己的最初的工会组织。作为自在的阶级，新生的无产阶级对于自己前途命运的认识还比较模

---

① 《马克思恩格斯选集》第 1 卷，人民出版社 2012 年版，第 274 页。
② 《马克思恩格斯选集》第 3 卷，人民出版社 2012 年版，第 37 页。
③ 《列宁选集》第 1 卷，人民出版社 2012 年版，第 346 页。

糊，还没有看到只依靠经济斗争并不能改变自己社会地位的现实。尽管经济斗争能给无产阶级带来若干利益，却不能把无产阶级从资本主义的残酷剥削下解放出来。即使在最好的情况下，经济斗争也只能暂时为无产阶级争得一些生活上的微小改善，而且也是极不牢固的，在资本主义经济危机的情况下，资本家又把这些对工人的小小让步夺回去了。经济斗争只是暂时缓和了阶级矛盾，减缓了阶级剥削，并不能改变无产阶级受剥削、被压迫的社会地位。无产阶级"在日常斗争中他们反对的只是结果，而不是产生这种结果的原因；他们延缓下降的趋势，而不改变它的方向；他们服用止痛剂，而不祛除病根"[①]。当然，也不能因此认为无产阶级的经济斗争毫无意义，相反地，马克思恩格斯对于工人的经济斗争非常重视，并且充分地估计到它的重大意义。第一，在经济斗争过程中，工人阶级受到重要的锻炼，产生了阶级意识。第二，经济斗争在一定程度上限制了资本家的剥削，改善了工人的生活状况，使工人阶级得以生存下去。如果不进行这种斗争，工人阶级就会在肉体上遭到灭亡，就会丧失进行大规模斗争的能力。第三，无产阶级的经济斗争，限制了资本家榨取绝对剩余价值的欲望，而迫使他们去改进生产技术以提高劳动生产率来榨取相对剩余价值。这样，无产阶级的经济斗争实际上起了推动生产力发展的作用。因而，无产阶级既要开展经济斗争，但是，斗争又决不能只停留在经济斗争的范围内。随着斗争的深入，无产阶级获得了宝贵的经验，提高了阶级觉悟，由自在的阶级上升为自为的阶级，他们反抗资产阶级的斗争，也要由经济斗争逐步转向政治斗争。

政治斗争是无产阶级向资产阶级进行阶级斗争的又一个基本形式。无产阶级开展政治斗争必须成立自己的政党，通过各种公开的和秘密的、合法的和非法的活动，把无产阶级联合起来，作为整个无产阶级反对整个资产阶级的斗争，其目的在于夺取国家政权。无产阶级除了各行业的利益之外，还有全阶级的利益；除了眼前的利益之外，还有长远的利益；这种全

---

① 《马克思恩格斯选集》第2卷，人民出版社2012年版，第68页。

阶级利益和长远利益就是彻底摧毁资本主义制度，取得社会主义革命胜利，建设社会主义社会。无产阶级如果不夺取政权，不使自己成为统治阶级，就不可能完成社会主义革命和建设社会主义社会的任务。因此，以夺取国家政权为目的的政治斗争，是无产阶级向着资产阶级斗争的最高的、最主要的、起决定性作用的形式。政治斗争对于无产阶级来说之所以重要，除了上述的根本原理外，还在于政治斗争是无产阶级经济利益的集中表现，无产阶级进行政治斗争，不是仅仅反对某一工厂，某一行业的资本家，而是反对整个资产阶级；不是为了某一部分工人的经济利益，而是为了改善整个无产阶级的经济地位，代表整个工人阶级的利益。同时，无产阶级只有进行政治斗争，才能起到全体劳动人民政治领袖的作用。因而，在政治斗争中不只是为了工人多一点收入，而是为了解放全人类。无产阶级只有进行政治斗争，才能消灭资本对全体工人的压迫，同时消灭资本对一切劳动者的压迫，达到解放全人类的目的。

无产阶级阶级斗争的另一种基本形式是思想斗争，这是为了使无产阶级摆脱资产阶级的思想影响而进行的斗争，是为了保持无产阶级阶级意识的先进性、一致性和纯洁性。从根本上说，无产阶级进行的思想斗争，其实质就是无产阶世界观与资产阶级世界观的斗争。在无产阶级的阶级斗争中，思想斗争具有重大意义，其一，无产阶级与资产阶级在思想意识形态领域的斗争，是两个阶级在经济、政治方面对立关系在观念上的反映。资产阶级不仅在经济、政治上剥削和压迫无产阶级，而且在思想意识形态领域也试图全方位控制无产阶级。资产阶级思想体系的渊源远比无产阶级思想体系久远，加之资产阶级利用它的统治优势，收买御用文人学者和工人阶级中的叛徒工贼，用各种工具和各种手段，向无产阶级大量传播资产阶级腐朽、没落的反动思想，企图麻痹和涣散无产阶级的斗志，战胜资产阶级思想体系是一个长期而艰巨的任务。因而，无产阶级决不能放松在思想意识形态领域的警惕，只有用马克思主义的科学理论武装起来的广大工人群众，才能抵御资产阶级腐朽思想的侵蚀，并使无产阶级在意识形态领域同资产阶级的斗争中取得胜利。其二，无产阶级的阶级意识不能自发产生，社会主义的理论是由无产阶级的思想家创立的，需要从外部灌输给无产阶级。马克思主义政党必须帮助无产阶级群众认识本阶级的根本利益，向无产阶级灌输社会主义意识，并组织和动员无产阶级进行自觉的阶级斗争。只有马克思主义政党把马克思主义理论灌输给工人阶级，无产阶级才能意识到自己的历史使命，自发的阶级斗争才变成自觉的阶级斗争，无产阶级才能从自在的阶级变为自为的阶级。其三，马克思主义的理论、科学社会主义和政治学说的理论，是无产阶级强大的思想意识形态，是无产阶级行动的指南。马克思说："批判的武器当然不能代替武器的批判，物质力量只能用物质力量来摧毁；但是理论一经掌握群众，也会变成物质力量。"①工人运动必须摆脱资产阶级和小资产阶级的思想影响，只有在马克思主义理论和社会主义意识形态指导下，才能达到彻底解放工人阶级的目的。由此可见，无产阶级进行思想斗争是非常重要的一项工作，它所进行思想斗争的深刻程度，直接反映在经济斗争和政治斗争的成效上。

上述经济斗争、政治斗争、思想斗争三种形式，都是无产阶级进行阶级斗争的基本形式，各有其重要意义。经济斗争是无产阶级最熟悉最容易接受的一种斗争形式，它牵涉到无产阶级的直接利益。无产阶级政党如果只搞政治斗争，而不去领导经济斗争，就会脱离群众。政治斗争是无产阶级反对整个资产阶级政治统治的斗争，如果只搞经济斗争、思想斗争，放弃政治斗争，就不能解决无产阶级革命的根本问题——政权问题。思想斗争是政治斗争和经济斗争的灵魂，如果忽视思想斗争，政治斗争和经济斗争就要迷失方向。因此，无产阶级政党要善于把三种基本斗争形式结合起来。在无产阶级向资产阶级的阶级斗争已经展开的情形下，经济斗争、政治斗争和思想斗争是相互交融的，既不能将它们彼此孤立开来，也不能将它们混为一谈，更不能用经济斗争代替政治斗争。只要经济斗争不要政治斗争，这是一切机会主义者破坏工人运动的惯用手法。机会主义者把工人为改善生活条件的日常斗争看作是政治斗争，并把工人阶级的斗争仅仅局

———————
① 《马克思恩格斯选集》第 1 卷，人民出版社 2012 年版，第 9 页。

限于为改善日常生活条件的斗争。因而，马克思恩格斯特别强调，应把三种斗争形式巧妙地结合起来，发挥无产阶级斗争的巨大威力。至于三种形式的主次之分，要看阶级斗争的具体发展阶段和斗争的具体需要而决定。一般地说，在资本主义社会条件下，无产阶级的阶级斗争必须以政治斗争为主，经济斗争、思想斗争是从属的，要为政治斗争服务，"在工人阶级的斗争中，它的经济运动是和政治行动密切联系着的。"[1] 必须使经济斗争服从于政治斗争，思想斗争也要服从于政治斗争的任务。总之，在无产阶级反对资产阶级的斗争中，三种斗争形式相互联系，缺一不可，必须密切地结合和配合起来。无产阶级只有在本阶级政党的组织、领导下，合理利用三种斗争形式，才能取得无产阶级阶级斗争的胜利。

---

[1] 《马克思恩格斯全集》第 44 卷，人民出版社 1982 年版，第 732 页。

第七章　革命理论

　　革命，是马克思恩格斯在著述中经常使用的一个概念和论述的重大问题，构成马克思主义政治学说中的重要思想理论。恩格斯《在马克思墓前的讲话》中，称誉马克思是"最伟大的思想家"，但他同时指出，马克思"首先是一位革命家"①。马克思既是思想家又是革命家，而且特别关注于革命，这是对马克思一生真实的评价。其实，这样的评价同样也适合于恩格斯本人。马克思恩格斯使用的革命概念，包括政治革命和社会革命两个方面，是政治革命与社会革命双重属性的有机统一。他们认为："**革命是历史的火车头**"②，"革命成为社会进步和政治进步的强大推动力"③。无产阶级要摆脱资本主义的剥削和压迫，就必须进行无产阶级革命，推翻资本主义统治，建立无产阶级的革命专政。无产阶级革命不但要进行政治革命，还要进行彻底的社会革命。因为相对于政治革命而言，社会革命更具有深刻性及影响的广泛性，是对整个社会的根本改造。

一、马克思恩格斯赋予革命的深刻含义

　　革命这个概念，很早就提出来了。它是在原始社会解体之后，随着各个时代的变革和发展而出现的。古希腊时期的柏拉图，在《理想国》中描

---

① 《马克思恩格斯选集》第 3 卷，人民出版社 2012 年版，第 1002、1003 页。
② 《马克思恩格斯选集》第 1 卷，人民出版社 2012 年版，第 527 页。
③ 《马克思恩格斯选集》第 1 卷，人民出版社 2012 年版，第 595 页。

述了城邦发生的阶级分化、一些平民沦为赤贫者的情形："他们有的负债累累，有的失去了公民资格，有的两者兼有，他们武装了，像有刺的雄蜂，同吞并了他们产业的以及其他的富而贵者住在一个城里，互相仇恨，互相妒忌，他们急切地希望革命。"① 柏拉图在这里使用的"革命"一词，揭示了革命是穷人反抗富人的剥削压迫、迫切要改变社会现状的涵义。亚里士多德在《政治学》中，明确地把革命作为一个政治学的范畴提了出来，他与柏拉图相同，也谈到革命是穷人起来造反，他说："原来是小康的家庭，现在已沦落到无法自给的境遇；处身于这种不幸的人们，作奸犯科还是小事，这里已很难说他们不致于从事叛乱（革命）了。"② 亚里士多德又明确指出，革命是平民和富人之间的斗争，"一般公认为敌对势力的富户和平民两部分，倘使在一个城邦中势力均衡而完全没有或仅有为数很少的中产阶级处于其间，为之缓冲，革命也是可以爆发的"③。他还说，革命是"诉诸于武力的"④，武力是革命成功的一种途径。而且，亚里士多德还在政体变革（政变）的意义上赋予革命的含义，认为革命的目的就在于改变政体。他指出："政体的变革（革命）"⑤ 沿着"两个不同的途径演进。（1）有时骚动就指向现行政体，图谋变更政权的性质——或把平民政体转为寡头政体，或把寡头政体转为平民政体；又或把平民和寡头政体转为共和与贵族政体，或相反地把后者转为前者。"⑥ 至于他谈到的（2），是不推翻现行政体，发难的党派可以采取比较温和的路线，维持原来的政体，"却将行政权力争取到自己这一党派的手中。"⑦ 亚里士多德把第二个途径，也称之为是"诈欺"⑧ 的途径，即是统治阶级内部发生的权力斗争、进行的权

---

① ［古希腊］柏拉图：《理想国》，郭斌和、张竹明译，商务印书馆1986年版，第329页。
② ［古希腊］亚里士多德：《政治学》，吴寿彭译，商务印书馆1965年版，第69页。
③ ［古希腊］亚里士多德：《政治学》，吴寿彭译，商务印书馆1965年版，第247页。
④ ［古希腊］亚里士多德：《政治学》，吴寿彭译，商务印书馆1965年版，第247页。
⑤ ［古希腊］亚里士多德：《政治学》，吴寿彭译，商务印书馆1965年版，第233页。
⑥ ［古希腊］亚里士多德：《政治学》，吴寿彭译，商务印书馆1965年版，第233页。
⑦ ［古希腊］亚里士多德：《政治学》，吴寿彭译，商务印书馆1965年版，第233页。
⑧ ［古希腊］亚里士多德：《政治学》，吴寿彭译，商务印书馆1965年版，第247页。

力更迭。不过，相较于前者，它是十分"温和"的，甚至是静悄悄地发生了改变，相当于是在进行改革。以上从柏拉图和亚里士多德使用的革命概念来看，他们有一个共同点，就是把革命作为国家政治领域内发生的重大事件，革命造成了社会的阶级状况或国家政体的变动，或导致政治权力出现明显的变化。

到了近代，随着资本主义的发展，发生了大规模的、典型的资产阶级革命。17世纪的英国资产阶级革命，已经远远超出了以前任何时代的所有革命，18世纪的美国革命以及法国大革命，更提供了资产阶级革命的范例。然而，资产阶级思想家对于革命的理解，却仍然局限于政治范畴以及政治领域发生的重大变迁。例如，法国大革命的思想先驱、启蒙思想家卢梭就这样说道："以绞杀或废除暴君为结局的起义行动，与暴君前一日任意处理臣民生命财产的行为是同样合法。暴力支持他；暴力也推翻他。一切事物都是这样按照自然的顺序进行着，无论这些短促而频繁的革命的结果如何，任何人都不能抱怨别人的不公正"[1]。卢梭赞扬了革命的暴烈手段，肯定了革命的合法性、正当性，但他却没能说明合法性是什么、正当性又在哪里？似乎只是善恶恩仇的因果轮回关系。再如，曾参加过美国革命和法国大革命的潘恩，是英裔美国思想家、政治理论家、革命家，他说："以往号称的革命，只不过是更换几个人，或稍稍改变一下局部状况。这些革命的起落是理所当然，其胜败存亡对革命产生地以外的地区并不能产生什么影响。可是，由于美国和法国的革命，我们看到现在世界上事物的自然秩序焕然一新，一系列原则就像真理和人类的存在一样普遍，并将道德同政治上的完美以及国家的繁荣结合在一起。"[2]潘恩虽然高度评价了美国和法国的革命，也指出了两个国家的革命使世界面貌一新、造就了繁荣富强，但他同样无法解释究竟发生了怎样的巨大变化、为什么能出现这样的繁荣。

由上可知，革命这个概念虽流传甚久，但历史上的思想家、革命家对

---

[1]　［法］卢梭：《论人类不平等的起源和基础》，李常山译，东林校，商务印书馆1962年版，第146页。

[2]　《潘恩选集》，马清槐等译，商务印书馆1981年版，第214页。

革命的认识都十分的简单，革命只限于政治领域，革命的含义也显得十分简单，它仅指政治革命。可以说，直到马克思主义诞生后，才对革命有了深刻的认识并作出深刻的分析。马克思恩格斯对革命的认识和分析，是在对人类社会的历史和资本主义社会现实的革命运动进行了深入的政治学、哲学、经济学研究的基础上，形成了马克思主义的革命理论，由此赋予了革命以最科学、最精准、最系统的涵义。

首先，马克思恩格斯从政治学理论范畴揭示了革命的涵义。马克思恩格斯在青年时代就形成了激进的民主主义的政治观点，并投入反对封建主义的政治斗争，后来，他们在亲身参加了无产阶级反对资产阶级的革命实践中，完成了世界观的根本转变，确立了无产阶级的立场和政治观点。1844 年 7 月，马克思在《评一个普鲁士人的〈普鲁士国王和社会改革〉一文》中针对"把'社会'革命理解为与政治革命**对立**的"观点，以及"从前人们所谓的'**政治革命**'或'**革命本身**'的**同义语**"的观点，指出："每一次革命都破坏**旧社会**，就这一点来说，它是**社会的**。每一次革命都推翻**旧政权**，就这一点来说，它是**政治的**。"① 在这里，马克思明确地表达了，把推翻政权的政治革命与改造社会的社会革命对立起来的观点是十分荒谬的。马克思指出，政治革命是指推翻旧政权或现政权的斗争，但这只是"一般的**革命**"②，而每一次这样的革命也必然要破坏旧世界、进行社会改造，因此，它又是社会革命。至于过去的人们把革命理解为政治革命，这自然是对的，但又是不够的，革命不仅是政治革命，还包括社会革命。从这样的观点出发，马克思特别指出，未来的社会主义制度和社会的建立，不仅需要通过政治革命，因为"它需要破坏和废除旧的东西"才能实现，而且还需要进行社会革命，因为只有通过改造整个社会、建设新世界，才能实现"它的**自我目的**"，"抛弃**政治的**外壳。"③ 马克思在这里所说的社会革命，是指为人类彻底解放而进行的革命，即社会主义革命、共产

① 《马克思恩格斯全集》第 3 卷，人民出版社 2002 年版，第 395 页。
② 《马克思恩格斯全集》第 3 卷，人民出版社 2002 年版，第 395 页。
③ 《马克思恩格斯全集》第 3 卷，人民出版社 2002 年版，第 395 页。

主义革命。

其实，恩格斯比马克思更早一点开始探寻政治革命与社会革命的问题。1842年11月，恩格斯抵达英国后，就在《国内危机》中谈到英国的革命问题。他指出，英国的无产阶级已经"意识到用和平方式进行革命是不可能的，只有通过暴力变革现有的反常关系，根本推翻门阀贵族和工业贵族，才能改善无产者的物质状况"①。恩格斯还做出预测："这个革命在英国是不可避免的，但是正像英国发生的一切事件一样，这个革命的开始和进行将是为了利益，而不是为了原则，只有利益能够发展成为原则，就是说，革命将不是政治革命，而是社会革命。"② 到了1944年2月，恩格斯在《英国状况》中进一步指出："英国的革命是社会革命，因此比任何其他一种革命都更广泛，更有深远影响。"③ 他认为，若将社会革命与政治革命比较起来，"社会革命才是真正的革命，政治的和哲学的革命必定通向社会革命"④。恩格斯说的这一段话，并不是在贬低和否定政治革命，而是说明社会革命远比政治革命更为广泛、深刻和彻底，而且，政治革命和社会革命二者紧密联系，政治革命必然导致社会革命。因而，恩格斯和马克思的认识是完全一致的，革命，无疑是包含着政治的和社会的两方面的革命。在他们合著的《共产党宣言》中指出，共产主义革命就是"反对现存的社会制度和政治制度的革命运动"⑤。

其次，马克思恩格斯从哲学理论范畴揭示了革命的涵义。马克思主义创立的辩证唯物论和历史唯物论，究其本质而言，就是革命的哲学，实行变革的哲学。马克思恩格斯在《德意志意识形态》中说："对**实践的**唯物主义者即**共产主义者**来说，全部问题都在于使现存世界革命化，实际地反对并改变现存的事物。"⑥辩证法也是这样，马克思指出："辩证法在对现存

① 《马克思恩格斯全集》第3卷，人民出版社2002年版，第411页。
② 《马克思恩格斯全集》第3卷，人民出版社2002年版，第411—412页。
③ 《马克思恩格斯全集》第3卷，人民出版社2002年版，第526页。
④ 《马克思恩格斯全集》第3卷，人民出版社2002年版，第526页。
⑤ 《马克思恩格斯选集》第1卷，人民出版社2012年版，第435页。
⑥ 《马克思恩格斯选集》第1卷，人民出版社2012年版，第155页。

事物的肯定的理解中同时包含对现存事物的否定的理解，即对现存事物的必然灭亡的理解；辩证法对每一种既成的形式都是从不断的运动中，因而也是从它的暂时性方面去理解；辩证法不崇拜任何东西，按其本质来说，它是批判的和革命的。"①

从唯物辩证法的维度分析，革命就是辩证的否定、就是质变和飞跃。辩证法关于事物的对立统一规律和否定之否定规律（亦称为肯定否定规律），指出了任何事物都是矛盾的对立统一，矛盾发展的结果就是对立的解决，就是否定对立面。恩格斯指出，什么是对立呢？"**对立**——如果一个事物包含着对立，那么它就同自身处在**矛盾**中，……一个事物是它自身，同时又在不断变化，它本身含有'不变'和'变'的对立，这就是**矛盾**。"②事物经历的由肯定而达到对自身的否定的过程，就是事物内部对立双方又同一又斗争、最后克服和否定对立、实现矛盾转化的过程。因此，"真正的、自然的、历史的和辩证的否定正是一切发展的推动力（从形式方面看）——对立面的划分，对立面的斗争和解决"③。革命，就是向着对立面的斗争和解决。马克思恩格斯早在《神圣家族》中就写道："在这种对立内，私有者是**保守的**一方，无产者是**破坏的**一方。从前者产生保持对立的行动，从后者则产生消灭对立的行动。"④这"消灭对立的行动"，就是指无产阶级消灭私有制的革命。

革命也是一种质变，一种飞跃。按照辩证法的质量互变规律来看，革命的过程是一个从量变到质变的过程。马克思在谈到社会如何由进化发展到革命时，正是运用质量互变规律加以解释的。他说："资产阶级在其历史发展过程中不可避免地要发展它的对抗性质，起初这种性质或多或少是掩饰起来的，仅仅处于隐蔽状态。随着资产阶级的发展，在它的内部发展着一个新的无产阶级，即现代无产阶级。无产阶级同资产阶级之间展开

---

① 《马克思恩格斯选集》第 2 卷，人民出版社 2012 年版，第 94 页。
② 《马克思恩格斯全集》第 26 卷，人民出版社 2014 年版，第 361—362 页。
③ 《马克思恩格斯全集》第 26 卷，人民出版社 2014 年版，第 363 页。
④ 《马克思恩格斯文集》第 1 卷，人民出版社 2009 年版，第 261 页。

了斗争，这个斗争在双方尚未感觉到，尚未予以注意、重视、理解、承认并公开宣告以前，最初仅表现为局部的暂时的冲突，表现为一些破坏行为。"① 但是，"随着历史的演进以及无产阶级斗争的日益明显"，就可以从中看出无产阶级的斗争是"能够推翻旧社会的革命的破坏的一面"②。对于质量互变规律，恩格斯也指出："尽管会有种种渐进性，但是从一种运动形式转变到另一种运动形式，总是一种飞跃，一种决定性的转折。"③ 这就是革命经历的由发生到胜利、由渐进到飞跃、由量变到质变的过程。

从历史唯物论的维度分析，革命是生产力和生产关系、经济基础与上层建筑之间矛盾的冲突和解决。1859 年，马克思在《〈政治经济学批判〉序言》中指出："社会的物质生产力发展到一定阶段，便同它们一直在其中运动的现存生产关系或财产关系（这只是生产关系的法律用语）发生矛盾。于是这些关系便由生产力的发展形式变成生产力的桎梏。那时社会革命的时代就到来了。随着经济基础的变更，全部庞大的上层建筑也或慢或快地发生变革。"④ 这是马克思自使用社会革命这个概念以来对它作出的最为经典的论述，其中的每一个字都是经过仔细推敲的，它阐释了马克思关于历史唯物主义的基本原理，即生产力和生产关系、经济基础与上层建筑之间的矛盾是人类社会的基本矛盾，社会革命是基于人类社会基本矛盾的不相适应而引发的，当生产关系不能适应生产力的发展要求，对生产力的发展起着阻碍作用时，就一定要发生社会革命。社会革命就是指社会经济形态从一种到另一种的转变，它不仅包括经济基础的根本性变革，也包括政权性质的变革，而且包括全部上层建筑的根本性变革。这样的社会革命，从解决上层建筑和经济基础的矛盾来看，革命的政治性关系到国家政权，关系到上层建筑，因而，它包含着政治革命，并且首先要解决政治革命的任务。

---

① 《马克思恩格斯选集》第 1 卷，人民出版社 2012 年版，第 233 页。
② 《马克思恩格斯选集》第 1 卷，人民出版社 2012 年版，第 235—236 页。
③ 《马克思恩格斯选集》第 3 卷，人民出版社 2012 年版，第 442 页。
④ 《马克思恩格斯选集》第 2 卷，人民出版社 2012 年版，第 2—3 页。

马克思在对社会革命做了上述的科学定义后接着写道："大体说来，亚细亚的、古希腊罗马的、封建的和现代资产阶级的生产方式可以看做是经济的社会形态演进的几个时代。资产阶级的生产关系是社会生产过程的最后一个对抗形式"①。这说明社会经济形态已经经历了从原始社会到奴隶社会、再到封建社会、又到资本主义社会的多次社会革命。而现在无产阶级进行的反抗资本主义生产关系的社会革命，将是最后一个对抗形式。无产阶级的"社会革命获得胜利"，是要实现共产主义社会，是要"实现革命的最高目标——消灭阶级"②，是要"达到**消灭一切阶级差别**，达到消灭这些差别所由产生的一切生产关系，达到消灭和这些生产关系相适应的一切社会关系，达到改变由这些社会关系产生出来的一切观念"③。未来共产主义社会引导"人类的进步"④，将在没有阶级压迫和剥削的条件下实现历史的进步。

最后，马克思恩格斯从经济学理论范畴揭示了革命的涵义。马克思恩格斯认为，革命与经济问题密切联系。恩格斯很早就开始关注经济问题，他比马克思更早一些研究政治经济学。在《国民经济学批判大纲》中，恩格斯说："每一次接踵而来的商业危机必定比前一次更普遍，因而也更严重，必定会使更多的小资本家变穷，使专靠劳动为生的阶级人数以增大的比例增加，从而使待雇劳动者的人数显著地增加——这是我们的经济学家必须解决的一个主要问题——，最后，必定引起一场社会革命"⑤。对于资本主义经济的迅猛发展，恩格斯认为这完全是工业革命造成的，"随着蒸汽机和棉花加工机的发明……，这些发明推动了工业革命，工业革命同时又推动了整个市民社会的变革"⑥，"凡是大工业代替了工场手工业的地方，

---

① 《马克思恩格斯选集》第 2 卷，人民出版社 2012 年版，第 3 页。
② 《马克思恩格斯选集》第 3 卷，人民出版社 2012 年版，第 173—174 页。
③ 《马克思恩格斯选集》第 1 卷，人民出版社 2012 年版，第 532 页。
④ 《马克思恩格斯选集》第 1 卷，人民出版社 2012 年版，第 862 页。
⑤ 《马克思恩格斯选集》第 1 卷，人民出版社 2012 年版，第 36 页。
⑥ 《马克思恩格斯选集》第 1 卷，人民出版社 2012 年版，第 87 页。

工业革命都使资产阶级及其财富和势力最大限度地发展起来"①。他分析了工业革命和无产阶级革命的内在关系，指出"工业革命便孕育着一个由无产阶级进行的社会革命"②。这是因为，工业革命在造成生产力巨大发展的同时，"到处都使无产阶级和资产阶级以同样的速度发展起来。资产者越发财，无产者的人数也就越多。"③造成了无产阶级生活状况的恶化，造成了无产阶级和资本主义生产关系的全面冲突，恩格斯指出："从经济学上来证明经济状况的这种发展同时就是社会革命各种因素的发展：一方面是被本身的生活状况必然引向社会革命的那个阶级即无产阶级的发展；另一方面是生产力的发展，生产力发展到越出资本主义社会范围就必然要把它炸毁，同时生产力又提供了为社会进步本身的利益而一举永远消灭阶级差别的手段。"④

马克思也断言："彻底的社会革命是同经济发展的一定历史条件联系着的；这些条件是社会革命的前提。"⑤在他的鸿篇巨制《资本论》中，马克思用了一整章的篇幅论述工业革命问题，分析了"大工业所引起的工场手工业、手工业和家庭劳动的革命"⑥。对于工业革命，马克思给予了高度评价，他说："蒸汽、电力和自动走锭纺纱机甚至是比巴尔贝斯、拉斯拜尔和布朗基诸位公民更危险万分的革命家。"⑦马克思还认为，科学是潜在的生产力。科学的发展能推动生产力的飞速前进，导致生产力本身的革命，并进而对整个人类历史产生深远影响。所以，"在马克思看来，科学是一种在历史上起推动作用的、革命的力量。""当他看到那种对工业、对一般历史发展立即产生革命性影响的发现的时候，他的喜悦就非同寻常了。"⑧也正因为这样，科学被"看成是一个伟大的历史杠杆，看成是按

① 《马克思恩格斯选集》第1卷，人民出版社2012年版，第299—300页。
② 《马克思恩格斯选集》第1卷，人民出版社2012年版，第301页。
③ 《马克思恩格斯选集》第1卷，人民出版社2012年版，第300页。
④ 《马克思恩格斯选集》第3卷，人民出版社2012年版，第256页。
⑤ 《马克思恩格斯选集》第3卷，人民出版社2012年版，第338页。
⑥ 《马克思恩格斯全集》第44卷，人民出版社2001年版，第529页。
⑦ 《马克思恩格斯选集》第1卷，人民出版社2012年版，第775页。
⑧ 《马克思恩格斯选集》第3卷，人民出版社2012年版，第1003页。

最明显的字面意义而言的革命力量"①。

综上所述，马克思恩格斯以开阔的视野，前所未有地赋予革命以丰富、全面、科学的内涵。马克思恩格斯从政治学范畴论述革命，比起以往任何一位的思想家来，突破了原来革命囿于政治革命的局限，将之扩展到社会革命，并且将政治革命与社会革命紧密地结合、统一起来。在19世纪70年代中期时，恩格斯在同俄国民粹主义革命家特卡乔夫的论战中，更明确地指出："任何一次真正的革命都是社会革命，因为它使新阶级占据统治地位并且让这个阶级有可能按照自己的面貌来改造社会。"② 革命，既包含"占据统治地位"的政治革命，又包含了"改造社会"的社会革命。因此，在马克思恩格斯那里，革命就是政治革命、就是社会革命，就是二者的统一。马克思恩格斯从哲学范畴论述革命，使革命站立到了最高的位置。以往的思想家把革命作为国家政治领域内发生的重大事件、引发了社会的阶级状况或国家权力的重大变动来看待，固然有合理的因素，但他们无法说明为什么它是重大事件和重大变动、客观的依据是什么。现在马克思恩格斯阐明了，生产力和生产关系、经济基础和上层建筑之间的矛盾冲突是一切革命的根源，他们为革命提供了客观的标准：就是用新的政权和上层建筑代替了旧的政权和上层建筑，由此发生了根本的变革；就是推动了一种社会经济形态到另一种社会经济形态的根本转变，社会经济形态发生了质变和飞跃。凡是与生产力和生产关系、经济基础和上层建筑发生质变和飞跃相关的活动和事件，才能称得上是"革命运动""革命改造"。马克思恩格斯从经济学范畴论述革命，则为革命找到了最为深厚的根源和基础。革命的产生和发展，需要一定的物质经济基础。在谈到共产主义革命时，恩格斯指出："共产主义革命发展得较快或较慢，要看这个国家是否有较发达的工业，较多的财富和比较大量的生产力。"③ 如果离开经济基础及其现状谈论革命，革命就会陷入空想。

① 《马克思恩格斯全集》第25卷，人民出版社2001年版，第592页。
② 《马克思恩格斯选集》第3卷，人民出版社2012年版，第327页。
③ 《马克思恩格斯选集》第1卷，人民出版社2012年版，第306页。

二、无产阶级革命的特点和条件

如上所述，革命最深刻的根源在于生产关系与生产力之间的矛盾。在资本主义社会里，社会基本矛盾表现为生产的社会化和生产资料资本家私人占有之间的矛盾。这种对抗性的矛盾，集中表现为无产阶级和资产阶级之间的矛盾和斗争，这种斗争发展到最尖锐的程度时，就必然爆发无产阶级革命。无产阶级革命，是无产阶级推翻资产阶级政治统治的革命，是用无产阶级专政代替资产阶级专政，把资本主义社会改造为生产资料公有、消灭剥削、各尽所能、按劳分配的社会主义社会的革命。这样的革命同历史上的一切革命相比，具有许多根本不同的特点。

——无产阶级革命是为绝大多数人谋利益的运动。过去的一切革命，虽然也有被剥削被统治的劳动群众参加，但结果都是少数剥削者攫取了革命的果实。一个占统治地位的剥削阶级被推翻了，另一个剥削阶级又起而掌握国家政权，继之对人民群众实行剥削和压迫。对此，恩格斯以犀利的文笔写道："以往的一切统治阶级，对被统治的人民群众而言，都只是区区少数。这样，一个统治的少数被推翻了，另一个少数又取代它执掌政权并依照自己的利益改造国家制度。每次上台的都是一个由于经济发展状况而有能力并且负有使命进行统治的少数集团，正因为如此，并且也只是因为如此，所以在变革发生时，被统治的多数或者站在这个少数集团方面参加变革，或者安然听之任之。但是，如果撇开每一次的具体内容不谈，那么这一切革命的共同形式就在于：它们都是少数人的革命。"[1] 无产阶级革命则与之相反，它"是绝大多数人的，为绝大多数人谋利益的独立的运动。无产阶级，现今社会的最下层，如果不炸毁构成官方社会的整个上层，就不能抬起头来，挺起胸来"[2]。生活在资本主义社会最底层的广大无产阶级

---

[1]　《马克思恩格斯选集》第 4 卷，人民出版社 2012 年版，第 383 页。
[2]　《马克思恩格斯选集》第 1 卷，人民出版社 2012 年版，第 411—412 页。

一无所有，革命斗争性最强。无产阶级的利益同广大被压迫群众的利益是一致的。无产阶级只有解放全人类，才能最后解放自己，因此，无产阶级革命也代表一切被剥削被压迫群众的根本利益，是为绝大多数人谋利益的革命运动。

——无产阶级革命建立了新型的人民当家作主的国家政权。以往的一切革命，最终都是占人口区区少数的剥削阶级掌握国家政权。为了维护他们的统治地位，又总是千方百计地强化镇压人民的国家机器。而且，一切反动统治阶级也根本不需要把旧的国家机器打碎，就可以利用它来为自己的阶级统治服务。无产阶级革命则要把一切剥削压迫集团从政权上推下去，建立起一个新型的、劳动人民当家作主的国家政权，因而，它必须彻底摧毁旧的国家机器，代之以新型民主和新型专政的国家机器。无产阶级革命建立起来的这样的国家政权，能把所有被剥削的劳动群众团结在自己的周围，结成长期巩固的革命联盟。因为无产阶级革命不仅代表无产阶级的根本利益，而且代表一切被剥削、被压迫劳动群众的根本利益，为了完成建设社会主义和共产主义的任务，它必须而且能够长期、巩固地团结所有劳动群众。而资产阶级在革命过程中也需要广大群众的支持，但是资产阶级取得革命胜利后，就毫不犹豫地把人民群众踢到一边。

——无产阶级革命将经历漫长的进程直至实现共产主义。无产阶级革命把夺取政权，看作只是革命的开始，它还要在经济、政治、思想等方面把社会主义革命进行到底。而以往的一切革命，都是夺得政权便结束了革命，因为取得统治地位的剥削阶级不能代表广大人民群众的根本利益，随着历史的发展，它们将逐步走向反动，成为革命的对象。无产阶级革命在夺得政权以后，还要继续前进，它必须在"空地上"创造崭新的社会主义的公有制经济形式。而资本主义和封建主义都是私有制经济形式，资本主义生产关系是在封建社会内部产生和发展起来的。资产阶级革命的任务只有一个，就是扫除封建的桎梏，使现成的资本主义生产关系进一步确立和发展起来。无产阶级革命却是另外一种情况，在资本主义社会里不可能有任何现成的社会主义生产关系，社会主义生产关系的建立必须通过无产阶级革命，建立无产阶级专政，在消灭资本主义私有制的基础上才能实现。虽然建立了社会主义社会，但无产阶级的社会革命还需要持续下去，当然，此时革命的内容和形式都会发生重大变化，然而，无产阶级为完成自己的历史使命，实现无产阶级和人类彻底解放的社会革命不可能结束，而要直到共产主义的最后实现。

无产阶级革命虽然是人类社会最广泛、最深刻、最彻底的革命，却不是随时随地都可以发生或制造的。马克思恩格斯认为，革命决不是人们随心所欲的产物，它只有在出现了革命形势和具备了主观条件时才可能发生，这是革命发展的一个基本规律。

革命形势，是指发生革命的根据和标志，是表明革命成熟的各种客观和主观条件的总和，也就是指社会基本矛盾引起的种种社会矛盾达到极其尖锐的程度，形成了全国性的危机，形成了人民群众普遍的社会要求。马克思指出："只有在**现代生产力**和**资产阶级生产方式这两个要素**互相**矛盾**的时候，这种革命才有可能。"[①]恩格斯也指出："把革命的发生归咎于少数煽动者的恶意那种迷信的时代，早已过去了。现在每个人都知道，任何地方发生革命动荡，其背后必然有某种社会要求，而腐朽的制度阻碍这种要求得到满足。这种要求也许还未被人强烈地、普遍地感觉到，因此还不能保证立即获得成功；但是，任何人企图用暴力来压制这种要求，那只能使它越来越强烈，直到它把自己的枷锁打碎。"[②]马克思恩格斯的这些论述告诫人们，革命不仅要有客观条件和客观形势的成熟，而且需要有革命主观条件的成熟。同时，要进行革命还必须进行认真细致的准备，工人们要有较高的觉悟程度和组织程度。马克思说："工人阶级从工人运动一开始起就清楚地懂得，不经过革命，就不可能摆脱军事专制制度。同时，德国的工人也懂得，这样的革命，不预先进行组织、不掌握知识、不进行宣传……，即使开始时是顺利的，但归根到底总会反过来反对他们。"[③]

---

① 《马克思恩格斯选集》第 1 卷，人民出版社 2012 年版，第 541 页。
② 《马克思恩格斯选集》第 1 卷，人民出版社 2012 年版，第 566 页。
③ 《马克思恩格斯全集》第 34 卷，人民出版社 1972 年版，第 456 页。

马克思恩格斯对待革命条件的认识和看法，最为明显地体现在1848年欧洲革命中他们的活动以及在革命后他们所作的判断和分析。

1848年初，欧洲大陆爆发了一场空前规模的革命运动。欧洲1848年革命的根本原因，在于资产阶级和人民群众同封建势力之间矛盾的尖锐化。当时欧洲各国革命所面临的任务虽不尽相同，但都属于资产阶级民主革命性质。在意大利，是要消灭国家的分裂状态，建立统一的民族国家；在法国是要铲除封建残余，变王朝政府为共和国，进一步发展资本主义；在德国是要推翻封建专制制度，打破封建割据局面，建立统一的民主共和国；在匈牙利、罗马尼亚、捷克、波兰，是反对民族压迫，要求实现民族独立。这次革命，是在无产阶级同资产阶级的矛盾已有了进一步发展，西欧无产阶级开始形成为独立的政治力量的情况下发生的。在法国革命中，无产阶级是主力军，并且举行了反对资产阶级统治的武装起义。在柏林等地的起义中，工人也起了主力和先锋的作用。因而，这次革命同以往的资产阶级革命相比较，有它自己的特点，一方面资产阶级同封建势力之间的矛盾尚未彻底解决，另一方面资产阶级同无产阶级之间的矛盾却已进一步发展，资产阶级的革命性已大大削弱，他们不敢积极领导革命，甚至背叛革命。

在法国二月革命爆发时，马克思恩格斯十分关注整个欧洲的形势，坚决支持欧洲革命运动。3月初，马克思恩格斯和共产主义者同盟中央其他领导成员沙佩尔、鲍威尔、莫尔等，先后来到巴黎。为了更好地参加和领导这场大革命，马克思受同盟的委托，重新组织了同盟中央委员会。在新的中央委员会中，马克思担任主席，沙佩尔当选为书记，鲍威尔、恩格斯、莫尔、沃尔弗、瓦劳被选为委员。3月8日，马克思在巴黎召开同盟各支部紧急联席会议，分析了法国革命的形势，制定了革命的战略策略。月底，马克思恩格斯为同盟中央起草了《共产党在德国的要求》。《要求》根据《共产党宣言》的基本原则从德国的经济政治现状出发，制定了德国无产阶级在这次革命中的组织和路线。《要求》指出这次革命的基本任务是消灭德国的封建分裂状态，建立一个民主统一的共和国。为了实现这一基本任务，《要求》提出了一系列的民主改革措施，如实行普选权，废除一切封建义务，实行政教分离，实行免费的国民教育，等等。《要求》还拟定了一系列从民主革命过渡到社会主义革命的措施，如没收封建领地和其他封建财产归国家所有，并组织大规模的农业生产；将矿山、矿井、银行和一切运输工具收归国有，并无偿地由无产阶级支配，限制继承权、实行高额累进税、建立国家工厂、限制资本主义的发展等，这是无产阶级在资产阶级民主革命中的第一个具体纲领。为了实现上述"要求"，马克思恩格斯还拟定了革命的战略方针，他们认为，无产阶级在民主革命中，必须成为彻底革命派，必须夺取革命的领导权，揭露资产阶级的妥协叛变行为，要把农民和其他小资产阶级群众吸引到自己方面来，依靠广大群众的自觉行动，来完成革命任务。在这个总的战略方针指导下，他们还在斗争中制定并执行了一系列的具体斗争策略。

为了直接领导德国的革命斗争，马克思恩格斯在组织300—400名革命者和共产主义者同盟成员分散地、秘密地回到德国参加革命的同时，也于4月初回到德国。他们选择了工业最发达、工人较多并有出版自由的莱茵省省会科隆作为活动基地，积极开展革命工作。为了适应当时工人运动的水平和状况，马克思恩格斯从德国的实际出发，了解到建立独立的无产阶级群众性政党的条件尚未成熟，于是决定以民主派最先进的极左翼的身份来行动，采取联合民主派的策略，积极参加民主组织和民主运动。因为只有这样才能团结广大群众，推动革命运动前进。否则就会成为一个无足轻重的小宗派。恩格斯说："这个旗帜只能是民主派的旗帜，但这个民主派到处都在各种具体场合强调自己的特殊的无产阶级性质，这种性质是它还不能一下子就写在自己旗帜上的。如果我们当时不愿意这样做，不愿意站在已经存在的、最先进的、实际上是无产阶级的那一端去参加运动并推动运动前进，那我们就只好在某一偏僻地方的小报上宣传共产主义，只好创立一个小小的宗派而不是创立一个大型的行动党了。"① 马克思恩格斯在

① 《马克思恩格斯选集》第4卷，人民出版社2012年版，第3—4页。

坚持无产阶级政治独立的原则下，并同小资产阶级民主派的动摇性进行斗争的条件下，和小资产阶级民主派结成革命联盟，在民主运动中以彻底革命派的身份进行活动。1848 年 5 月底，马克思恩格斯参加了由小资产阶级民主派组成的"科隆民主协会"，并努力推动它在革命道路上前进。他们还号召共产主义者同盟人员也都采取这一革命策略。在参加工人组织的同时，也参加各地的民主团体。

为了贯彻共产主义者同盟在这次革命中的纲领、路线和策略，指导各地盟员的革命活动，1848 年 5 月，马克思恩格斯在科隆创办了一个全国性的大型政治日报——《新莱茵报》，由马克思任总编辑，恩格斯是七人编委之一，并在总编辑缺席时负责领导编辑部工作。该报以民主派机关报面目出现，却具有鲜明的无产阶级性质。它宣传科学共产主义理论和同盟的纲领、路线，揭露自由资产阶级的叛变行为和小资产阶级的动摇性，在革命中发挥了很大的战斗作用。1849 年 9 月，随着各地护宪运动被镇压，《新莱茵报》被迫停刊。但它为无产阶级人民群众树立了光辉的榜样，为 1848—1849 年德国革命和欧洲革命立下了丰功伟绩。后来，恩格斯说："没有一家德国报纸——无论在以前或以后——像《新莱茵报》这样有威力和有影响，这样善于鼓舞无产阶级群众。"①

在 1848 年欧洲革命中，马克思恩格斯领导共产主义者同盟批判了同盟内部出现的以哥特沙克和波尔恩为代表的两种错误思想。哥特沙克是共产主义者同盟盟员、"科隆工人联合会"领导人，他主张超越民主革命阶段，立即建立"工人共和国"，反对无产阶级联合民主力量，反对参加选举运动，否定农民在民主革命中的重要作用。波尔恩也是共产主义者同盟盟员，柏林"工人中央委员会"和"工人兄弟会"领导人，他不主张参加政治斗争，企图把工人运动局限在经济斗争的范围内，只为当前工人的经济利益而斗争，还要放弃对民主革命的领导权。这两种错误的主张和活动，都和马克思恩格斯为共产主义者同盟所制定的纲领、路线、策略根

---

① 《马克思恩格斯选集》第 4 卷，人民出版社 2012 年版，第 10 页。

本对立。马克思恩格斯领导共产主义者同盟对这两种错误思想进行了批判，把绝大多数盟员和广大工人群众都争取到同盟的正确路线方面来，使柏林和科隆的工人组织走上革命的道路。1849 年 5 月，德国西部和南部各邦国开展护宪运动全面爆发武装起义。马克思恩格斯竭力帮助起义群众开展斗争，试图通过起义来扩大革命势力。恩格斯还亲自参加了战斗。7 月，各地起义先后被镇压。在德国革命失败后，马克思恩格斯和同盟中央委员会的一部分成员被迫流亡到伦敦。1850 年 3 月，马克思恩格斯起草了《中央委员会告共产主义者同盟书》，总结了 1848—1849 年德国革命的经验，提出了共产主义者的任务以及在未来革命中的斗争策略，指出革命无产者面临的主要任务是要建立无产阶级政党的两种组织：秘密组织和公开组织。在《告同盟书》中，提出了"不断革命"的口号，指出无产阶级不能像小资产阶级那样满足于点滴改良而应把民主革命进行到底，直到转变为社会主义革命，"我们的利益和我们的任务却是要不断革命，直到把一切大大小小的有产阶级的统治全都消灭，直到无产阶级夺得国家政权，直到无产者的联合不仅在一个国家内，而且在世界一切举足轻重的国家内都发展到使这些国家的无产者之间的竞争停止，至少是发展到使那些有决定意义的生产力集中到了无产者手中。"[1] 马克思恩格斯认为，资本主义国家在最近的将来不可避免地要爆发严重的经济危机，新的革命高潮会立即到来，全体盟员应加紧开展工作。同盟根据这一策略方针，大大地加强了活动并派了特使到德国、瑞士等国。于是，在短短的时间里，在德国 20 多个城市中改组或重新建立了同盟的支部，并在法兰克福举行秘密代表大会。在法国、英国，同盟也建立了自己的支部组织。

但是，过了几个月后预期的高潮却没有到来，1850 年 8 月，马克思恩格斯重新考察了资本主义经济发展的趋势后，指出新的经济繁荣时期已经开始。他们立即改正了自己的错误估计，认为革命高潮不会很快到来。马克思指出："在资产阶级社会的生产力正以在整个资产阶级关系范围内

---

[1] 《马克思恩格斯选集》第 1 卷，人民出版社 2012 年版，第 557 页。

所能达到的速度蓬勃发展的时候，也就谈不到什么真正的革命。"① 恩格斯也早在《共产主义原理》中说过："革命不能故意地、随心所欲地制造，革命在任何地方和任何时候都是完全不以单个政党和整个阶级的意志和领导为转移的各种情况的必然结果。"② 于是，马克思恩格斯把原来准备发展革命的策略，改变为长期积蓄力量以待时机再发展革命的策略方针。这一正确主张遭到以维利希和沙佩尔为代表的宗派小集团的反对。他们不承认革命已经转入低潮，主张立即发动新的起义，叫嚣要马上夺取政权。1850年9月，维利希、沙佩尔另立中央，进行分裂活动。马克思和恩格斯对他们进行了严肃而又耐心的批评和帮助。但他们坚持错误，自绝于同盟。同盟中央委员会决定迁到科隆，组成新的中央委员会，并通过决议将维利希—沙佩尔集团开除出同盟。1853年和1856年，德国莱茵省一部分工人两次派遣他们的使者古·勒维来伦敦会见马克思，试图说服他相信在德国必须举行起义。对此，马克思说道："他甚至想以在伊塞隆、佐林根等地发动工厂工人起义的诺言来引诱我。我坚决地反对了这种无益而又危险的**愚蠢想法**。"③ 以致后来遭到一些冒险分子和不明真相的人的非难攻击，甚至要把马克思恩格斯"当作革命叛徒革出教门"④。马克思恩格斯不为所动，坚信自己正在从事的为无产阶级锻造战斗武器的理论建设工作，要比参与这些冒险密谋活动，对工人阶级更有好处。还要指出的是，在1857年经济危机发生以前，马克思恩格斯往往是把经济危机看成是革命到来的前兆而把两者直接联系在一起。比如1856年他们预言资本主义国家将爆发一次新的经济危机，认为这将是欧洲资本主义的末日重现。然而，这次危机并没有导致他们所预期的那种革命形势。正是通过对这次危机的研究和总结，马克思恩格斯对危机与革命的关系产生了新的看法。一方面，他们仍然坚持危机表明资本主义生产关系已成为生产力发展的桎梏，资本主义制

① 《马克思恩格斯选集》第1卷，人民出版社2012年版，第541页。
② 《马克思恩格斯选集》第1卷，人民出版社2012年版，第304页。
③ 《马克思恩格斯全集》第30卷，人民出版社1975年版，第481页。
④ 《马克思恩格斯选集》第4卷，人民出版社2012年版，第382页。

度必然要被新的社会制度代替；另一方面，他们又不再简单地将一些经济危机同革命联系在一起。这一新的看法集中表现在 1859 年马克思在《〈政治经济学批判〉序言》中提出的一个著名的观点："无论哪一个社会形态，在它所能容纳的全部生产力发挥出来以前，是决不会灭亡的；而新的更高的生产关系，在它的物质存在条件在旧社会的胎胞里成熟以前，是决不会出现的。"①

后来，恩格斯曾经谈到同这些空谈家冒险家分裂并进行斗争的情形。他说，当时马克思和他"对局势的这一清醒看法在当时竟被许多人看作邪说，那时赖德律—洛兰、路易·勃朗、马志尼、科苏特以及那些不大显要的德国名人像卢格、金克尔、戈克等一类人，群集在伦敦，他们不但为各自的祖国，并且为全欧洲建立了一些未来的临时政府，而全部问题不过是要靠发行革命公债在美国筹措必要的经费，以便马上实现欧洲革命，从而建立理所当然的各个共和国。……一句话，我们所坚持的沉着态度并不合乎这班人的口味；他们认为，应该开始制造革命；我们极为坚决地拒绝了这种做法。"②

从马克思恩格斯在整个 1848—1849 年革命过程的活动以及革命陷入低潮之后做出的策略调整，可以看到，掌握无产阶级革命的条件和时机，是领导革命的一门斗争艺术。当革命形势和条件已经成熟，就要勇敢、及时地组织革命力量与反革命势力决战，去夺取胜利；而当革命形势和条件不具备时，就不能轻率地发动革命，盲目蛮干，作无谓的牺牲，那是"左"倾冒险主义。当然，在不具备革命形势和条件时，不去积极进行革命的准备工作，坐等革命条件的成熟，则是右倾保守主义。无产阶级的革命家既要反对"左"倾冒险主义，又要反对右倾保守主义。正确的策略是要深入细致地做发动和组织群众的工作，积蓄革命力量，创造条件，为革命的最后决战做好充分准备。一旦条件成熟，就应不失时机地领导群众去夺取革

---

① 《马克思恩格斯选集》第 2 卷，人民出版社 2012 年版，第 3 页。
② 《马克思恩格斯选集》第 4 卷，人民出版社 2012 年版，第 214 页。

命胜利。马克思恩格斯对无产阶级和社会主义革命的条件作出了最为科学的分析，只要资本主义社会的基本矛盾仍然存在，由此而产生的经济的、政治的、社会的叠加起来的总危机，是资本主义制度本身无法克服的弊病。因而，马克思科学地预言道：**"新的革命，只有在新的危机之后才可能发生。但新的革命正如新的危机一样肯定会来临。"**①无产阶级必须做好准备，迎接终将到来的伟大社会革命。

三、无产阶级革命的道路选择

马克思恩格斯认为，无产阶级革命的根本问题是政权问题。一切阶级要建立自己的统治，首要的目标就是夺取政权。无产阶级更是如此，无产阶级革命要消灭一切剥削和压迫制度，建立以公有制为基础的、人民当家作主的崭新社会制度，不夺取政权，不推翻剥削阶级的统治，建立无产阶级专政的国家政权就根本做不到。无产阶级应该怎样才能夺取政权呢？马克思恩格斯指出，主要有两条道路。

首先，无产阶级革命需要走暴力革命的道路，以武装斗争的方式夺取资产阶级国家政权。之所以必须用暴力摧毁旧的国家机器，这是由资产阶级国家的本质决定的。资产阶级国家是为资本主义私有制度服务的工具、是资产阶级用以奴役和镇压无产阶级和劳动人民，维持其反动统治的暴力机器。恩格斯在《共产主义原理》中指出："几乎所有文明国家的无产阶级的发展都受到暴力压制，因而是共产主义者的敌人用尽一切力量引起革命。如果被压迫的无产阶级因此最终被推向革命，那时，我们共产主义者将用行动来捍卫无产者的事业，正像现在用语言来捍卫它一样。"②这说明，无产阶级革命采取暴力方式，是资产阶级国家的暴力性质逼迫出来

---

① 《马克思恩格斯选集》第 1 卷，人民出版社 2012 年版，第 541 页。
② 《马克思恩格斯选集》第 1 卷，人民出版社 2012 年版，第 304 页。

的。资产阶级国家对于无产阶级来说，是套在自己身上的锁链，吮吸工人血汗的寄生虫。因此，无产阶级要摆脱奴役和压迫，争得自身的解放，就必须砸烂这个枷锁。不打碎资产阶级的国家机器，就不能建立起无产阶级专政的新型国家政权，打碎资产阶级的国家机器，主要是消灭和摧毁资产阶级的反动军队、警察和官僚机构。而消灭反动军队是打碎旧国家机器的首要任务，因为它是维护资本主义制度，维持资产阶级统治，镇压劳动人民的顽固堡垒。只有消灭了反动军队，才能彻底地打碎旧的官僚机构和警察、法庭、监狱等暴力机器。至于那些非暴力组织，例如科学研究机构、某些负责公共职能、经济管理组织和银行等不必彻底打碎，只要接管、加以改造，即可用来为无产阶级劳动人民服务。无产阶级必须打碎资产阶级国家机器，也是由无产阶级革命的性质决定的。无产阶级革命同以往的一切革命不同，它不是以一种私有制代替另一种私有制，而是以公有制代替私有制的革命，它要消灭一切剥削和压迫、维护私有制、为剥削和压迫制度服务的工具，而它们是不能为公有制服务的。因此，无产阶级只有彻底打碎旧的资产阶级国家机器，建立无产阶级专政的国家政权，才能巩固和发展革命的胜利成果，实现无产阶级的历史使命。

无产阶级通过暴力革命，打碎资产阶级国家机器，建立无产阶级专政，这是马克思恩格斯总结无产阶级革命斗争的历史经验提出的正确论断。暴力革命是无产阶级革命的一般规律，这里讲的暴力，是阶级斗争使用的一种强制力量，所谓暴力革命，就是指某些阶级或集团为了进行社会变革所采取的武装行动，它包括武装暴动、武装起义和革命战争。马克思恩格斯曾高度评价过暴力在历史上的革命作用，在《共产党宣言》中他们指出，无产阶级必须"用暴力推翻资产阶级而建立自己的统治"[1]。无产阶级革命的目的，"只有用暴力推翻全部现存的社会制度才能达到。"[2] 在《资本论》和《反杜林论》中，他们把暴力看作是"每一个孕育着新社会的旧

[1] 《马克思恩格斯选集》第 1 卷，人民出版社 2012 年版，第 412 页。
[2] 《马克思恩格斯选集》第 1 卷，人民出版社 2012 年版，第 435 页。

社会的助产婆"①。

无产阶级只有通过暴力革命，才能推翻反动阶级的统治，建立自己的革命政权，这是因为：第一，资产阶级手中握有强大的国家机器。国家本身就是一种暴力，资产阶级总是利用其掌握的国家机器来压迫和剥削无产阶级和广大劳动人民，维护其反动统治。为了镇压人民的反抗，它总是不断强化这个暴力机关，特别是随着资产阶级日益走向没落和反动，它就愈要依靠这个暴力机关来镇压革命运动。面对资产阶级的暴力统治，无产阶级不用革命的暴力对付反革命的暴力，就不可能争得自身的解放。第二，资产阶级和历史上的一切反动阶级一样，是不愿自动交出政权和退出历史舞台的。因为交出政权、退出历史舞台，对剥削阶级来说，就意味着失去一切，这是痛苦的，不堪设想的，因而在他们行将灭亡时，总是要拼死反抗的，总是首先把刺刀提到日程上来，总是首先发动内战。无产阶级只有用革命的暴力才能粉碎资产阶级的抵抗，推翻资产阶级的统治，迫使他们退出历史舞台，而使自己上升为统治阶级。

其次，无产阶级也可以尝试通过和平过渡的道路，以和平的手段取得政权、掌握政权。马克思恩格斯早在 19 世纪 40 年代，在提出以暴力革命夺取资产阶级国家政权时，就曾经做过这样的设想。例如，1845 年恩格斯《在爱北斐特的演说》中指出："如果社会革命和共产主义的实现是我们的现存关系的必然结果，那末我们首先就得采取措施，使我们能够在实现社会关系的变革的时候避免使用暴力和流血。要达到这个目的只有**一种**办法，就是和平实现共产主义，或者至少是和平准备共产主义。"② 在 1847 年撰写的《共产主义原理》中，恩格斯在回答"能不能用和平的办法废除私有制？"的问题时说："但愿如此，共产主义者当然是最不反对这种办法的人。"③ 无产阶级但愿能够和平地取得政权，因为这是一条最少痛苦的道路，对于工人阶级和劳动人民、对于全民族都是有利的，如果某个国家出

---

① 《马克思恩格斯选集》第 3 卷，人民出版社 2012 年版，第 564 页。
② 《马克思恩格斯全集》第 2 卷，人民出版社 1957 年版，第 625 页。
③ 《马克思恩格斯选集》第 1 卷，人民出版社 2012 年版，第 304 页。

现了革命和平发展的可能，无产阶级就要及时抓住这个时机，取得群众的支持，用和平的方法解决政权问题。

　　欧洲 1848 年革命失败后从 50 年代起，马克思恩格斯一方面继续注意研究资本主义社会的矛盾和危机，期待着下一次革命高潮的到来；另一方面他们开始思考在不同的国家由于制度、传统、风俗习惯等的不同，革命所采取的方式也应该不同，因而对于革命道路及其手段提出了一种新的设想，这就是可以考虑用和平的手段取得政权。无产阶级的革命斗争究竟是采取暴力还是和平的方式，这在很大程度上并不取决于无产阶级，而是取决于反动统治阶级对于绝大多数人民的意志抵抗到什么程度，决定于在争取社会主义的斗争中统治阶级是否采取暴力，而各国的情况又是千差万别的，必须由各国的无产阶级自己来决定。马克思指出："凡是利用和平宣传能更快更可靠地达到这一目的的地方，举行起义就是不明智的。在法国，层出不穷的迫害法令以及阶级之间你死我活的对抗，看来将使社会战争这种暴力结局成为不可避免。但是用什么方式来达到结局，应当由这个国家的工人阶级自己选择。"[1] 马克思进一步说："工人总有一天必须夺取政权，以便建立一个新的劳动组织；……我们从来没有断言，为了达到这一目的，到处都应该采取同样的手段。考虑到各国的制度、风俗和传统；我们也不否认，有些国家，像美国、英国，——如果我对你们的制度有更好的了解，也许还可以加上荷兰，——工人可能用和平手段达到自己的目的。但是，即使如此，我们也必须承认，在大陆上的大多数国家中，暴力应当是我们革命的杠杆；为了最终地建立劳动的统治，总有一天正是必须采取暴力。"[2] 总之，马克思认为，对付资产阶级，"在我们有可能用和平方式的地方，我们将用和平方式反对你们，在必须用武器的时候，则用武器。"[3] 恩格斯也指出："如果旧的东西足够理智，不加抵抗即行死亡，那就和平地代替；如果旧的东西抗拒这种

---

[1]　《马克思恩格斯全集》第 17 卷，人民出版社 1963 年版，第 683 页。
[2]　《马克思恩格斯全集》第 18 卷，人民出版社 1964 年版，第 179 页。
[3]　《马克思恩格斯全集》第 17 卷，人民出版社 1963 年版，第 700 页。

必然性，那就通过暴力来代替。"①马克思恩格斯在领导无产阶级革命的斗争中，总是认真地考察和分析各个国家的不同特点，为革命指出正确的方向。他们认为由于各个国家的具体情况不同，所以无产阶级革命的道路也不是整齐划一的。因而在这一时期里，马克思恩格斯同时提出暴力与和平这两种方式，主张要做好两手准备，以革命的两手对付反革命的两手。

1883 年马克思逝世后，欧洲的经济政治形势和阶级斗争状况又有了新的变化。在经济上，70 年代开始的以电力技术的发明和运用为主要标志的第二次科技革命，带来了生产力的巨大进步，推动了资本主义经济新的繁荣。英国、法国这些已经完成工业革命的国家进入一个稳定发展的时期。在德国，通过普法战争实现了自上而下的国家统一，利用巨额战争赔款和最新科技成果及其大力发展垄断组织，得到了快速崛起，到 80 年代时已基本上完成工业革命，跻身于现代化工业强国之列。由于经济的繁荣和进步，资本家的剥削手段也发生了变化，对工人提出的改善劳动条件和基本权利的要求作了部分让步，允许工会存在甚至默许"发生得适时的罢工"行动，以和平协调劳资冲突。在政治上，资产阶级民主制也日趋完善。英国经过第二次、第三次议会改革，大大地扩大了普选权；法国第二帝国已经垮台，建立了第三共和国；奥地利、比利时、意大利都在争取普选权的斗争中取得很大胜利。特别是在德国，由于建立了帝国国会，给无产阶级提供了可以利用的议会讲坛。1875 年两派合并后的德国社会民主党力量得到加强，议会斗争把党锤炼得更加成熟。即使在"反对社会民主党企图危害社会治安的法令"（即"反社会党人法"或"反社会党人非常法"，1878 年 10 月—1890 年 9 月）实施时期，社会民主党在国会选举中所得的选票也在迅速增长。在 1890 年大选中，社会民主党一举赢得 35 个议席，成为国会第一大党。这次选举的胜利，导致了俾斯麦政府的下台和"反社会党人法"的废除。

---

① 《马克思恩格斯选集》第 4 卷，人民出版社 2012 年版，第 222 页。

晚年的恩格斯清楚地看到，资本主义还有很强的生命力，欧洲也不存在发生革命的形势。对此，他进行了深刻的反思。在 1895 年发表的《卡·马克思〈1848 年至 1850 年的法兰西阶级斗争〉一书导言》中，恩格斯指出："历史表明，我们以及所有和我们有同样想法的人，都是不对的。历史清楚地表明，当时欧洲大陆经济发展的状况还远没有成熟到可以铲除资本主义生产的程度；历史用经济革命证明了这一点，从 1848 年起经济革命席卷了整个欧洲大陆，在法国、奥地利、匈牙利、波兰以及最近在俄国刚刚真正确立了大工业，并且使德国简直就变成了一个头等工业国——这一切都是以资本主义为基础的，可见这个基础在 1848 年还具有很大的扩展能力。"① 在 19 世纪末，资本主义的发展方式和存在形态已经发生了很大变化，无产阶级只是单纯地通过暴力夺取国家政权的方式，已很难适应新的斗争条件。恩格斯站在时代的潮头上，以其深邃的历史洞察力和巨大的理论勇气，对无产阶级夺取国家政权的革命斗争方式做出新的思考，认为应从采取暴力手段转向采取和平手段。恩格斯分析了 1848 年革命时期的起义所采取的暴力形式，到了如今"斗争的条件毕竟已经发生了根本的变化。旧式的起义，在 1848 年以前到处都起过决定作用的筑垒巷战，现在大大过时了。"② 恩格斯指出，实行突然袭击的时代，由自觉的少数人带领着不自觉的群众实行革命的时代，已经过去了，如果用简陋的武器又未经严格训练的工人群众同装备精良、训练有素的正规军队作战，就是发疯。恩格斯还告诉人们："工人参加各邦议会、市镇委员会以及工商业仲裁法庭的选举；他们同资产阶级争夺每一个职位，只要在确定该职位的人选时有足够的工人票数参加表决。结果弄得资产阶级和政府害怕工人政党的合法活动更甚于害怕它的不合法活动，害怕选举成就更甚于害怕起义成就。"③ 这就造成一种"奇特"的情况，"世界历史的讽刺把一切都颠倒了过来。我们是'革命者'、'颠覆者'，但是我们用合法手段却比用不

---

① 《马克思恩格斯选集》第 4 卷，人民出版社 2012 年版，第 384　385 页。
② 《马克思恩格斯选集》第 4 卷，人民出版社 2012 年版，第 390 页。
③ 《马克思恩格斯选集》第 4 卷，人民出版社 2012 年版，第 390 页。

合法手段和用颠覆的办法获得的成就多得多。"①无产阶级革命需要新的武器，而新武器就是以普选权为代表的合法性斗争。恩格斯高度评价德国工人"给了世界各国的同志们一件新的武器——最锐利的武器中的一件武器，向他们表明了应该怎样使用普选权。"②恩格斯认为，由于俾斯麦之后的卡普利维政府承认社会民主党合法化并答应进行社会改革，德国的资产阶级民主化进程有所加快，为无产阶级开展和平的合法斗争提供了十分有利的条件，社会民主党要充分利用普选权。

这里，有必要简要地回顾一下马克思恩格斯对普选权问题的看法变化。早在1852年时，马克思在谈及英国宪章派对普选权的要求时就曾指出：**"普选权**就等于英国无产阶级的**政治权力"**，"实行普选权的必然结果就是**工人阶级的政治统治。"**③因为在英国，工人阶级占人口的绝大多数，在同资本家进行的长期的虽然是隐蔽的内战过程中，工人阶级已经逐渐具有了明确的阶级意识，因此在英国，普选权的实行是重大的社会主义措施。马克思的这个思想是同他认为英国有可能用和平方式实现社会主义的论点紧密联系在一起的。不过，到60年代止，马克思恩格斯一直认为只有英国才有可能利用普选权来为工人阶级谋利益，而对欧洲大陆国家来说，普选权只是"陷阱"和"政府的欺骗工具"④。到了70年代以后，情形有了变化，马克思恩格斯从德国社会民主党利用普选权所取得的初步成绩中认识到"普选权赋予我们一种卓越的行动手段"⑤，如果放弃普选权，那就是放弃了一种最有力的行动手段，特别是组织和宣传的手段。普选权使工人党有可能统计自己的力量，显示它的组织性和工人队伍的不断壮大。在马克思逝世之后，恩格斯又进一步做出了"普选制是测量工人阶级成熟性的标尺"⑥的论断。晚年的恩格斯目睹了德国社会民主党在利用普选权

---

① 《马克思恩格斯选集》第4卷，人民出版社2012年版，第396页。
② 《马克思恩格斯选集》第4卷，人民出版社2012年版，第388页。
③ 《马克思恩格斯全集》第11卷，人民出版社1995年版，第411页。
④ 《马克思恩格斯选集》第4卷，人民出版社2012年版，第389页。
⑤ 《马克思恩格斯全集》第17卷，人民出版社1963年版，第304页。
⑥ 《马克思恩格斯选集》第4卷，人民出版社2012年版，第190页。

方面获得的惊人成就，例如，该党得到的选票 1884 年为 550000 张，1887年为 763000 张，1890 年为 1427000 张。反社会党人法废除了，该党的选票增到了 1787000 张，即超过总票数的四分之一。这使得恩格斯对普选制的评价显然与以前大不相同了，他关于使用普选权的思路就更加明确起来了。1885 年，恩格斯在给左尔格、纽文胡斯、倍倍尔等人的信中一再谈到"任何暴乱都注定要失败。必须依据情况改变策略"①。反对在条件不具备的时候采取任何不切合时宜的暴力行动，"那只会招致无益的牺牲，使运动倒退几十年。"② 而"普选权所赋予的力量——在目前是无产阶级运动的最好的杠杆"③。在 1890 年 3 月 9 日致威廉·李卜克内西的信中，恩格斯说："祝贺你获得了 42000 张选票，使你成了德国得票最多的当选人。"④并且说"**在当前**，我们应当尽可能以和平的和合法的方式进行活动，避免可以引起冲突的任何借口"⑤。从而充分肯定了普选权对于无产阶级政党可以取得政权的重要作用。

当然，恩格斯在强调合法斗争的必要性和重要性时，没有把它绝对化。他曾经批评李卜克内西："你那样愤慨地反对任何形式的和任何情况下的暴力，我认为是不恰当的。"⑥ 当时，德国社会民主党的一些领导人忘乎所以，唱起了"和平长入社会主义"的调子，放弃革命斗争，放弃推翻资产阶级国家的使命。由此，恩格斯对那些宣扬"现代社会正在长入社会主义"的论调进行了分析和批判。恩格斯认为，在欧洲和其他一些国家，"在人民代议机关把一切权力集中在自己手里、只要取得大多数人民的支持就能够按照宪法随意办事的国家里，旧社会有可能和平长入新社会，比如在法国和美国那样的民主共和国，在英国那样的君主国。英国报纸上每天都在谈论即将赎买王朝的问题，这个王朝在人民的意志面前是软弱无

① 《马克思恩格斯全集》第 36 卷，人民出版社 1975 年版，第 323 页。
② 《马克思恩格斯全集》第 36 卷，人民出版社 1975 年版，第 400 页。
③ 《马克思恩格斯全集》第 36 卷，人民出版社 1975 年版，第 368 页。
④ 《马克思恩格斯文集》第 10 卷，人民出版社 2009 年版，第 581 页。
⑤ 《马克思恩格斯文集》第 10 卷，人民出版社 2009 年版，第 582 页。
⑥ 《马克思恩格斯文集》第 10 卷，人民出版社 2009 年版，第 582 页。

力的。"①但是，当时在德国，政府几乎有无上的权力，帝国国会及其他一切代议机关毫无实权，因此，在德国宣布按目前的法律状况就足以使党通过和平方式实现自己的一切要求，这样做的话，就是揭去专制制度的遮羞布，自己去遮盖那赤裸裸的东西。鼓吹"和平长入社会主义"的政策，长此以往只能把党和无产阶级引入迷途。恩格斯说："在德国连一个公开要求共和国的党纲都不能提出的事实，证明了以为在这个国家可以用舒舒服服和平的方法建立共和国，不仅建立共和国，而且还可以建立共产主义社会，这是多么大的幻想。"②恩格斯要求无产阶级绝不能放弃无产阶级革命和无产阶级专政，事实上，恩格斯本人也从来没有放弃过暴力革命，即使在晚年了他依然认为暴力革命"是所有现代国家无一例外都以它为基础建立起来的唯一权利"③。即使社会主义社会"还要像虾挣破自己的旧壳那样必须从它的旧社会制度中破壳而出"，也"必须用暴力来炸毁这个旧壳"④。无论如何，不管是暴力的斗争，还是合法性的斗争，都是无产阶级用来争取民主、夺取政权的方式和手段，二者应该很好地结合起来。恩格斯认为，必须利用普选权，开展议会内和议会外的合法斗争，努力宣传和争取群众，夺取一个又一个阵地，为最后同统治阶级进行决战准备力量。他说："我们的主要任务就是不停地促使这种力量增长到超出现行统治制度的控制能力，不让这支日益增强的突击队在前哨战中被消灭掉，而是要把它好好地保存到决战的那一天。"⑤

总之，在无产阶级革命道路选择的问题上，马克思恩格斯始终强调，就像对《共产党宣言》中原理的实际运用要"随时随地都要以当时的历史条件为转移"⑥那样，无产阶级既不能把暴力革命的手段绝对化、也不能把和平合法斗争的手段绝对化，而应当根据实际情况采取灵活多

① 《马克思恩格斯选集》第4卷，人民出版社2012年版，第293页。
② 《马克思恩格斯选集》第4卷，人民出版社2012年版，第294页。
③ 《马克思恩格斯选集》第4卷，人民出版社2012年版，第395页。
④ 《马克思恩格斯选集》第4卷，人民出版社2012年版，第293页。
⑤ 《马克思恩格斯选集》第4卷，人民出版社2012年版，第396页。
⑥ 《马克思恩格斯选集》第1卷，人民出版社2012年版，第376页。

样的斗争手段。

四、无产阶级革命需要组成工农联盟

无产阶级革命不仅要消灭资本主义制度，而且要消灭一切剥削和压迫制度，建立以公有制为基础的社会主义制度。因此，它在推翻资产阶级和一切剥削阶级统治的革命斗争中，遇到的敌人是既凶狠又强大的。无产阶级要战胜强大的敌人，单靠工人阶级的力量是不够的，还必须联合一切革命的阶级和阶层，建立最广泛的革命联盟。在无产阶级要联合的一切力量中，无产阶级首先必须同农民结成联盟，农民阶级是无产阶级最可靠的同盟军。

无产阶级之所以必须同农民结成巩固的联盟，是因为在大多数资本主义经济不发达的国家里，农民是数量众多的被剥削被压迫的劳动群众，占着人口的多数，这个多数站在哪一边，直接关系到革命的成败问题。恩格斯说："农民到处都是人口、生产和政治力量的非常重要的因素"[1]，无产阶级"为了夺取政权，这个政党应当首先从城市走向农村，应当成为农村中的一股力量"[2]。无产阶级只有把广大农民紧紧地团结在自己的周围，才能在政治上、经济上动摇资产阶级的统治，造成使自己占绝对优势的阶级力量对比。恩格斯把工农联盟同无产阶级夺取国家政权的斗争联系在一起，突出了工农联盟的极端重要性。

无产阶级与农民结成联盟不仅是必要的，也是完全可能的。因为农民作为一个被剥削被压迫的阶级，它同无产阶级有着共同的利益。马克思指出："农民所受的剥削和工业无产阶级所受的剥削，只是在**形式**上不同罢了。剥削者是同一个：**资本**。……只有资本的瓦解，才能使农民地位提高；

---

[1] 《马克思恩格斯选集》第 4 卷，人民出版社 2012 年版，第 355 页。
[2] 《马克思恩格斯选集》第 4 卷，人民出版社 2012 年版，第 356 页。

只有反资本主义的无产阶级的政府，才能结束农民经济上的贫困和社会地位的低落。"①在资本主义制度下，农民不仅受地主的剥削和压迫，而且也受资本家的剥削和压迫，过着十分悲惨的生活。为了摆脱地主资本家的剥削和压迫，他们迫切要求革命。对于无产阶级反对资产阶级的革命斗争他们是同情和支持的，他们愿意同无产阶级一起，为推翻资本主义制度而斗争。无产阶级与农民结成联盟的可能性，还在于农民同无产阶级一样都是劳动者，作为劳动者他们有一种天然的联系，农民既是无产阶级的前身，又是无产阶级的后备力量，农民"这一阶级的成员经常被竞争抛到无产阶级队伍里去"②，因而他们能够在反对资产阶级的斗争中结成巩固的联盟。无产阶级只有同农民结成巩固的联盟，才能推翻地主和资本家的统治，获得革命的胜利。

马克思恩格斯十分重视农民问题，强调无产阶级革命要想取得胜利，必须团结农民阶级、组成工农联盟。早在《共产党宣言》中，马克思恩格斯就指出："在农民阶级远远超过人口半数的国家，例如在法国，那些站在无产阶级方面反对资产阶级的著作家，自然是用小资产阶级和小农的尺度去批判资产阶级制度的"③，由此提出，在民主革命中无产阶级必须联合小资产阶级其中包括农民阶级在内的观点。在1848年二月革命前夕，恩格斯明确地提出了在无产阶级革命中建立工农联盟的可能性和必要性的问题。他说："至于农民，现在他们对资产者仍将扮演他们长期对小市民所扮演的角色。他们将仍然是供资产者剥削的工具，替他们打仗，给他们纺纱织布，为他们补充无产阶级的队伍。……毫无疑问，总有一天贫困破产的农民会和无产阶级联合起来，到那时无产阶级会发展到更高的阶段，向资产阶级宣战"④。

在1848年革命时期，无论在法国或德国，无产阶级都没有掌握革命

---

① 《马克思恩格斯选集》第 1 卷，人民出版社 2012 年版，第 526 页。
② 《马克思恩格斯选集》第 1 卷，人民出版社 2012 年版，第 425 页。
③ 《马克思恩格斯选集》第 1 卷，人民出版社 2012 年版，第 425 页。
④ 《马克思恩格斯全集》第 4 卷，人民出版社 1958 年版，第 510—511 页。

的领导权，农民也没有能够争取过来。而资产阶级总是千方百计地拉拢欺骗农民，挑拨工农关系，结果使无产阶级没有得到农民的支持而陷于孤立，这是 1848 年革命失败的重要原因之一。马克思在《1848 年至 1850 年的法兰西阶级斗争》中指出，随着阶级矛盾的发展，农民阶级的利益已同资产阶级的利益相对立了，农民不再跟随资产阶级了，"农民就把负有推翻资产阶级制度使命的**城市无产阶级**看做自己的天然同盟者和领导者。"① 如果无产阶级不能把农民发动起来反对资产阶级制度、反对资本统治，"在革命进程迫使他们承认无产阶级是自己的先锋队而靠拢它以前，法国的工人们是不能前进一步，不能丝毫触动资产阶级制度的。"② 而一旦无产阶级能够把农民从资产阶级的影响下争取过来作为自己的同盟军，站到革命一边，"**无产阶级革命就会形成一种合唱，若没有这种合唱，它在一切农民国度中的独唱是不免要变成孤鸿哀鸣的**。"③

到了 1871 年巴黎公社革命时期，由于小资产阶级和资产阶级矛盾加深，由于公社在典当、债务、房租、住宅等经济问题上及时采取了团结城市小资产阶级的"绝妙的措施"，这使占巴黎人口四分之三的小商人、小手工业者、小业主所面临的破产境况有所改善，使得"在历史上破天荒第一次，小资产阶级和中等资产阶级公开地团结在工人革命的周围，他们宣布这个革命是拯救他们自己和拯救法国的唯一手段！他们和工人一起构成国民自卫军的主体，他们和工人在公社里一起开会，他们在共和联盟里为工人做中介人！"④ 巴黎公社较好地团结了巴黎的小资产阶级基本群众，但遗憾的是，仍然没有和巴黎城外的农民联合起来。公社的一系列措施，如由战争祸首支付赔款，废除常备军，成立廉价政府，取消高利贷等，对农民是有利的。但是，公社领导人不能从战略高度看农民问题，未能认识团结农民的极端重要性。公社没有就农民问题展开过一次详细的讨论或做出

---

① 《马克思恩格斯选集》第 1 卷，人民出版社 2012 年版，第 766 页。
② 《马克思恩格斯选集》第 1 卷，人民出版社 2012 年版，第 455 页。
③ 《马克思恩格斯选集》第 1 卷，人民出版社 2012 年版，第 769 页。
④ 《马克思恩格斯全集》第 17 卷，人民出版社 1963 年版，第 599 页。

过什么重要决定。虽然公社委员赛拉叶按照马克思的委托，多次建议公社制定直接有利于农民的法令，但始终未被公社所采纳。加之遭到凡尔赛反对势力的包围封锁和梯也尔政府的反革命欺骗宣传，巴黎与外省的联系被隔断，农民也无法听到公社的声音。正如马克思说的："巴黎的无产者是为维护法国农民而战斗，凡尔赛是为反对法国农民而战斗；'地主议员'最焦虑的是怕农民听到巴黎的声音"①，因而，公社没能争得全体农民的支持，没能建立起工农联盟。公社只是孤军作战，最后终于失败。巴黎公社血的教训证明，在一切农村人口占多数的国家，结成牢固的工农联盟，是无产阶级建立和巩固自己的政治统治的重要保证。

农民问题，既是无产阶级革命时期夺取胜利需要解决同盟军的关键问题，也是建立了社会主义国家后，国家如何对待农民、进行社会主义革命的重大问题。马克思恩格斯指出，当无产阶级上升为统治阶级以后，也要坚持同农民的联合，为此，他们做出了社会主义的原则规定和基本设想。但是，在关于农民阶级的特点和在未来社会主义发展趋向的问题上，法国工人党从根本上放弃了社会主义原则，在1892年通过、1894年又作了补充的土地纲领中提出要保护农民的私有制；而德国社会民主党的福尔马尔也主张要无限制地保护小农经济。因此，为了纠正这些错误观点，恩格斯撰著了《法德农民问题》。这是一篇论述马克思主义关于工农联盟和社会主义国家如何改造农民的重要著作，恩格斯揭示了资本主义制度下小农经济走向灭亡的必然性，他指出："资本主义生产形式的发展，割断了农业小生产的命脉；这种小生产正在无法挽救地灭亡和衰落。"② 恩格斯阐述了无产阶级国家必须区别对待农村各阶层的农民。农村中的农民分为小农、中农和大农，首先，社会主义国家应该依靠小农，恩格斯指出："当我们掌握了国家政权的时候，我们决不会考虑用暴力去剥夺小农（不论有无赔偿，都是一样），像我们将不得不如此对待大土地占有者那样。我们对于

---

① 《马克思恩格斯全集》第17卷，人民出版社1963年版，第599页。
② 《马克思恩格斯选集》第4卷，人民出版社2012年版，第356页。

小农的任务，首先是把他们的私人生产和私人占有变为合作社的生产和占有，不是采用暴力，而是通过示范和为此提供社会帮助。"①恩格斯详细地提出了社会主义国家解决农民问题的具体政策措施：一是要尊重农民意愿，真诚善待农民。不能以人为干预加速小农的灭亡，不能违反小农的意愿强行干预他们的财产关系。二是要大力发展农民合作社。农民习惯于维护自己的私有利益，必须改变农民以个人占有为基础的个体经济，代之以合作社为组织形式的共同占有的合作生产。三是要大力支持农业发展。为使农民合作社发展壮大，国家应该慷慨资助合作社，既要向合作社提供资金支持，又要向合作社增拨可用土地。实行农业经营规模化和农民就业多样化。传统的小农生产没有前途，必须实行农业大规模经营，而剩余的劳动力要给他们提供资金和机会从事工业性的副业。其次，对于有雇工剥削行为的中农、大农，无产阶级国家坚决不能允许他们继续剥削了，要维护雇佣工人的利益。对中农和大农，也要组织他们参加合作社。最后，要坚决剥夺农村中的大土地占有者，恩格斯指出："我们的党一旦掌握了国家政权，就应该干脆地剥夺大土地占有者"②。剥夺可以采取国家赎买的方法，但能否做到，取决于大土地占有者的态度如何。

马克思恩格斯认为，无产阶级的革命斗争，除了要依靠工农联盟这个基本力量以外，一般说来，小资产阶级和知识分子等劳动人民各阶层，也都是无产阶级必须努力联合的革命同盟军。无产阶级必须以工农联盟为基础，广泛地团结一切可以团结的力量，组织起浩浩荡荡的革命大军。

五、无产阶级革命的发展进程

马克思恩格斯认为，无产阶级革命的发生和取得胜利是历史的必然趋

---

① 《马克思恩格斯选集》第 4 卷，人民出版社 2012 年版，第 370 页。
② 《马克思恩格斯选集》第 4 卷，人民出版社 2012 年版，第 375 页。

势。但是，无产阶级革命将首先在什么样的国家和地区发生？无产阶级革命的发展进程将会是怎样的？这是无产阶级革命理论和实践中的一个重大问题。马克思恩格斯曾主要就无产阶级夺取政权的革命进程问题做出预测，并随着实践的发展作出分析、加以修正和改变，形成了他们关于无产阶级革命发展进程的思想。

19 世纪 40 年代时，马克思恩格斯认为："资产阶级的关系已经太狭窄了，再容纳不了它本身所造成的财富了。"[1] 用建立社会新制度的办法来彻底铲除这一切贫困的手段已经具备，因此他们提出了共产主义革命可以在一切文明国家、至少在欧洲几个主要文明国家同时发生的理论。在《德意志意识形态》中，马克思恩格斯首先提出了共产主义革命"同时发生"的观点。在这部著作中，他们从新制定的历史唯物主义世界观出发，指出共产主义革命是以生产力的巨大增长和高度发展为前提条件的，而生产力的这种发展促进了"人们的**普遍**交往"和"**世界市场**的存在"[2]。比起以往的共产主义只能作为某种地域性的东西而存在，现在交往的任何扩大都会消灭地域性的共产主义，因而，只有把共产主义的事业作为"世界历史性的"存在才有可能实现。由此，马克思恩格斯第一次提出了"共产主义只有作为占统治地位的各民族'一下子'同时发生的行动，在经验上才是可能的"[3] 断言。他们还强调了"同时发生"的行动，并不只是建立在经验上的认识，而是"以生产力的普遍发展和与此相联系的世界交往为前提的"[4]，是建立在坚实的历史唯物主义理论基础之上的。

在 1847 年恩格斯起草的《共产主义原理》中，他再次明确提出无产阶级革命将"同时发生"的论断。在回答"这种革命能不能单独在一个国家发生？"时，恩格斯指出："不能。单是大工业建立了世界市场这一点，就把全球各国人民，尤其是各文明国家的人民，彼此紧紧地联系起来，以

① 《马克思恩格斯选集》第 1 卷，人民出版社 2012 年版，第 406 页。
② 《马克思恩格斯选集》第 1 卷，人民出版社 2012 年版，第 166 页。
③ 《马克思恩格斯选集》第 1 卷，人民出版社 2012 年版，第 166 页。
④ 《马克思恩格斯选集》第 1 卷，人民出版社 2012 年版，第 166 页。

致每一国家的人民都受到另一国家发生的事情的影响。此外，大工业使所有文明国家的社会发展大致相同，以致在所有这些国家，资产阶级和无产阶级都成了社会上两个起决定作用的阶级，它们之间的斗争成了当前的主要斗争。因此，共产主义革命将不是仅仅一个国家的革命，而是将在一切文明国家里，至少在英国、美国、法国、德国同时发生的革命，在这些国家的每一个国家中，共产主义革命发展得较快或较慢，要看这个国家是否有较发达的工业，较多的财富和比较大量的生产力。因此，在德国实现共产主义革命最慢最困难，在英国最快最容易。"[1] 在这一大段论述里，首先，恩格斯肯定了共产主义革命绝不会局限于某一个国家，"它是世界性的革命，所以将有世界性的活动场所。"[2] 其次，恩格斯在讲到共产主义革命将在一切文明国家"同时发生"时，强调了可能还有一种比较实际可靠的情况，即革命至少会在英、美、法、德四个国家"同时发生"。最后，恩格斯还指出，在这些国家的共产主义革命"同时发生"后，革命的进程有一个发展得较快或较慢的问题，考虑到各国生产力发展存在差别的原因，英国革命发展将是最快最容易的，德国将是最慢最困难的。这说明，恩格斯认为，共产主义革命会"同时发生"，但革命发生后的发展进程不一样，有的快、有的慢。比起《德意志意识形态》来，《共产主义原理》论述无产阶级革命"同时发生"的问题，显得更加明晰、具体了。

　　马克思恩格斯关于无产阶级革命将在一切文明国家或几个主要的资本主义国家"同时发生"的观点，决不意味着这种革命将是在同年同月同日甚至在某一个时刻"同时发生"的，其中必然有某一国家最先发生，其他国家在很短时间内，比如几个月或一二年内紧紧跟随，产生多米诺骨牌效应。因而，"同时发生"革命指的是在一个较短的发展的时间段里发生的革命，即由某一两个国家首先发生革命，然后引发或带动了其他的国家也发生了革命。在《共产主义原理》里，恩格斯就指出："如果现在英国或

---

[1] 《马克思恩格斯选集》第 1 卷，人民出版社 2012 年版，第 306 页。
[2] 《马克思恩格斯选集》第 1 卷，人民出版社 2012 年版，第 306 页。

法国的工人获得解放，这必然会引起其他一切国家的革命，这种革命迟早会使这些国家的工人也获得解放。"①

那么，世界上会是哪一个国家首先发生革命呢? 马克思非常赞成恩格斯在《共产主义原理》中提出英国有发达生产力的看法，他在 1847 年 11 月 29 日的演说中认为，英国将会是第一个发生革命的国家。马克思说："在所有的国家里，英国的无产阶级和资产阶级之间的对立最为尖锐。因此，英国无产者对英国资产阶级的胜利对于一切被压迫者战胜他们的压迫者具有决定意义。"② 在紧接着马克思的演说后，恩格斯也说道："导致民主主义胜利、导致欧洲各国解放的首次具有决定意义的打击将来自英国的宪章派; ……英国的宪章派将第一个奋起，因为正是在英国，资产阶级和无产阶级之间的斗争最为激烈。"③ 恩格斯在演说中连续用了"首次""第一个"，肯定了英国将首先发生革命。他也完全同意马克思关于英国无产阶级和资产阶级的对立最为尖锐的观点，并且提出了在英国无产阶级和资产阶级的斗争也最为激烈。恩格斯还认为，一旦英国起来革命了，必定会引起其他国家继而起来革命，必然会发生这样的连锁反应，因为"既然各国工人的生活水平是相同的，既然他们的利益是相同的，他们的敌人也是相同的，那么他们就应当共同战斗"④。

马克思恩格斯把这样的思想，也写进了《共产党宣言》，表达了一国的无产阶级革命首先是本国的事情，而不能依赖别国先进行革命并来拯救自己，"无产阶级反对资产阶级的斗争首先是一国范围内的斗争。每一个国家的无产阶级当然首先应该打倒本国的资产阶级。"⑤ 这说明，无产阶级革命可以、也应该在一国首先发生，并且取得打倒本国资产阶级、取得政权的胜利。但《共产党宣言》接着作了强调："联合的行动，至少是各

---

① 《马克思恩格斯选集》第 1 卷，人民出版社 2012 年版，第 299 页。
② 《马克思恩格斯选集》第 1 卷，人民出版社 2012 年版，第 314 页。
③ 《马克思恩格斯选集》第 1 卷，人民出版社 2012 年版，第 315 页。
④ 《马克思恩格斯选集》第 1 卷，人民出版社 2012 年版，第 315—316 页。
⑤ 《马克思恩格斯选集》第 1 卷，人民出版社 2012 年版，第 412 页。

文明国家的联合的行动，是无产阶级获得解放的首要条件之一。"① 这就是说，一个国家起来革命了，其他国家就要跟上，从而进入了一个"同时发生"的时间段。否则，一国的无产阶级就不可能持久地保持已经夺得政权的胜利。一个国家夺取政权的胜利只是暂时的，它有待于各文明国家取得夺取政权斗争的共同胜利才会是巩固的。

1848 年欧洲革命爆发后，马克思结合当时的革命形势，透彻地阐发了"同时发生"的思想。他阐述道："欧洲的解放——不管是各被压迫民族争得独立，还是封建专制政体被推翻，都取决于法国工人阶级的胜利的起义。但是法国的任何一种社会变革都必然要遭到英国资产阶级的破坏，遭到大不列颠在工业和贸易上的世界霸权的破坏。"② 此时，马克思寄希望于法国工人对世界革命起先锋带头作用。但他认为，法国一国当然可以单独地首先夺取政权，但它必然要遭到英国的反对和破坏，因此，如果要把法国以及整个欧洲大陆的任何一种局部性的革命进行到底，那就必须让英国起来革命，"只有当宪章派成了英国政府的首脑的时候，社会革命才会由空想的领域进入现实的领域。"③ 简言之，无产阶级革命首先需要"**法国工人阶级的革命起义**"，然后"英国本身将被投入革命运动，将成为革命运动的领袖"④。在 1850 年 3 月写的《1848 年至 1850 年的法兰西阶级斗争》中，马克思继续发挥了上述的思想，他指出："法国发生任何一次新的无产阶级起义，都必然会引起**世界战争**。新的法国革命将被迫立刻越出本国范围去**夺取欧洲的地区**，因为只有在这里才能够实现 19 世纪的社会革命。"⑤ "只有当世界战争把无产阶级推到支配世界市场的国家的领导地位上，即推到英国的领导地位上的时候，工人的任务才开始解决。"⑥ 1854年 3 月 9 日，马克思在写下的《给工人议会的信》中说道："大不列颠的

---

① 《马克思恩格斯选集》第 1 卷，人民出版社 2012 年版，第 419 页。
② 《马克思恩格斯全集》第 6 卷，人民出版社 1961 年版，第 175 页。
③ 《马克思恩格斯全集》第 6 卷，人民出版社 1961 年版，第 175 页。
④ 《马克思恩格斯全集》第 6 卷，人民出版社 1961 年版，第 175 页。
⑤ 《马克思恩格斯选集》第 1 卷，人民出版社 2012 年版，第 470 页。
⑥ 《马克思恩格斯选集》第 1 卷，人民出版社 2012 年版，第 520 页。

工人阶级最先准备好并且最先负有使命来领导最终必然使劳动得到彻底解放的伟大运动。"①

进入 70 年代后，在巴黎公社革命前夕，马克思坚持认为："尽管革命的发起可能来自法国，但是只有英国可以成为重大经济革命的**杠杆**。……由于英国在世界市场上占统治地位，因而唯有英国这个国家在经济方面的每个变革会立即在全世界得到反映。"② 此时的马克思仍然从世界市场已经形成的条件下，怎样才能实现经济变革的角度来阐明"同时发生"的思想。在巴黎公社失败后，马克思总结经验教训认为："巴黎公社之所以失败，就是因为在一切主要中心，如柏林、马德里以及其他地方，没有同时爆发同巴黎无产阶级斗争的高水平相适应的伟大的革命运动。"③

当世界从自由资本主义阶段进入垄断资本主义阶段，随着法国和德国资本主义的发展，两国的工人运动远远地超过了英国。马克思恩格斯结合当时政治形势的特点分析革命的进程，不再把革命最终获得胜利的唯一希望放在英国身上，而是指望英法德三国的最终胜利。恩格斯在 1892 年时说："事态越来越接近这样一种时刻，到那时，我们的人在法国将成为国家唯一可能的领导者。""这场斗争即使在法国爆发，——这是很可能的，那也只能在德国进行到底。"④ 这说明，法国的无产阶级可能夺取政权，但是在当时的情况下，还不可能巩固所夺得的政权。只有德国才能把这场斗争进行到底。这里所说的"进行到底"是指夺取并保持政权而言，即德国的无产阶级已经成熟到可以夺取政权，并在一定的时间内保持政权，带领全欧洲走向共同胜利，但不是指在德国一国或德法两国就可以把共产主义革命进行到底。对此，恩格斯同年在《社会主义从空想到科学的发展》英文版导言中明确指出："欧洲工人阶级的胜利不是仅仅取决于英国。至少

---

① 《马克思恩格斯全集》第 10 卷，人民出版社 1962 年版，第 133—134 页。
② 《马克思恩格斯全集》第 16 卷，人民出版社 1964 年版，第 472 页。
③ 《马克思恩格斯全集》第 18 卷，人民出版社 1964 年版，第 180 页。
④ 《马克思恩格斯全集》第 38 卷，人民出版社 1972 年版，第 562—563 页。

需要英法德三国的共同努力，才能保证胜利。"① 到了 1893 年时，恩格斯仍然阐明："无论是法国人、德国人，还是英国人，都不能单独赢得消灭资本主义的光荣。如果法国——**可能如此**——发出信号，那么，斗争的结局将决定于受社会主义影响最深、理论最深入群众的德国；虽然如此，只要英国还掌握在资产阶级手中，那么，不管是法国还是德国，都还不能保证最终赢得胜利。无产阶级的解放只能是国际的事业。如果你们想把它变成只是法国人的事业，那你们就会使它成为做不到的事了。"②

马克思恩格斯不仅对欧洲的无产阶级革命进程做出了分析和预测，而且他们把目光转向东方国家诸如俄罗斯、印度、中国等这些前资本主义国家，寻找无产阶级革命的道路，使它们能够跨越资本主义这个发展阶段，直接由前资本主义社会进入到社会主义社会，开辟新的无产阶级革命进程。

马克思恩格斯经过深思熟虑，提出了俄国等东方落后国家可以不通过资本主义制度而进入社会主义的可能性问题。马克思认为，俄国"农村公社"所固有的二重性能够赋予它强大的生命力，这是它有可能直接走向社会主义的重要依据。俄国"农村公社"具有公有制和私有制的双重性质，即在公社内部公有制与私有制并存。在俄国，土地是公有的，同时房屋、小块耕地及其产品归私人占有。"农村公社"的二重性决定了"一方面，土地公有制使它有可能直接地、逐步地把小地块个体耕作转化为集体耕作，并且俄国农民已经在没有进行分配的草地上实行着集体耕作。俄国土地的天然地势适合于大规模地使用机器。农民习惯于**劳动组合**关系，这有助于他们从小地块劳动向合作劳动过渡；最后，长久以来靠农民维持生存的俄国社会，也有义务给予农民必要的垫款，来实现这一过渡。另一方面，和控制着世界市场的西方生产**同时存在**，就使俄国可以不通过资本主义制度的卡夫丁峡谷，而把资本主义制度所创造的一切积极的成果用到

---

① 《马克思恩格斯选集》第 3 卷，人民出版社 2012 年版，第 773 页。
② 《马克思恩格斯文集》第 10 卷，人民出版社 2009 年版，第 655—656 页。

公社中来。"① 马克思认为："如果俄国继续走它在1861年所开始走的道路，那它将会失去当时历史所能提供给一个民族的最好的机会，而遭受资本主义制度所带来的一切灾难性的波折。"②

怎样才能使俄国农村公社"不必自杀就可以获得新的生命"③ 呢？马克思指出："要挽救俄国公社，就必须有俄国革命。……如果革命在适当的时刻发生，如果它能把自己的一切力量集中起来以保证农村公社的自由发展，那么，农村公社就会很快地变为俄国社会新生的因素，变为优于其他还处在资本主义制度奴役下的国家的因素。"④ 既然俄国要革命，它与西方无产阶级革命是什么关系呢？在《共产党宣言》1882年俄文版序言中，马克思恩格斯指出："假如俄国革命将成为西方无产阶级革命的信号而双方互相补充的话，那么现今的俄国土地公有制便能成为共产主义发展的起点。"⑤ 晚年的恩格斯再次确认，俄国农村公社"像马克思和我在1882年所希望的那样，能够同西欧的转变相配合而成为共产主义发展的起点。但是有一点是毋庸置疑的：要想保全这个残存的公社，就必须首先推翻沙皇专制制度，必须在俄国进行革命。"⑥ 在恩格斯看来，"俄国革命还会给西方的工人运动以新的推动，为它创造新的更好的斗争条件，从而加速现代工业无产阶级的胜利；没有这种胜利，目前的俄国无论是在公社的基础上还是在资本主义的基础上，都不可能达到社会主义的改造。"⑦

综上所述，马克思恩格斯对无产阶级革命的发展进程是这样设想的：一国的无产阶级首先奋起夺取政权，然后把革命的火焰燃遍世界各国，只有在各主要文明国家的无产阶级掌握政权以后，无产阶级革命的胜利和共产主义的经济变革才有可能实现。这就是无产阶级革命"同时发生"的基

---

① 《马克思恩格斯文集》第3卷，人民出版社2009年版，第574—575页。
② 《马克思恩格斯文集》第3卷，人民出版社2009年版，第464页。
③ 《马克思恩格斯文集》第3卷，人民出版社2009年版，第580页。
④ 《马克思恩格斯文集》第3卷，人民出版社2009年版，第582页。
⑤ 《马克思恩格斯选集》第1卷，人民出版社2012年版，第379页。
⑥ 《马克思恩格斯文集》第4卷，人民出版社2009年版，第466页。
⑦ 《马克思恩格斯文集》第4卷，人民出版社2009年版，第466—467页。

本思想。马克思恩格斯的这个基本思想始终没有改变，只是在可能由哪个国家的无产阶级首先发动革命问题上，根据各个时期形势的变化而有所不同。这个设想并不否认一国的无产阶级可以夺取政权，但它否认一国的无产阶级通过革命获得的政权能够最终巩固。同时，他们肯定了西方革命和东方革命是相互联系、相互补充的，东方革命能够推动西方革命的发展，并在西方革命胜利的配合下，不通过资本主义制度的卡夫丁峡谷而进入社会主义社会。

第八章　国家理论

马克思主义政治学说主张，在无产阶级革命中，无产阶级"必须首先夺取政权"①。这是因为，国家问题是一个根本问题，正如后来的马克思主义者列宁说的："政治中最本质的东西即国家政权"②。无产阶级若不夺取国家，无产阶级改造旧世界、建设新国家、创立新社会就无从谈起，一切都将成为幻影。国家问题涉及广泛的研究范围，需要弄清楚它的产生、性质、作用以及未来的发展趋势等诸多基本问题。马克思主义政治学说的国家理论，从考察人类社会阶级利益对立出发，论述了国家的起源、发展和消亡的规律，阐明了国家的职能、形式及其活动方式，从而科学、深刻地阐释了国家这一复杂的现象及其本质问题。只有马克思主义政治学说的国家理论，提供了理解国家问题的政治学正确原理。

一、对国家的基础及其产生和本质的揭示

马克思大学毕业、踏入社会后，立即就接触到国家问题。1842年初，在他写的第一篇政论文章《评普鲁士最近的书报检查令》中，就已涉及国家。他认为："国家应该是政治理性和法的理性的实现。"③针对着普鲁士的书报检查令，马克思说："追究思想的法律**不是国家为它的公民颁布的法**

---

① 《马克思恩格斯文集》第 1 卷，人民出版社 2009 年版，第 537 页。
② 《列宁选集》第 2 卷，人民出版社 2012 年版，第 323 页。
③ 《马克思恩格斯全集》第 1 卷，人民出版社 1995 年版，第 118 页。

律，……即使公民起来反对国家机构，反对**政府**，**道德的国家**还是认为他们具有**国家的思想**。"①马克思当时的国家观还没有摆脱法国的启蒙学者和黑格尔的影响，是一种唯心主义的理性的国家观。几个月后，在《〈科隆日报〉第 179 号的社论》中，马克思进一步阐发了这种国家观。他说："国家的真正的'公共教育'就在于国家的合乎理性的公共的存在。国家本身教育自己成员的办法是：使他们成为国家的成员；把个人的目的变成普遍的目的，把粗野的本能变成合乎道德的意向，把天然的独立性变成精神的自由；使个人以整体的生活为乐事，整体则以个人的信念为乐事。"②"不应该根据宗教，而应该根据自由理性来构想国家。"③这是马克思在反对宗教神学的国家观中对理性国家观的追求。马克思肯定了从人的眼光，而不是从神的观点来观察国家的进步意义，他指出"马基雅弗利、康帕内拉，后是霍布斯、斯宾诺莎、许霍·格劳秀斯，直至卢梭、费希特、黑格尔则已经开始用人的眼光来观察国家了，他们从理性和经验出发，而不是从神学出发来阐明国家的自然规律"④。在这篇文章的末尾，马克思还对国家的概念作出规定："国家是一个庞大的机构，在这里，必须实现法律的、伦理的、政治的自由，同时，个别公民服从国家的法律也就是服从他自己的理性即人类理性的自然规律。"⑤显然，马克思这个关于国家的概念，没有摆脱启蒙学者以及黑格尔唯心主义国家观的影响，因而不是科学的国家概念。但是，如果剥去唯心主义的外壳，就可以清晰地洞见马克思对国家问题的关切，同时，他把国家与人的自由联系在一起，提出了国家应当是"自由人的联合体"⑥的真知灼见。

在国家问题上，只有对国家问题进行反思，否定启蒙学者和黑格尔的唯心主义国家观，才能建立崭新的唯物主义的国家观。在国家认识领域，

---

① 《马克思恩格斯全集》第 1 卷，人民出版社 1995 年版，第 121 页。
② 《马克思恩格斯全集》第 1 卷，人民出版社 1995 年版，第 217 页。
③ 《马克思恩格斯全集》第 1 卷，人民出版社 1995 年版，第 226 页。
④ 《马克思恩格斯全集》第 1 卷，人民出版社 1995 年版，第 227 页。
⑤ 《马克思恩格斯全集》第 1 卷，人民出版社 1995 年版，第 228 页。
⑥ 《马克思恩格斯全集》第 1 卷，人民出版社 1995 年版，第 217 页。

黑格尔认为，国家是伦理理念的现实，是属于绝对自在自为的理性。在国家与社会的关系上，他把观念变成主体，"家庭和市民社会对国家的**现实的**关系被理解为观念的**内在想像**活动。"①黑格尔主张，国家是先于并高于家庭、市民社会的，是它们存在的前提，也是决定它们的力量。这样，国家与社会的关系就被黑格尔头足倒置了，出现颠倒性的错误。马克思在《黑格尔法哲学批判》中指出："家庭和市民社会都是国家的前提"②，并初步阐述了唯物史观国家理论的基本原理。

马克思阐述了市民社会决定国家的观点。黑格尔认为："对家庭和市民社会这两个领域来说，一方面，国家是**外在**必然性和它们的最高权力，它们的法律和利益都从属并依存于这种权力的本性；但是，另一方面，国家又是它们的**内在**目的，国家的力量在于它的普遍的最终目的和个人的特殊利益的统一"③。对此马克思批驳道，这种逻辑的推论是违反事物内在的本质的。社会经济基础决定国家上层建筑，"政治国家没有家庭的自然基础和市民社会的人为基础就不可能存在"，"国家是从作为家庭的成员和市民社会的成员而存在的这种群体中产生的。"④"家庭和市民社会是国家的现实的构成部分，是意志的现实的精神存在，它们是国家的存在方式。家庭和市民社会使**自身**成为国家。它们是动力。"⑤从而把被黑格尔颠倒了的国家决定市民社会的关系重新颠倒回来。

马克思阐述了人民创造国家制度的观点。国家制度到底从何而来、究竟应该由谁决定？按照黑格尔的观点，"国家制度是合乎理性的，只要国家**按照概念的本性**在自身中区别和规定自己的活动"⑥，这就是说，国家制度不是从一定的社会经济关系中产生出来的，而是从"概念的本性在自身中区别和规定"出来的。他认为，每一个民族的国家制度总是取决于该民

---

① 转引自《马克思恩格斯全集》第3卷，人民出版社2002年版，第10页。
② 《马克思恩格斯全集》第3卷，人民出版社2002年版，第10页。
③ 转引自《马克思恩格斯全集》第3卷，人民出版社2002年版，第7页。
④ 《马克思恩格斯全集》第3卷，人民出版社2002年版，第12页。
⑤ 《马克思恩格斯全集》第3卷，人民出版社2002年版，第11页。
⑥ 转引自《马克思恩格斯全集》第3卷，人民出版社2002年版，第24页。

族的自我意识的性质和形成，而王权则是这种自我意识和自我规定的最后决断。黑格尔把君主规定为"国家人格，国家自身的确定性"，君主是"人格化的主权"，是"化身为人的主权"，"朕即国家"。对此马克思针锋相对地指出："正如同不是宗教创造人，而是人创造宗教一样，不是国家制度创造人民，而是人民创造国家制度。"①国家制度只是人民的一个定在环节，人民是国家的主人，为此，马克思认为必须进行真正的革命。在他看来，"全部国家制度总是这样变化的：新的要求逐渐产生，旧的东西瓦解，等等，但是，要建立**新的**国家制度，总要经过一场真正的革命。""必须使国家制度的实际体现者——人民成为国家制度的原则。"②至于人民是否有权为自己制定新的国家制度，马克思指出："对这个问题的回答应该是绝对肯定的，因为国家制度一旦不再是人民意志的现实表现，它就变成了事实上的幻想。"③马克思坚信，体现人民原则的民主制国家必然要代替违反人民原则的君主制国家。马克思这些关于国家的历史唯物主义观点，科学地揭示了国家依存于市民社会，构成国家的主体是人民，只有人民才创造了国家制度。

在马克思建立科学的国家观的同时，恩格斯也逐步形成唯物主义的国家观。他在 1943 年 9 月—1944 年 3 月写的《国民经济学批判大纲》中，明确阐述了经济基础对国家的阶级和政治关系起着决定性的作用。恩格斯揭示了资本主义国家的经济基础是私有制，是造成资本主义社会中一切矛盾、分裂和阶级对立的总根源。他阐述道："私有制的最直接的结果是生产分裂为两个对立的方面：自然的方面和人的方面，即土地和人的活动。"④人的活动又分解为劳动和资本，因此，人、土地、资本"这三种要素中的每一种都分裂。一块土地与另一块土地对立，一个资本与另一个资本对立，一个劳动力与另一个劳动力对立。……私有制把每一个人隔

---

① 《马克思恩格斯全集》第 3 卷，人民出版社 2002 年版，第 40 页。
② 《马克思恩格斯全集》第 3 卷，人民出版社 2002 年版，第 72 页。
③ 《马克思恩格斯全集》第 3 卷，人民出版社 2002 年版，第 73 页。
④ 《马克思恩格斯选集》第 1 卷，人民出版社 2012 年版，第 33—34 页。

离在他自己的粗陋的孤立状态中，又因为每个人和他周围的人有同样的利益，所以土地占有者敌视土地占有者，资本家敌视资本家，工人敌视工人。"①恩格斯认为，处在这样矛盾和分裂中的资本主义社会，必然导致"全面变革社会关系、使对立的利益融合、使私有制归于消灭"②。最终铲除资本主义国家的经济基础。

1844年夏天，马克思恩格斯合作撰写了《神圣家族》。随后于1845—1846年又合写了《德意志意识形态》，标志着无产阶级国家理论的形成。

马克思恩格斯创造性地提出了国家上层建筑和经济基础的概念，并阐明了它们之间的辩证关系。在《德意志意识形态》中，马克思恩格斯制定了经济基础和上层建筑的概念，不过其中的经济基础概念仍沿用了"市民社会"的提法。他们指出："市民社会包括各个人在生产力发展的一定阶段上的一切物质交往。它包括该阶段的整个商业生活和工业生活，因此它超出了国家和民族的范围，尽管另一方面它对外仍必须作为民族起作用，对内仍必须组成为国家。'市民社会'这一用语是在18世纪产生的，当时财产关系已经摆脱了古典古代的和中世纪的共同体。真正的市民社会只是随同资产阶级发展起来的；但是市民社会这一名称始终标志着直接从生产和交往中发展起来的社会组织，这种社会组织在一切时代都构成国家的基础以及任何其他的观念的上层建筑的基础。"③这里的"市民社会"被规定为社会生产关系的总和，同马克思后来在《〈政治经济学批判〉序言》中的定义相一致的。在论述经济基础与上层建筑的关系时，马克思恩格论述了经济基础对国家和法等上层建筑的决定作用，上层建筑受经济基础的制约。上层建筑表现在某一民族的政治、法律、道德、宗教、形而上学等的语言中的精神生产也是这样，"他们受自己的生产力和与之相适应的交往的一定发展——直到交往的最遥远的形态——所制约。"④经济基础决定上

---

① 《马克思恩格斯选集》第1卷，人民出版社2012年版，第34页。
② 《马克思恩格斯选集》第1卷，人民出版社2012年版，第45页。
③ 《马克思恩格斯文集》第1卷，人民出版社2009年版，第582—583页。
④ 《马克思恩格斯文集》第1卷，人民出版社2009年版，第524—525页。

层建筑，有什么样的经济基础，就会有什么样的上层建筑。马克思恩格斯还认为，政治是经济的集中表现。经济变革必然导致政治和观念等的变革，但是，在阶级社会中，政治和观念等上层建筑的发展，往往落后于经济基础的发展，因而新的经济基础和旧的上层建筑之间必然要发生对抗，这种对抗也只有经过革命才能消除。

在历史唯物主义国家观基础上，马克思恩格斯探讨了国家的起源及其本质问题。他们认为，国家是随着私有制的产生而产生的。迄今为止的社会，一直是在阶级对立的范围内发展的。这种阶级对立，就构成国家的现实基础。私有制和对抗阶级的存在，被统治的阶级感到自己的利益和社会的利益是矛盾的，统治阶级则力图把自己的利益说成是社会的利益。于是国家就以公共的全社会利益的代表的身份出现了。"正是由于特殊利益和共同利益之间的这种矛盾，共同利益才采取**国家**这种与实际的单个利益和全体利益相脱离的独立形式，同时采取虚幻的共同体的形式"①，但是，在阶级社会里，国家始终是统治阶级的国家，它所代表的利益和思想，始终只是统治阶级的利益和思想，"一个阶级是社会上占统治地位的**物质**力量，同时也是社会上占统治地位的**精神**力量。支配着物质生产资料的阶级，同时也支配着精神生产资料，因此，那些没有精神生产资料的人的思想，一般的是隶属于这个阶级的。占统治地位的思想不过是占统治地位的物质关系在观念上的表现，不过是以思想的形式表现出来的占统治地位的物质关系；因而，这就是那些使某一个阶级成为统治阶级的关系在观念上的表现，因而这也就是这个阶级的统治的思想。"② 在阶级社会里，国家不能解决某一社会集团利益和整个社会利益之间的矛盾，因为它是一个阶级对另一个阶级的政治统治。这样，一个要想取得统治的阶级，一定要"首先夺取政权"③。

关于国家的产生和国家的实质问题，后来恩格斯在 1884 年 3 月—5

① 《马克思恩格斯文集》第 1 卷，人民出版社 2009 年版，第 536 页。
② 《马克思恩格斯文集》第 1 卷，人民出版社 2009 年版，第 550—551 页。
③ 《马克思恩格斯文集》第 1 卷，人民出版社 2009 年版，第 537 页。

月写就的《家庭、私有制和国家的起源》著作中，做出了全面的分析和论述。首先，恩格斯论述了国家的由来和形成。恩格斯具体分析了希腊人、罗马人、德意志人的氏族制度的解体以及向国家制度转变的三种不同的形式，又从三次社会大分工出发，揭示了原始氏族制度解体，私有制、阶级和国家形成的经济条件，填补了马克思主义国家学说关于原始氏族制度如何产生国家的研究空白。其次，恩格斯概括了国家与氏族组织的区别。国家是以地区来划分国民的，而原始社会的氏族组织是以天然血缘关系为纽带的；国家建立了实行阶级统治的社会公共权力，而这是原始社会的氏族组织所没有的。再次，恩格斯论述了国家的本质特征，"国家是文明社会的概括，……在本质上都是镇压被压迫被剥削阶级的机器。"[1] 同时，又"是和人民大众分离的公共权力"[2]。恩格斯对国家的性质做出了这样的概括："国家是社会在一定发展阶段上的产物；国家是承认：这个社会陷入了不可解决的自我矛盾，分裂为不可调和的对立面而又无力摆脱这些对立面。而为了使这些对立面，这些经济利益互相冲突的阶级，不致在无谓的斗争中把自己和社会消灭，就需要有一种表面上凌驾于社会之上的力量，这种力量应当缓和冲突，把冲突保持在'秩序'的范围以内；这种从社会中产生但又自居于社会之上并且日益同社会相异化的力量，就是国家。"[3] 这是对国家本质做出的最科学完整准确的定义。

二、对国家的类型和职能、作用的分析

为了继续深入地研究国家，就必须对历史上形形色色的国家进行分类，揭示国家形式与国家本质的关系，并进而研究国家职能，阐述国家的作用。马克思主义政治学说的国家理论，对国家的类型和职能有着系统

---

[1] 《马克思恩格斯选集》第 4 卷，人民出版社 2012 年版，第 193 页。
[2] 《马克思恩格斯选集》第 4 卷，人民出版社 2012 年版，第 132 页。
[3] 《马克思恩格斯选集》第 4 卷，人民出版社 2012 年版，第 186—187 页。

的、科学的见解。

根据不同的划分标准，国家会有不同的类型。最早对国家进行分类的是古希腊政治思想家亚里士多德，曾以掌握国家权力的人数多寡为标准，把国家划分为三类：君主国，国家权力掌握在一个人手中；贵族国，国家权力掌握在少数人手中；民主国，国家权力掌握在多数人手中。此后，还有的学者按照本国政府对于国家主权的掌握程度，划分为主权国家、部分主权国家、殖民地国家；按照地理环境，把国家划分为海洋国家、大陆国家、高纬度国家、低纬度国家、东方国家、西方国家等；按照宗教信仰，把国家划分为基督教国家、伊斯兰国家和佛教国家；按照发达程度，把国家划分为工业国家、农业国家，发达国家、发展中国家，等等。马克思主义政治学说承认这些国家划分标准具有一定意义，在一定场合下也予以使用，但由于国家在本质上是特定阶级维护自身利益，进行政治统治和管理的组织，这些分类并未体现国家的阶级本质，因而是国家的非本质性分类。

马克思主义政治学说根据国家的经济基础和占据上层建筑统治地位的阶级利益来划分国家类型，按照这一标准，马克思恩格斯把当时的自人类有史以来的国家，划分为奴隶制国家（奴隶主阶级国家）、封建制国家（地主阶级国家）、资本主义国家（资产阶级国家）三种基本类型。这三种类型都是剥削阶级的国家，彼此有共同的特征。

奴隶制国家。奴隶制国家是奴隶社会的国家。原始社会瓦解后，出现的是奴隶所有者和奴隶对立的社会。建立在这种对立之上的国家是奴隶占有制的国家，也就是奴隶所有者的国家。奴隶制国家最早产生于公元前40世纪初的埃及，后来，亚洲的巴比伦、印度和中国也先后建立了奴隶制国家，西欧在公元前8世纪古希腊建立的希腊城邦和后来建立的古罗马共和国等，都是奴隶制国家。奴隶制国家虽有君主制与共和制、贵族制与民主制的区别，但是，不论是君主制，还是贵族的或民主的共和制，都是奴隶占有制国家。

奴隶占有制国家对于发展和巩固奴隶占有制社会的生产关系起了很大

作用。奴隶占有制社会的生产关系的基础是：奴隶主不仅占有生产资料，而且占有劳动者——奴隶。马克思说："奴隶连同自己的劳动力一次而永远地卖给奴隶的所有者了。奴隶是商品，可以从一个所有者手里转到另一个所有者手里。奴隶本身是商品，但劳动力却不是他的商品。"①在奴隶主眼中，奴隶不算是人，只是会说话的工具，可以任意买卖，甚至可以任意被处死。奴隶劳动是公开的强迫劳动。维护这种强迫劳动，没有强有力的镇压机器是不行的，这个镇压机器就是国家。奴隶制国家是奴隶主阶级运用自己的政治权力实施奴隶主政治统治和管理，维护奴隶主阶级政治特权地位和根本利益，压迫和剥削奴隶的政治组织。在奴隶制国家中，奴隶主阶级掌握着政治权力，享有政治权利，而奴隶阶级则是被统治阶级，毫无政治地位和政治权利可言。

由于大量奴隶集中在奴隶占有制国家和大奴隶主手中，就有可能大规模地实行简单劳动的协作。比起原始公社制度来，这就为生产力的发展开辟了道路。埃及的金字塔、亚洲国家的灌溉工程等都证实了这一点。恩格斯说："只有奴隶制才使农业和工业之间的更大规模的分工成为可能，从而使古代世界的繁荣，使希腊文化成为可能。没有奴隶制，就没有希腊国家，就没有希腊的艺术和科学；没有奴隶制，就没有罗马帝国。没有希腊文化和罗马帝国所奠定的基础，也就没有现代的欧洲。我们永远不应该忘记，我们的全部经济、政治和智力的发展，是以奴隶制既成为必要、又得到公认这种状况为前提的。"②这说明了奴隶制在历史上曾经是进步的，奴隶制国家产生过一定的历史作用。

封建制国家。奴隶占有制度本身包含着使它灭亡的不可克服的矛盾，奴隶占有制的剥削形式，毁坏了这个社会的基本生产力——奴隶。生产力与生产关系矛盾的激化，表现为大规模的奴隶起义，这些起义与被剥削的小农与奴隶主的斗争，新兴地主阶级与奴隶主的斗争交织在一起，终于

---

① 《马克思恩格斯选集》第 1 卷，人民出版社 2012 年版，第 332 页。
② 《马克思恩格斯选集》第 3 卷，人民出版社 2012 年版，第 560—561 页。

推翻了奴隶主的统治。奴隶制国家灭亡了，代之而起的是与代替了奴隶占有制度的封建制度相适应的封建国家。公元前 475 年，中国进入战国时期，开始了封建社会，封建制国家因此形成。公元 476 年，西罗马帝国灭亡标志着西欧进入封建社会并逐渐形成封建制国家。

封建制国家是封建地主阶级维护自己的利益、压迫农民阶级的统治机器，它在本质上是封建地主阶级对于农民阶级的专政。封建国家是在封建地主所有制基础上，以封建地主阶级对于农民的经济和人身奴役为原则建立起来的，这就使得封建国家在组织制度上具有如下特点：第一，封建国家的最高权力为君主所有，因此，封建国家的组织结构一般呈现金字塔形，君主居于金字塔顶峰，是封建国家最高政治权力的执掌者和最高决策人，君主意志即国家意志，君主号令即国家法令，君主的好恶即国家的是非标准。第二，封建国家为了维护封建地主阶级统治，实现对全社会的政治控制，常常设置极为庞大的官僚机构，豢养庞大的官僚队伍。同时，封建社会的政治权力本质取向在国家组织制度上集中表现为官本位取向，促使人们更多地竞争和谋取官位。因此，封建国家机构臃肿，官吏冗员泛滥愈演愈烈。如中国明朝初期有官员 2.4 万人，到明世宗时竟增至 12 万人。第三，封建国家把全社会组织进政治生活中，从而使国家即成为社会。封建国家通过军事、兵役、户籍、保甲、税收等制度对社会进行全面的政治控制，从而使政治组织与社会生活同一化，由此形成了对全社会的封建专制控制，如同马克思所说的那样："中世纪存在过农奴、封建庄园、手工业行会、学者协会等等；就是说，在中世纪，财产、商业、社会团体和人都是**政治的**"①。但是，封建社会的农民毕竟有了一点人身自由，能够在他的租地中劳动，或者在他的份地中劳动，造成为自己工作的印象，因此，他们对劳动就比奴隶较有兴趣，有较高的生产率，封建社会的生产力就有了较高的水平。封建国家与这种经济基础相适应，维护了封建生产关系，在历史上也曾经起过进步的作用。

---

① 《马克思恩格斯全集》第 3 卷，人民出版社 2002 年版，第 42 页。

资本主义国家。由于生产力的发展，贸易和商品交换的发展，封建制国家的城市中的一部分市民，变成了资产阶级。资产阶级兴起后，随着资本主义的发展，资产阶级与地主阶级的矛盾逐步上升，终于发展成为主要矛盾，爆发了资产阶级革命，封建制国家被资本主义国家代替了。资本主义国家是由代表着资本主义生产方式的资产阶级根据自己的利益要求，在与封建地主阶级的政治斗争中建立起来的，资本主义国家本质上是资产阶级对无产阶级和广大劳动人民的专政，是维护资本主义私有制和资产阶级共同利益的工具。

资本主义国家建立在资本主义生产关系和经济关系基础上，资本主义生产资料的私有制和雇佣劳动，是资本主义经济关系的本质特征，正是在这一经济关系基础上，产生了资产阶级的共同利益，形成了资产阶级与无产阶级和劳动人民的剥削与被剥削关系基础上的根本利益矛盾。资本主义国家就是建立在资产阶级的共同利益基础上，控制、欺骗甚至镇压无产阶级和劳动人民的政治权力组织。资本主义国家是资产阶级政治权力的组织化、制度化。由于资本主义国家的政治权力掌握在资产阶级手中，因此，资本主义国家的组织原则、制度设立及其实际活动都是由资产阶级支配和操纵的。在不同时期，资产阶级会根据不同的情况和自己的利益要求，采用不同的组织机构、制度设置和活动方式，或是镇压无产阶级和广大劳动人民，或是欺骗无产阶级和广大劳动人民。资本主义国家以维护和服务于整个资产阶级的共同利益为目的。由于资产阶级内部存在不同的利益阶层和集团，因此，资本主义国家在某个时期或某些问题上，集中代表和维护某些阶层或集团的利益。可是从总体上来看，资本主义国家政权"不过是管理整个资产阶级的共同事务的委员会罢了"①，是维护和服务于资产阶级根本利益的工具。

资本主义国家是剥削阶级国家中最为发达、最为完备的国家组织，它具有十分严密的组织体系、明确的权力职能分工和权限范围，完备的机构

---

① 《马克思恩格斯选集》第1卷，人民出版社2012年版，第402页。

设置和监督机制、完整的政治程序以及相应的法律法规。整个政治体系在金钱政治的作用下运转，最大限度地保障着资本私有，镇压人民的反抗。

马克思恩格斯认为，国家的本质是集中地通过国家职能表现出来的。一方面，国家是随着统治阶级的出现而出现的，是阶级统治的工具。另一方面，由于社会随私有制出现而分裂为对立阶级时，社会的协调就需要有专门的人员和专门的机构来进行。这种专门人员和专门机构一出现，国家也就"被发明出来了"。因此，国家的内部职能应该是双重的：政治统治职能和社会管理职能。

政治统治职能。政治统治职能是国家最基本的内部职能，这是由国家的本质决定的。无论在什么社会形态、什么国体和政治下，国家总是统治阶级用于维护自己的阶级利益，实现其阶级统治的工具和手段。因此，国家的政治统治职能就带有两个明显的特性：一是阶级性。国家维持一个社会形态的统一，在其中各个方面之间的各种矛盾，集中于政治的阶级统治里面。二是强制性。不管被统治阶级同意与否，用直接的国家权力资源（法律、行政权、军队和警察）来进行社会控制和强制实施统治阶级的意志，强制性是国家对内职能实施的保障。

国家对内政治统治职能在某种情况下也会呈现出一种"独立"特性。"互相斗争的各阶级达到了这样势均力敌的地步，以致国家权力作为表面上的调停人而暂时得到了对于两个阶级的某种独立性。"[①] 特别是随着国家经济福利化和政治民主化进程的不断发展，国家所管理的事务不仅日益增多，而且日益繁复，国家需要调节统治阶级和被统治阶级之间的关系，调节各阶级内部的矛盾。在这样的背景下，国家作为社会各种力量的仲裁者的角色日益突出，因而在表面上越来越显得"中立"。

社会管理职能。社会管理职能是国家一项重要的对内职能。任何阶级社会都需要国家管理，但由于社会发展水平不同，国家管理的范围、深度和方式是不一样的。在资本主义以前的各阶级社会中，国家所承担的社会

---

① 《马克思恩格斯选集》第 4 卷，人民出版社 2012 年版，第 189 页。

管理职能比较简单有限，这与这些社会的生产发展水平不高和生产与生活方式简单密切相关。但到了近代，资本主义兴起后，随着大工业生产的发展，新兴城市不断涌现，资本主义国家社会管理的范围、深度和方式，与前资本主义国家的社会管理相比，有了很大的发展。此时，正如恩格斯指出的："资本主义社会的正式代表——国家不得不承担起对它们的管理。这种转化为国家财产的必要性首先表现在大规模的交通机构，即邮政、电报和铁路方面。"① 在考察 1848 年革命后的法国社会时，马克思看到行政权力在不断扩大的背景下，国家对社会管理扩大到了极端形式。"在这里，国家管制、控制、指挥、监视和监护着市民社会——从其最广泛的生活表现到最微不足道的行动，从其最一般的生存形式到个人的私生活"② 。只要是出于需要，国家对社会的管理可以延伸到社会生活的各个领域和各个层面。

除了国家的内部职能外，国家还有对外的职能。国家的对外职能，就是对外的安全防御和交往职能，即通过国家机器所具有的对外主权行使防御性、保卫性的功能，防御外来的入侵和渗透，保卫国家的主权和领土完整，与他国开展交往，建立和维护有利于内部统治的外部环境，服务于国家对内职能。马克思恩格斯认为，除保卫和交往职能外，剥削阶级国家的对外职能主要是侵略其他国家。剥削阶级在执行对外侵略时，采取多种多样的手段，如政治的、经济的、文化的、外交的手段。发动战争则是剥削阶级国家对外侵略和掠夺的主要手段。剥削制度是战争的根源，剥削阶级总是把战争作为他们解决内部困难，缓和国内阶级矛盾，扩大剥削范围，维护、巩固自己的政治统治和经济利益的手段。

关于国家在历史上的作用，马克思恩格斯认为，国家对经济政治社会发展有着重大的影响作用。恩格斯说："一切政府，甚至最专制的政府，**归根到底**都不过是本国状况的经济必然性的执行者。它们可以通过各种

---

① 《马克思恩格斯选集》第 3 卷，人民出版社 2012 年版，第 665—666 页。
② 《马克思恩格斯选集》第 1 卷，人民出版社 2012 年版，第 708 页。

方式——好的、坏的或不好不坏的——来执行这一任务；它们可以加速或延缓经济发展及其政治和法律的结果，可是最终它们还是要遵循这种发展。"① 恩格斯对国家的作用问题十分重视，反复作了阐述。他在《反杜林论》中指出："政治权力在对社会独立起来并且从公仆变为主人以后，可以朝两个方向起作用。或者它按照合乎规律的经济发展的精神和方向发生作用，在这种情况下，它和经济发展之间没有任何冲突，经济发展加快速度。或者它违反经济发展而发生作用，在这种情况下，除去少数例外，它照例总是在经济发展的压力下陷于崩溃。"② 到了晚年，恩格斯在通信中，又发挥了上述的观点。他说："国家权力对于经济发展的反作用可以有三种：它可以沿着同一方向起作用，在这种情况下就会发展得比较快；它可以沿着相反方向起作用，在这种情况下，像现在每个大民族的情况那样，它经过一定的时期都要崩溃；或者是它可以阻止经济发展沿着某些方向走，而给它规定另外的方向——这种情况归根到底还是归结为前两种情况中的一种。但是很明显，在第二和第三种情况下，政治权力会给经济发展带来巨大的损害，并造成大量人力和物力的浪费。"③ 恩格斯这些国家对经济基础起着反作用的分析与概括，适用于各种类型的国家。

三、新型社会主义国家的建立和未来的发展

马克思主义政治学说的国家理论不仅论述了历史上和现实中的奴隶制国家、封建制国家和资本主义国家这些剥削阶级统治类型的国家，而且论述了未来社会主义国家（无产阶级国家）的建立、社会主义国家的实质、形式、历史作用及其发展的趋势。

马克思恩格斯认为，无产阶级要获得解放就必须建立自己的国家——

---

① 《马克思恩格斯选集》第4卷，人民出版社2012年版，第628页。
② 《马克思恩格斯选集》第3卷，人民出版社2012年版，第563页。
③ 《马克思恩格斯选集》第4卷，人民出版社2012年版，第610页。

社会主义国家。他们在 1848 年发表的《共产党宣言》中发出了战斗号令："推翻资产阶级的统治，由无产阶级夺取政权。"① 那么，无产阶级应该怎样去夺取政权呢？具体地说，无产阶级革命究竟如何对待资产阶级的国家机器呢？ 1852 年，马克思在《路易·波拿巴的雾月十八日》中首次提出，无产阶级必须用暴力打碎资产阶级国家机器的论点。他写道："然而革命是彻底的。它还处在通过涤罪所的历程中。它在有条不紊地完成自己的事业。1851 年 12 月 2 日以前，它已经完成了前一半准备工作，现在它在完成另一半。它先使议会权力臻于完备，为的是能够推翻这个权力。现在，当它已达到这一步时，它就来使**行政权**臻于完备，使行政权以其最纯粹的形式表现出来，使之孤立，使之成为和自己对立的唯一的对象，以便集中自己的一切破坏力量来反对行政权。而当革命完成自己这后一半准备工作的时候，欧洲就会从座位上跳起来欢呼：掘得好，老田鼠！"②

马克思这个论断为后来的巴黎公社革命所证实。1871 年 3 月 18 日，巴黎工人阶级举行起义，推翻了资产阶级政权，建立了世界上的第一个无产阶级国家政权——巴黎公社。公社打碎了资产阶级国家机器，废除常备军代之以人民武装，废除官僚制度代之以民主选举产生的、对选民负责的、受群众监督的国家公职人员。为此，马克思在 1871 年 4 月 12 日当巴黎公社还存在的时候，给库格曼的信中高兴地提到他在《路易·波拿巴的雾月十八日》中说过的那段话（即前引文），他说："如果你查阅一下我的《雾月十八日》的最后一章，你就会看到，我认为法国革命的下一次尝试不应该再像以前那样把官僚军事机器从一些人的手里转到另一些人的手里，而应该把它**打碎**，这正是大陆上任何一次真正的人民革命的先决条件。这也正是我们英勇的巴黎党内同志们的尝试。这些巴黎人，具有何等的灵活性，何等的历史主动性，何等的自我牺牲精神！"③巴黎公社失败后，马克思立即总结了巴黎公社经验，在《法兰西内战》中，马克思在谈

---

① 《马克思恩格斯选集》第 1 卷，人民出版社 2012 年版，第 413 页。
② 《马克思恩格斯选集》第 1 卷，人民出版社 2012 年版，第 759—760 页。
③ 《马克思恩格斯选集》第 4 卷，人民出版社 2012 年版，第 493 页。

到无产阶级怎样夺取国家政权时明确指出："工人阶级不能简单地掌握现成的国家机器，并运用它来达到自己的目的。奴役他们的政治工具不能当成解放他们的政治工具来使用。"① 由此肯定了巴黎公社是资产阶级的国家——法兰西第二帝国的直接对立物，"公社是它的绝对否定"②。恩格斯也指出："工人阶级一旦取得统治权，就不能继续运用旧的国家机器来进行管理；工人阶级为了不致失去刚刚争得的统治，……应当铲除全部旧的、一直被利用来反对工人阶级的压迫机器"③，强调了巴黎公社正是"打碎旧的国家政权而以新的真正民主的国家政权来代替"④。

值得注意的是，马克思恩格斯讲的"打碎"资产阶级国家机器，从巴黎公社实践的经验看，这样的"打碎"是从根本上打碎了资本主义国家的军队组织、宪政体制、政权组织制度和官吏制度体系，用无产阶级国家的军队组织、宪政体制、政权组织制度和官员制度体系代替之。例如，巴黎公社对法兰西第二帝国的国家军事组织、制度即常备军组织与征兵制度，政治组织与宪政体制即国民议会，坚决地予以"打碎"，彻底地废除和解散了，设立了无产阶级国家政权的新机构。巴黎公社对设立的无产阶级国家政权新机构明确地做出了原则性的规定，即凡是由公社支付给薪酬（公社实行相当于工人工资的低薪制）的公职人员，其工作的"公社部门，是指所有的公共服务机关，无论民政机关或军政机关，均包括在内。"⑤ 这就是说，巴黎公社作为无产阶级的国家政权，其新设立的组织机构，都是为民众办事的公共服务机关、社会公仆。在公社这样的规定下，国家的民政机关自然是为人民服务的，国家的军政机关也是为人民服务的。巴黎公社在成立之初，设立了公社委员会和国民自卫军中央委员会（内设国民自卫军联合总部）以及公社委员会之下的 10 个委员会，负责进行行政事务管

---

① 《马克思恩格斯选集》第 3 卷，人民出版社 2012 年版，第 163 页。
② 《马克思恩格斯选集》第 3 卷，人民出版社 2012 年版，第 139 页。
③ 《马克思恩格斯选集》第 3 卷，人民出版社 2012 年版，第 54 页。
④ 《马克思恩格斯选集》第 3 卷，人民出版社 2012 年版，第 55 页。
⑤ 《巴黎公社公报集》第一集，李平沤、狄玉明译，商务印书馆 2013 年版，第 343 页。

理。这 10 个委员会是：执行委员会，财政委员会，军事委员会，司法委员会，公安委员会，粮食委员会，劳动、工业和交换委员会，对外关系委员会，社会服务委员会（又称公共服务委员会），教育委员会。这之后随着革命斗争事业的发展和社会公共服务的需要，公社又陆续设立了一些相关由国家负责管理的 10 个行政机构，如：选举委员会，纲领起草委员会，邮政委员会，街垒建筑委员会，调查委员会，军事法庭和纪律委员会，监察委员会，社会拯救委员会，文件档案和艺术品委员会，审计委员会等。

但是，巴黎公社在"打碎"了资产阶级国家的军队制度、宪政体制、政权组织制度和官吏制度后，并没有简单地"打碎"它的一切机构、赶走它的所有人员。巴黎公社通过实践恰恰证明了，可以改造和合理利用旧国家的行政管理机构和旧职员，这不仅是必要的，也是可行的。资产阶级国家机器除了纯粹压迫的机关外，还有担任管理社会经济事务职能的各种机构。这些掌管公共事务的机构过去主要是为统治阶级服务的，夺取政权的无产阶级必须对它们进行改造，即在改变其阶级性质的基础上，予以继承和利用行政管理的经验和人才。同样地，对于资产阶级民主制的阶级内容必须坚决否定，但又必须利用资产阶级民主的某些合理形式，如代议制、选举制、法制等；应去掉旧国家机器的剥削压迫性质，但不应放弃国家机构所体现的必要的管理和服从。

巴黎公社期间，除了以上新设的 20 个委员会之外，保持和恢复了原有的一些国家行政管理机构以及国家管理的企、事业单位，并对它们进行了改造，使其获得新生，重新为巴黎公社政权和巴黎的人民大众工作服务。巴黎公社认为，像法兰西第二帝国的国家军事组织、宪政体制、议会组织以及政权组织制度和官吏制度必须彻底"打碎"外，其他的国家机构则没必要全部抛弃掉，因为它们是"中立的行政机关"[①]，公社可以利用这

---

① ［苏］莫洛克编：《巴黎公社会议记录》第一卷，何清新译，商务印书馆 1961 年版，第 80 页。

些中立性的行政机关，只要它的管理人员由民主选出，加上公社派出代表予以监督，就能够加以改造和利用。正是基于这样的思路和政策，巴黎公社在 1871 年 3 月 29 日的《公告》中明确指出："各国家机关有待恢复，并予以精简。"① 经巴黎公社保持和恢复的国家机构主要有：财政部、内政部、陆军部、商业部、工部局、教育部、司法部、警察局、邮政总局、电报总局、税务总局（分为直接税管理局、间接税管理局）、入市税局、法兰西银行、海关署、公共救济署、注册印花总局、公共地产管理局、度量衡检验局、烟草管理局、公路局、公共车辆特许处、监狱管理处等行政管理办事机构。经巴黎公社保持和恢复的一些事业单位有：国家博物馆、自然史博物馆、科学院、剧院等；保持和恢复的企业单位主要有：国家印刷厂、造币厂、印花厂、卢佛军械修配厂、铁路公司、拉维勒特屠宰场等。

巴黎公社对原有的这些国家机构以及企、事业单位进行改造的方法，主要有：一是派出公社委员进驻各机构，成为该机构的公社代表和一把手；二是延请聘用愿意为新政权服务的旧职员。例如，间接税局 4 月 1 日发布通告，"吁请有在本局各部门服务才能的公民前来参加工作。"② 三是公社招聘自己的工作人员。如，4 月 2 日发表的《公告》说："今天，各行政部门又开始办公了；1500 个积极能干的共和派人士正在做原来 1 万人（其实是 1 万个十足的寄生虫）做的工作。"③ 四是培训和招募新的工作人员。如，4 月 3 日电报总局发布信息："欢迎目前还没有工作的青年到电报总局新近开办的电报学校学习。""聪明的人学习时间不会超过 20 天；之后，可立即分配适当的工作。报名者须经本局先行考试，量材录取。"④ 五是在企事业单位进行民主管理，民主选出管理人员。特别是卢佛军械修配厂，是公社直接领导下的企业，专门制定了民主管理章程。此外，公社还在原

---

① 《巴黎公社公告集》，罗新璋编译，上海人民出版社 1978 年版，第 75 页。
② 《巴黎公社公报集》第一集，李平沤、狄玉明译，商务印书馆 2013 年版，第 285 页。
③ 《巴黎公社公报集》第一集，李平沤、狄玉明译，商务印书馆 2013 年版，第 347 页。
④ 《巴黎公社公报集》第一集，李平沤、狄玉明译，商务印书馆 2013 年版，第 345—346 页。

有企业的基础上，大力组织了众多的生产合作社组织，开办了国家工场。

公社新设立和加以利用改造的组织机构如下表：

巴黎公社的组织机构

议　会	巴黎公社委员会（内设秘书处、庶务处）
政　府	**公社新设立的20个委员会：** 执行委员会，财政委员会，军事委员会，司法委员会，公安委员会，粮食委员会，劳动、工业和交换委员会，对外关系委员会，社会服务委员会，教育委员会，选举委员会，纲领起草委员会，邮政委员会，街垒建筑委员会，调查委员会，军事法庭和纪律委员会，监察委员会，社会拯救委员会，文件档案和艺术品委员会，审计委员会 **隶属于公社委员会之下，由公社委员作为代表进驻的原行政办事机构：** 财政部、内政部、陆军部、商业部、教育部、工部局、警察局、邮政总局、电报总局、直接税管理局、间接税管理局、入市税局、法兰西银行、海关署、公共救济署、注册印花总局、公共地产管理局、度量衡检验局、烟草管理局、公路局、公共车辆特许处、监狱管理处
军　队	国民自卫军中央委员会（内设国民自卫军联合总部）
企事业单　位	**事业单位：** 国家博物馆、自然史博物馆、科学院、剧院等 **企业单位：** 国家印刷厂、造币厂、印花厂、卢佛军械修配厂、铁路公司、拉维勒特屠宰场等 生产合作社组织、国家工场等

由上可见，巴黎公社对原有国家的旧机构、旧职员进行改造和利用，使其为新生的社会主义政权服务，这样做并没有违背马克思恩格斯关于"打碎"资产阶级国家机器的原理，恰恰是这个原理的正确、合理和有效的运用。这条经验特别重要，也成为一个成功的范例，它直接地被20世纪十月革命胜利后建立的苏维埃政权和取得新民主主义革命胜利后建立的中华人民共和国所借鉴、采用。

经过无产阶级革命打碎了资产阶级国家机器后建立起来的无产阶级国家，仍然是一种公共权力。构成这种国家权力的不仅有武装的人，而且还有物质的附属物，如警察、监狱和各种强制机关，它仍然是阶级压迫的工具。就这些方面看，无产阶级国家就仍然还是"政治国家"，即无产阶级专政的国家。"政治国家"这个概念是马克思在 1843 年在批判黑格尔把国家看作是"道德机体"的错误观点时提出的。他指出："政治国家没有家庭的自然基础和市民社会的人为基础就不可能存在。"① 随后，马克思又指出："有一定的市民社会，就会有不过是市民社会的正式表现的相应的政治国家。"② 1873 年，恩格斯在批驳无政府主义时指出："政治国家以及政治权威将由于未来的社会革命而消失，……但是，反权威主义者却要求在产生权威的政治国家的各种社会条件消除以前，一举把权威的政治国家废除"，这"只是为反动派效劳"③。按照马克思恩格斯的观点，"政治国家"是指建立在一定社会经济基础之上，维护一定阶级利益的政权机关。在无产阶级革命取得胜利之前，一切剥削阶级的国家都属于"政治国家"。在无产阶级革命胜利后，进入从资本主义到社会主义的过渡时期。过渡时期的国家是无产阶级专政。马克思认为，无产阶级专政"是达到**消灭一切阶级**和进入**无阶级社会**的过渡"④。这个专政之所以需要，是因为无产阶级进行"经济改造"，建立"新的生产组织""改变分配""将不断地受到各种既得利益和阶级自私心理的抗拒""必须经历阶级斗争的几个不同阶段"。⑤因此，在马克思看来，虽然无产阶级专政的国家同以往剥削阶级的国家具有根本不同的性质，但无产阶级专政还是无产阶级完成自己的历史使命，实行阶级统治的政权机关，还是作为"政治国家"而存在。忘记这个基本事实，不充分运用无产阶级专政的权威，就要犯不可饶恕的错误。恩格斯根据巴黎公社运用国家权威的教训指出："获得胜利的政党如果不愿意失去自己努力争得的成果，就必须凭借它以武器对反动派造成的恐惧，来维持自己的统治。要是巴黎公社面对资产者没有运用武装人民这个权威，它能支持哪怕一天吗？反过来说，难道我们没有理由责备公社把这个权威

---

① 《马克思恩格斯全集》第 3 卷，人民出版社 2002 年版，第 12 页。
② 《马克思恩格斯选集》第 4 卷，人民出版社 2012 年版，第 408 页。
③ 《马克思恩格斯选集》第 3 卷，人民出版社 2012 年版，第 277 页。
④ 《马克思恩格斯选集》第 4 卷，人民出版社 2012 年版，第 426 页。
⑤ 《马克思恩格斯选集》第 3 卷，人民出版社 2012 年版，第 143—144 页。

用得太少了吗?"① 马克思在巴黎公社失败后不久，在英国伦敦举行的"纪念国际成立七周年"的庆祝大会上的讲话中也指出："建立无产阶级专政，其首要条件就是无产阶级的大军。工人阶级必须在战场上赢得自身解放的权利。"②

但是，无产阶级建立的国家，是一个新型的"政治国家"，它和历史上的国家相比，已经不是原来意义上的国家了。1847年马克思在《哲学的贫困》中，已经预示了无产阶级革命胜利后建立的代替资产阶级的政权"不会有原来意义的政权了"③。1875年，恩格斯在给倍倍尔的信中进一步指出，巴黎公社"已经不是原来意义上的国家"④。这是马克思恩格斯关于无产阶级国家性质的科学论断。为什么实行无产阶级专政的国家不是"原来意义上的国家"而成为新型的社会主义国家呢？这是因为：

一是，"原来意义上的国家"都是建立在生产资料私有制基础之上，为维护私有制，维护剥削阶级的统治服务的。而新型的无产阶级专政的国家是建立在生产资料公有制基础上、为巩固公有制、发展社会主义建设事业服务的。由于经济基础不同，在"原来意义的国家"那里，无论是奴隶制国家、封建制国家，还是资本主义国家，都是剥削阶级为了维护其阶级利益而建立起来的，用以保证它们对社会进行统治的权力组织。把持这种权力力量的是国王、总督、总统、部长、地方官和法官这样一批官吏。这批官吏的职责是把国家作为剥削被压迫阶级的可靠工具来运用，他们就成为人民的主宰，追求升官发财，居于特权地位。而在新型的无产阶级专政国家那里，国家代表的是无产阶级和劳动人民的利益，作为国家公职人员的无产阶级干部，其一切言行都必须以合乎最广大人民群众的最大利益为标准。无产阶级的政党和无产阶级的国家法律，都要求每个无产阶级的干部只有为人民服务的义务，没有在政治上谋取私利的权利，在生活方式和

① 《马克思恩格斯选集》第3卷，人民出版社2012年版，第277页。
② 《马克思恩格斯选集》第3卷，人民出版社2012年版，第1006页。
③ 《马克思恩格斯选集》第1卷，人民出版社2012年版，第275页。
④ 《马克思恩格斯选集》第3卷，人民出版社2012年版，第348页。

各种活动中，处处做出表率，真正成为带领人民群众建设社会主义的领导骨干。

二是，"原来意义上的国家"是少数剥削者占据着统治地位，享有民主权利，广大劳动人民则处于无权的地位，遭受剥削者的奴役和宰割，一旦反抗，就要遭到残酷镇压。而在新型的无产阶级专政国家里，广大人民群众享受着广泛的民主权利，只是少数剥削者和敌对分子才成为专政的对象。由此可见，作为新型国家制度的无产阶级专政，虽然和以往的一切专政一样，包含着民主和专政两个方面的内容，但是，和一切剥削阶级的专政比较起来，它在专政的对象和民主的主体上，发生了根本的变化：剥削阶级统治的国家其专政的对象是绝大多数劳动人民，民主的主体是少数剥削者；无产阶级统治的国家其专政的对象是少数剥削者，民主的主体则是绝大多数劳动人民。正因为如此，剥削阶级的国家不得不保持庞大的官僚机构和军事机构，安插多余寄生的官吏，依靠暴力手段对广大劳动人民和革命志士的反抗斗争进行残酷的镇压，剥削阶级专政的本质特征在于暴力方面。相反，无产阶级专政的本质特征却不在暴力方面，由于无产阶级专政只对少数敌人实行专政，完全符合广大人民群众的根本利益，完全可以采取专政机关与群众路线相结合、镇压惩办与教育改造相结合的办法，对敌专政的任务要显得简单和容易些。无产阶级专政的真正实质在于民主方面，切实保障人民群众所享有的民主权利，努力建设高度的社会主义民主政治。

三是，"原来意义上的国家"由于是建立在生产资料私有制的基础上，对绝大多数劳动人民进行剥削和掠夺，其发展趋势必然是被革命阶级和人民群众所推翻。而新型的无产阶级专政国家由于是建立在生产资料公有制的基础上，是人民群众当家作主的国家，它不断吸引人民群众管理国家事务，并且扩大人民群众管理国家事务的范围，其发展趋势则是从"政治国家"到"非政治国家"的过渡，是过渡型国家。马克思指出："在资本主义社会和共产主义社会之间，有一个从前者变为后者的革命转变时期。同这个时期相适应的也有一个政治上的过渡时期，这个时期的国家只能是**无产阶级的革命专政**。"①无产阶级专政的国家采用真正的民主共和政体，恩格斯讲得非常明确："共和国是无产阶级将来进行统治的**现成的**政治形式。"②借以保证人民当家作主的政治地位在政治权力的组织形式上得到实现。巴黎公社就是新型的无产阶级社会主义共和国的形式，它为无产阶级国家树立了楷模。无产阶级专政国家的历史使命不是强化阶级对立，巩固阶级压迫，加剧阶级斗争，而是要消灭一切阶级和阶级差别并最终消灭阶级斗争，使国家进入到一个更高级的社会形态上去。

和世间任何一切事物一样，国家也是一个历史范畴。它既不是从来就有的，也不会永世长存，它是随着阶级的产生而产生，也将随着阶级和阶级差别的彻底消灭而走向消亡。早在 1843 年，马克思在批判黑格尔永恒的国家观时，就表达了政治国家将随着民主的发展而消失的思想，马克思说："在真正的民主制中**政治国家就消失了**。"③恩格斯在《英国工人阶级状况》一书中，批判英国的空想社会主义者"不承认历史的发展，所以他们打算一下子就把国家置于共产主义的境界，而不是进一步开展政治斗争以达到国家自行消亡的目的"④。这些论述，是他们关于国家消亡最初的思想萌芽。稍后，在 1845 年马克思恩格斯就持有这样的观点："未来无产阶级革命的最终结果之一，将是称为**国家**的政治组织逐步解体直到最后消失。"⑤在《共产党宣言》中，马克思恩格斯又有了新的提法："当阶级差别在发展进程中已经消失而全部生产集中在联合起来的个人的手里的时候，公共权力就失去政治性质。"⑥到了 1875 年，恩格斯在为批评哥达纲领草案写给奥·倍倍尔的信中分析了哥达纲领在所谓"自由的人民国家"问题上的错误时，对这个问题又有重要的阐述，恩格斯指出："当无产阶级还需要**国家**的时候，它需要国家不是为了自由，而是为了镇压自己的敌

---

① 《马克思恩格斯选集》第 3 卷，人民出版社 2012 年版，第 373 页。
② 《马克思恩格斯选集》第 4 卷，人民出版社 2012 年版，第 652 页。
③ 《马克思恩格斯全集》第 3 卷，人民出版社 2002 年版，第 41 页。
④ 《马克思恩格斯文集》第 1 卷，人民出版社 2009 年版，第 471—472 页。
⑤ 《马克思恩格斯选集》第 4 卷，人民出版社 2012 年版，第 558 页。
⑥ 《马克思恩格斯选集》第 1 卷，人民出版社 2012 年版，第 422 页。

人，一到有可能谈自由的时候，国家本身就不再存在了。"①

在国家的发展和消亡的问题上，恩格斯还有着更为透彻精彩的分析。他阐述道："国家并不是从来就有的。曾经有过不需要国家，而且根本不知国家和国家权力为何物的社会。在经济发展到一定阶段而必然使社会分裂为阶级时，国家就由于这种分裂而成为必要了。……随着阶级的消失，国家也不可避免地要消失。在生产者自由平等的联合体的基础上按新方式来组织生产的社会，将把全部国家机器放到它应该去的地方，即放到古物陈列馆去，同纺车和青铜斧陈列在一起。"② 从历史唯物主义的基本原理出发，马克思主义政治学说认为，国家作为人类社会的历史现象，最终必然消亡。国家是如何消亡的呢？恩格斯说："国家真正作为整个社会的代表所采取的第一个行动，即以社会的名义占有生产资料，同时也是它作为国家所采取的最后一个独立行动。那时，国家政权对社会关系的干预在各个领域中将先后成为多余的事情而自行停止下来。那时，对人的统治将由对物的管理和对生产过程的领导所代替。国家不是'被废除'的，**它是自行消亡的。**"③

国家消亡是一个长期的过程，需要逐步实现。国家消亡必须具备经济、政治、文化的条件。首先是政治条件，阶级的消灭是国家消亡的必要前提，只有进行无产阶级革命，打碎资产阶级国家机器，代之以无产阶级专政的国家，才能消灭生产资料私有制，建立生产资料公有制，彻底铲除阶级产生和存在的根源，消灭一切阶级和阶级差别，国家才会消亡。资产阶级国家只能通过无产阶级革命来推翻，而不能自行消亡，只有无产阶级专政的国家才能自行消亡。其次是经济条件，国家消亡意味着旧的社会分工完全消失，社会生产力高度发展，物质产品极大丰富，在分配和消费领域实现了"各尽所能，按需分配"的原则。再次是思想文化条件，全体人民具有高度的思想觉悟和道德品质，高度的科学文化知识和素养，能够自

---

① 《马克思恩格斯选集》第 3 卷，人民出版社 2012 年版，第 349 页。
② 《马克思恩格斯选集》第 4 卷，人民出版社 2012 年版，第 190 页。
③ 《马克思恩格斯选集》第 3 卷，人民出版社 2012 年版，第 668 页。

觉地遵守社会公共生活的基本规则，维护社会生活的基本秩序，能够正确对待个人消费品的分配，把劳动看成是生活的第一需要，能够尽其所能地为社会劳动。以上这些条件，只有发展到了共产主义高级阶段才具备。因而，国家的消亡需要经历一个漫长的历史过程，这不是什么人发布命令的结果，绝不是凭主观愿望随便可以废除的。只有当客观条件具备时，国家才能够自行消亡。

第九章　政党理论

马克思恩格斯认为，政党是一定阶级利益的代表，是组织和领导进行政治斗争的有力工具。政党不是从来就有的，是随着近代工业革命以来社会发展和阶级与阶级斗争的出现而产生的。在现代社会里，阶级通常是由政党领导的，无产阶级必须建立自己的政党——共产党，只有在党的领导下，才能使无产阶级形成为阶级，并作为一个阶级来行动，党的领导是无产阶级取得革命斗争胜利的根本保证。共产党是无产阶级政党，和资产阶级政党完全不同，也和一般的无产阶级政党不同，它以唯物主义世界观作为理论指南，能够制定正确的革命纲领和政治纲领。党是由无产阶级先进分子组成的先锋队，是有组织、有纪律的部队，是无产阶级组织的最高形式。党通过思想政治斗争，加强党的团结和统一，使党始终保持生命的活力，不断取得胜利而立于不败之地。

一、共产党是无产阶级组织的最高形式

马克思恩格斯认为，无产阶级政党是领导工人阶级和劳动人民战胜资本主义的根本保证。恩格斯指出："无产阶级要在决定关头强大到足以取得胜利，就必须（马克思和我从 1847 年以来就坚持这种立场）组成一个不同于其他所有政党并与它们对立的特殊政党，一个自觉的阶级政党。"[①]

---

① 《马克思恩格斯选集》第 4 卷，人民出版社 2012 年版，第 592 页。

世界上各个国家的政党何其多也，可谓形形色色、千奇百怪，但无产阶级政党必须和它们划清界限、明显区别开来，因为只有无产阶级政党才代表工人阶级的根本利益，才具有彻底的革命精神，才能为无产阶级的解放而奋斗到底。在《共产党宣言》中，马克思恩格斯阐明了共产党的性质、特点、目的和策略原则，提出了党的学说的基本要点，充分说明了只有共产党才是无产阶级组织的最高形式。

马克思恩格斯指出："共产党人同其他无产阶级政党不同的地方只是：一方面，在无产者不同的民族的斗争中，共产党人强调和坚持整个无产阶级共同的不分民族的利益；另一方面，在无产阶级和资产阶级的斗争所经历的各个发展阶段上，共产党人始终代表整个运动的利益。因此，在实践方面，共产党人是各国工人政党中最坚决的、始终起推动作用的部分；在理论方面，他们胜过其余无产阶级群众的地方在于他们了解无产阶级运动的条件、进程和一般结果。"①《共产党宣言》的这一段话，阐明了共产党之所以成为无产阶级政党组织的最高形式具有的四大特点。

第一，共产党能够代表整个无产阶级共同的不分民族的利益。民族国家的存在是客观的，各国的发展程度和具体国情是不同的，因而，各国无产阶级解放斗争面临的主要任务也是不尽相同的。马克思恩格斯指出，虽然从形式上看，"无产阶级反对资产阶级的斗争首先是一国范围内的斗争。每一个国家的无产阶级当然首先应该打倒本国的资产阶级。"② 因此，各国的无产阶级政党首先要代表本民族国家的无产阶级利益，为本国的无产阶级解放事业而积极斗争。但是就内容而言，"现代的工业劳动，现代的资本压迫，无论在英国或法国，无论在美国或德国，都是一样的，都使无产者失去了任何民族性。"③ 资产阶级对无产阶级的压迫、剥削具有国际性，无产阶级反对资产阶级的斗争也具有国际性，铲除资本压迫是各国无产阶级的共同任务，大家必须联合起来，相互支援，共同战斗，不能把自己的

---

① 《马克思恩格斯选集》第 1 卷，人民出版社 2012 年版，第 413 页。
② 《马克思恩格斯选集》第 1 卷，人民出版社 2012 年版，第 412 页。
③ 《马克思恩格斯选集》第 1 卷，人民出版社 2012 年版，第 411 页。

斗争仅仅局限在一国的范围内。"联合的行动，至少是各文明国家的联合的行动，是无产阶级获得解放的首要条件之一。"[①]因此，共产党人在斗争中能够强调和坚持整个无产阶级共同的不分民族的利益，而其他的无产阶级政党往往做不到。由于它们在组织上不同程度地具有宗派主义的特点，通常只代表某一国家中某一民族、某一行业或某一阶层工人的利益，以至于连本国无产阶级的共同利益都代表不了，更遑论代表整个无产阶级不分民族的共同利益了。这表明，共产党比其他工人政党具有更广泛的代表性，只有共产党能把本国本民族无产阶级的利益同世界各国各民族的无产阶级的共同利益结合起来，坚持无产阶级的国际主义，为全世界无产阶级的解放而奋斗。

第二，共产党能够始终代表整个无产阶级解放运动的利益。无产阶级要在全世界彻底战胜资产阶级，完成自己的历史使命，必须经过很长、很长的历史阶段。在这样的历史阶段中，根据无产阶级所面对的斗争任务的不同，又会形成不同的发展阶段和当前的目标。共产党人要努力实现无产阶级在每一个发展阶段的最近目标，又要始终坚持共产主义的最终目标，在任何时候都要把无产阶级的当前利益和长远利益结合起来，一方面引导无产阶级和人民群众去努力完成每一发展阶段的历史任务，另一方面坚定不移地朝着共产主义方向前进，最终达到全人类解放的目的。共产党在领导无产阶级解放的进程中，既不会在某一发展阶段上停顿下来，裹足不前；也不会盲目过渡，任意超越，试图一步登天跨入共产主义。因此，共产党人始终能够站在时代的前列，始终向着整个共产主义运动的最终胜利推进，而其他的工人政党往往做不到。它们在无产阶级运动发展的某一阶段上，能够反映无产阶级一定的利益诉求，带领无产阶级奋斗并争得利益，但是，由于它们容易满足于眼前的胜利、缺乏长远的目光和奋斗目标，因而随着无产阶级斗争的不断发展，这些工人政党就开始落伍了，不能适应无产阶级在新的发展阶段的需要，逐渐被淘汰，退出历史舞台。相

---

① 《马克思恩格斯选集》第 1 卷，人民出版社 2012 年版，第 419 页。

比之下，只有共产党能够做到在无产阶级解放斗争的各个发展阶段上始终代表整个运动的利益，直至最终完成无产阶级的伟大历史使命。

第三，共产党在实践方面能够始终对无产阶级解放起着最坚决的推动作用。这是因为，共产党是由无产阶级中最先进的分子组成的，党只吸收那些对无产阶级解放事业最忠诚、最坚定、能始终起模范带头作用的先进分子入党。只有由这样的人组成的政党，才能成为无产阶级的先锋队。共产党的先进性就表现为其成员的先进性，恩格斯认为，共产党员应该是无产阶级群众中具有共产主义觉悟的"最不知疲倦的、无所畏惧的和可靠的先进战士"，是"最坚定的共产主义者也是最勇敢的兵士"①。比起普通党员来，党的领导干部有着更高的要求，恩格斯指出："要在党内担任负责的职务，仅仅有写作才能或理论知识，甚至二者全都具备，都是不够的，要担任领导职务还需要熟悉党的斗争条件，掌握这种斗争的方式，具备久经考验的耿耿忠心和坚强性格，最后还必须自愿地把自己列入战士的行列"②。当然，共产党作为无产阶级先锋队，并不是只有出身于无产阶级的人才能入党，一些出身于非无产阶级甚至是剥削阶级的那些优秀分子也可以吸收到共产党党内来。但是，这些人加入党，决不是以他们所出身的那个阶级的代表身份参加共产党，而是经过对马克思主义的学习和社会实践的锻炼，已经实现了世界观和政治立场的根本转变，具备了无产阶级先进分子的条件，才能成为共产党员的。马克思恩格斯指出："正像过去贵族中有一部分人转到资产阶级方面一样，现在资产阶级中也有一部分人，特别是已经提高到能从理论上认识整个历史运动的一部分资产阶级思想家，转到无产阶级方面来了。"③这就是说，一个人可以背叛自己的本阶级而加入另一个阶级并为它奋斗。当然，恩格斯指出，这些人要加入党，必须满足两个条件："**第一**，要对无产阶级运动有益处，这些人必须带来真正的教育因素。""**第二**，如果其他阶级出身的这种人参加无产阶级运动，

---

① 《马克思恩格斯全集》第 7 卷，人民出版社 1959 年版，第 219 页。
② 《马克思恩格斯选集》第 4 卷，人民出版社 2012 年版，第 281 页。
③ 《马克思恩格斯选集》第 1 卷，人民出版社 2012 年版，第 410 页。

那么首先就要求他们不要把资产阶级、小资产阶级等等的偏见的任何残余带进来，而要无条件地掌握无产阶级世界观。"① 恩格斯还明确说道："我们党内可以有来自任何社会阶级的个人，但是我们绝对不需要任何代表资本家、中等资产阶级或中等农民的利益的集团。"② 共产党必须改造来自其他阶级的分子，而不能让他们按照原来所属阶级的思想改造党。相比之下，一般的工人政党吸收党员，绝不可能有共产党这么严格的要求，因此，只有共产党人能够经受无产阶级解放斗争血与火的考验，始终不愧为各国工人政党中最坚决的、起推动作用的部分。

第四，共产党在理论方面能够做到最了解无产阶级运动的条件、进程和一般结果。共产党之所以能够成为先进政党并始终保持先进性，最根本的原因就在于它以科学社会主义理论作为自己的指导思想。恩格斯说："我们党有个很大的优点，就是有一个新的科学的世界观作为理论的基础"③，共产党的"新的科学的世界观"就是马克思主义的辩证唯物论和历史唯物论。掌握了这样的世界观和方法论，党就能够正确认识和掌握社会发展的规律，从而确切地了解无产阶级解放运动的条件、进程和一般结果，并且能够制定正确的战略和策略。马克思恩格斯在《共产党宣言》里明确指出："共产党人的最近目的是和其他一切无产阶级政党的最近目的一样的：使无产阶级形成为阶级，推翻资产阶级的统治，由无产阶级夺取政权。"④ 在夺取政权之后，无产阶级革命并没有结束，它要消灭了一切生产资料的私有制形式，代之以新的公有制关系。因此，《共产党宣言》指出："从这个意义上说，共产党人可以把自己的理论概括为一句话：消灭私有制。"⑤ 而且，"共产主义革命就是同传统的所有制关系实行最彻底的决裂；毫不奇怪，它在自己的发展进程中要同传统的观念实行最彻底的

---

① 《马克思恩格斯选集》第 3 卷，人民出版社 2012 年版，第 738—739 页。
② 《马克思恩格斯选集》第 4 卷，人民出版社 2012 年版，第 365 页。
③ 《马克思恩格斯选集》第 2 卷，人民出版社 2012 年版，第 10 页。
④ 《马克思恩格斯选集》第 1 卷，人民出版社 2012 年版，第 413 页。
⑤ 《马克思恩格斯选集》第 1 卷，人民出版社 2012 年版，第 414 页。

决裂。"①也就是使无产阶级获得彻底解放并实现全人类解放。然而，其他的工人政党，由于缺乏马克思主义的科学指导，不懂得无产阶级解放运动的条件，也就无法了解无产阶级解放的正确步骤、进程，更不可能有实现共产主义的远大目标，终究难逃挫折失败的命运。只有共产党才能领导无产阶级不断从胜利走向胜利。

二、无产阶级解放运动必须坚持党的领导

马克思主义政党理论的重点在于，阐明了党必须居于无产阶级解放运动的领导地位。无产阶级解放，是政治、经济、社会和思想获得的全面解放，这样的解放也是人类获得的解放。由于无产阶级解放是人类历史上前所未有的最深刻、最伟大的运动，因而也是一个长期而艰巨的历史任务。无产阶级要完成这个伟大任务，必须有自己政党的领导。共产党的领导是无产阶级解放事业发展的根本保证，党是无产阶级的教育者、组织者和领导者。

第一，只有建立并坚持共产党的领导，才能把科学社会主义理论灌输到工人阶级和工人运动中去，提高无产阶级的觉悟。马克思恩格斯认为，自发的工人运动不可能产生科学社会主义意识和理论，现代社会主义意识只有在深刻的科学知识的基础上才能产生出来，尽管它的产生离不开工人阶级和工人运动，是在总结工人运动经验的基础上产生的。因而，进行科学社会主义理论创造的任务，只有像马克思恩格斯这样的先进思想家才有能力和精力去完成。对于无产阶级来说，既然不能自发地产生科学理论，那么科学社会主义的意识观念和思想理论也只能从外面"灌输"给工人阶级，"灌输"到工人运动中去，发挥出正确的指导作用。无产阶级只有用科学社会主义理论武装头脑，才能认清资本主义的本质，才能理解无产阶

---

① 《马克思恩格斯选集》第 1 卷，人民出版社 2012 年版，第 421 页。

级的社会地位和历史使命，才能由自在的阶级转变为自为的阶级。

　　马克思最早提出要向无产阶级灌输正确的思想理论，是在 1843 年底撰写的《〈黑格尔法哲学批判〉导言》。马克思阐明："哲学把无产阶级当作自己的**物质**武器，同样，无产阶级也把哲学当作自己的**精神**武器；思想的闪电一旦彻底击中这块素朴的人民园地，**德国人**就会解放成为人。""这个解放的**头脑**是**哲学**，它的**心脏**是**无产阶级**。"① 这里说的"物质武器"和"精神武器"、"闪电"和"园地"、"头脑"和"心脏"，就是指要用先进思想之光，照进工人阶级的心坎，把理论和工人结合起来。在《共产党宣言》中，马克思恩格斯说道："共产党一分钟也不忽略教育工人尽可能明确地意识到资产阶级和无产阶级的敌对的对立"②，马克思恩格斯还分析道，由于无产阶级生活于贫困之中，缺少教育和文化，这就使得他们不可能进行理论创造。因而，科学社会主义理论最初只能由"转到无产阶级方面来"的，"特别是已经提高到能从理论上认识整个历史运动的一部分资产阶级思想家"③ 提出来并由他们灌输给无产阶级，"使现代无产阶级意识到自身的地位和需要，意识到自身解放的条件。"④ 到了 1883 年，恩格斯在《社会主义从空想到科学的发展》中指出，完成解放世界的事业是无产阶级的历史使命，而"深入考察这一事业的历史条件以及这一事业的性质本身，从而使负有使命完成这一事业的今天受压迫的阶级认识到自己的行动的条件和性质，这就是无产阶级运动的理论表现即科学社会主义的任务"⑤。这清楚地说明了，无产阶级只有接受科学社会主义理论的教育，才能认清自己"行动的条件和性质"进而完成自己的使命。

　　第二，只有建立并坚持共产党的领导，才能把无产阶级组织起来，使之作为一个阶级来行动。马克思恩格斯认为，政党起源于阶级和阶级斗

---

① 《马克思恩格斯全集》第 3 卷，人民出版社 2002 年版，第 214 页。
② 《马克思恩格斯选集》第 1 卷，人民出版社 2012 年版，第 434 页。
③ 《马克思恩格斯选集》第 1 卷，人民出版社 2012 年版，第 410 页。
④ 《马克思恩格斯全集》第 3 卷，人民出版社 2002 年版，第 1003 页。
⑤ 《马克思恩格斯选集》第 3 卷，人民出版社 2012 年版，第 671 页。

争，是阶级和阶级斗争发展到一定历史阶段的产物。政党总是与一定的阶级相联系的，集中代表了一定阶级的经济和政治利益，其根本的原因，是隐藏在阶级和阶级斗争背后的经济事实。恩格斯在《关于共产主义者同盟的历史》中曾回顾早年对于英国阶级斗争所做的考察，他明确地指出："我在曼彻斯特时异常清晰地观察到，迄今为止在历史著作中根本不起作用或者只起极小作用的经济事实，至少在现代世界中是一个决定性的历史力量；这些经济事实形成了产生现代阶级对立的基础；这些阶级对立，在它们因大工业而得到充分发展的国家里，因而特别是在英国，又是政党形成的基础，党派斗争的基础，因而也是全部政治史的基础。"[1] 马克思在《哲学的贫困》中也指出："经济条件首先把大批的居民变成劳动者。资本的统治为这批人创造了同等的地位和共同的利害关系。所以，这批人对资本说来已经形成一个阶级，但还不是自为的阶级。在斗争（我们仅仅谈到它的某些阶段）中，这批人联合起来，形成一个自为的阶级。他们所维护的利益变成阶级的利益。而阶级同阶级的斗争就是政治斗争。"[2] 无产阶级真正成为自为阶级的标志就是："无产者组织成为阶级，从而组织成为政党"[3]。

马克思恩格斯在《共产党宣言》中分析了无产阶级斗争的历史。在资本主义制度下，无产阶级的斗争"最初是单个的工人，然后是某一工厂的工人，然后是某一地方的某一劳动部门的工人，同直接剥削他们的单个资产者作斗争。他们不仅仅攻击资产阶级的生产关系，而且攻击生产工具本身；他们毁坏那些来竞争的外国商品，捣毁机器，烧毁工厂，力图恢复已经失去的中世纪工人的地位"[4]。这样的反对资本主义的斗争，由于没有无产阶级政党的领导，根本不可能意识到明确的斗争方向，工人只是为了改善一时的生活状况而进行分散的、零星的、自发的斗争，不可能形成有组织的、统一的、自觉的斗争，斗争的结果往往容易遭受资产阶级的镇压而

---

[1] 《马克思恩格斯选集》第 4 卷，人民出版社 2012 年版，第 202 页。
[2] 《马克思恩格斯选集》第 1 卷，人民出版社 2012 年版，第 274 页。
[3] 《马克思恩格斯选集》第 1 卷，人民出版社 2012 年版，第 409 页。
[4] 《马克思恩格斯选集》第 1 卷，人民出版社 2012 年版，第 408 页。

归于失败。因而，无产阶级只有在本阶级的政党——共产党的领导下，才能摆脱自在阶级的状态而成为一个自为的阶级，从而真正把自己组织成为一个团结性强、觉悟程度高的革命大军。1864 年，马克思在创建国际工人协会、制定的《国际工人协会共同章程》时明确地指出："无产阶级在反对有产阶级联合力量的斗争中，只有把自身组织成为与有产阶级建立的一切旧政党不同的、相对立的政党，才能作为一个阶级来行动。为保证社会革命获得胜利和实现革命的最高目标——消灭阶级，无产阶级这样组织成为政党是必要的。"①后来，马克思恩格斯又再次强调："工人阶级在它反对有产阶级联合权力的斗争中，只有组织成为与有产阶级建立的一切旧政党对立的独立政党，才能作为一个阶级来行动；工人阶级这样组织成为政党是必要的"②。建立共产党和坚持党的领导，是工人阶级和劳动人民战胜资本主义的根本保证。

第三，只有建立并坚持共产党的领导，才能为无产阶级解放运动指明正确的道路和方向，引导无产阶级不断地取得胜利。共产党怎样为无产阶级解放运动指明正确的道路和方向呢？它必须具有一定的政治纲领，并把自己的政治目标和根本目的规定在党纲和党章等纲领性文件中。马克思认为："制定一个原则性纲领……，这就是在全世界面前树立起可供人们用来衡量党的运动水平的里程碑。"③恩格斯指出，无产阶级政党要有正确的指导思想，"就是有一个新的科学的世界观作为理论的基础"④；同时，党还要制定正确的纲领和路线。恩格斯阐述道："一个新的党必须有一个明确的积极的纲领，这个纲领在细节上可以因环境的改变和党本身的发展而改动，但是在每一个时期都必须为全党所赞同。只要这种纲领还没有制定出来或者还处于萌芽状态，新的党也将处于萌芽状态；它可以作为地方性的党存在，但还不能作为全国性的党存在；它将是一个潜在的党，而不

① 《马克思恩格斯文集》第 3 卷，人民出版社 2009 年版，第 228 页。
② 《马克思恩格斯全集》第 17 卷，人民出版社 1963 年版，第 455 页。
③ 《马克思恩格斯选集》第 3 卷，人民出版社 2012 年版，第 355 页。
④ 《马克思恩格斯选集》第 2 卷，人民出版社 2012 年版，第 10 页。

是一个实在的党。"① 一个党有没有能够统一全党的纲领，这个纲领鲜明不鲜明，成熟不成熟，能不能为全党所认可，至为关键，这是因为，"一个**新的**纲领毕竟总是一面公开树立起来的旗帜，而外界就根据它来判断这个党。"② 马克思恩格斯共同制定的《共产党宣言》和《共产主义者同盟章程》，就是这样的范本。无产阶级解放运动作为人类历史上最伟大、最深刻和最复杂的社会运动，尤其需要共产党来探寻正确的道路和发展方向。只有依靠共产党的领导和指引，才能在马克思主义理论的指导下实行理论与实际的结合，从现实出发制定革命的战略和策略，有计划、有步骤地组织进攻或退却，巧妙地运用各种斗争形式和组织形式有效地战胜一切敌人，保证无产阶级解放运动从胜利走向胜利。

共产党要保证为无产阶级解放运动指明正确的道路和方向，还必须保持自己的特殊性和独立性。世界上有各种各样的政党，但无产阶级政党必须截然不同于它们，因为只有无产阶级政党才代表工人阶级的根本利益，才具有彻底的革命精神，才能为无产阶级解放而奋斗到底。那么，怎样才能始终保持无产阶级政党与其他政党的特殊性和独立性呢？恩格斯认为："要使工人摆脱旧政党的这种支配，最好的办法就是在每一个国家里建立一个无产阶级的政党，这个政党要有它自己的政策，这种政策显然与其他政党的政策不同，因为它必须表现出工人阶级解放的条件。"③ 无产阶级政党的国际联合、国际团结固然重要，但真要保持党的特殊性和独立性，更灵活地进行革命斗争，就必须立足本国，因为"政策的细节可以根据每一个国家的特殊情况而有所不同"④。为此，恩格斯对各国的无产阶级有一个基本的要求："工人的政党不应当成为某一个资产阶级政党的尾巴，而应当成为一个独立的政党，它有自己的目的和自己的政治。"⑤ "每一个

---

① 《马克思恩格斯文集》第 4 卷，人民出版社 2009 年版，第 318 页。
② 《马克思恩格斯选集》第 3 卷，人民出版社 2012 年版，第 350 页。
③ 《马克思恩格斯选集》第 3 卷，人民出版社 2012 年版，第 40 页。
④ 《马克思恩格斯选集》第 3 卷，人民出版社 2012 年版，第 40 页。
⑤ 《马克思恩格斯文集》第 3 卷，人民出版社 2009 年版，第 224—225 页。

新参加运动的国家所应采取的第一个步骤，始终是把工人组织成独立的政党"①。

三、共产党实行既民主又集中的民主制组织制度

共产党不仅要有科学的政治纲领，而且还要有正确的组织原则和制度。马克思主义历来主张，无产阶级的政党组织从成立之日起，就要实行民主制并发展党内民主。马克思明确反对在工人阶级的工会和政党内实行集中制，而主张实行民主制，这是因为，集中制就是集权专断，"**集中制的**组织不管对秘密团体和宗派运动多么有用，但它同工会的本质是相矛盾的。"② 秘密团体和宗派运动以领袖个人的意志和权力为中心，当然需要把组织变成唯命是从的集中制组织，集中制对宗派领袖有着极大的作用。而无产阶级政党不能搞成秘密团体和宗派组织，自然也就不需要成为实行集中制的政党组织。在无产阶级政党的组织关系中，工会是作为党领导的组织。工人阶级的工会，在本质上也是为工人的利益和解放服务的，既然集中制的组织与工会的本质都相矛盾，当然更是与党的性质相矛盾。马克思的这句话，深刻地揭示了无产阶级工会作为工人进步的组织，尚且不能搞集中制，更遑论共产党组织。

1847 年，马克思与恩格斯创建了共产主义者同盟，是全世界的第一个共产党组织。马克思恩格斯制定的《共产主义者同盟章程》，体现了同盟组织本身是完全民主的性质。1864 年，马克思亲手创建了国际工人协会（也称第一国际），也同样实行民主制，而且进一步发展了民主制，充分体现了党的民主特点。

一是关于民主是党的宗旨目的和内在要求的规定。共产主义者同盟的

---

① 《马克思恩格斯选集》第 4 卷，人民出版社 2012 年版，第 584 页。
② 《马克思恩格斯文集》第 10 卷，人民出版社 2009 年版，第 294 页。

目的是推翻资产阶级政权，建立无产阶级统治，消灭旧的以阶级对立为基础的资本主义社会和建立没有阶级、没有私有制的新社会，这样的新社会必然是民主的社会，为这样的理想社会奋斗的政党，必然是民主政党。所以恩格斯说，共产主义者同盟"组织本身是完全民主的，……一切都按这样的民主制度进行"①。

二是关于平等和权利与义务平等的民主规定。《共产主义者同盟章程》第三条规定："所有盟员都一律平等"②。党内平等意味着每一个党员都享有同样的权利和义务，所以《国际工人协会共同章程》确认：**"没有无义务的权利，也没有无权利的义务。"**③党内一律平等，有权利就有义务，这就彻底杜绝了党内任何人成为特殊党员的可能，不可能高高在上不受约束，也不可能只享有权利而不尽其义务。

三是关于民主选举制度的规定。党由各级组织组成，共产主义者同盟的组织机构分为五级：支部、区部、总区部、中央委员会和代表大会，代表大会是全盟的最高立法机关。在闭会期间，中央委员会是全盟的权力执行机关。《共产主义者同盟章程》规定，党的各级组织均需由选举产生，"每个支部选举主席和副主席各一人。"④支部主席和副主席组成区部委员会，"区部委员会从委员中选出领导人。"⑤中央委员会的成员"为中央委员会所在地区的区部委员会选出"⑥。代表大会的代表由各区部选举产生。这些规定体现了同盟的各级领导都是经过盟员选举产生的民主原则和民主精神。《国际工人协会共同章程和组织条例》同样规定，国际工人协会的最高权力机关是各支部选派代表参加的代表大会，"国际工人协会的每一个会员有参加选举全协会代表大会的代表和被选为代表的权利。"⑦国际工人

---

① 《马克思恩格斯选集》第4卷，人民出版社2012年版，第207页。
② 《马克思恩格斯全集》第4卷，人民出版社1958年版，第572页。
③ 《马克思恩格斯全集》第17卷，人民出版社1963年版，第476页。
④ 《马克思恩格斯全集》第4卷，人民出版社1958年版，第573页。
⑤ 《马克思恩格斯全集》第4卷，人民出版社1958年版，第573页。
⑥ 《马克思恩格斯全集》第4卷，人民出版社1958年版，第574页。
⑦ 《马克思恩格斯全集》第17卷，人民出版社1963年版，第478页。

协会总委员会的成员必须由代表大会的代表民主选举产生。

四是关于职务任期制和撤换制的民主规定。《共产主义者同盟章程》规定："区部委员会和中央委员会的委员任期为一年，连选得连任，选举者可以随时撤换之。"[1] 虽然《共产主义者同盟章程》规定委员可以连选连任，但是，在民主选举条件下很难一个人可以一直连任，而且对不满意、不称职的任职者可以随时予以撤换，因此，任何人在党内的职务就不可能被固化而终身任职，这就等于实行了任期制。只有在民主选举制度被破坏的情况下，实行个人专断，才有可能使某些领袖形成终身制。到了第一国际时，为了防止某个领导人利用不变的主席职位来推行个人意志，谋求特权，马克思甚至特意地建议国际工人协会总委员会取消主席职位。马克思这样说道："在国际工人协会的章程中，也设有协会的主席。但是，实际上他的职能只不过是主持总委员会的会议。我在 1866 年拒绝了主席的职务，1867 年根据我的建议根本取消了这个职位，而代之以在总委员会的每周例会上选出的执行主席(Chairman)。"[2] 由此可见，马克思主张，主席的作用不过扮演会议"司仪"的角色而已，应该经常选举，轮换任职，根本不存在主席职务的终身制。

五是关于定期举行会议和实行代表大会年会制的民主规定。《共产主义者同盟章程》规定，各级组织都应该定期召开会议，讨论党内事务，"支部、区部委员会以及中央委员会至少每两周开会一次。"[3] 代表大会每年要召开一次，即实行年会制；遇到情况紧急时，还要召开非常代表大会。党之所以要定时召开各种会议，是因为党内的事务和所有问题，必须由各级党组织的领导机构或代表大会民主讨论。《国际工人协会章程和条例》也规定，国际工人协会必须每年召开一次代表大会，研讨工人阶级共同关心的问题，"使一个团体中提出的但具有普遍意义的问题能在所有的团体中加以讨论"[4]。总

---

① 《马克思恩格斯全集》第 4 卷，人民出版社 1958 年版，第 574 页。
② 《马克思恩格斯文集》第 10 卷，人民出版社 2009 年版，第 294—295 页。
③ 《马克思恩格斯全集》第 4 卷，人民出版社 1958 年版，第 574 页。
④ 《马克思恩格斯全集》第 21 卷，人民出版社 2003 年版，第 536 页。

委员会作为国际工人协会的最高权力执行机构，它所召开的会议进行的每一次集体讨论都非常认真。每个委员都能各抒己见，畅所欲言，不搞个人说了算，也要避免把自己的意见强加给其他委员。每个人对自己的言论采取负责的态度，每次会议都要事先宣读上一次会议的记录，发言人可以改正记录上的错误。

六是关于少数服从多数的原则规定。《共产主义者同盟章程》规定，党的会议实行民主讨论后的集体议决。虽然共产主义者同盟尚未明确规定多数人决定的原则，但由于集体议决事项，事实上在实际过程中必然实行少数服从多数的原则。有鉴于在《共产主义者同盟章程》中缺乏明文规定的情况，到了组织国际工人协会时，马克思恩格斯就明确地制定了少数服从多数的根本原则。总委员会的委员如拟把某个问题提出讨论，应当先行通告，对被讨论的提案，允许不同的意见和不同的观点展开讨论，并不要求领导机关所有委员的认识必须是统一和一致的，甚至允许不同意见者提出反提案，即"修正案"。但是，一旦提案经过多数人表决通过后，任何人就要遵守和服从，没有权利推翻它。《国际工人协会章程和条例》明确规定："在代表大会上每个代表只有一票表决权。"[1]任何人都没有特权，一旦提案经过表决为多数人通过后，少数人就要坚决遵守和服从，没有权利推翻它。恩格斯指出："少数都要服从多数"[2]，应当维护"多数对少数的权威"[3]。在国际工人协会总委员会中，马克思享有崇高的威望，但是马克思从不居功自傲，而是一贯坚持集体讨论问题。马克思把自己摆在一个普通的、平等的成员位置上，也只享有一票的权利。他提出的建议，也要经过大家讨论，经过议决赞成后才能付诸实行。

七是关于党内情况经常通报的制度规定。《共产主义者同盟章程》规定："每个区部至少每两个月向总区部报告一次本地区的工作进展情况，每个总区部至少每三个月向中央委员会报告一次本地区的工作进展

---

① 《马克思恩格斯全集》第 21 卷，人民出版社 2003 年版，第 538 页。
② 《马克思恩格斯全集》第 17 卷，人民出版社 1963 年版，第 519 页。
③ 《马克思恩格斯文集》第 10 卷，人民出版社 2009 年版，第 378 页。

情况。"①"总区部向最高权力机关——代表大会报告工作，在代表大会闭幕期间则向中央委员会报告工作。""中央委员会同各总区部保持联系，每三个月作一次关于全盟状况的报告。"②《国际工人协会共同章程和组织条例》也规定："全协会代表大会在年会上听取总委员会关于过去一年的活动的公开报告。"③除此之外，还要求"总委员会发表定期报告"④。

八是关于监督制度的民主规定。共产主义者同盟的区部委员会、总区部、中央委员会、代表大会都拥有监督权，对凡不遵守盟员条件者进行监督，可以视情节轻重或暂令其离盟或开除出盟，但最终开除盟籍须由代表大会作决定。国际工人协会的总委员会"有权将任何支部暂时开除出国际"，也"有权解决属于一个全国性组织的团体或支部之间、或各全国性组织之间可能发生的纠纷，但是，它们保留有向应届代表大会进行申诉的权利，应届代表大会的决定才是最终决定"⑤。

马克思恩格斯为党建立的民主制的组织原则和制度，并没有否定集中对于党的组织和领导的重要作用。在《共产主义者同盟章程》中，马克思恩格斯制定的民主制也包含了必要的集中，他们从五个方面制定了需要加强党的集中的条文。⑥

一是关于盟员加入同盟组织的规定："接收新盟员须经支部事先同意，由支部主席和充当介绍人的盟员办理"，盟员入盟"必须获得一致通过，才能被接收入某一支部"。这些规定说明，任何一个人要成为同盟的盟员，不是一件随随便便的事情，需要经过组织上进行集中的审议和全体盟员的同意，而且在入盟后，盟员不是散乱的、自处的，要集中地编入某一个支部。这样的规定表明，共产党是一个建立在民主制基础上的严密集中型的政党。

---

① 《马克思恩格斯全集》第 4 卷，人民出版社 1958 年版，第 575 页。
② 《马克思恩格斯全集》第 4 卷，人民出版社 1958 年版，第 574 页。
③ 《马克思恩格斯全集》第 17 卷，人民出版社 1963 年版，第 476 页。
④ 《马克思恩格斯全集》第 17 卷，人民出版社 1963 年版，第 477 页。
⑤ 《马克思恩格斯全集》第 17 卷，人民出版社 1963 年版，第 481 页。
⑥ 参见《马克思恩格斯全集》第 4 卷，人民出版社 1958 年版，第 572—577 页。

二是关于个人与组织间关系的规定：盟员要"服从同盟的一切决议"，"保守同盟的一切机密"。对于党内通过的决议、做出的决定以及任务的部署等，盟员必须坚决服从，并认真执行完成。这说明，无产阶级政党内部不是你说你的、我干我的，各吹各的号，各走各的道，而必须在集中统一的号令下一致行动。盟员必须保守同盟的机密、维护同盟的团结。

三是关于盟员个人情况要向组织及时报告的规定："任何一个盟员迁居时均须事先报告本支部的主席"，"盟员至少每三个月同所属区部委员会联系一次，支部每月联系一次。"这就是说，每一个盟员入盟后，必须向组织上汇报个人的一些重要事项，尤其是本人居住在哪里，准备迁居往何处。盟员也要经常地与所在组织保持着联系。这表明，盟员不能散乱地游离于组织之外，要生活于组织中，组织上也要随时掌握盟员的情况，形成集中的力量。

四是关于开除盟员的规定："凡不遵守盟员条件者，视情节轻重或暂令离盟或开除出盟。""为了盟的利益必须对被暂令离盟者，被开除盟籍者和可疑者加以监视，使他们不能为害。"这表明，同盟不是一个由无组织、无纪律的盟员构成的大杂烩、游乐场，它具有盟员应遵守的集中统一的条件和纪律。盟员入盟后，一旦发现不符合同盟的集中统一的条件和纪律，就要予以处理直至开除。

五是关于同盟机构设置以及下级与上级关系的规定："同盟的组织机构是：支部、区部、总区部、中央委员会和代表大会。"在同盟的五级机构中，支部是基层组织，区部(辖有两个以上十个以下支部)和总区部(本国或本省内的各区部隶属于一个总区部)是中层组织，中央委员会和代表大会是高层组织。它们之间是隶属和领导的关系："区部委员会必须根据盟的意图对各支部所进行的讨论加以领导"；"每个区部至少每两个月向总区部报告一次本地区的工作进展情况，每个总区部至少每三个月向中央委员会报告一次本地区的工作进展情况。"这表明，在党内的各级组织中，上级组织对下级组织负有领导的职责。

在共产主义者同盟成立后不久，1848年的革命风暴就席卷了欧洲大

陆，意大利、法国、德国、匈牙利、罗马尼亚、捷克、波兰等国，相继发
生了反抗封建专制主义的资产阶级革命。1848 年欧洲革命的浪潮虽然造
成各国君主与贵族体制的动荡，推动了工人运动发展，丰富了科学社会主
义理论，但革命很快就遭到失败，进入了低潮时期。马克思恩格斯认为，
随着革命的不断发展和变化，尤其是当革命处于低潮时，应该深入进行理
论分析，不断总结经验教训。在加强党的组织建设方面，必须及时地对党
的章程做出调整和补充修订，增添新的内容。因而，在 1848 年欧洲革命
之后，马克思恩格斯又对《共产主义者同盟章程》作出了重新制定，阐明
了无论是在革命的发展期还是在革命的低潮期，无产阶级政党都要加强党
的集中领导。

　　1850 年 3 月，为了适应 1848 年欧洲革命后新的斗争的需要，马克思
恩格斯提出建立独立的工人政党的任务。他们经过分析形势后，主张长期
进行力量的积蓄，为新的革命高潮的来临做准备。但是，以维利希和沙
佩尔为首的少数派则主张立即发动革命。1850 年 9 月，终于导致了同盟
的分裂。根据马克思的建议，同盟的中央职权移交科伦区部委员会。加
之 1847 年通过的《共产主义者同盟章程》，曾被伦敦中央委员会做了修
改，出现了伦敦盟章，其原则性的条款软弱无力。在一些地方，甚至出
现了两个盟章都发生效力，而在另一些地方则一个盟章都不起作用，采
用了擅自制定盟章的做法，在盟内造成一片混乱。所以，马克思提议要
制定新的、真正的盟章，改变没有统一的盟章和盟章不起作用的局面。
1850 年 12 月 10 日，新制定的经过马克思修改的盟章送交同盟的伦敦区
部，1851 年 1 月 5 日得到批准。相比起 1847 年的《共产主义者同盟章程》，
1851 年的新的盟章又有了明显的修改和发展。简言之，发生了三个重大
变化。

　　第一个重大变化，规定"同盟分为支部、区部、中央委员会和代表
大会"①。1847 年《章程》规定的同盟组织系统分为五级，新的《章程》裁

---

① 《马克思恩格斯全集》第 10 卷，人民出版社 1998 年版，第 745 页。

减了"总区部"的层级。之所以减去一个层级，是为了更好地加强集中，因为层级多了，组织和领导就显得分散。

第二个重大变化，进一步明确了盟员与同盟组织以及同盟上下级组织之间的关系："被接收入盟的人必须宣誓无条件地服从同盟的决议。"①"一国或一省的支部隶属于总支部，即中央委员会任命的**区部**。支部只跟区部直接联系，区部只跟中央委员会直接联系。"②"支部应定期召开会议，至少每半个月一次；它至少每一个月向区部作一次书面报告，各区的总支部至少每两个月向中央委员会作一次书面报告；中央委员会每三个月作一次有关同盟情况的报告。"③这些规定，保证了盟员要有严格、牢固的组织纪律观念，坚决地服从和执行同盟的一切决定，通过健全党的会议制度和报告制度，保证了同盟形成支部直接受上级区部的领导、每个区部（总支部）都直接接受中央委员会领导的紧密的集中统一关系，形成一个坚强的组织体系。而在1847年《章程》中，虽然也有关于集中的一些要求，但很明显，关于盟员与组织之间以及下级组织与上级组织之间的关系，总的来说规定的还不够严格，也不够清晰明确，例如没有使用"无条件""直接"等严肃的措辞，易于造成组织松散的现象发生。

第三个重大变化，作出了关于怎样解决同盟内争执冲突的规定："同一支部内的个别盟员之间的争执由支部最后解决；同一区部内的个别盟员之间的争执由区部总支部最后解决；不同区部的个别盟员之间的争执由中央委员会最后解决；对中央委员会成员的个人性质的控诉应转交代表大会。同一区部内的支部之间的争执由区部总支部解决；支部和它的区部之间的争执或区部之间的争执由中央委员会解决；不过，在第一种情况下，可以诉诸区部会议解决；在第二种情况下，可以诉诸代表大会解决。代表大会还解决中央委员会和同盟下级委员会之间的一切冲突。"④这就是说，

---

① 《马克思恩格斯全集》第10卷，人民出版社1998年版，第744—745页。
② 《马克思恩格斯全集》第10卷，人民出版社1998年版，第745页。
③ 《马克思恩格斯全集》第10卷，人民出版社1998年版，第745页。
④ 《马克思恩格斯全集》第10卷，人民出版社1998年版，第746—747页。

党内可以有不同的意见，相互间发生争执冲突，也是正常的、常有的事，但问题是要正确地对待，并立下相关的规矩。新《章程》作出这个规定的实质在于，凡属个人之间的意见冲突矛盾，必须交由同一级组织即支部、区部（总支部）来处理并作出最后解决，或交由上一级组织即中央委员会、代表大会来处理并作出最后解决；凡属于组织间的意见冲突矛盾，如支部与支部之间的争执，或支部与它的区部之间的争执，或各区部之间的争执，也都要交由上一级的组织来处理和解决。这样的规定清晰地表达了，在无产阶级政党内，个人要服从组织，下级组织要服从上级组织。

以上新《章程》出现的三个重大变化，归结起来就是，马克思恩格斯更加强调了组织的集中性问题。那么，为什么1848年欧洲革命后马克思恩格斯制定的新《章程》会如此强调集中呢？客观地说，这是因为在1847年《章程》里虽然对集中的问题制定了诸多条文，但还缺乏作出关键性的一些制度规定。例如，当时的章程规定了在党内各级组织中，上级组织负有领导下级的职责，但只限于对讨论的问题加以领导，并不是上级对下级的全面领导；虽然同盟内部通行集体议事讨论的方式，对讨论的议案实行多数人同意即获得通过的原则，但没有规定在多数人通过了议案和决定后，少数人一定要服从、要执行，更没有明确规定下级组织一定要服从上级组织，反而强调各级组织可以"按照章程独立负责进行活动"[1]。这就导致了在革命实践活动中，曾经发生了少数不服从多数、下级组织不服从上级组织的严重的恶劣行为。

1848年法国二月革命爆发时，共产主义者同盟的领导人马克思、恩格斯、沙佩尔、鲍威尔等人来到当时革命的中心巴黎，根据同盟中央委员会3月3日的决议，在巴黎建立了新的中央委员会，马克思任中央委员会主席、沙佩尔任书记、恩格斯任委员。马克思恩格斯为同盟起草了《共产党在德国的要求》，中央委员会决定把它作为文件交给盟员，让他们秘密带回德国和人民一起参加革命。有400多名盟员和德国革命者分批越过国

---

[1] 《马克思恩格斯全集》第4卷，人民出版社1958年版，第575页。

境，分散到各地成功地指导革命。然而，却有部分德国的盟员和政治流亡者，要求组成一个义勇军团打回德国去。马克思恩格斯坚决反对这种把革命当作儿戏，企图从外面用武力输入革命的错误做法。但是，这些人公然不服从中央的决定，擅自组成并带领义勇军团打回德国去。结果，义勇军团在边境时就遭到反动派的屠杀和逮捕。此外，在革命失败后，共产主义者同盟竟出现"个别的区部和支部开始放松了，甚至渐渐地中止了自己同中央委员会的联系"①的组织涣散的情况。正是鉴于这样的教训，马克思恩格斯认识到在党的民主制中加强实行集中领导的重要性，在他们写的《共产主义者同盟中央委员会告同盟书》中指出："革命活动只有在集中的条件下才能发挥全部力量。"②在实行民主制时必须加强中央的集中："实行最严格的中央集权制是真正革命党的任务"③。当然，共产党要实行的中央集权制，不是封建时代专制君主制的中央集权制，而是建立在人民民主制基础上的中央集权制。

以上说明，马克思恩格斯要求无产阶级政党实行民主制的组织制度，这样的民主制既要民主，也要集中，民主制并没有排斥集中，也不能排斥集中，如果党没有集中就没有组织纪律，也就没有任何的力量。无产阶级政党在实行民主、充分发扬民主的基础上，建构的是一个有着集中统一领导的和严密纪律要求的先锋队组织。

四、要正确开展党内斗争和坚持党的团结

党内斗争是指为解决党内矛盾而进行的思想、政治和组织等方面的斗争。马克思恩格斯认为，无产阶级政党要成为一个领导工人阶级和劳动人民战胜资本主义的战斗部队，就需要开展和善于开展党内斗争，通过党内

① 《马克思恩格斯全集》第 10 卷，人民出版社 1998 年版，第 386 页。
② 《马克思恩格斯选集》第 1 卷，人民出版社 2012 年版，第 562 页。
③ 《马克思恩格斯选集》第 1 卷，人民出版社 2012 年版，第 562—563 页。

斗争达到党的团结。自参加和组织无产阶级政党的活动以来，马克思恩格斯始终认为，必须同一切违背科学社会主义原理的错误思想作坚决的批判斗争，他们先后同魏特林的空想社会主义，赫斯、格律恩、克利盖的"'真正的'社会主义"，小资产阶级思想家海因岑的激进主义，以及蒲鲁东主义，英国工联主义，拉萨尔主义，巴枯宁主义，杜林的小资产阶级社会主义进行了不妥协的、彻底的斗争。马克思逝世后，恩格斯又与由赫希伯格、施拉姆、伯恩斯坦组成的"苏黎世三人团"的党内右倾机会主义，进行了深刻的、有力的思想和理论批判斗争。马克思恩格斯非常重视这样的党内思想和理论斗争，因为只有通过这样的斗争把各种错误思潮逐出党内，才能巩固科学社会主义对无产阶级政党的指导地位。恩格斯说："**任何**工人政党，只有在内部斗争中才能发展起来，这是符合一般辩证发展规律的。"①

无产阶级政党为什么需要开展党内斗争呢？这是因为，从无产阶级的内部来看，自身存在着先进与落后的区别，难免会发生党内斗争。随着资本主义的发展，大批破产的小资产者沦为无产者，加入到了无产阶级的队伍里来，有不少人也就加入了无产阶级政党。因而恩格斯指出："在一个**日益壮大的**工人政党内，小资产阶级分子的增多是不可避免的"②。对于新入党的党员成分，恩格斯作了具体分析："现在加入的不是小城市或农村地区的工人，就是大学生、店员等等，或者是正在破产的边缘挣扎的小资产者和农村家庭手工业者（这些人还占有或承租小块土地），此外，现在还有真正的小农。"③ 由于为数不少的各类小资产者加入了无产阶级政党，他们不可避免地把小资产阶级的自私、狭隘、易于冲动且易于动摇的弱点带到党内来了，影响了无产阶级政党的健康发展。新入党的党员带来的小资产阶级思想在党内的存在，归根到底造成了无产阶级政党内部先进与落后、正确与错误的冲突，因而必然会产生分歧和斗争。对此，恩格斯说：

---

① 《马克思恩格斯选集》第 4 卷，人民出版社 2012 年版，第 551 页。
② 《马克思恩格斯选集》第 4 卷，人民出版社 2012 年版，第 658 页。
③ 《马克思恩格斯文集》第 10 卷，人民出版社 2009 年版，第 683 页。

"我们一直在党内同小资产阶级的市侩庸俗习气作最无情的斗争"①。

再从无产阶级的外部来看，由于资产阶级为了控制工人运动，阻止无产阶级政党的发展，往往采取拉拢、收买工人阶级队伍中的一些上层分子的手法，使之变成"工人贵族"和资产阶级代理人，往往给无产阶级政党造成危害更大的破坏。针对英国宪章派领导人贵族化的变化，恩格斯指出："英国无产阶级实际上日益资产阶级化了，因而这一所有民族中最资产阶级化的民族，看来想把事情最终弄到这样的地步，即**除了**资产阶级，它还要有资产阶级化的贵族和资产阶级化的无产阶级。"②在受到资产阶级的引诱和收买后，一些工人政党的领袖人物就开始腐化起来了。例如，德国早期工人运动活动家、全德工人联合会创始人、联合会主席拉萨尔就是这样的堕落分子。马克思曾揭露拉萨尔"完全变了样：故意疏远工人；奢侈享乐；向'贵族血统'的代表人物献媚。工人们甚至指责他经常利用党去干**私人的肮脏勾当**，甚至为了有利于诉讼想利用工人去从事**个人犯罪行为**"③。由此可见，无产阶级政党必须通过党内斗争，才能防止党的腐化并清除腐败分子。只有开展积极的党内斗争，不断地清除错误思想，才能巩固和发展无产阶级政党。在第一国际时期，马克思指出："国际的历史就是**总委员会**对那些力图在国际内部巩固起来以抗拒真正工人阶级运动的各个宗派和各种浅薄尝试所进行的**不断的斗争**。这种斗争不仅在**历次代表大会**上进行，而且更多的是在总委员会同个别支部的非正式的商谈中进行。"④对于党内斗争，绝不能采取回避迁就的态度，恩格斯指出："矛盾绝不能长期掩饰起来，它们总是以斗争来解决的"⑤。不懂得这一点，就会纵容错误思潮泛滥，最终葬送党的前途。

党内斗争，就其性质来讲，包括三个不同的方面：其一，同各种错误

---

① 《马克思恩格斯全集》第35卷，人民出版社1971年版，第444页。
② 《马克思恩格斯选集》第4卷，人民出版社2012年版，第434页。
③ 《马克思恩格斯全集》第29卷，人民出版社1972年版，第27页。
④ 《马克思恩格斯文集》第10卷，人民出版社2009年版，第367页。
⑤ 《马克思恩格斯全集》第36卷，人民出版社1974年版，第359页。

倾向、错误思想和错误行为的斗争。这是党内最基本的、常见的斗争。所谓错误的倾向、思想和行为，是指从"左"的方面或右的方面背离或曲解马克思主义的基本原理和党的正确路线的错误思潮。这种错误思潮，在某个时期往往有一定的代表性。其二，党内的路线、方向斗争。所谓路线斗争，就是党为了实现一定历史时期的任务，在总的路线、方针问题上的斗争。两条路线的斗争，指的是正确路线同错误路线的斗争。由于错误路线具有两种形态即"左"的和右的，因此，党内路线斗争自然包括了既反"左"倾机会主义又反右倾机会主义这样两条战线的斗争。路线斗争并不是经常存在于党内的，它只是在特定的历史条件下才产生和出现的。其三，同暗藏在党内的敌人、各种反革命分子和敌视社会主义的敌对分子的斗争。资产阶级和各种反动势力为了瓦解无产阶级政党总是千方百计地混入党内或在党内寻找其代理人。党同他们的斗争，是敌我斗争。党内斗争是十分复杂的，有时甚至是相当激烈的，并且还会经常反复地出现。那么，究竟该怎样进行党内斗争呢？

一是进行批评教育，这是开展党内斗争的基本方式。对于那些犯了政治错误的同志、即使是犯了严重政治路线错误，而又愿意改正的领导人来说，都应采取这样的方式来对待和处理。党内的批评斗争应该是正常的事情，党内需要塑造浓厚的批评氛围。恩格斯说："党内的分歧并不怎么使我不安；偶尔发生这类事情而且人们都公开发表意见，比暮气沉沉要好得多。"[1] 为此，恩格斯要求党内同志"不要再总是过分客气地对待党内的官吏——自己的仆人，不要再总是把他们当作完美无缺的官僚，百依百顺地服从他们，而不进行批评"[2]。通过批评，明辨是非，才能促使犯错误的同志幡然悔过，重新回到正确路线上来。恩格斯中肯地指出，开展党内批评和评判"无疑会使许多人感到不愉快"，但"这对于党来说，一定要比任何无批判的恭维更有益处"[3]。

---

[1] 《马克思恩格斯文集》第 10 卷，人民出版社 2009 年版，第 683 页。
[2] 《马克思恩格斯全集》第 38 卷，人民出版社 1972 年版，第 33 页。
[3] 《马克思恩格斯全集》第 34 卷，人民出版社 1972 年版，第 399 页。

　　二是进行公开的揭露和批判，这是对混入党内、在党内搞阴谋诡计的敌对分子采取的斗争方式。在第一国际时期，1868 年 10 月，巴枯宁在瑞士建立了"国际社会主义民主同盟"，这是一个"秘密同盟"，因为在"同盟"中建立了一个秘密的阴谋团体"国际兄弟会"。"秘密同盟"的一个支部成功地打入了第一国际，使得巴枯宁的思想日益得到支持，特别是在西班牙、意大利南部、法国的一些地方和瑞士，巴枯宁企图利用它把第一国际的领导权抓到自己手里。针对巴枯宁无政府主义阴谋集团的活动，马克思恩格斯指出："要对付这一切阴谋诡计，只有一个办法，然而是具有毁灭性力量的办法，这就是把它彻底公开。把这些阴谋诡计彻头彻尾地加以揭穿，就是使它们失去任何力量。"[①] 在马克思恩格斯的揭露批判下，巴枯宁的无政府主义思想被驳得体无完肤。

　　三是进行坚决的组织处理，这是对于那些犯了错误又死不悔改、最终堕落成为不可救药的反动分子的处置方式。从组织上清除这些异己分子，才能纯洁党的组织，保持和增强党的战斗力。恩格斯说："一个健康的党随着时间的推移必定会把废物排泄掉"[②]。例如，在马克思恩格斯的揭露批判下，1872 年第一国际在海牙代表大会上作出决议，将巴枯宁开除出第一国际。[③]

　　无产阶级政党开展党内斗争，决不是为了斗争而斗争，党内斗争的目的是维护党的团结统一，开展党内斗争只是实现这一目的的手段。早在共产主义者同盟成立时，马克思恩格斯就在《共产党宣言》中指出，只有"工人通过结社而达到的革命联合代替了他们由于竞争而造成的分散状态"，他们才能挖掉"资产阶级赖以生产和占有产品的基础本身"，成为资本主义的"掘墓人"[④]。所以，联合的行动，是无产阶级获得解放的首要条件之一。后来，恩格斯更是强调了无产阶级政党实现团结统一的问

---

① 《马克思恩格斯全集》第 18 卷，人民出版社 1964 年版，第 372 页。
② 《马克思恩格斯全集》第 34 卷，人民出版社 1972 年版，第 264 页。
③ 参见《马克思恩格斯全集》第 18 卷，人民出版社 1964 年版，第 173 页。
④ 《马克思恩格斯选集》第 1 卷，人民出版社 2012 年版，第 412—413 页。

题，他指出，与资本主义作斗争，党的"团结一致比任何其他时候都更加必需"①，共产党"单靠那种认识到阶级地位的共同性为基础的团结感，就足以使一切国家和操各种语言的工人建立同样的伟大无产阶级政党并使它保持团结"②。鉴于第一国际内部的意见分歧和派别活动越来越严重，马克思同样地强调指出："国际的一个基本原则——团结。如果我们能够在一切国家的一切工人中间牢牢地巩固这个富有生气的原则，我们就一定会达到我们所向往的伟大目标。"③马克思接着以巴黎公社中布朗基派和蒲鲁东派互相争吵，影响了革命队伍内部的团结，从而使敌人有了可乘之机，导致巴黎公社最终失败的教训告诫人们："革命应当是团结的，巴黎公社的伟大经验这样教导我们。"④

　　要保持党的团结，当然不能搞无原则的妥协、退让，不能和稀泥，要对宗派分裂主义等倾向作坚决的斗争。马克思恩格斯认为，绝不能为了所谓的团结而牺牲了原则。1882年秋，法国工人党发生分裂，同时召开了两个社会主义者代表大会，即可能派代表大会和盖得派（马克思派）代表大会。恩格斯在评论法国党的分裂时指出，通过分裂可以使问题明朗，这是一件好事。法国党分裂后，虽然以盖得为首的革命派处于少数地位，但恩格斯认为："暂时处于少数——在组织上——而有正确的纲领，总比没有纲领而只是表面上拥有一大批虚假的拥护者要强得多。"⑤这样可以使党变得更加团结坚强。在党内团结问题上，马克思恩格斯向来主张，必须以坚持原则求团结，绝不能为了所谓的团结而牺牲了原则，那样的团结不可靠，更不可能持久。

① 《马克思恩格斯全集》第17卷，人民出版社1963年版，第516页。
② 《马克思恩格斯选集》第4卷，人民出版社2012年版，第216页。
③ 《马克思恩格斯全集》第18卷，人民出版社1964年版，第180页。
④ 《马克思恩格斯全集》第18卷，人民出版社1964年版，第180页。
⑤ 《马克思恩格斯全集》第35卷，人民出版社1971年版，第402页。

第十章　民主理论

马克思恩格斯从实现无产阶级解放和人类解放出发，把实行民主政治作为未来社会主义社会的中心主题。马克思恩格斯本人从青年时代起，就是一个革命民主主义者，倡导民主、抨击专制，并坚定地主张建立无产阶级民主制度。马克思恩格斯的民主思想，贯穿在他们不同时期的政治著述里，形成了区别于以往任何时代民主学说的独具特色的理论体系，以其耀眼的光芒闪烁在人类政治思想史的浩瀚星空中。在马克思恩格斯民主思想的视阈里，既包含了对古代氏族社会原始民主的评价肯定，又包含了对古希腊、古罗马时期民主传统的论述分析，也包含了对近代以来理性主义启蒙思想家的民主思潮的继承和批判。在揭露了资产阶级民主的实质及其虚伪性与罪恶后，马克思恩格斯建构了未来社会主义社会实行人民管理制的民主政治制度。

一、对古代氏族社会原始民主的评价肯定

马克思恩格斯对古代氏族社会民主的研究，主要根据俄国学者马·柯瓦列夫斯基的《公社土地占有制，其解体的原因、进程和结果》、美国学者路·摩尔根的《古代社会》、英国官员约·菲尔的《印度和锡兰的雅利安人村社》、英国法学家亨·梅恩的《古代法制史讲演录》以及英国古史学家约·拉伯克的《文明的起源和人类的原始状态》等著作，马克思对这些著作作了很多摘录，写下了许多作了批注和评语的读书笔记。后

来，恩格斯利用摩尔根的研究成果，并充分吸收了马克思的笔记《路易斯·亨·摩尔根的〈古代社会〉一书摘要》中所表述的思想，撰著了《家庭、私有制和国家的起源》的经典著作。

马克思恩格斯认为，原始人类社会形态，是由两个自发产生的社会关系即血缘亲属关系和生产资料公社所有制决定的。直到资本主义社会确立以前，在所有社会特别是在发展比较缓慢的社会中，都程度不等地存在着这两种社会关系或者它们变种的影响，在社会生活的各个方面都留有它们不同程度的印记。原始社会形成的人与人之间的民主和平等的关系及制度，是和公社所有制相联系并由这样的所有制关系决定的。这表明，马克思创立的历史唯物主义原理科学地反映了人类社会发展的规律。

柯瓦列夫斯基的《公社土地占有制，其解体的原因、进程和结果》，记载了亚、非、美洲的印度、阿尔及利亚等地的各古老民族社会历史的演变，不仅论述了美洲红种人的土地所有制、西班牙在西印度的土地政策以及对西印度群岛和美洲大陆公社所有制瓦解产生的重要影响，还论述了印度的公社土地所有制的各种形式、阿尔及利亚的多种土地占有制以及公社的公共管理组织。马克思在笔记中摘录了柯瓦列夫斯基的分析：在印度，最初的氏族公社（大约在公元前四世纪时就出现了）**"实行土地共同所有制和集体耕种的"**[①]，一直到《摩奴法典》（大约成书于公元二世纪）时代，"土地共同所有制是占统治地位的形式。"[②] 在土地共同所有制基础上，**"公社氏族团体和农村团体被用之于行政和司法的目的。"**[③] 在司法方面，公社的共同占有者会议是高等审判机关，家庭会议（法庭）和工匠会议（工匠法庭）都受其制约。在公社公职人员的产生方面，《耶遮尼雅瓦勒基雅法典》和《那罗陀法典》两部法典也证实了由公社自己任命公社长（首领），采取经由公社的所有成员民主选举的方法。"两部法典都劝告人们选举通晓自己的职责、大公无私、清廉自守的人担任公社长，都规定公社成员绝

[①] 《马克思恩格斯全集》第 45 卷，人民出版社 1985 年版，第 242 页。
[②] 《马克思恩格斯全集》第 45 卷，人民出版社 1985 年版，第 245 页。
[③] 《马克思恩格斯全集》第 45 卷，人民出版社 1985 年版，第 248 页。

对服从这样选举出来的人员的决定"①。这说明，马克思通过摘录和评论柯瓦列夫斯基的《公社土地占有制，其解体的原因、进程和结果》，揭示了民主起源于原始社会。

马克思在《路易斯：亨·摩尔根的〈古代社会〉一书摘要》中，进一步阐述了古代氏族社会的民主问题。路易斯·亨利·摩尔根是美国民族学家、人类学家，他在《古代社会》中，将人类历史的起源和发展进程，划分为蒙昧社会、野蛮社会与文明社会三个阶段，通过对世界历史范围内各主要文明在技术、政治观念、家族观念、财产观念等方面发展的全面考察研究，探寻人类文明发展的共同源头与一致规律，寻找各阶段进步的具体标志。特别是他将美国印第安部落的历史与经验作为典型案例，通过对易洛魁印第安人的婚姻制度、亲属制度、氏族制度的长期研究，展示了人类文明在三个不同阶段较完备的面貌。摩尔根的划时代发现，从历史学和人类学角度论证了唯物史观的正确性，为马克思主义经典作家的历史唯物主义理论提供了科学依据。

马克思在笔记中引述了摩尔根关于"氏族社会是民主社会"的重要观点："**在盛行氏族制度的地方**——即在政治社会建立以前，——我们发现各民族或部落**都组织为氏族社会**，都没有超出这一范围，'**国家是不存在的**'。因为**氏族**这种组织单位**本质上是民主的**，所以由氏族组成的**胞族**，由胞族组成的**部落**，以及由**部落联盟**或由**部落的溶合**（更高级的形态）[如罗马的**三个罗马部落**、阿提卡的**四个雅典部落**、斯巴达的**三个多利安部落**；他们都定居在一个**共同的地域**] 所组成的氏族社会，也必然是民主的。"②原始社会没有国家，没有阶级压迫，没有专制制度，但它有着自己的管理机构，通行的是民主的管理方式。第一，氏族成员有选举酋长和酋帅的权利。差不多在所有美洲印第安人部落中，首领都有两个，即酋长和酋帅。其他一切等级都是这两种基本等级的变形。他们在每个氏族中都

---

① 《马克思恩格斯全集》第45卷，人民出版社1985年版，第251页。
② 《马克思恩格斯全集》第45卷，人民出版社1985年版，第406页。

是从氏族成员中选举出来的。酋长的职责只限于和平时期的事务，酋帅领导军事行动。他们通常都是才力出众的人，才被选到这个职位上来，但他们在氏族中并没有特殊的权力。第二，罢免酋长和酋帅的权利。氏族成员保持着这种权利，酋长和酋帅是以其是否"行为良好"为转移，不胜任者即被罢免。酋长就职称为"戴角"，被罢免称为"摘角"。当酋长或酋帅被氏族以正当手续罢免之后，就成为一个私人。第三，氏族议事通行民主的规则。民主规则要求，所有公共问题须经协商，得到大多数成员同意才能决定，每项公共法令也是如此才能生效，这是氏族民主的基本法则。在氏族与氏族间商议事情时，使用"贝珠带"的规定，"在和对方谈判的过程中，**要交出几条这种贝珠带。对方每接受一条建议也回赠一条贝珠带。**"① 借以表明，民主协商达成了共识一致。第四，氏族会议是最高管理机构。会议作为管理的形式，是氏族、部落和部落联盟的最高权力机构，日常事务由酋长解决，涉及总体利益的事情则交由会议决定。氏族会议是一个民主的大会，在会上，每一个成年男女对所讨论的一切问题都有发言权。第五，氏族全体成员是自由平等的人。氏族的全体成员都是人身自由的人，都有相互保卫自由的义务，在特有权利和个人权利方面一律平等；不论酋长或酋帅都不能要求任何优越权，他们是由血亲纽带结合起来的同胞，"**自由、平等、博爱**，虽然从来没有明确表达出来，却是**氏族的根本原则**"②。

与马克思的研究相同的是，恩格斯在《家庭、私有制和国家的起源》里，也盛赞了古代氏族社会的民主制度。恩格斯以美洲易洛魁族为例，指出他们有 10 项习俗，其中涉及了与公共事务民主管理的相关规定：一是氏族选举一个酋长（平时的首脑）和一个酋帅（军事领袖）。酋长必须从本氏族成员中选出，酋长在氏族内部的权力，是父亲般的、纯粹道义性质的；他手里没有强制的手段，酋帅仅仅在出征时才能发号施令。二是氏族可以任意罢免酋长和酋帅。这仍是由男女共同决定的。被罢免的人，此后

---

① 《马克思恩格斯全集》第 45 卷，人民出版社 1985 年版，第 449 页。
② 《马克思恩格斯全集》第 45 卷，人民出版社 1985 年版，第 416 页。

便像其他人一样成为普通战士，成为私人。此外，部落议事会也可以甚至违反氏族的意志而罢免酋长。三是同氏族人必须互相援助、保护，特别是在受到外族人伤害时，要帮助报仇。个人依靠氏族来保护自己的安全，而且也能做到这一点。四是氏族设有一个议事会，它是氏族的一切成年男女享有平等表决权的民主集会，它是氏族的最高权力机关。① 恩格斯特别描述了管理公共事务的部落议事会的民主性，议事会"是由各个氏族的酋长和军事领袖组成的——这些人是氏族的真正代表，因为他们是随时都可以罢免的；议事会公开开会，四周围着其余的部落成员，这些成员有权加入讨论和发表自己的意见；决议则由议事会作出。按照通例，每个出席的人都可以随意发表意见，妇女也可以通过她们所选出的演说人陈述自己的意见"②。按照相关的程序进行讨论并做出表决，最后服从多数人的意见和决定。恩格斯对氏族社会原始民主作出的高度评价，采取了与国家出现的各种机构以及实行的管理相对比的方法，他说，易洛魁人在这样的制度中生活了 400 余年，而且直至今日还生活于其中的整个社会制度，这种制度形成了"一种尚不知**国家**为何物的社会的组织情况"③，而国家是以一种与全体固定成员相脱离的特殊的公共权力为前提的，"这种十分单纯质朴的氏族制度是一种多么美妙的制度呵！没有士兵、宪兵和警察，没有贵族、国王、总督、地方官和法官，没有监狱，没有诉讼，而一切都是有条有理的。一切争端和纠纷，都由当事人的全体即氏族或部落来解决，或者由各个氏族相互解决"④。

从马克思恩格斯对氏族社会民主分析和评价中可知，"**民主原则**是氏族社会的**基本**要素"⑤，氏族社会的民主是实行全体社会成员平等的、全过程的民主。它主要有三个平等的、全过程的环节和活动：一是民主

---

① 参见《马克思恩格斯选集》第 4 卷，人民出版社 2012 年版，第 97—100 页。
② 《马克思恩格斯选集》第 4 卷，人民出版社 2012 年版，第 104 页。
③ 《马克思恩格斯选集》第 4 卷，人民出版社 2012 年版，第 107 页。
④ 《马克思恩格斯选集》第 4 卷，人民出版社 2012 年版，第 108 页。
⑤ 《马克思恩格斯全集》第 45 卷，人民出版社 1985 年版，第 452 页。

选举的环节和活动，氏族的领导人，无论是酋长（平时的首脑）还是酋帅（军事领袖），都要经过民主选举的环节得以产生，而氏族的所有成年男女，都参加了民主选举活动。二是民主商议和决定氏族内部公共事务的环节和活动，在氏族内部，规定所有氏族成员都有着相同的权利和义务，可以平等地参与民主商讨和决定氏族内部的公共事务问题。一旦要商议和决定氏族的这些公共事务，氏族就要举行议事会议。三是进行民主监督和罢免，即对不称职的酋长和军事首领随时可予以撤去职务。这样的民主，由于氏族成员充当了民主主体，置身于民主发展的始终，参与民主的每一个环节和活动，因而自然而然地就表现为平等的、全过程的民主。

二、对古希腊和古罗马时期民主的论述分析

原始社会是无阶级的社会。原始社会解体后，进入了有阶级的奴隶社会，产生了奴隶制国家。奴隶社会和奴隶制国家，按其经济基础和阶级性质而言，是要实行专制制度的。但由于受原始社会遗风影响所及和传统力量作用使然，加之工商业和海外贸易较为发达，商品经济呈现繁荣发展，在古希腊雅典城邦和古罗马共和国实行了民主共和制度。

在人类历史上，古希腊是最早进入阶级社会和产生奴隶制国家的地方之一。公元前 8 世纪，古希腊形成了数百个城邦国家。在众多的城邦国家中，最著名的、影响最大的是雅典城邦国家。雅典国家是在氏族制度的废墟上兴起的，实行民主政体，"政权是在全体公民手中"[①]，成为"全希腊的楷模，它的民主制度成为各邦效法的榜样"[②]。对于雅典城邦的民主政治，马克思恩格斯引述了摩尔根《古代社会》中的论述，概述了它是经过

---

① ［古希腊］修昔底德：《伯罗奔尼撒战争史》，谢德风译，商务印书馆 1985 年版，第130 页。

② 顾准：《希腊城邦制度》，中国社会科学出版社 1982 年版，第 133 页。

了五个改革发展过程才得以建立起来的。

一是提修斯的实行中央管理和划分阶级的改革。雅典地处阿提卡半岛，在英雄时代(即处于氏族社会的末期)的氏族，由于内部的阶级分化，一些贫穷的成员逐渐被排斥于氏族之外，另外，外来移民的迁入和同本地居民的混杂，开始冲破了阿提卡原有氏族的血缘关系网。提修斯的第一个制度改革，是把阿提卡半岛各分裂部分统一起来，以雅典的中央议事会和政府代替各地方议事会和政府，并制定了雅典第一部宪法。正如恩格斯指出的："这一改变首先在于，在雅典设立了一个中央管理机关，就是说，以前由各部落独立处理的一部分事务，被宣布为共同的事务，而移交给设在雅典的共同的议事会管辖了。"①提修斯的第二个制度改革，是把全体人民不问氏族、胞族或部落，一概分为贵族、农民和手工业者三个阶级，并赋予贵族以担任公职的独占权。公元8世纪，阿提卡全境已经形成了以雅典为中心统一的奴隶制国家，建立了贵族政治。对此，恩格斯尖锐地指出："它宣告了氏族社会和国家之间的不可调和的对立；建立国家的最初企图，就在于破坏氏族的联系，其办法就是把每一氏族的成员分为特权者和非特权者，把非特权者又按照他们的职业分为两个阶级，从而使之互相对立起来。"②

二是德拉古的立法改革。公元前600年左右，在雅典城邦贵族统治时代，全国的行政、司法和军事大权均操纵在贵族手中。他们居住在城镇之中，生活较豪华。贵族只注意自己阶级的利益，忽视农、工、商阶层等人民群众的利益。当时的阶级矛盾和斗争集中于一点，即雅典的贵族经常利用传统的习惯法作为剥削和统治人民的工具，由于通行的习惯法没有写成文字，统治者可以滥用职权任意解释说明。为了避免贵族统治者随意伪造或杜撰习惯法，人民群众经常起来要求制定成文法典。贵族统治者在群众的压力之下被迫让步，同意制定第一个雅典成文法。这样，就发生了德拉

---

① 《马克思恩格斯选集》第4卷，人民出版社2012年版，第124页。
② 《马克思恩格斯选集》第4卷，人民出版社2012年版，第125页。

古的立法改革。对此，马克思引述道："**公元前 624 年，德拉古给雅典人制定了一部法典，这证明以成文法代替成规和习惯的时期已经到来**。雅典人正处在**出现立法家**的阶段上，这时的立法是采取纲要或粗线条的形式，都和某人的名字联系着。"① 这即是由当时的司法执政官之一的德拉古制定的成文法。德拉古的立法从根本上是维护统治者的利益的，是保护私有财产的，但立法本身以及一些条文规定，在当时的社会情况下具有政治民主意义。德拉古的立法改革，在一定程度上限制了贵族的司法专横，对于富裕的商人也比较有利，而对于平民群众来说，在对贵族的斗争中也使他们得到自身利益。

三是梭伦的民主改革。如果说德拉古立法是被动的改革，那么，20多年后的梭伦改革则是积极进取的改革，奠定了城邦民主治理的基础。公元前 594 年，梭伦被选为首席执政官，着手解决已经白热化的穷人和富人的冲突。梭伦改革主要是废除世袭贵族的垄断权利，不再以出身而以财产的数量来划分公民等级，按一年农产品收入的总量把公民分为 4 个等级（500 斗、300 斗、200 斗和 200 斗以下四级），第一等级可担任一切官职；第二等级的公民可以担任除司库（即财政官）以外的高级官职；第三等级可任低级官职；第四等级的公民不能担任公职，但有权参加公民大会和民众法庭。梭伦设立四百人会议作为公民大会的常设机构，作为最高行政机关。四百人会议由 4 个部落各选 100 人组成，除了第四等级外，其他公民皆可当选。设立陪审法庭，作为最高司法机关，任何公民都有权上诉。陪审法庭的陪审员由所有等级的公民经抽签方式选出。陪审法庭受理并裁决公民投诉或上诉的案件，扩大了公民的权利。梭伦改革的重大意义在于，让城邦所有公民都享有民主，正如马克思引述的："第四阶级的人占大多数；其成员**不纳税**，但在**人民大会**中他们对于**所有行政长官和公职人员的选举**都有表决权，也有权对这些官员提出质询；他们可以采纳或否决一切公务措施。**所有自由民，即使不属于任何氏族或部落**，现在都开始在某种

① 《马克思恩格斯全集》第 45 卷，人民出版社 1985 年版，第 518 页。

范围内参加**管理，他们都成为公民**和**人民大会的成员**。"①

四是克利斯提尼的政治改革。梭伦在首席执政官任满后，即放弃全部权利离开雅典远游，而这引发了在继任者问题上的党争不断和僭主政治的出现。公元前510年，雅典政治家克利斯提尼联合广大平民群众发动起义，推翻了僭主势力，取得统治权，并在公元前508年至501年实行一系列政治改革，使雅典的政治制度进一步民主化。克利斯提尼推行的重大的政治改革在于，建立"五百人会议"代替原来梭伦的"四百人会议"，它享有很大权力，并且对所有等级公民开放，在公民大会闭幕期间，负责处理大部分城邦政务。克利斯提尼的改革确立和巩固了雅典的民主政治，正如恩格斯指出的："新制度撇开了以氏族和胞族为基础的四个旧部落。代替它们的是一种全新的组织"②。"它是由10个部落所选出的500名代表组成的议事会来管理的，最后一级的管理权属于人民大会，每个雅典公民都可以参加这个大会并享有投票权"③。克利斯提尼的政治改革彻底清除了雅典氏族制度的残余，雅典的贵族政治和僭主政治已经转变为奴隶主的民主政治，任何成年男性公民都有参加政治和管理国家的民主权利。

五是伯里克利改革。伯里克利于公元前443年至公元前429年连续十四年当选为雅典首席将军，他不仅学识渊博，文武双全，而且具有出众的口才。伯里克利主政期间的改革主要集中在三个方面：第一，公民大会是立法机关和最高权力机关，每隔10天左右集会一次。参加大会的公民都有发言权。发言时可以提出任何建议或批评担任公职者，最后进行表决。第二，五百人议事会是公民大会常设机构，闭会期间处理日常事务，处理宣战媾和大事，负有种种行政职权，并且事前审核那些提交公民大会讨论的大事。第三，陪审法庭是最高司法与监察机关，由六千人组成，从每个部落中用抽签的方法选出六百人，六千人中五千人是陪审法庭的正式陪审员，一千人为预备陪审员。伯里克利的改革措施，使雅典民主政治最

---

① 《马克思恩格斯全集》第45卷，人民出版社1985年版，第520页。
② 《马克思恩格斯选集》第4卷，人民出版社2012年版，第131页。
③ 《马克思恩格斯选集》第4卷，人民出版社2012年版，第132页。

终确立，达到一个高峰，被称为雅典民主政治的"黄金时代"。伯里克利为了鼓励人民参政，甚至采取付钱的方式，如马克思转述的："当**参加人民大会不给钱**的时候，**贫民**大部分是甘愿不参加的。从伯里克利的时代起，就规定了**付钱**的办法，起初——在他统治下——**参加人民大会和法庭会议只付给一个沃博尔**；后来的煽动家把它提高了两倍。"①

与古希腊城邦国家崛起的差不多的时代，公元前6世纪，古罗马国家也在氏族社会解体的基础上形成。古罗马的民主制度诚如恩格斯分析的："元老院像雅典议事会一样，在许多事情上有决定权，对比较重要的事情，尤其是新法律有权预先讨论。这些新法律，最后由叫做 comiticcuriata（库里亚大会）的人民大会通过。来参加大会的人民按库里亚分组，而在每个库里亚内大概又按氏族分组；在通过决议时30个库里亚各有一票表决权。库里亚大会通过或否决一切法律，选举包括勒克斯（所谓王）在内的一切高级公职人员，宣战（但由元老院媾和），并以最高法院资格，在一切事关判处罗马公民死刑的场合，根据当事人的上诉作最后的决定。"②还在王政时代，古罗马的国家政体就开始分为三个部分，一是人民大会，对国家重大问题的议案进行表决，如选举国王和高级官吏，通过法律，对外和战等。二是元老院，由氏族贵族长老们组成，共300人，元老任期是终身的。凡一切重大事项，如新法律的制定，须先由元老院讨论，然后再交人民大会通过。三是国王，也是军事首长、最高祭司和某些法庭的审判长。他由人民大会选举产生，职位不是世袭的，并且可以被罢免。

古罗马进入共和时代后，人民大会仍是最主要的政治机构之一，全体公民都有选举权和被选举权，公民参加大会，讨论国家大事，按先后次序当场集体投票。元老院的组织也还由300人的贵族阶级包办，对人民大会所通过的议案有批准和否决权，并进行重大国事处理。但王政时代的国王此时被废除，改为执政官，是国家最高的行政首脑。执政官共有两人，由

---

① 《马克思恩格斯全集》第45卷，人民出版社1985年版，第527页。
② 《马克思恩格斯选集》第4卷，人民出版社2012年版，第142页。

人民大会选举产生，任期一年。两个执政官享有同等的权力，平时他们互相辅助，共同处理国政，两人皆有权否决对方的主张、提议、措施。但在战争状态下，为了统一军权，通过元老院提名，由其中的一人为"狄克推多"（意为独裁官）全权执政，但期限不得超过 6 个月。古罗马实行了400 多年的共和制，在共和国的三个权力体制中，执政官具有王制色彩，是国家行政首长；元老院具有贵族制色彩，掌握行政、军事、外交和财政等大权；人民大会则具有平民民主政制的色彩，拥有立法权。

通过对古希腊城邦和古罗马共和国民主制度的分析，马克思恩格斯全面、系统地论述了原始社会的全民民主如何转变为国家产生后的阶级民主，并揭示了阶级的民主尽管在形式上还保留着选举、公开的决策和管理、监督等民主制度，却把多数人排除在外，只让统治阶级内部的少数人享有民主权利。例如，雅典城邦的民主并不是如氏族社会那样人人都享有民主，在雅典全盛时期共有 50 万人中，只有自由公民的总数连妇女和儿童在内的约 9 万人才享有民主，而男女奴隶 36 万 5 千人，另有外地人和被释奴隶 4 万 5 千人则不在享有民主权利之列。因此，恩格斯指出："9 万雅典公民，对于 365000 奴隶来说，只是一个特权阶级。雅典民主制的国民军，是一种贵族的、用来对付奴隶的公共权力"①。在国家实行统治阶级的民主下，"一个最微不足道的警察，都拥有比氏族社会的全部机构加在一起还要大的'权威'；但是文明时代最有势力的王公和最伟大的国家要人或统帅，也可能要羡慕最平凡的氏族酋长所享有的，不是用强迫手段获得的，无可争辩的尊敬。"②至于阶级社会民主的最终结局，恩格斯借用摩尔根的话，认为必然是向着氏族社会原生形态的民主复归："管理上的民主，社会中的博爱，权利的平等，教育的普及，将揭开社会的下一个更高的阶段，经验、理智和科学正在不断向这个阶段努力。**这将是古代氏族的自由、平等和博爱的复活，但却是在更高级形式上的复活**。"③

---

① 《马克思恩格斯选集》第 4 卷，人民出版社 2012 年版，第 187 页。
② 《马克思恩格斯选集》第 4 卷，人民出版社 2012 年版，第 188 页。
③ 转引自《马克思恩格斯选集》第 4 卷，人民出版社 2012 年版，第 195 页。

三、批判封建专制主义和揭露资产阶级民主的实质

自古希腊城邦国家既出现了民主政体，也出现了君主政体或僭主政体后，民主和专制就成为两种对立的国家制度。在奴隶制国家、封建制国家，君主或暴君实行专制统治，成为一种制度常态。随着近代工业革命的兴起和资本主义社会的确立，封建专制主义被彻底否定和推翻，新兴的资产阶级建立了民主的国家制度。在人类文明史上，资产阶级民主虽然是一种人的政治解放的进步，然而却没有给无产阶级和劳动人民带来真正的民主权利。马克思恩格斯生活在 19 世纪上半叶的德国，正处于由封建社会向资本主义社会转变的时期，因此，在他们形成无产阶级民主观的过程中，既激烈地批判了封建专制主义，又彻底地否定了资产阶级民主。

19 世纪三四十年代，当时英国的资产阶级革命早已完成，法国的资产阶级革命在经历了从 1789 年 7 月 14 日巴黎人民攻占巴士底狱到 1830 年 7 月革命也已经走过漫长而曲折的历程。而此时的普鲁士，尚处在封建专制统治之下。马克思大学毕业后直接参加了反封建专制的社会政治活动。马克思的政治活动，是从 1842 年 2 月写作《评普鲁士最近的书报检查令》开始的。与以往的研究主要集中在哲学领域不同，马克思的这篇评论是一篇政论性文章。出版自由问题，是当时资产阶级民主运动争取政治自由的重要组成部分。德皇威廉四世拒绝言论出版自由，顽固推行文化专制主义，但为了缓和矛盾，却故作姿态，于 1841 年 12 月 24 日颁布了书报检查令。这个检查令虚伪地责备检查机关过分地限制了写作活动，指示必须认真执行 1819 年 10 月 18 日的书报检查令。其实，1819 年的那个检查令其中的第二条所作的规定："书报检查不得阻挠人们的严肃和谦逊地探讨真理"，"不得使作家遭受无理的限制"等等，本身就是实行高压政策，剥夺言论出版自由的反动法令。它暗含杀机，以"不严肃""不谦逊"为借口，对作家实行百般"限制"。马克思敏锐地看到了问题的实质，以辛

辣、明快的笔调戳穿了这个用虚伪词句包裹起来的法令的反动本质。正是从揭露反动的书报检查令开始，马克思对德国的君主专制制度和封建势力发起了猛烈的抨击。马克思要求赋予人民以言论自由，反对书报检查，反对追究倾向，反对惩罚思想，其矛头直指普鲁士的专制政府，洋溢着革命民主主义的精神。和单纯地挣得资产阶级自身的民主权利不同，马克思此时开始站在人民的立场上，维护人民批判封建政府的权利，并认为这是一个道德的国家即民主的国家应该保证人民获得的政治权利。

马克思在阐述人民拥有言论自由的民主权利时，更深入到民主的实质问题。从 1842 年 4 月开始，马克思针对 1841 年 5 月 23 日至 7 月 25 日召开的第六届莱茵省议会的辩论，写了一系列文章。马克思的第一篇论文《关于出版自由和公布等级会议记录的辩论》，是针对省议会关于出版自由问题的争论，虽然论文的主题还是关于出版自由，但不再是《评普鲁士最近的书报检查令》的简单重复了，而是有了一个重大发展，这就是马克思提出了人民民主的代议制问题。代议制是资产阶级民主的一个重要形式，1806 年时，普鲁士受到法国启蒙运动的影响，首相卡尔·施泰因开始推行改革，其措施包括让公民参与政治以唤醒其民族主义情感；释放农奴；实行地方自治；改组中央政府机构等。因此，普鲁士的省议会具有资产阶级民主的萌芽。但是，莱茵省的议会和其他省议会一样，只具有极其有限的民主咨议职能，而名义上是由贵族，市民、农民代表所组成，实际上是贵族占了大多数的省议会，捍卫的自然是地主贵族的特权。由此，马克思以出版自由为切入点，揭露了莱茵省的等级议会并不具有真正的议会民主，它甚至比起法国旧式议会民主来说也是一种倒退。当时莱茵省的等级代表们并不真正代表人民，"不是省代表它自己而是别人越俎代庖，那么这种代表机关就会丧失一切意义。不为委托人所了解的代表机关，就不成其为代表机关。"[1]因此，马克思嘲笑道："这里我们看到一种也许是反映省议会本质的令人奇怪的情景，即与其说省必须通过它的代表来进行斗

---

[1] 《马克思恩格斯全集》第 1 卷，人民出版社 2002 年版，第 159 页。

争，倒不如说它必须同这些代表进行斗争。"①马克思通过对等级制议会的批判，揭露了资产阶级议会和人民民主代议制之间的对立，揭示了包括言论自由的民主权利在内，必须由人民民主的代议制来保障。民主问题的实质是国家问题、政体问题，马克思突破了当时认为君主制是国家最高形式、最合理制度的黑格尔唯心主义国家观念，否定了未来的资产阶级国家形式，而主张要实行"真正的民主制"②即人民民主代议制的国家。

进一步把民主问题与国家联系起来，意识到要实现人民民主就要解决国家问题，是马克思写的第三篇论文《关于林木盗窃法的辩论》。在马克思生活的年代，所谓的林木盗窃问题，极大地关系到当时德国贫苦农民的物质利益。由于农民破产、生活贫困，林木盗窃问题日益严重。国家为了维护剥削者的利益，严加惩罚，而省议会认为惩罚措施还不够严厉，要求把拣拾枯枝列为盗窃林木的范围，予以法律制裁。马克思针对地主阶级的这种不法行为，对普鲁士的国家和法进行了激烈的声讨。在这里，马克思第一次越出了精神领域，探讨了物质利益问题。马克思坚定地站在劳动人民的立场上，要从政治权利上捍卫他们的物质利益。他愤怒地斥责省议会残酷地对付穷人，指责统治者的特权，要求为劳动人民保留在森林里拣拾枯枝习惯的权利。但是，马克思敏锐地发现，普鲁士国家并不把林木条例违反者当作平等公民，并不对所有人一视同仁。实际上，普鲁士的国家和法是为林木所有主服务的。马克思指出，国家和法已经"**变成林木所有者的奴仆。……沦为林木所有者的工具，使林木所有者的利益成为左右整个机构的灵魂**"③。民主是国家的民主，不能为人民的权利服务而只是为有产者服务的国家，是不可能实现人民民主的代议制。

如果说《关于林木盗窃法的辩论》还只是初步涉及国家问题，那么马克思在1843年夏秋之间写作的《黑格尔法哲学批判》中，国家问题就构成中心问题。《黑格尔法哲学批判》是对黑格尔《法哲学原理》第261—

---

① 《马克思恩格斯全集》第1卷，人民出版社2002年版，第158页。
② 《马克思恩格斯全集》第3卷，人民出版社2002年版，第41页。
③ 《马克思恩格斯全集》第1卷，人民出版社2002年版，第267页。

313节有关国家问题的分析。马克思分析了王权、行政权、立法权的"三权"问题以及君主制和民主制、君主主权和人民主权的矛盾问题。通过反对封建专制制度、批判资产阶级民主，马克思形成了人民民主思想，它的核心是人民主权。马克思在《黑格尔法哲学批判》中说："在民主制中，**国家制度本身**只表现为**一种**规定，即人民的自我规定。在君主制中是国家制度的人民，在民主制中则是人民的国家制度。民主制是一切形式的国家制度的已经解开的**谜**。"① 民主制和君主制的根本区别就在于，它们代表着**"两个完全对立的主权概念"**②，一个是人民主权，一个是君主主权。马克思坚决主张人民主权，他指出："正如同不是宗教创造人，而是人创造宗教一样，不是国家制度创造人民，而是人民创造国家制度"③。既然是人民创造了国家制度，人民当然就拥有主权。这个主权"在民主制中，国家制度、法律、国家本身，就国家是政治制度来说，都只是人民的自我规定和人民的特定内容"④。

其实，人民主权并非马克思原创。在近代政治思想史上，英国的洛克和法国的卢梭，都是主张人民主权论的代表人物，他们都把国家权力视为一个整体，其最高的主权属于人民。卢梭依据社会契约学说，论证国家主权是人民权利的让渡，国家必须体现公共意志即"公意"。公意是全体人民的共同意志，公意构成主权，因而国家主权即是人民主权。对于卢梭的人民主权论，马克思虽然予以赞同，但更着重于批判。而且，马克思阐述的人民主权思想，直接超越了卢梭，二者已经截然不同。首先，立论基础不同。卢梭以纯属虚构的自然状态和社会契约作为立论基础，马克思则以科学的唯物史观作为立论基础。其次，思想方法不同。卢梭提出了人民主权的应然性，却没有提供实然性。马克思认为，人民主权不能通过理性的设想而自然形成，只有通过人民群众同资产阶级展开斗争才能实现。再

---

① 《马克思恩格斯全集》第3卷，人民出版社2002年版，第39页。
② 《马克思恩格斯全集》第3卷，人民出版社2002年版，第38页。
③ 《马克思恩格斯全集》第3卷，人民出版社2002年版，第40页。
④ 《马克思恩格斯全集》第3卷，人民出版社2002年版，第41页。

次，表现形式不同。卢梭强烈反对代议制，主张单一的直接民主制形式。马克思主张辩证看待民主形式，代议制和直接民主制相统一。最后，阶级内容不同。人民在现代社会里是包括了资产阶级和无产阶级在内的，在卢梭的人民主权论中，维护的只是私有制和有财产的资产阶级，最能体现卢梭人民主权论的 1793 年法国宪法就是如此，宪法并不代表无财产的人民主权主体的无产阶级。而马克思主张的人民主权思想，其"人民"指的是无产阶级和劳动大众，代表着绝大多数人民的根本利益，无产阶级和劳动大众成为人民民主制和人民主权思想中的核心概念。这说明，马克思对封建专制主义的批判已经超越了资产阶级革命民主主义，并且已经直接针对着资产阶级民主本身了。

和马克思相比，恩格斯更早一些面向了社会实践。在 1837 年中学毕业的前一年由于父亲的坚持而被迫辍学后，恩格斯到商行经商。恩格斯还在中学读书时，就憎恶专制制度与官僚的专横霸道。在进入社会后，恩格斯参加青年德意志运动，反对封建制度，主张用革命的方法推翻专制统治，构成了恩格斯民主思想的基本特征。1842 年底，恩格斯来到英国曼彻斯特后，亲眼看到资本主义快速发展的严重后果，亲身接触到真正代表大工业的无产阶级，第一次同工人运动发生了联系。正是在英国，恩格斯通过调查社会状况，研究政治经济学和各种社会主义学说，写就了《英国对国内危机的看法》《国内危机》《英国工人阶级状况》《伦敦来信》等著作，使他的民主思想开始了根本的转变。恩格斯说："法国大革命是民主制在欧洲兴起。依我看来，民主制和其他任何一种政体一样，归根到底是自相矛盾的，虚伪的，无非是一种伪善（我们德国人称为神学）。政治自由是假自由，最坏的奴隶制；是自由的假象，因而是实在的奴役制。政治平等也是这样。所以，民主制和任何其他一种政体一样，最终一定会破灭；伪善是不能持久的，其中隐藏的矛盾必定暴露出来；要么是真正的奴隶制，即赤裸裸的专制制度，要么是真正的自由和真正的平等，即共产主义。"①

---

① 《马克思恩格斯全集》第 3 卷，人民出版社 2002 年版，第 475—476 页。

恩格斯认为，英国在最近将来要实行的民主制，"不是那种曾经同君主制和封建制度对立的法国大革命的民主制，而是**这种**同中间阶级和财产对立的民主制。"英国所走向的民主制，"是**社会的**民主制"。他同时指出："单纯的民主制并不能消除社会的祸害……这个阶段也只是一个过渡，是最后一种纯粹政治的手段，这一手段还有待进行试验，从中必定会发展出一种新的要素，一种超出一切政治事务的原则。这种原则就是社会主义的原则。"[①] 很显然，在民主问题上，恩格斯和马克思完全一致，他们都已经超出了资产阶级民主的狭隘眼界，否定了资产阶级民主制。而且，恩格斯更为直截了当地提出了要求，必须实行社会民主制即社会主义民主制。

虽然，马克思恩格斯充分肯定了资产阶级革命结束了封建专制统治、建构了形式上平等的民主制度体系具有的历史进步意义，但是，他们形成的以人民主权为核心的社会主义民主思想，更为深刻地揭露了资产阶级民主的真实面目和内在实质。

其一，资产阶级民主的局限性。马克思恩格斯以锐利的眼光洞察到，资产阶级民主同原生形态的民主在本质上形成巨大的反差，绝大多数的劳动人民被系统性地排除在社会的民主管理之外，资产阶级的现代代议制民主不过是资本主义进行剥削奴役最好的政治制度设计。资产阶级共和国与封建君主专制制度的区别仅仅体现在政体形式上，但究其实质都背弃了民主的原则，广大人民群众并没有获得真实的民主权利。资产阶级共和制和君主制同属于"类国家形态"，都与民主原则相背离。资产阶级虽然提出"天赋人权"和自由、平等、财产不可侵犯的理念，但只是为了维护资产阶级私有制和容许他们剥削压迫人民的权利。

其二，资产阶级民主的虚伪性。马克思恩格斯彻底地撕开包藏于全体人民民主伪装下的资产阶级特性。资产阶级标榜自由、平等、民主的口号，不过是用全民性的合法外衣掩盖其一个阶级的独占性。资产阶级民主根本无法实现人民主权的本质要求。马克思指出："它通过普选权赋予

---

① 《马克思恩格斯全集》第 3 卷，人民出版社 2002 年版，第 584—585 页。

政治权力的那些阶级，即无产阶级、农民阶级和小资产者，正是它要永远保持其社会奴役地位的阶级。"① 资产阶级民主成为奴役无产阶级的一个手段。

其三，资产阶级民主的欺骗性。马克思恩格斯揭穿了资本主义国家的议会是所谓全民代议机构的谎言。资本主义国家的"三权分立"，在实际运行中是根据两利相权取其重的利益原则，来确定是否实行以及如何实行分权原则的，是为了保持各种权力在一定限度内平衡，以求更有效地、最大限度地维护资产阶级总体利益。马克思指出："议会制共和国是整个资产阶级实行统治的唯一可能的形式"②，但它"只是行政权用以骗人的附属物而已"③。议会不得不屈从于强大的行政权力。事实表明，"资产阶级口头上标榜自己是民主阶级，而实际上并不如此，它承认原则的正确性，但是从来不在实践中实现这种原则"④，资产阶级民主对于无产阶级而言，是内容空洞的民主。

四、未来社会主义国家民主的构想和实践范例

马克思恩格斯曾针对英国历史学家、主张"英雄崇拜"的托马斯·卡莱尔抽象空泛地谈论民主、提出所谓"不管我们怎样设想**普遍民主**，它是我们生活的这个时代不可避免的事实"的问题时，尖锐地指出："民主是什么呢？它必须具备一定的意义，否则它就不能存在。因此全部问题就在于确定民主的真正意义。"⑤ 马克思恩格斯正是抓住这一关键问题，给出了什么是民主，以及未来社会主义民主怎样发展的答案。他们构想了未来社

---

① 《马克思恩格斯文集》第 2 卷，人民出版社 2009 年版，第 114—115 页。
② 《马克思恩格斯文集》第 2 卷，人民出版社 2009 年版，第 536 页。
③ 《马克思恩格斯文集》第 3 卷，人民出版社 2009 年版，第 194 页。
④ 《马克思恩格斯全集》第 10 卷，人民出版社 1998 年版，第 692 页。
⑤ 《马克思恩格斯全集》第 10 卷，人民出版社 1998 年版，第 315 页。

会主义国家的民主，并高度评价了巴黎公社的社会主义民主实践。

马克思在《哥达纲领批判》中明确指出，民主，就是"人民主权"和"人民当权"①，就是"未来共产主义社会的国家制度"②。这样的未来的新型民主，是建立在真正的"人民主权的基础上，所以它们只有在**民主共和国**内才是适宜的"③。马克思恩格斯为社会主义民主奠立了"人民主权"的基石，他们阐述的人民主权思想，就是人民当家作主的思想。人民当家作主的原则不仅明确了人民主权的归属问题，而且要更注重于人民主权的实现，即由人民自己并亲自参与管理国家。在社会主义国家的管理活动中，必须实行人民民主制，只有人民民主制才是"真正的民主制"，是人民主权和人民当家作主思想的贯彻和实现。

前已述及，马克思恩格斯从 1842 年起开始撰著一系列著作时，就坚定地站在劳动人民的立场上，阐述了本质上与洛克、卢梭截然不同的人民主权思想。此后，马克思恩格斯又不断地发展了这一思想。在《共产党宣言》中，马克思恩格斯明确地指出了，资产阶级民主代议制国家的阶级性质是，资产阶级"在现代的代议制国家里夺得了独占的政治统治。现代的国家政权不过是管理整个资产阶级的共同事务的委员会罢了。"④ 因此，无产阶级要以其人之道还治其人之身，"工人革命的第一步就是使无产阶级上升为统治阶级，争得民主。"⑤ 无产阶级只有在建立了政权后，才能实行属于自己的人民主权和民主。

《共产党宣言》发表不久后，欧洲爆发了革命，这场革命暴露了资产阶级民主的阶级内容和资产阶级共和制统治的残暴性。马克思在《1848年至 1850 年的法兰西阶级斗争》《1848 年 11 月 4 日通过的法兰西共和国宪法》《路易·波拿巴的雾月十八日》等著作中，对资产阶级民主制进行

---

① 《马克思恩格斯选集》第 3 卷，人民出版社 2012 年版，第 371 页。
② 《马克思恩格斯选集》第 3 卷，人民出版社 2012 年版，第 373—374 页。
③ 《马克思恩格斯选集》第 3 卷，人民出版社 2012 年版，第 374 页。
④ 《马克思恩格斯选集》第 1 卷，人民出版社 2012 年版，第 402 页。
⑤ 《马克思恩格斯选集》第 1 卷，人民出版社 2012 年版，第 421 页。

了无情的揭露，消除了无产阶级对资产阶级民主的幻想。当法国巴黎工人在 1848 年发动六月起义后，很快遭到资产阶级的残酷镇压，被屠杀的起义者达 3000 多人。马克思指出，六月屠杀彻底地戳穿了标榜"自由、平等、博爱"的资产阶级民主反动本质，资产阶级一旦感到必要，就会"把**共和国的**'自由，平等，博爱'这句格言代以毫不含糊的'步兵，骑兵，炮兵！'"①1848 年 11 月 4 日，法国通过了由资产阶级共和派拟订的新宪法，马克思敏锐地指出了新宪法中包含的种种矛盾，"宪法一再重复着一个说法：对人民的权利和自由（例如，结社权、选举权、新闻出版自由、教学自由等等）的调整和限制将由以后的**组织法**加以规定，——而这些'组织法'用取消自由的办法来'规定'被允诺的自由。"② 所以，马克思气愤地说："法国真正的'宪法'不应当在我们所叙述的宪章中寻找，而应当在我们已经向读者简要地介绍过的以这个宪章为基础制定的**组织法**中寻找。这个宪法里包含了**原则**，——**细节**留待将来再说，而在这些细节里重新恢复了无耻的暴政！"③ 由此，马克思认为所谓的法兰西共和国就是一种专制统治。

马克思恩格斯把真正的民主制的实现，寄希望于无产阶级革命胜利后建立的无产阶级专政。马克思说："阶级斗争必然导致**无产阶级专政**"，"这个专政不过是达到**消灭一切阶级**和进入**无阶级社会**的过渡"④。1871 年 3 月 18 日，巴黎无产阶级革命取得了胜利，打碎了资产阶级国家机器，建立了世界上第一个无产阶级革命政权，实施了一系列人民管理国家的原则。马克思恩格斯对巴黎公社的社会主义民主实践给予了热情的赞颂和高度的评价。

第一，组织民主选举。巴黎革命胜利后，中央委员会清楚地认识到，人民在 3 月 18 日起义胜利后不是为了得到一个军管政府，而只是赋予它

---

① 《马克思恩格斯选集》第 1 卷，人民出版社 2012 年版，第 706 页。
② 《马克思恩格斯全集》第 10 卷，人民出版社 1998 年版，第 692 页。
③ 《马克思恩格斯全集》第 10 卷，人民出版社 1998 年版，第 692 页。
④ 《马克思恩格斯选集》第 4 卷，人民出版社 2012 年版，第 426 页。

建立共和国和领导整个国家的国民政府的使命。因此,中央委员会在发布的第一个公告里就指出:"让巴黎和法兰西共同来奠定共和国的基石吧!这个共和国及其一切成果将会受到热烈欢迎,因为只有这样的政府,才能永远结束内忧外患的时代",并为此号召人们"进行公社选举"①。中央委员会成立了选举委员会,规定了巴黎的 20 区采取分区投票的方式,"每二万居民或余数超过一万者,得推选委员一名。"②3 月 26 日组织了公开的投票选举,产生了公社委员会。3 月 28 日公社成立,中央委员会即兑现了"把权力移交给由普选产生的代表手中"③的承诺。

恩格斯指出,巴黎公社"把行政、司法和国民教育方面的一切职位交给由普选选出的人担任,而且规定选举者可以随时撤换被选举者"④。巴黎公社实行的选举包含着一系列的民主步骤、方式。一是发布选举公告,革命爆发的第二天,国民自卫军中央委员会就发布了选举公告,通知巴黎人民准备选举。二是宣布候选人名单,中央委员会商定公社委员会名额为 90 人,并公布了候选人的名字。三是允许竞选,公社明确规定:"通过选举或竞选任命各类负责的、受经常监督的可以更换的公职人员和公社官吏"⑤。候选人可以公开向选民发表演说,但公社提醒人们注意:"提防言而不行的空谈家;他们为了作次演讲,得个采声,说句妙语,是牺牲一切都在所不惜的。""应当推崇不奔竞选票的人:真正有价值的人,必定是谦逊礼让的。"⑥四是规定代表名额和居民人数比例相等的选举方法,采取分区选民直接投票的方式,大体上每 2 万名居民推选委员 1 人,这就大大地有利于人口居住稠密的工人居住区。五是在各个行业和部门也贯彻了选举原则,公社期间,不仅国家行政机构、司法部门,而且工厂企业、军队和

---

① 《巴黎公社公告集》,罗新璋编译,上海人民出版社 1978 年版,第 3 页。
② 《巴黎公社公告集》,罗新璋编译,上海人民出版社 1978 年版,第 20 页。
③ 《巴黎公社公报集》第一集,李平沤、狄玉明译,商务印书馆 2013 年版,第 41 页。
④ 《马克思恩格斯选集》第 3 卷,人民出版社 2012 年版,第 55 页。
⑤ 周一良、吴于廑主编:《世界通史资料选辑(近代部分下册)》,商务印书馆 1964 年版,第 10 页。
⑥ 《巴黎公社公告集》,罗新璋编译,上海人民出版社 1978 年版,第 53—54 页。

社会组织，都开展了选举活动。在选举时，人们踊跃参加，整个选举光明正大、严格认真。马克思赞扬道："从来还没有过进行得这样认真仔细的选举，也从来没有过这样充分地代表着选举他们的群众的代表。"①

第二，建立人民政府。马克思指出，巴黎公社革命的特点在于"人民组成了**公社**，从而把他们这次革命的真正领导权握在自己手中，同时找到了在革命胜利时把这一权力保持在人民自己手中的办法"②，巴黎公社建立了"实质上是工人阶级的政府"③。因而，"**公社**是**帝国**的直接对立物。"④ 作为新型的社会主义民主国家，巴黎公社把生长在帝国肌体上的脓疮赘瘤都割除得干干净净。马克思曾在《路易·波拿巴的雾月十八日》中写道，法兰西第二帝国"这个行政权有庞大的官僚机构和军事机构，有复杂而巧妙的国家机器，有50万人的官吏大军和50万人的军队"⑤，形成一个俨如密网一般缠住法国社会全身并阻塞其一切毛孔的可怕的寄生机体。对比旧国家，新生的巴黎公社的国家机构则十分简单，公职人员甚少。巴黎公社的10个委员会，只配有86名公社委员。作为公社领导机构的公社委员会及其成员，既是立法者，又是执行者。公社通过法令和决定重大问题后，可以直接指挥、贯彻执行，克服了资产阶级国家议会式的空谈，提高了国家机关的工作效率。对此，马克思分析道，在新的国家中，留待中央政府履行的只是那些"为数不多但很重要的职能"⑥，国家的职能"只限于几项符合于普遍性、全国性目的的职能"⑦。这里，马克思用"为数不多""限于几项"的国家职能，概括了巴黎公社国家机构的特点，揭示了无产阶级的国家机构是极其精干简约的原则。

作为人民政府，巴黎公社致力于建设一个"廉价政府"。巴黎公社真

---

① 《马克思恩格斯选集》第3卷，人民出版社2012年版，第135页。
② 《马克思恩格斯选集》第3卷，人民出版社2012年版，第152页。
③ 《马克思恩格斯选集》第3卷，人民出版社2012年版，第102页。
④ 《马克思恩格斯选集》第3卷，人民出版社2012年版，第166页。
⑤ 《马克思恩格斯选集》第1卷，人民出版社2012年版，第760页。
⑥ 《马克思恩格斯选集》第3卷，人民出版社2012年版，第99页。
⑦ 《马克思恩格斯选集》第3卷，人民出版社2012年版，第142页。

正地"实现了所有资产阶级革命都提出的廉价政府这一口号"①。为什么巴黎公社需要致力于建设"廉价政府"呢？因为巴黎公社尽管是工人阶级的政府，但它同世界上的一切政府一样，也需要以人民的纳税作为国家的收入，才能维持政府机构的运作。纳税，是国家必然的经济特征，恩格斯指出："为了维持这种公共权力，就需要公民缴纳费用——**捐税**。"②毫无疑问，政府机构的规模和费用的开支越大，人民所承受的纳税负担也必然越重。虽然历次的资产阶级革命都提出了建立"廉价政府"的口号，但它们无法达到这个目的，只能成为货真价实的"高价政府"。而在巴黎公社这里，由于用人民武装的国民军代替了常备军，军队人数绝然减少，并且真正精简了国家官员队伍。尤为重要的是，巴黎公社规定了官员低薪制，因而，它真正实现了"廉价政府"的目的。恩格斯指出，巴黎公社"对所有公职人员，不论职位高低，都只付给跟其他工人同样的工资。……这样，即使公社没有另外给代表机构的代表签发限权委托书，也能可靠地防止人们去追求升官发财了"③。历来的统治阶级，都把国家职位当作肥缺来授予的，利用加官晋爵来钻营、巧取豪夺、增加财富。唯有巴黎公社彻底堵塞了这条路，工人阶级的政府有效地"防止国家和国家机关由社会公仆变为社会主人"④。按照当时法国工人的一般工资水平，巴黎公社规定，所有的公职人员"最高薪金每年为六千法郎"⑤。而法兰西第二帝国时期区区一个连长的年薪为 2 万法郎，是公社国民自卫军少尉 1800 法郎的 11 倍之多；帝国的外交部长俸禄为 13 万法郎，驻外领事的年薪则为 6 万法郎，是公社公职人员最高收入的 10—20 倍。公社不仅实行低薪制，而且还禁止公职人员兼职兼薪："公社决定：禁止一切兼职兼薪，公社公职人员除从事本身工作外应当协助其他方面的工作，但无权另得任何报酬。"⑥公社的这

---

① 《马克思恩格斯选集》第 3 卷，人民出版社 2012 年版，第 101 页。
② 《马克思恩格斯选集》第 4 卷，人民出版社 2012 年版，第 188 页。
③ 《马克思恩格斯选集》第 3 卷，人民出版社 2012 年版，第 55 页。
④ 《马克思恩格斯选集》第 3 卷，人民出版社 2012 年版，第 55 页。
⑤ 《巴黎公社公告集》，罗新璋编译，上海人民出版社 1978 年版，第 88 页。
⑥ 陈叔平编：《马克思关于巴黎公社报刊消息摘录》，商务印书馆 1975 年版，第 433—434 页。

些举措，为马克思倍加赞赏："公社的工作人员执行实际的行政管理职务，不论是地方的还是全国的，只领取工人的工资。由此可见，公社一开始就厉行节约，既进行政治变革，又实行经济改革。"①公社的实践证明了，只有工人阶级的政府才能把国家开支和公职人员的薪金压缩到最低的限度，真正成为名副其实的"廉价政府"。

　　第三，实行民主监督。巴黎公社经民主选举产生的干部处在人民群众的直接监督下，在实行民主监督制方面，巴黎公社创造了多种形式。一是通过各种社会组织进行监督。公社委员和各级领导人通过召开选民大会或者通过俱乐部和国际巴黎支部，向群众报告工作，介绍公社情况，回答各种质询，听取批评意见。二是通过各种舆论工具进行监督。当时巴黎有各种各样的革命报刊，经常报道公社领导人员的工作情况，反映人民群众的意见和要求，对许多事件进行评论，使公社"在众目睽睽之下进行活动，没有文牍主义的敷衍拖拉的作风"，"公平地、老老实实地办事"②。三是通过群众来信来访进行监督。巴黎公社革命群众的政治热情高涨旺盛，经常向公社写信反映意见、提出批评。公社执行委员会秘书长昂利·布里萨克曾经说道："我们每天收到大批口头和书面的建议，其中有些是个人提出的，有些是在俱乐部或在国际支部通过的。这往往是一些很好的建议，应该提交公社审查。"③报纸上也大量刊登读者来信，几乎每一号报纸上都能看到群众就当前关注的问题发表意见。《杜歇老爹报》第 44 号写道："每天早晨和晚上，当杜歇老爹打开那只并非为便利爱国者投书而钉在他的索尔印刷厂墙壁上的信箱时，他总是发现一大堆读者来信……这使他非常满意。"④公社对群众的来信来访十分重视，总是认真讨论，及时处理。巴

---

① 《马克思恩格斯选集》第 3 卷，人民出版社 2012 年版，第 143 页。
② ［苏］凯尔任策夫：《巴黎公社史》，中国人民大学编译室译，三联书店 1961 年版，第 630 页。
③ ［苏］莫洛克编：《巴黎公社会议记录》第 1 卷，何清新译，商务印书馆 1961 年版，第 556 页。
④ ［苏］凯尔任策夫：《巴黎公社史》，中国人民大学编译室译，三联书店 1961 年版，第 555—556 页。

黎公社实行的监督制还与罢免撤换制相联系，公社把公职人员随时可以罢免的原则写在纲领上，规定一切由选举产生的公职人员都可以被选举人罢免撤换。公社指出："罢免权在任何时候都不可剥夺"，它"给选民提供了纠正错误的手段"①。巴黎公社曾罢免和清洗了混进公社的阶级异己分子，开除了背叛公社事业的叛徒，撤换了违法乱纪的犯罪分子。

马克思指出："公社给共和国奠定了真正民主制度的基础"②，真正地实行了以人民主权为中心的民主管理。巴黎公社开创的社会主义民主建设新路，"显示出走向属于人民、由人民掌权的政府的趋势"③，"它是由人民自己当自己的家"④。巴黎公社成为社会主义国家的典范楷模。

---

① [苏] 凯尔任策夫：《巴黎公社史》，中国人民大学编译室译，三联书店 1961 年版，第 565 页。
② 《马克思恩格斯选集》第 3 卷，人民出版社 2012 年版，第 101—102 页。
③ 《马克思恩格斯选集》第 3 卷，人民出版社 2012 年版，第 107 页。
④ 《马克思恩格斯全集》第 17 卷，人民出版社 1963 年版，第 565 页。

第十一章　治理理论

马克思恩格斯十分注重治理问题，从国家治理的现象着手，揭示了国家治理与国家性质的内在关系，阐明了国家治理包含的深邃涵义。在《共产党宣言》中，马克思恩格斯探讨了无产阶级夺取国家政权、建立新型国家后，应确立的运用国家权力和政府职能实施公共事务治理的一系列措施，标示着马克思主义治理理论的形成和创立。针对着德国、英国、法国的国家治理，马克思恩格斯作出重点的剖析和挞伐，揭示了国家治理的实质和核心，提出必须由工人阶级夺取已经丧失了治理能力的资产阶级政权。在巴黎公社建立了世界上第一个无产阶级政权后，马克思恩格斯分析和总结了巴黎公社的成就和经验，高度评价和褒扬了巴黎公社的国体与国家机构设置原则以及制定的国家治理的经济、政治、文化、社会等方面的政策措施，强调要治理好各项国家与社会事务，贯彻民主制，真正实现人民当家作主的社会主义治理原则和要求。通过阐发氏族社会的原初治理、分析古希腊雅典城邦的国家治理，预测未来共产主义的社会治理，马克思恩格斯以如炬的目光穿越历史时空，洞察和开显了整个人类社会治理发展的总趋向和全图景。

一、马克思恩格斯对治理内涵的深刻阐述

马克思自大学毕业投入社会活动后，就对国家从治理的视域进行理论研究，以具有进步倾向的报刊为舞台，宣传革命民主主义思想。1842 年 5

月 17 日，马克思看到《莱茵报》第 137 号附刊《就集权问题论德国和法国》的文章，聚焦于国家权力，着笔撰写了 Die Zentralisationsfrage（《集权问题》，载《马克思恩格斯全集》历史考证版第二版第 1 部分第 1 卷）。他在文中指出：„ Ob die Staatsmacht von einemPunktausgehn", d.h.obeinPunktregierensoll, oderobjedeProvinz etc. sichselbstverwalten und die Centrairegierung erst nachAussenals die Macht des Ganzen„ gegenAussen"sichzeigensoll, so kannunmöglich die Centralisationsfragegefaßtwerden.[①]（在《马克思恩格斯全集》中文版第 2 版第 1 卷第 204 页，这一段的译文是："'国家权力应当从一个点出发呢'，也就是说，**一个点**应当统管一切呢，还是每个省等等应当自己管理自己，而中央政府只是对外才应当作为'对外'的整体的权力出现呢，——集权的问题，决不能这样加以表述。"其中，把 regieren 翻译为"统管"和"管理"）德语 regieren，有治理的含义，亦有统治、管理之意，这里因为谈的是中央集权，确切地说，regieren 是指"治理"。这是马克思最早从政治学的意义上使用"治理"一词，它探讨了中央权力的集权和分权问题：国家究竟是实行中央政府治理一切，还是实行每个省、每个乡镇的自治、中央政府只是代表整体的权力管辖国家的各部分。这涉及国家结构形式的重大问题，表明国家治理与采取单一制还是联邦制紧密相关，国家治理方式有集权制的治理和分权制的治理两种不同方式。

1842 年 10 月，马克思担任了《莱茵报》编辑。接着，在 1842 年 12 月间写的 Die"Allgemeine Zeitung" über die ständischenAusschüsse（《评奥格斯堡〈总汇报〉论普鲁士等级委员会》，载《马克思恩格斯全集》历史考证版第二版第 1 部分第 1 卷）的文章中，马克思第一次论述了 Staat regiert（国家治理）的问题。他这样指出：Die wahrenSphären, nachdenen der Staat regiert, gerichtet, verwaltet, besteuert; einexercirt, geschultwird,

---

① KARL MARX FRIEDRICH ENGELS GESAMTAUSGABE（MEGA²I）BAND 1,Berlin：Dietz Verlag,1975, p.171.

in denen seine ganzeBewegungvorgeht, essindKreise, Landgemeinden, Regierungen, Provinzialregierungen, Militairabtheilungen, aber es sindnicht die vier Kategorien von Ständen, welchevielmehr in diesenhöherenEinheiten bunt in einanderübergehen und nicht von dem Leben selbst, sondernnur von Akten und Registernunterschiedenwerden.[①] 在《马克思恩格斯全集》中文版第 2 版第 1 卷第 334 页，这段德文的翻译是："对国家进行统治、审判、管理、征税、训练、教育的领域，国家进行其全部活动的领域，就是县、乡镇、地方政府、省政府、军事部门。但是这些领域并不是四个等级，相反，四个等级以纷繁多样的形式在这些更高的统一体中彼此转化，它们之间的差别不在生活本身，而只在官方文件和登记表中。"其中的 Staat regiert，被译为"国家（进行）统治"，同样的，译为"国家治理"应该更好些。由此可见，马克思认为，国家治理就其领域和范围来说，既包括了中央政府各个机构及其活动，也包括了地方各级政府机构及其活动。就是地方自治，也属于国家治理的一部分。

在 1842 年年底和 1843 年年初撰作的《摩泽尔记者的辩护》，是年轻、正义的马克思运用治理的理论武器，尖锐地抨击普鲁士政府官僚制治理的长篇文章。当时，摩泽尔河沿岸地区的葡萄种植者大量破产，生活非常艰困贫穷，《莱茵报》为此连续发表了两篇报道，这引起了政府的不满。莱茵省总督冯·沙培尔竟然指责报道是"进行诽谤"，"企图激起不满和怨恨"，要求该报做出解释。在报道摩泽尔河沿岸地区情况的作者彼·科布伦茨一方面因为懦弱，另一方面因为能力不足而不敢申辩的时候，马克思挺身而出为其辩护，运用搜集的众多材料据理反驳。马克思斥责道，不能认为摩泽尔河沿岸地区的贫困状况和国家管理机构无关，恰恰是因为严重地"存在着把行政当局和它的治理对象对立起来的现象"[②] 才导致了贫困。对于贫困问题，行政当局和官员"只会**在他治理的范围之外**去寻找贫

---

① KARL MARX FRIEDRICH ENGELS GESAMTAUSGABE（MEGA²I）BAND 1,Berlin：Dietz Verlag,1975, p.276.

② 《马克思恩格斯全集》第 1 卷，人民出版社 1956 年版，第 225 页。

困的原因"①，把农民的贫困归咎于不以人们的意志为转移的自然现象或个人的生活条件。马克思揭穿了掩盖政府治理官僚制度本质的种种遁词，指出摩泽尔河沿岸地区的贫困状况，不是由于自然灾害和农民个人造成的，而是由国家治理原则决定的。在普鲁士政府官僚制的治理下，官员罔顾人民死活，无条件地听命于上级，各行政机构之间相互推诿，那些政府高级官员脱离现实，对下级官员的依赖和信任，远超过对其治理下的民众，造成民怨沸腾。这种种的弊端，正是官僚制治理藏污纳垢、淤积发酵酿成的死症。马克思以敏锐的洞察力，揭示了国家治理与国家性质的内在关系："治理是为国家而存在，而不是国家为治理而存在"②。这表明，是国家性质决定治理方式，而不是治理方式决定国家性质。普鲁士政府害怕触及贫困的真正原因，"行政当局不能设法改革治理的方法，而只能设法改革治理的对象"③，根本不敢进行触及国家制度的真正改革。国家什么也改变不了，什么事也不做，只会把责任推给人民，"一切改变都必须由受治理者自己来做。"④

与马克思致力于理论上的研究不同，恩格斯主要在深入社会实践中，通过广泛的社会接触了解到国家治理的重大问题。恩格斯因迫于父命，中学还没毕业就辍学经商。在商业活动之余，经过走访社会各阶层，他在1839年3—4月间发表了《伍珀河谷来信》，对工人、厂主、传教士、教员、书商、作家等均有描述，从中感受到社会阶级关系的尖锐化，表达了对劳动人民的深切同情。1842年11月底，恩格斯来到曼彻斯特。当时的曼彻斯特是工业革命的重镇和枢纽，有着发达的纺织业，又是英国宪章运动的中心。在这座工业城市里，处于贫困中的无产阶级正同资产阶级进行激烈的斗争。恩格斯发现了无产阶级，认为这个阶级已经成为英国最强大的阶级，两年半后发表的《英国工人阶级状况》，全面论述了无产阶级的地位和

---

① 《马克思恩格斯全集》第1卷，人民出版社1956年版，第226页。
② 《马克思恩格斯全集》第1卷，人民出版社1956年版，第229页。
③ 《马克思恩格斯全集》第1卷，人民出版社1956年版，第227页。
④ 《马克思恩格斯全集》第1卷，人民出版社1956年版，第227页。

作用，指明了无产阶级解放的根本道路。后来恩格斯返回巴门，积极参加德国的社会主义宣传和组织活动。1946 年 8 月，恩格斯来到巴黎，指导法国工人的社会主义运动。经过多年对德、英、法诸国社会阶级的调查研究和亲身参加无产阶级的社会主义运动，使得恩格斯对国家治理问题有着独特的阶级分析观点，并结合着无产阶级革命的趋势发展作出了深刻的论述。

恩格斯认为，在英国，由于工业的迅猛发展，无产阶级已占人民的大多数，可以直接进行社会主义革命。但在德国和法国，无产阶级还居于少数且尚不够成熟，小资产阶级和农民则软弱无力、目光短浅狭隘，都还"不能治理一个大的国家"①，只有资产阶级处于兴起上升和日益强大的阶段，能够充当国家治理的角色。因而在 1847 年 3—4 月写成的《德国的制宪问题》中，恩格斯指出，资产阶级"是目前唯一能够在德国实现进步、能够治理德国的阶级。实际上它已经是德国的领导阶级了"②。与德国相比较，法国的情况也差不多。恩格斯的这些论述说明，德、法两国首先要实行战胜封建贵族阶级的资产阶级民主革命，无产阶级要参加资产阶级民主革命，先让资产阶级成为治理国家的统治阶级，然后才是无产阶级同资产阶级进行斗争的社会主义革命。这个思想，恩格斯在同年 10—11 月写就的《共产主义原理》中继续作了发挥："在**德国**，资产阶级和专制君主制之间的决战还在后面。但是，共产主义者不能指望在资产阶级取得统治以前就和资产阶级进行决战，所以共产主义者为了本身的利益必须帮助资产阶级尽快地取得统治，以便尽快地再把它推翻。"③无产阶级是继资产阶级之后代表人民利益治理国家的先进阶级。在《原理》中，恩格斯指出"无产阶级革命将建立民主的国家制度"④，并"立即利用民主作为手段实行进一步的、直接向私有制发起进攻和保障无产阶级生存的各种措施"⑤。

① 《马克思恩格斯全集》第 4 卷，人民出版社 1958 年版，第 62 页。
② 《马克思恩格斯全集》第 4 卷，人民出版社 1958 年版，第 53 页。
③ 《马克思恩格斯选集》第 1 卷，人民出版社 2012 年版，第 311 页。
④ 《马克思恩格斯选集》第 1 卷，人民出版社 2012 年版，第 304 页。
⑤ 《马克思恩格斯选集》第 1 卷，人民出版社 2012 年版，第 305—306 页。

为此，恩格斯提出了无产阶级国家治理应采取十二条具体的政策措施。[①]

马克思恩格斯关于国家治理的观点，在1847年12月至1848年1月他们合著的《共产党宣言》中，得到科学、系统的阐述。《宣言》以崭新的唯物史观，叙述了资本主义社会的生产力和生产关系、资产阶级国家和资产阶级统治的形成，通过资产阶级国家治理，巩固了与市场竞争相适应的社会制度和政治制度以及资产阶级的经济统治和政治统治。但是，资产阶级的关系已经太狭窄了，社会所拥有的生产力已经不能再促进资产阶级文明和资产阶级所有制关系的发展了，资产阶级的国家和治理必将被推翻。在无产阶级革命推翻了资产阶级国家和治理后，无产阶级国家治理将进入社会主义新阶段。《宣言》延续了《原理》的基本思路，指出要"使无产阶级上升为统治阶级，争得民主"[②]，同时，确立了实施国家治理的十大政策措施。[③] 在这些政策措施中，包含了从经济、政治、文化、社会诸方面实行社会主义国家治理的要求。对于这些政策措施，虽然马克思和恩格斯强调，随着时间的推移和时代的发展，对《宣言》原理的实际运用"随时随地都要以当时的历史条件为转移"，但是其基本精神"直到现在还是完全正确的"[④]。《共产党宣言》的发表，标示着马克思恩格斯治理理论的创立。

马克思恩格斯共同创立的治理理论，从国家治理的现象着手，通过理论研究和社会实践的双重维度，阐明了国家治理与国家性质的内在关系，阐证了国家治理是由国家制度决定的基本原理，阐释了"国家治理"包蕴的深邃内涵：其一，国家治理是与一定的政体形式和结构形式紧密联系的治国活动，也包含了地方各级政府机构的治理；其二，国家治理是凭借国家权威，运用国家权力对社会公共事务进行的治理；其三，国家治理涉及国家活动的全部范围，主要涵盖经济、政治、文化、社会等领域；其四，

---

① 参见《马克思恩格斯选集》第1卷，人民出版社2012年版，第305页。
② 《马克思恩格斯选集》第1卷，人民出版社2012年版，第421页。
③ 参见《马克思恩格斯选集》第1卷，人民出版社2012年版，第421—422页。
④ 《马克思恩格斯选集》第1卷，人民出版社2012年版，第386页。

国家治理是为国家而存在和服务的，有什么样的国家就有什么样的治理，治理出现了问题，根子在于国家制度；其五，在阶级社会里，治理具有阶级性，它是掌握国家政权的统治阶级的治理；其六，无产阶级推翻资产阶级统治后，必须实行民主制的国家治理，根据实际情况推出一系列有效的政策措施。

二、对旧国家政权的国家治理作出的剖析挞伐

在国家性质和类型的区分上，马克思恩格斯把与无产阶级"新的真正民主的国家政权"[①] 相对立的国家，视作"旧的国家政权"[②]，或"旧的国家机器"[③]，对这样的旧国家政权、旧国家机器实施的国家治理，给予了无情的揭露和批判。在马克思恩格斯的著作中，这些旧国家政权、旧国家机器，涉及德国（普鲁士）、英国、法国、美国、意大利、比利时、西班牙、土耳其、印度等诸多国家，它们在 19 世纪时，有的已成为资本主义国家，有的是处在酝酿和进行资产阶级民主革命的国家，有的是受到资本主义影响和冲击的封建主义国家。在这些旧国家政权中，马克思恩格斯主要针对着德国、英国、法国的国家治理，做出重点的剖析和挞伐。

马克思恩格斯首先从剖析德国的国家治理开始。德国，是马克思恩格斯的祖国，他们从少年到青年时代都成长于德国，尤其受到德国古典哲学深刻的影响。马克思恩格斯在投入政治活动后的学术研究，就是从参加青年黑格尔派组织、转向黑格尔哲学，但最终与青年黑格尔派分道扬镳并着手批判黑格尔哲学体系出发的。

在德国，黑格尔是一位被尊奉为普鲁士王国的"官方哲学家"，他的哲学被推崇为"国家哲学"。黑格尔的国家观是其哲学中的一个重要部分，

---

① 《马克思恩格斯选集》第 3 卷，人民出版社 2012 年版，第 55 页。
② 《马克思恩格斯选集》第 3 卷，人民出版社 2012 年版，第 55 页。
③ 《马克思恩格斯选集》第 1 卷，人民出版社 2012 年版，第 598 页。

被视作普鲁士专制统治辩护的政治保守主义代表。对此，恩格斯在《路德维希·费尔巴哈和德国古典哲学的终结》中入木三分地指出，总的说来黑格尔"更倾向于保守的方面；他在体系上所花费的'艰苦的思维劳动'倒比他在方法上所花费的要多得多"①。黑格尔以唯心主义的理念看待国家，认为："国家是伦理理念的现实——是作为显示出来的、自知的实体性意志的伦理精神"，"国家是绝对自在自为的理性东西"②。他这样说，是为了把国家抬到"高高地站在自然生命之上"的位置，要"人们必须崇敬国家，把它看作地上的神物"③。黑格尔把国家分为王权、行政权和立法权，虽说这也是一种三权划分，但显然不同于孟德斯鸠的"三权分立"。他并不同意把"三权"当作是互相独立、彼此制约的权力，认为这是一种片面的观点。黑格尔主张君主立宪制，他说的君主也非虚君，而是掌握着至高无上的国家权柄，"王权，即作为意志最后决断的主观性的权力，它把被区分出来的各种权力集中于统一的个人，因而它就是整体即君主立宪制的顶峰和起点。"④ 对于三权中的行政权，黑格尔认为，它是"执行和实施国王的决定，一般说来就是贯彻和维护已经决定的东西，即现行的法律、制度和公益机构等等，这和作决定这件事本身是不同的。这种使特殊从属于普遍的事务由行政权来执行。"⑤ 显而易见，黑格尔青睐君主立宪政体和以这样的专制制度来实施国家治理。

对于黑格尔宣扬与维护的君主制，马克思在 1843 年夏写的《黑格尔法哲学批判》中，直接戳中其要害实质。马克思指出："在君主制中，整体，即人民，从属于他们的一种存在方式，即政治制度。在民主制中，**国家制度本身**只表现为**一种**规定，即人民的自我规定。在君主制中是国家制度的人民；在民主制中则是人民的国家制度。民主制是一切形式的国家制

---

① 《马克思恩格斯选集》第 4 卷，人民出版社 2012 年版，第 226—227 页。
② [德] 黑格尔:《法哲学原理》，范扬、张企泰译，商务印书馆 1961 年版，第 253 页。
③ [德] 黑格尔:《法哲学原理》，范扬、张企泰译，商务印书馆 1961 年版，第 285 页。
④ [德] 黑格尔:《法哲学原理》，范扬、张企泰译，商务印书馆 1961 年版，第 287 页。
⑤ [德] 黑格尔:《法哲学原理》，范扬、张企泰译，商务印书馆 1961 年版，第 308 页。

度的已经解开的**谜**。"①君主制与民主制形成尖锐的对立，在君主制下的国家治理是君主统治人民，而在民主制下的国家治理是人民决定国家制度。

君主制不可避免地产生官僚制，滥用权力、渎职受贿、积弊丛生。怎么克服这些官僚制国家治理的丑恶现象呢？黑格尔认为："要使国家和被管辖者免受主管机关及其官吏滥用职权的危害，一方面直接有赖于主管机关及其官吏的等级制和责任心，另一方面又有赖于自治团体、同业公会的权能，⋯⋯以自下的监督补足自上的监督无法顾及官吏每一细小行为的缺陷。"②简言之，黑格尔开出的药方是，一要加强上级机关和官员的责任制、提高他们的责任心；二要加强自下而上的监督机制，主要借助市民社会中自治组织的力量，授予它们监督的职责权能。黑格尔还要求"进行直接的伦理教育和思想教育，以便从精神上抵销因研究本部门行政业务的所谓科学、掌握必要的业务技能和进行实际工作等等而造成的机械性部分"③。所谓"机械性"，指的就是行政官僚治理、行政不作为。对此，马克思反驳道："事实上，难道不正是他的'官场'知识和'实际工作'的'机械性成分''抵消了'他的'道德教育和思想教育'吗？⋯⋯黑格尔用'直接的道德教育和思想的教育'来反对'官场知识和工作的机械性成分'，这真是妙不可言！"④因而，绝不是思想教育可以增强行政责任心并抵消行政官僚治理，而是官僚体制压倒了思想教育和责任心。

至于发挥自治团体、同业公会的监督功能更是可笑。同业公会，即行业公会、行会，是从事某一相同职业的人的内部组织和管理方式，具有以强制的力量维护同行业的纪律。在欧洲，同业公会产生于中世纪的城市，其管理机构和负责人由同行业的人选举产生。同业公会的作用在于，制定规章条例，包括职业道德规则；实施纪律惩处，用于制裁违反行业规矩和职业道德的成员。区乡组织，也类似于同业公会的性质，它是管理市民社

① 《马克思恩格斯全集》第 3 卷，人民出版社 2002 年版，第 39 页。
② ［德］黑格尔：《法哲学原理》，范扬、张企泰译，商务印书馆 1961 年版，第 313 页。
③ ［德］黑格尔：《法哲学原理》，范扬、张企泰译，商务印书馆 1961 年版，第 314 页。
④ 《马克思恩格斯全集》第 3 卷，人民出版社 2002 年版，第 68 页。

会内部的公共事务、维系社会公序良俗的民间自治组织。为了更好地发挥同业公会和区乡组织的作用，黑格尔对同业公会和区乡组织作出了新的解释，注入了新的内涵。他说："在市民社会以内和在国家本身的自在自为地存在着的普遍东西之外的共同的**特殊**利益，是由区乡组织的以及其他职业和等级的**同业公会**及其首脑、领导、主管人等等来管理的。一方面，它们经管的事务是这些**特殊**领域的**私有财产**和**利益**，同时它们在这方面的威信也建立于本等级成员和全体市民的信赖；另一方面，这些集团必须服从国家的最高利益；因此，对这些职位的分配，一般采取由有关人员实行通常的选举同最高当局批准、任命相混合的方式。"① 黑格尔的这些论述，在肯定区乡组织和同业公会有着管理自身事务的一些特点和优点后，竟大大拔擢了区乡组织和同业公会的社会地位，把本属于自治的草根组织提升到了与"国家的最高利益"相联系的高度。难怪黑格尔提出建议，以后区乡组织和同业公会的领导者、管理人员，在通过选举之后还要经国家的"最高当局"批准、任命。这样，区乡组织和同业公会就能履行行政监督的职能了。然而，这样的办法有用吗？马克思指出，资本主义国家是"官僚政治"或"国家形式主义"，"它的存在只是办事机构的存在。国家已经只是作为由从属关系和消极服从联系起来的各种固定的官僚势力而存在。"② 而一旦由行政权力机关批准、任命区乡组织和同业公会的领导者、管理人员，作为国家"全权代表"的官僚政治，就侵入了区乡组织和同业公会、侵入了市民社会，区乡组织和同业公会也就与国家官僚政治混同一体，毫无二致。正如马克思说的："只要同业公会力图成为国家，国家就势必会成为同业公会"，"同业公会是市民社会企图成为国家的尝试，而官僚政治则是那种确实使自己变成了市民社会的国家。"③ 这说明，在国家行政官僚机构占绝对主导支配的体制下，区乡组织和同业公会受国家官僚政治节制，只能与其同流合污、沆瀣一气。黑格尔企图依靠区乡组织和同业公会

---

① 转引自《马克思恩格斯全集》第 3 卷，人民出版社 2002 年版，第 53 页。
② 《马克思恩格斯全集》第 3 卷，人民出版社 2002 年版，第 61 页。
③ 《马克思恩格斯全集》第 3 卷，人民出版社 2002 年版，第 59 页。

进行监督，借以消除行政机关和官员的滥权、渎职、腐败、无能等官僚政治的弊病，只能是南辕北辙、缘木求鱼，沦为一厢情愿而已。

那么，君主制国家治理的前途何在？在完成了《黑格尔法哲学批判》的著述后，运用已形成的历史唯物主义批判武器，马克思进而分析了造成旧的国家治理无能的根源和解决问题的出路。1844 年 6 月，德国西里西亚 3000 多织工起义破坏工厂和机器，开展反对资本家的斗争，引发了社会的广泛关注。一些学者和社会舆论认为，这是由于国家行政管理工作的缺欠和治理无能，无法解决工人大众普遍贫困的问题而引起的，正如马克思在《评一个普鲁士人的〈普鲁士国王和社会改革〉一文》中指出的："所有的国家都认为原因在于行政管理机构偶然或有意造成的缺欠，于是它们把行政管理措施看作改正国家缺陷的手段。为什么呢？就因为**行政**管理是国家的**组织**活动。"① 那么，国家行政管理的缺欠和治理无能又是怎么造成的呢？马克思说："国家是建筑在**社会生活**和**私人生活**之间的矛盾上，建筑在**普遍利益**和**私人利益**之间的矛盾上的。因此，**行政**管理机构不得不局限于**形式上的**和**消极的**活动，因为市民生活和市民活动在哪里开始，行政管理机构的权力也就在哪里告终。"② 很清楚，造成资本主义国家行政管理缺欠和治理无能的根子正在于国家本身，因此，"现代国家要消灭自己的行政管理机构的无能""国家必须消灭自身"③。但是，资产阶级国家无论如何"不会相信自己行政管理机构的**内在的**无能"，也"不会相信自己本身的无能。国家所能看出并企图加以纠正的**只是**自己行政管理机构表面的和偶然的缺欠"④。因此，一切旧国家根本不会承认自己是治理无能的，更不可能自己消灭自己，只有依靠无产阶级进行社会革命，将资本主义"国家和社会结构"⑤ 彻底改造才是真正的出路。

---

① 《马克思恩格斯全集》第 3 卷，人民出版社 2002 年版，第 386 页。
② 《马克思恩格斯全集》第 3 卷，人民出版社 2002 年版，第 386 页。
③ 《马克思恩格斯全集》第 3 卷，人民出版社 2002 年版，第 387 页。
④ 《马克思恩格斯全集》第 3 卷，人民出版社 2002 年版，第 387 页。
⑤ 《马克思恩格斯全集》第 3 卷，人民出版社 2002 年版，第 385 页。

关于英国的国家治理，构成马克思恩格斯研究的一个重点。马克思恩格斯在一生中，曾长期生活在英国。他们认为，19世纪的英国已完成了工业革命，在经济上，跃升为世界上最发达的国家，是第一个实现了工业化的国家；在政治上，自1688年"光荣革命"后，建立了世界上第一个君主立宪制（议会制）、选举制度和公务员制度的民主政治制度国家。马克思恩格斯都不吝言辞地赞扬英国经济的强大和宪政制度的文明进步。恩格斯在《英国状况 英国宪法》中说："世界上没有一个国家能在威力和财富上同英国匹敌；这种威力和这种财富并不像在古罗马那样仅仅集中在专制君主一个人手里，而是属于民族中有教养的那一部分人。在英国，对专制主义的恐惧和对王权的斗争不复存在，已经有一百年了。英国无可争辩地是地球上最自由的，即不自由最少的国家"①。

但是，恩格斯同时以犀利的文笔指出，在英国的君主立宪制度下，统治者既不是国王，也不是上院的贵族，由下院所代表的民主政治在很大程度上更是虚假的。例如，下院议员的选举席位完全公开拍卖，谁出的价钱高，就卖给谁。那么，"究竟是谁统治着英国？是财产在进行统治。财产使贵族能支配农业地区和小城市的议员选举；财产使商人和工厂主能决定大城市及部分小城市的议员选举；财产使二者能通过贿赂来加强自己的影响。"② 由此，恩格斯指出："英国不是正式的民主制，……理论和实践处于极端的矛盾中。宪法所规定的一切权力——王权、上院、下院，都在我们眼前消失了；……英国人的一切所谓天生的权利都是空洞的名称"③。在所谓的民主制而实质是"财产统治"的治理下，英国处处维护和捍卫的不过是资产阶级的私利。例如，1847年英国颁布的十小时工作日法，对保护工人的身体健康是必不可少的，如果没有十小时工作日法，整整一代工人的身体就要垮掉。但是，由于工厂主的拒绝和反对，1850年2月，英国财务法院竟然宣判破坏十小时工作日法的工厂主无罪，这实际上等于废除

---

① 《马克思恩格斯全集》第3卷，人民出版社2002年版，第558页。
② 《马克思恩格斯全集》第3卷，人民出版社2002年版，第567页。
③ 《马克思恩格斯全集》第3卷，人民出版社2002年版，第583页。

了这一法律。国家司法机关的如此所为，扯下了罩在英国民主制头顶上的神圣光环。当时，对于英国民主制和普选权的崇仰与膜拜，成为世界各国的一种流行病，恩格斯曾引述卡莱尔的观点指出："他们得病是受了议会政治毫无缺点这种英国人的迷信观点的影响。依靠普选权来治理国家就像绕道合恩角时迷失了航路的海船水手一样：他们不研究风向、气候和使用六分仪，却用投票来选择道路，并宣布多数人的决定是不会错的。"[①]英国的民主制和普选权固然是人类政治文明进步的成果，但它是为资产阶级服务的，用它来治理国家，不可能为工人阶级和大多数劳动人民带来真正的幸福。

《资本论》主要以英国经济社会为研究对象。作为工业化国家，英国对工厂企业的治理可谓是一个典型，它形象、真实地反映了英国的情况。马克思在《资本论》中，针对19世纪英国设立的工厂法和工厂制度，从多层面、多维度做出了分析和批判。其中，他对工厂法有关劳动条件的法律规定和治理措施进行了深入研究。19世纪的英国工厂，车间粉尘和棉絮纷飞，天花板低矮，工人的空间占有十分狭窄，高温、毒气和工业废水使工人的卫生健康和生存状况受到了极大的威胁。马克思在"工厂立法（卫生条款和教育条款）"章节中指出："撇开卫生条款中使资本家容易规避的措辞不说，这些条款的内容也是非常贫乏的，实际上只是就粉刷墙壁和其他几项清洁措施，通风和危险机器的防护等做出一些规定"[②]。马克思引用了来自工厂视察员的报告，称自1864年的工厂法使陶器业的200多个工场进行了粉刷和清扫，这些工场已经有20年或者根本就节制了这一类的工作。马克思不无讽刺地说道，这真是资本的"节欲"、杀人的"节约"。事实上，工厂法所规定的治理说明了"资本主义生产方式按其本质来说，只要超过一定的限度就拒绝任何合理的改良"[③]。工厂法的立法者总是帮助资本家实现"资本主义的节约"[④]。至于工厂法的教育条款，马克思从对儿

---

① 《马克思恩格斯全集》第10卷，人民出版社1998年版，第316页。
② 《马克思恩格斯全集》第44卷，人民出版社2001年版，第553页。
③ 《马克思恩格斯全集》第44卷，人民出版社2001年版，第554页。
④ 《马克思恩格斯全集》第44卷，人民出版社2001年版，第534页。

童和成年人教育权的剥夺两个方面作了批判。首先，工厂法关于保护儿童受教育权的法律条文存在大量漏洞，仅停留在条款本身，没有真正落实；工厂法将儿童劳动置于合法地位，使儿童在繁忙的工作之余根本没有时间也没有体力接受教育。其次，工厂法也剥夺了成年人的教育权，成年人为了生存不得不出卖劳动力，从而丧失了教育的机会；资本家也不乐意让工人接受教育，认为工人在接受教育后会对资产阶级造成威胁，因而拒绝为工人提供教育。概言之，马克思指出："工厂法关于所谓教育的条款措辞草率；由于缺少行政机构，这种义务教育大部分仍然徒有其名；工厂主反对这个教育法令，使用种种阴谋诡计回避这个法令"①，这一切都充分暴露了资本主义治理的虚伪性。

对法国国家治理的研究，是马克思恩格斯国家治理研究中的又一个重点。19世纪的法国，既与完成了资产阶级革命和工业革命、成为首屈一指的资本主义国家的英国不同，又与处在分裂割据状态的君主专制统治下、极大地阻碍了资本主义经济振兴和发展的德国不同。在经历了18世纪大革命后，法国已经推翻了封建专制王朝，建立了法兰西共和国。但是，君主制不断卷土重来，造成了三次复辟，一是1804—1814年拿破仑的法兰西帝国；二是1815年复位的波旁王朝；三是1830年上台的奥尔良王朝。法国处在彻底扫除封建王朝与封建势力，为资本主义的发展进一步扫清道路的阶段，国内的主要矛盾仍然是人民大众与封建专制势力的矛盾，但无产阶级与资产阶级的矛盾已开始日益尖锐，1848年的巴黎二月起义是资产阶级民主革命，到了六月起义就转变为无产阶级社会主义革命。1852年后在第二帝国时期，完成了工业革命。因而，法国的国家治理既带有君主制的专制性，又带有资产阶级剥削压迫人民的残酷性。

一切旧国家都通行官僚政治，机构臃肿、官吏冗杂是必然的、流行的现象，国家内部机构和官员的存在，"只是作为由从属关系和消极服从联

① 《马克思恩格斯全集》第44卷，人民出版社2001年版，第460页。

系起来的各种固定的官僚势力而存在。"①法国尤甚之，在《路易·波拿巴的雾月十八日》中马克思写道，第二帝国的"行政权有庞大的官僚机构和军事机构，有复杂而巧妙的国家机器，有50万人的官吏大军和50万人的军队"②。法国庞大的官僚机构和军事机构，形成了一个俨如密网缠住社会全身并阻塞其一切毛孔的可怕的寄生机体。在这个寄生机体上活跃的官吏，形成了一个高薪阶层。国家机构和官员人数所需要的开支费用，是和公民捐税数额成正比的。机构膨胀，冗官充斥，必然不断加重人民的负担，为国家治理付出高昂的成本。

法兰西第二帝国的国家治理不但成本昂贵，而且治理无方、效率低下。波拿巴政权是以流氓无产者与军队为其基础和依靠力量的，因而，波拿巴治国的典型特征是收买、欺诈和投机。马克思指出，工业和商业本来"应该在强有力的政府治理下像温室中的花卉一样繁荣"③，然而，波拿巴派的阶级基础——流氓无产者却要发财致富，于是，在让出了无数的铁路承租权后，就有事先知悉秘密的人在交易所进行承租权上的投机。但是建筑铁路的资本又没有，于是就强令银行以铁路股票作抵押来发放贷款，并把著名的动产信用公司当作帝国投机的代表。简言之，波拿巴的治理手段，是用蒜腊肠、香槟酒和雪茄烟来收买士兵，替流氓无产者偿还债务以换取其忠心，用赤裸裸的利益和金钱交换关系使将军们维持其统治。马克思愤怒地称，波拿巴建立的第二帝国，是警察恐怖、投机倒把、军阀和无耻的冒险分子横行的王国，他采取了讹诈、收买、煽惑、表面讨好和玩弄两面派手法，采用了小恩小惠腐蚀某些社会阶层、利用刑事犯罪分子等无耻下流的国家治理手法，使第二帝国成为"一切龌龊事物的温床""最淫贱"④的国家政权。

显而易见，上述马克思恩格斯对德、英、法旧国家的剖析挞伐，聚焦

① 《马克思恩格斯全集》第3卷，人民出版社2002年版，第61页。
② 《马克思恩格斯选集》第1卷，人民出版社2012年版，第760页。
③ 《马克思恩格斯全集》第11卷，人民出版社1995年版，第237页。
④ 《马克思恩格斯全集》第17卷，人民出版社1963年版，第662页。

于国家治理的实质——究竟是"民主治理或专制治理"①的根本问题。在资本主义社会，所有的剥削阶级都放心地让代表它们利益的资产阶级政党"去操治理国家之心，得治理国家之利"②。马克思和恩格斯坚定地站在无产阶级人民大众的一边，强调了"要靠人民赋予的权力来治理国家"③，工人只要有愿望"就不能违反他们的意志来治理"④。例如在法国，必须由工人阶级"夺去这些阶级（已经丧失了治理法国能力的阶级）的政权"⑤。如此石破天惊、振聋发聩的论断，有力地鼓舞着无产阶级的革命斗争精神。

三、对新型无产阶级政权国家治理的赞颂褒扬

在马克思恩格斯领导的第一国际影响下，1870 年 7 月爆发的普法战争催生了 1871 年 3 月 18 日巴黎无产阶级革命，巴黎人民建立了世界上第一个具有社会主义性质的无产阶级国家政权——巴黎公社。马克思恩格斯十分关注巴黎公社革命，从公社成立的第一天起，马克思就着手广泛地搜集有关公社活动的各种材料，阅读大量报道，摘录各方报刊消息，形成两册手稿，为研究巴黎公社做准备。公社成立的第四天，马克思在国际工人协会总委员会会议上提议派代表团参加伦敦的群众大会，号召与会者声援巴黎工人阶级。同日，恩格斯向国际工人协会总委员会会议报告巴黎的情况，驳斥资产阶级报刊对公社革命的歪曲报道，澄清事实真相。为了分析和总结巴黎公社新型无产阶级政权国家治理的成就和经验，马克思撰写了《法兰西内战》，恩格斯撰写了《〈法兰西内战〉1891 年版导言》和《纪念

---

① 《马克思恩格斯全集》第 45 卷，人民出版社 1985 年版，第 575 页。
② 《马克思恩格斯选集》第 3 卷，人民出版社 2012 年版，第 96 页。
③ 《马克思恩格斯全集》第 12 卷，人民出版社 1962 年版，第 701 页。
④ 《马克思恩格斯全集》第 29 卷，人民出版社 2020 年版，第 496 页。
⑤ 《马克思恩格斯全集》第 17 卷，人民出版社 1963 年版，第 605 页。

巴黎公社十五周年》等著作，热烈地赞颂褒扬了巴黎公社的国体和国家机构设置原则，以及实施国家治理的经济、政治、文化、社会等方面的政策措施。

首先，马克思恩格斯论述和赞颂褒扬了巴黎公社实行了新型的国家治理。治理，是人类有组织地处置自身的社会公共事务的活动。原始社会在氏族组织解体后，随着国家的出现，进入了国家治理时期。国家治理，是以政治上层建筑为中心，从维护统治阶级的根本利益出发，对社会公共事务进行的安排和处理。在国家治理发展的漫长时期中，先后经历了四个阶段，即奴隶制国家治理、封建制国家治理、资本主义国家治理、社会主义国家治理。早在 1847 年，马克思就指出："劳动阶级在发展进程中将创造一个消除阶级和阶级对抗的联合体来代替旧的市民社会；从此再不会有原来意义的政权了。"[①] 按照这样的观点，无产阶级革命胜利后建立的国家政权，就不再是任何原来意义的国家政权了。巴黎公社诞生后，马克思经过考察和总结，明确地指出："公社的真正秘密就在于：它实质上是工人阶级的政府，是生产者阶级同占有者阶级斗争的产物，是终于发现的可以使劳动在经济上获得解放的政治形式。"[②] 恩格斯也指出："巴黎公社已经不是原来意义上的国家了。"[③] 这就说明，巴黎公社作为工人阶级的政府，无产阶级专政的国家政权，已经不是旧的国家，而成为新型国家。巴黎公社和以往一切国家的最大区别就在于，以往的国家建立的不过是剥削阶级少数人对被剥削阶级多数人的统治，而巴黎公社第一次建立起了多数人对少数人统治的无产阶级专政国家。为此，恩格斯直截了当地说："想知道无产阶级专政是什么样子吗？请看巴黎公社。这就是无产阶级专政。"[④]

巴黎公社作为新型的社会主义国家，自然实行了全新的国家治理。马克思恩格斯充分肯定了巴黎公社作为社会主义新型国家政权所采取的各项

① 《马克思恩格斯选集》第 1 卷，人民出版社 2012 年版，第 275 页。
② 《马克思恩格斯选集》第 3 卷，人民出版社 2012 年版，第 102 页。
③ 《马克思恩格斯全集》第 19 卷，人民出版社 1963 年版，第 7 页。
④ 《马克思恩格斯选集》第 3 卷，人民出版社 2012 年版，第 56 页。

国家治理措施。他们对公社关于维护劳动群众的经济和政治利益，由人民直接行使权力，武装力量按民主原则组织建立，司法机关的官吏由选举出来的法官取代，所有公职人员都是人民的勤务员而且他们毫无例外地可以随时被罢免撤换等等做法，予以了高度的评价。根据《法兰西内战》的论述，巴黎公社实行新型的国家治理主要表现为：在国家的经济治理方面，公社初步实行了生产资料公有制度，实现了绝大多数人在经济地位上的平等，由此保证了每一位公民在政治和社会生活上的平等，为人民大众参与民主政治创造了有利条件；在国家的政治治理方面，公社的规定体现了人民大众拥有民主选举、民主决策、民主管理和民主监督的权利，形成了比较完善全面的选举制度、监督和罢免撤换制度；在国家的文化治理方面，公社全面清除封建的、宗教的文化教育思想痕迹，实行一系列旨在培养一代新人的文化教育措施；在社会治理方面，公社既保持国家集中统一的权威，又规定地方自治，使人民群众在各项社会治理中，发挥积极性和主动性。马克思还精辟地阐明了，实行新型社会主义国家治理的艰巨性以及推进新型社会主义国家治理、达到共产主义目标的长期性和复杂性的问题。马克思说，工人阶级知道"为了谋求自己的解放，并同时创造出现代社会在本身经济因素作用下不可遏止地向其趋归的那种更高形式，他们必须经过长期的斗争，必须经过一系列将把环境和人都加以改造的历史过程。"①

马克思恩格斯评价了巴黎公社的国体和国家机构设置原则。国家治理，离不开国体、政体和国家结构，总要以其为载体。恩格斯指出："工人阶级只有在民主共和国这种形式下，才能取得统治。"②巴黎公社在成立的《告人民书》中就庄严宣告："让巴黎和法兰西共同来奠定共和国的基石吧"③，马克思也欣喜地摘录了公社委员发表的谈话："我们不仅要建立

---

① 《马克思恩格斯选集》第 3 卷，人民出版社 2012 年版，第 103 页。
② 《马克思恩格斯选集》第 4 卷，人民出版社 2012 年版，第 294 页。
③ [法] 阿·阿达莫夫编：《巴黎公社史料辑要》，黎星译，商务印书馆 1962 年版，第 15 页。

共和国，而且要建立一套共和国的机构，从基础开始，直到社会大厦的顶端。"① 事实正是如此，巴黎公社建立的是真正的民主共和国。在国体意义上，马克思称它"是工人阶级的政府"②；恩格斯说，工人阶级自从有自己的历史以来第一次"掌握了政权"③。毫无疑义，作为无产阶级国家，巴黎公社与历史上的任何剥削阶级国家相比，是性质完全不同的新型国家。在国家机构设置上，巴黎公社也实现了创新。巴黎公社的最高权力机构叫公社委员会，是一个议会组织，因此，公社委员会也可以简称为"公社议会，或者就叫公社"④。公社是专门议事和决策的机构，内设秘书处、庶务处为其开展日常工作服务。公社又设立了 10 个委员会，即是政府的 10 个最主要的行政部门，在公社的监督下开展工作。首先是执行委员会，负责贯彻执行公社的一切法令和决议，它的工作事前都要通知公社；另有的 9 个委员会，分别负责财政、军事、司法、公安、粮食、劳动就业与工业、对外关系、社会服务、教育等公共事务的治理。十分明显，公社议会与 10 个委员会的关系，是立法、监督与行政执行的关系，虽然说这和一般共和国的情况差不多，但是巴黎公社的特殊性在于，10 个委员会的成员分别由公社委员担任，因而它们和公社议会融为一体，实际上是"两个机构、一套人马"，公社委员在公社议会开完会后，马不停蹄地回到各委员会，就能立即予以执行落实。马克思因此指出，公社不是单纯性的"议会制的机构，它既是行政机关，也是立法机关"⑤，公社"是同时兼管行政和立法的工作机关"⑥。这就是为世人所熟知的巴黎公社创立的"议行合一"原则，它完全不同于资产阶级国家"三权分立"原则。"议行合一"的国家机构设置原则，保证了公社在议事决策和立法之后，能够得到迅速有力的行政执行，避免和克服了立法与行政之间的掣肘扯皮，消除了治理的低

① 陈叔平编：《马克思关于巴黎公社报刊消息摘录》，商务印书馆 1975 年版，第 58 页。
② 《马克思恩格斯选集》第 3 卷，人民出版社 2012 年版，第 102 页。
③ 《马克思恩格斯选集》第 4 卷，人民出版社 2012 年版，第 266 页。
④ 《巴黎公社公告集》，罗新璋编译，上海人民出版社 1978 年版，第 22 页。
⑤ 《马克思恩格斯选集》第 3 卷，人民出版社 2012 年版，第 98 页。
⑥ 《马克思恩格斯选集》第 3 卷，人民出版社 2012 年版，第 167 页。

下效率甚至无效率。

巴黎公社"议行合一"的组织体制

机构	权力	关系	名称	职能
立法机关	立法权	最高权力	公社委员会	议论、制定法律法令、政策方针
行政机关	执行权	管理职权	执行委员会	负责执行公社一切法令和其他委员会的一切决议
			财政委员会	编制公社预决算，经管拨款、房租、债务、捐税
			军事委员会	负责公社的军事工作，领导国民自卫军
			司法委员会	管理一切诉讼案件，实行司法改革
			公安委员会	负责公社安全、公民利益，镇压反革命分子破坏活动
			粮食委员会	负责粮食供应，对所有储存食品实行管理和支配
			劳动、工业和交换委员会	管理工业、公共工程和商业贸易，同时负责宣传社会主义学说
			对外关系委员会	负责外交工作及巴黎和法国其他公社的联系
			社会服务委员会	负责监督邮政局、电报局、公路总局、铁路公司
			教育委员会	管理教育事业，实行教育改革，普及义务教育

  在巴黎公社的国家治理形式中，还包括中央和地方的关系。公社一方面实行了中央集中领导，另一方面实行地方事务自治，成立地方自治政府。什么是地方自治？恩格斯曾指出："地方自治即'自己来治理自己的地方'"[1]，恩格斯是主张实行地方自治的。对于公社实行的地方自治，马克思作了充分的肯定，他摘录了公社宣言："巴黎要求的是什么呢？要求承认并巩固共和国，要求在法国所有的村镇实行公社的完全自治"。[2] 马克思说："只要公社制度在巴黎以及次一级的各中心城市确立起来，那么，

---

[1]《马克思恩格斯全集》第18卷，人民出版社1964年版，第547页。
[2] 陈叔平编：《马克思关于巴黎公社报刊消息摘录》，商务印书馆1975年版，第77页。

在外省，旧的集权政府就也得让位给生产者的自治政府""公社的存在本身自然而然会带来地方自治"①。马克思恩格斯认为，公社实行地方自治，并没有排斥中央的集中领导，而中央的集中领导也离不开自治。

其次，马克思恩格斯论述和赞颂褒扬了巴黎公社实行了公有化的经济治理。巴黎公社开创的新型的社会主义国家经济治理，其最具意义的莫过于马克思指出的："把一切已关闭的作坊或工厂——不论是资本家逃跑了还是自动停了工——都交给工人协作社"②。马克思肯定了巴黎公社建立的合作社，它是共产主义的经济组织，是实行了社会主义国家的经济治理，他强调指出："联合起来的合作社按照共同的计划调节全国生产，从而控制全国生产，结束无时不在的无政府状态和周期性的动荡这样一些资本主义生产难以逃脱的劫难，那么，请问诸位先生，这不是共产主义，'可能的'共产主义，又是什么呢？"③

巴黎公社期间，慑于革命的威力，巴黎出现了企业主逃跑的现象，大批工场被这些企业主遗弃。这样的潜逃使企业生产停顿，无法供应城市需要，极大地影响了人民群众的生活。1871 年 4 月 16 日，巴黎公社果断地发布了《关于将逃亡业主所遗弃的工场转交工人协作社的法令》，法令规定："一、统计被遗弃的工场数目，确切编制关于工场现况和现有工具设备的清册。二、提出报告，拟定这些工场迅速开工的切实措施，开工将不指望潜逃的业主而是靠工人协作社的力量。三、拟定工人协作社章程草案。四、成立仲裁委员会，负责裁决上述业主归来后将工场最终盘给工人协作社的条件，及协作社应付业主的赎金数额。"④这四条规定说明，巴黎公社最主要的经济政策是，建立工人协作社，将资本家的生产资料转交工人协作社，这即是破除生产资料私有制、建立生产资料公有制。尽管工人协作社做出了妥协，愿意付给原业主一定的赎买金额，但是，这个法令具

---

① 《马克思恩格斯选集》第 3 卷，人民出版社 2012 年版，第 99、101 页。
② 《马克思恩格斯选集》第 3 卷，人民出版社 2012 年版，第 107 页。
③ 《马克思恩格斯选集》第 3 卷，人民出版社 2012 年版，第 103 页。
④ 《巴黎公社公告集》，罗新璋编译，上海人民出版社 1978 年版，第 214 页。

有的破天荒的意义就在于，"是把人民大众劳动积累的财富交还给了多少世纪以来被剥夺了财产继承权的人民大众。工人合作社联合会组织的调查委员会受委托，统计那些应该交还给工人的、原业主遗弃的工场和编制财产清单册。于是'剥夺者被剥夺了'。"① 为此，恩格斯高度评价了这个法令，说："公社下令，对被厂主停工的工厂进行登记，并制订计划：把这些工厂的原有工人联合成合作社以开工生产，同时还要把这些合作社组成一个大的联社。"② 这是"公社的最重要的法令，……这种组织工作，正如马克思在《法兰西内战》中完全正确地指出的，归根到底必然要导致共产主义"③。

近代的合作社和合作制，滥觞于英、法、德三国。马克思指出："在英国，合作制的种子是由罗伯特·欧文播下的"④。欧文主张建立合作工厂或合作社，他于 1833 年 10 月领导建立了英国的全国生产部门大联盟，开展生产合作运动。第二年 2 月，制定了联盟章程。《章程》第四十六条规定："联盟的主要的终极目的，应当是采取一些措施，使社会上的无知的、寄生的和无用的人实际上不可能再像现在这样由于错误的货币制度的作用而有权支配我们的劳动果实，以便确立基本的劳动权和人权。因此，盟员不应放过任何一个机会在建立**另一种秩序**的事业中互相支援和彼此协助。"⑤ 这里提到的所谓"另一种秩序的事业"，欧文的想法就是帮助工人组织合作工厂。欧文倡导合作运动和建立合作工厂的出发点当然是好的，然而他无法达到这一目的。欧文幻想不采取任何革命措施摧毁私有制的地基，而是通过工会组织和平地控制各工业部门，按照合作社原则组织各部门和各企业的生产，以改良途径来改造整个社会，这只能是空想计划。19 世纪 50 年代后，法国的蒲鲁东则从小资产阶级社会主义和无政府主义的观点

---

① ［法］普·利沙加勒：《一八七一年公社史》，柯新译，人民出版社 1962 年版，第 213—214 页。
② 《马克思恩格斯选集》第 3 卷，人民出版社 2012 年版，第 49 页。
③ 《马克思恩格斯选集》第 3 卷，人民出版社 2012 年版，第 53 页。
④ 《马克思恩格斯选集》第 3 卷，人民出版社 2012 年版，第 9 页。
⑤ 《欧文选集》第 2 卷，马清槐、吴宜萱、黄惟新译，商务印书馆 1981 年版，第 275 页。

出发，鼓吹以"个人占有"为基础的"互助制"和建立以无息贷款为基础的"人民银行"改造资本主义社会。蒲鲁东反对任何的国家、政府和一切权威，显然，这种搞阶级调和的一厢情愿，也不可能使合作社成功。而在德国的拉萨尔那里，建立工人合作社，竟然需要资产阶级国家予以帮助，拉萨尔宣称，通过这样的国家扶持，便能实现社会主义。所以，被马克思恩格斯戏称为"普鲁士王国政府的社会主义"①。

　　马克思在写作《资本论》时，已经研究了合作工厂问题，他指出："工人自己的合作工厂，是在旧形式内对旧形式打开的第一个缺口，……没有从资本主义生产方式中产生的信用制度，合作工厂也不可能发展起来；同样，没有从资本主义生产方式中产生的信用制度，合作工厂也不可能发展起来。信用制度是资本主义的私人企业逐渐转化为资本主义的股份公司的主要基础，同样，它又是按或大或小的国家规模逐渐扩大合作企业的手段。资本主义的股份企业，也和合作工厂一样，应当被看作是由资本主义生产方式转化为联合的生产方式的过渡形式，只不过在前者那里，对立是消极地扬弃的，而在后者那里，对立是积极地扬弃的。"② 由此可见，合作社的性质和成功，完全取决于国家政权和所有制问题。马克思所说的"积极地扬弃"，在巴黎公社那里就体现为建立了无产阶级国家，将逃亡资本家的企业交给了工人联合体，开始了对私有制的改造，要建立公有制经济。为此，马克思称赞道："公社是想要消灭那种将多数人的劳动变为少数人的财富的阶级所有制。它是想要剥夺剥夺者。它是想要把现在主要用做奴役和剥削劳动的手段的生产资料，即土地和资本完全变成自由的和联合的劳动的工具，从而使个人所有制成为现实。……这是共产主义"③。因而，巴黎公社首开先河，拉开了社会主义国家经济治理的序幕。

　　再次，马克思恩格斯论述和赞颂褒扬了巴黎公社实行了民主化的政治

---

① 《马克思恩格斯全集》第 21 卷，人民出版社 2003 年版，第 116 页。
② 《马克思恩格斯全集》第 46 卷，人民出版社 2003 年版，第 499 页。
③ 《马克思恩格斯选集》第 3 卷，人民出版社 2012 年版，第 102—103 页。

治理。巴黎公社开创的新型社会主义国家政治治理，具有更为鲜明突出的特点。马克思指出："**公社**是**帝国**的直接对立物。"① 作为新型的国家，巴黎公社把生长在帝国肌体上的脓疮赘瘤都割除的干干净净。

一是巴黎公社治理了国家机构。法兰西第二帝国有 50 万人的官吏大军和 50 万人的军队，形成一个俨如密网一般缠住法国社会全身并阻塞其一切毛孔的可怕的寄生机体。对比旧国家，新生的巴黎公社的国家机构则十分简单，公职人员甚少。巴黎公社只设立 10 个委员会，配有 86 名委员，因有当选委员退出，或辞职或阵亡，实为 65 人，后又补选 20 人，真正参加公社组织活动的只有 80 人左右② 。建立精兵简政的国家机构和人员编制，是马克思恩格斯建设无产阶级国家机关的基本思路和要求。

二是巴黎公社治理出了一个"廉价政府"。作为工人阶级的政府，马克思称赞巴黎公社"实现了所有资产阶级革命都提出的廉价政府这一口号"③ 。巴黎公社官员作为人民勤务员，实行低薪制。马克思曾经对比了当时英国行政官员和巴黎公社公职人员的薪金收入，1870 年 12 月，由英国著名科学家赫胥黎提议的伦敦国民教育局秘书的年薪为 1000 英镑，此职位的年薪后来被确定为 800 英镑；1871 年 3 月巴黎革命发生后，公社工作人员"在空前艰难的条件下虚心、诚恳而卓有成效地进行他们的工作，而所得报酬最高额还不及科学界高级权威人士所建议的伦敦国民教育局秘书最低薪额的五分之一"④ ，即不过为 160 英镑。这样的收入，实际上等同于工人的收入。巴黎公社明确规定，所有的公职人员都领取普通工人的工资，"最高薪金每年为六千法郎。"⑤ 公社还通过了禁止公职人员兼职兼薪的法令："鉴于在公社制度下，每种职务都有一定的报酬，其数额足以维持供职者的生活和操守。……公社决定：禁止一切兼职兼薪，公社公职人

---

① 《马克思恩格斯选集》第 3 卷，人民出版社 2012 年版，第 166 页。
② 参见［苏］凯尔任策夫：《巴黎公社史》，三联书店 1961 年版，第 411—412 页。
③ 《马克思恩格斯选集》第 3 卷，人民出版社 2012 年版，第 101 页。
④ 《马克思恩格斯选集》第 3 卷，人民出版社 2012 年版，第 103—104 页。
⑤ 《巴黎公社公告集》，罗新璋编译，上海人民出版社 1978 年版，第 88 页。

员除从事本身工作外应当协助其他方面的工作,但无权另得任何报酬。"①
对此,马克思评价道:"公社的工作人员执行实际的行政管理职务,不论
是地方的还是全国的,只领取工人的工资。由此可见,公社一开始就厉
行节约,既进行政治变革,又实行经济改革。"②历来的各个国家机关的官
位,都"被当作肥缺来钻营和授予的"③,加官晋爵是为了巧取豪夺、增金
添银。但是,巴黎公社彻底堵塞了这条路,有效地"防止国家和国家机关
由社会公仆变为社会主人"④,公社工作人员真正成为人民公仆。只有工人
阶级的政府才能把国家开支和工作人员薪水压缩到最低程度,尽量减轻人
民群众的经济负担,因此,巴黎公社理所当然地成为"廉价政府"了。

巴黎公社实行的政治治理,正如马克思说的:"它所采取的各项具体
措施,只能显示出走向属于人民、由人民掌权的政府的趋势。"⑤巴黎公社
的政治治理,是真正以人民主权为中心的民主化政治治理。

最后,马克思恩格斯论述和赞颂褒扬了巴黎公社实行的彰显平等正义
的教育文化及社会治理。巴黎公社期间,在发布的总共398个公告文件
中,公告的抬头都赫然印有"自由—平等—博爱"的字样。公社正是遵循
着"自由—平等—博爱"的精神,着手改革国民教育、促进文化发展、实
施地方自治,形成了贯彻体现平等、正义理念的教育、文化和社会治理。
"自由、平等、博爱"是18世纪末法国资产阶级革命提出的口号,虽然它
意指和涵盖了所有的人,但是从根本上说,其实只是资产阶级自身从革命
胜利中获得了自由、平等、博爱,而工人阶级、劳动人民在随后的资本主
义发展过程中,并没有得到多少真正意义上的自由、平等、博爱。巴黎公
社改变了这一切,赋予自由、平等、博爱以真实的涵义,这是应该值得肯
定的。为此,恩格斯指出:"把社会主义社会看作**平等**的王国,这是以'自

① 陈叔平编:《马克思关于巴黎公社报刊消息摘录》,商务印书馆1975年版,第433—434页。
② 《马克思恩格斯选集》第3卷,人民出版社2012年版,第143页。
③ 《巴黎公社公告集》,罗新璋编译,上海人民出版社1978年版,第88页。
④ 《马克思恩格斯选集》第3卷,人民出版社2012年版,第55页。
⑤ 《马克思恩格斯选集》第3卷,人民出版社2012年版,第107页。

由、平等、博爱'这一旧口号为根据的片面的法国人的看法,这种看法作为当时当地一定的**发展阶段**的东西曾经是正确的"①。

在教育治理方面,巴黎革命10天之后,公社就成立了教育委员会,着手教育改革。该委员会起草的关于免费普及世俗教育的法律,虽然没来得及正式发布,但包含了这样的基本内容:学校与教会分离,按科学的原则办教育,实施义务教育,并本着义务教育的精神对国民教育进行根本的改革。教会势力作为法兰西第二帝国的重要支柱,是奴役人民思想的精神枷锁。当时的法国,学校均被天主教会控制,弥漫着浓重的宗教气息。4月3日,公社颁布了政教分离的法令,决定"教会与国家分离""取消宗教预算""属于宗教团体的所谓永世产业,即所有动产和不动产,现宣布为国家财产","对这类财产应立即进行调查,开明类别,交由国家支配"②。由国家筹办教育事业,逐步接管学校,推进教育世俗化。公社清除了学校中的宗教崇拜,规定用"自由、平等、博爱、正义、共和国"等口号,代替一切宗教性的题词,取消教育中的教义问答课和赞美诗课,用世俗教师取代宗教教师,普及义务教育,使教育成为每个儿童都能享受到的权利。除了整体性的教育改革外,公社还"拟定医学教育改革方案"③等专项教育改革,要求"凡从事普通教育和职业教育研究的人士,请将改革方案用书面方式告知公社教育代表团"④。特别可贵的是,巴黎公社对行政官员实行低薪制、压低他们的薪金,却注意到教师工资的微薄,教师年薪只有700—850法郎,助理教师为400—550法郎;女教师则不超过650法郎,助理教师为350—400法郎。公社认为,教师肩负着培育人才的重任,理应受到社会的尊敬,于是决定大幅提高他们的工资,规定教师最低薪金每年为2000法郎,助理教师为1500法郎,男女教师实行同工同酬、收入平等。

---

① 《马克思恩格斯选集》第3卷,人民出版社2012年版,第349页。
② 《巴黎公社公告集》,罗新璋编译,上海人民出版社1978年版,第91页。
③ 《巴黎公社公告集》,罗新璋编译,上海人民出版社1978年版,第222页。
④ 《巴黎公社公告集》,罗新璋编译,上海人民出版社1978年版,第262页。

在文化治理方面，公社注重文化科学艺术事业的发展，于 1871 年 4 月 17 日举行选举，成立了巴黎艺术家联合委员会。公社请"所有艺术家，举凡画家、雕刻家、镌刻家、建筑师、版画家和石版师，以及工艺美术家（装饰师、布景师和各类设计师）"① 前来投票，此外，"凡男女公民能以其作品的声誉或展出证件，或两位艺术家的鉴定书，证实其艺术家身份者，均可参加选举。"② 该委员会由 47 名委员组成。公社大力组织群众性的俱乐部，创办和发行革命报刊，改组剧院，进行戏剧、音乐演出，恢复博物馆、画廊，举办了画展活动。与此同时，公社还组成了"科学代表团"，设在圣多明尼克大街工部局大厦，负责科学文化传播和工业品的安全存放与使用工作，邀请"化学家、机械设计师、精密仪器工人、枪械匠等，如愿参加工作，请于每天上午十时，前来工部局大厦与科学代表团接洽"③。公社希望对下一代人进行科学文化的完整教育，教授给人人所必需的文化知识，使公民成为能够发挥自己一切才能，可以用手工作并且能用脑思考的新一代完人。学校要"充实学生的科学知识和文学知识"④。巴黎公社还号召，凡愿意传艺的、年龄在 40 岁以上技术成熟的工人，到各区政府登记以备使用、发挥专长。

在社会治理方面，公社建立了中央统一领导与地方事务由地方治理的体制，划清了中央和地方的职责。中央的责任在于提出事关全国的大政方针，地方事务则由基层社会自主管理，成立自治政府，实行"地方自治"，由此，公社开创了自治化的社会治理。马克思指出："每一个地区的农村公社，通过设在中心城镇的代表会议来处理它们的共同事务"⑤。以巴黎城市为例，当时社会上有着各种各样的组织，如有俱乐部 36 个、国际巴黎支部 32 个。这些社会组织非常活跃，经常召开会议，讨论研究公社

---

① 《巴黎公社公告集》，罗新璋编译，上海人民出版社 1978 年版，第 197 页。
② 《巴黎公社公告集》，罗新璋编译，上海人民出版社 1978 年版，第 197 页。
③ 《巴黎公社公告集》，罗新璋编译，上海人民出版社 1978 年版，第 261 页。
④ 《巴黎公社公告集》，罗新璋编译，上海人民出版社 1978 年版，第 401 页。
⑤ 《马克思恩格斯选集》第 3 卷，人民出版社 2012 年版，第 99 页。

内部事务。公社委员和各级领导人也常常出席这些组织召开的会议，共同参与公社治理。这些社会组织的意见，对公社各项决定的制定往往能起着重大作用。公社委员、制帽工人阿木鲁说："只有（公社的委员们）出席各种群众会议，了解居民的真正要求，公社才能获得真正的力量。"① 在公社实行地方自治的治理下，社会井然有序，市场物价稳定，保证居民供应；征用一切空房，租户可以缓交房租；禁止变卖当铺典押品，要求归还低档典押品；设立职业介绍所，缓解失业矛盾；优抚军烈家属，鼓舞斗争士气。巴黎人民的物质生活大有改善，社会发生了惊人的变化。马克思盛赞道："公社简直是奇迹般地改变了巴黎的面貌！第二帝国的那个花花世界般的巴黎消失得无影无踪。……夜间破门入盗事件不发生了，抢劫也几乎绝迹了。"② 当然，公社实行"地方自治"并没有排斥中央的集中领导。在公社制度下，集中与自治不是对立的、对抗的，而是相互结合、相互协调。马克思说："公社的存在本身自然而然会带来地方自治，但这种地方自治已经不是用来牵制现在已被取代的国家政权的东西了。"③ 实际上，公社的集中离不开自治，"要由公社在体制上、组织上加以保证，要通过这样的办法加以实现"④。"这样的方法"，指的就是自治治理。自治化的社会治理，对公社的集中统一领导起着基础保障作用。

历史上的巴黎公社是在一个首都城市夺得政权，进行了具有社会主义性质的国家治理实践，不但地域范围十分有限，而且时间只有72天也很短暂。因而，马克思恩格斯根据巴黎公社国家治理的政策措施和经验，进行的理论阐述以及做出超前的想象和发挥，今人必须辩证地看待。但是，由于这些预测"准确地把握住这些事变的性质、意义及其必然后果"⑤，因此"公社的原则是永存的，是消灭不了的；在工人阶级得到解放以前，这

---

① ［苏］热卢博夫斯卡娅编：《巴黎公社会议记录》第2卷，何清新译，商务印书馆1963年版，第543页。
② 《马克思恩格斯选集》第3卷，人民出版社2012年版，第109页。
③ 《马克思恩格斯选集》第3卷，人民出版社2012年版，第101页。
④ 《马克思恩格斯选集》第3卷，人民出版社2012年版，第100页。
⑤ 《马克思恩格斯选集》第3卷，人民出版社2012年版，第43页。

些原则将一再表现出来。"①就在这些关于未来社会的预测性中，彰显了社会主义国家治理的方向、实质和基本精神。

四、展示人类社会治理发展的总趋向和全图景

马克思恩格斯治理理论体系具有多维度、多面向、多层次的视域和浩瀚宏阔的涵容量，既有对现存的国家治理的实际分析，又有对氏族社会治理的历史审视，还有对未来共产主义社会治理的预测洞见，蕴涵着宝贵的价值和深刻的启迪。

治理，是人类社会特有的活动。在自然环境中，由于单个人无法很好地生存和发展，人类总要结群而居，在共同的生活和劳动中组成社会及各种组织，产生了公共事务，这就需要进行治理。可以说，只要人类存在，治理就如影随形始终相伴。为了从人类历史的长周期、大时段来研究治理，马克思恩格斯从19世纪70年代中期开始，加紧了对资本主义以前的各社会形态特别是对原始社会的研究。

1877年，美国民族学家和人类学家路易斯·亨利·摩尔根出版了《古代社会》一书。摩尔根首次发现"氏族组织"是人类社会的第一种组织，"是最古的一种，我们称之为社会组织，其基础为氏族、胞族和部落。"②从原始社会开始，人类就进行氏族组织的治理活动，摩尔根说："古代社会是建立在人身关系的组织上，它是通过个人与氏族、与部落的关系来进行治理的"③，由此构成治理的原初状态。马克思和恩格斯十分重视摩尔根的这部著作，1880年底到1881年3月，马克思研读了摩尔根的《古代社

---

① 《马克思恩格斯全集》第17卷，人民出版社1963年版，第677页。
② ［美］摩尔根：《古代社会》上册，杨东莼、马雍、马巨译，商务印书馆1981年版，第61页。
③ ［美］摩尔根：《古代社会》上册，杨东莼、马雍、马巨译，商务印书馆1981年版，第218页。

会》，并作出详细的《路易斯·亨·摩尔根〈古代社会〉一书摘要》（以下简称《摘要》）。恩格斯也高度评价了摩尔根的贡献，指出："摩尔根在美国，以他自己的方式，重新发现了40年前马克思所发现的唯物主义历史观，并且以此为指导，在把野蛮时代和文明时代加以对比的时候，在主要点上得出了与马克思相同的结果。"①《古代社会》为理解人类的史前史提供了钥匙，提供了依靠具体的实物材料阐明氏族社会和国家产生的途径。1884年，恩格斯根据摩尔根的著作和马克思所作的《摘要》，写作了《家庭、私有制和国家的起源》（以下简称《起源》），进一步论述了氏族社会的产生和衰亡、国家的产生和发展，揭示了人类如何从氏族组织的原初治理走向国家治理并迈向未来共产主义的社会治理。马克思恩格斯把氏族社会的原初治理，归结为鲜明的五大特性。

第一，自由。氏族组织的治理制度，是充满自由的治理制度，这是因为，它完全建立在氏族全体成员都是自由人的基础之上的。恩格斯在《起源》中转述了摩尔根的论述，氏族的"全体成员都是自由人，都有相互保卫自由的义务；在个人权利方面平等，不论酋长或军事领袖都不能要求任何优先权；他们是由血亲纽带结合起来的同胞。"②。在如此自由的治理制度下，每个成员的自由程度都受到了普遍的承认，每个成员必然怀着强烈的独立感和自尊心，使得他们之间都有相互保卫自由的义务。

第二，平等。在氏族组织里，每个成员都是平等的，这种平等关系，是建立于共有经济基础之上的。马克思在《摘要》中引述了摩尔根所指出的，"他们一般都居住在**公共宅屋**中并**在家户中实行共产制**"，"流行**生活上的共产制**"。③恩格斯在《起源》中也指出："家户经济是共产制的，包括几个，往往是许多个家庭。凡是共同制作和使用的东西，都是共同财产：如房屋、园圃、小船。"④由于氏族实行宅屋和土地属于整个部落所有，

---

① 《马克思恩格斯选集》第4卷，人民出版社2012年版，第12页。
② 《马克思恩格斯选集》第4卷，人民出版社2012年版，第100页。
③ 《马克思恩格斯全集》第45卷，人民出版社1985年版，第344、347页。
④ 《马克思恩格斯选集》第4卷，人民出版社2012年版，第175页。

每个氏族成员都按照共有制的家户经济共同经营、共同生产劳动和生活着，因此，在氏族社会里不存在剥削和压迫的现象，也没有富贵奢侈和贫穷困苦的差别。在共产制的制度下，氏族组织对于老年人、病人和因战争而残废者都负有抚养照顾的义务。每个氏族成员的平等，还体现在个人权利方面的平等，在氏族社会里，酋长和酋帅都不享有特权，一旦被罢免后，他们也就成为一个普通的人，照样与大家劳动和生活在一起。

第三，公正。在氏族社会里，也存在着矛盾，也会发生争端和纠纷，但这些问题都能得到公正的解决。正如恩格斯在《起源》中阐述的，氏族组织的治理"没有士兵、宪兵和警察，没有贵族、国王、总督、地方官和法官，没有监狱，没有诉讼，而一切都是有条有理的。一切争端和纠纷，都由当事人的全体即氏族或部落来解决，或者由各个氏族相互解决；一切问题，都由当事人自己解决，在大多数情况下，历来的习俗就把一切调整好了"①。由于氏族通行的习俗惯例都是公平的、正义的，因而，解决的结果，都是大家能接受的。

第四，民主。马克思在《摘要》里充分肯定了"**氏族**这种组织单位**本质上是民主的**，所以由氏族组成的**胞族**，由胞族组成的**部落，**……所组成的氏族社会，也必然是民主的"。"**民主原则**是氏族社会的**基本要素**"②。氏族民主主要表现为三个方面：一是全体氏族成员享有民主选举氏族首领即酋长和酋帅的权利。二是全体氏族成员享有民主协商和民主管理的权利。氏族的议事会议，就是氏族的一切成年男女的民主集会。恩格斯在《起源》里指出："议事会公开开会，四周围着其余的部落成员，这些成员有权加入讨论和发表自己的意见；决议则由议事会作出。按照通例，每个出席的人都可以随意发表意见，妇女也可以通过她们所选出的演说人陈述自己的意见。"③氏族议事会议通行多数人决定的规则，氏族所有的公共问题都须经过民主协商，得到大多数成员的同意才能作出决定，氏族的每项公

① 《马克思恩格斯选集》第 4 卷，人民出版社 2012 年版，第 109 页。
② 《马克思恩格斯全集》第 45 卷，人民出版社 1985 年版，第 406、452 页。
③ 《马克思恩格斯选集》第 4 卷，人民出版社 2012 年版，第 104 页。

共法令也要如此才能生效。三是全体氏族成员享有民主监督和民主罢免的权利。经由全体氏族成员选举产生的酋长和酋帅须受到监督，其品德和行为须良好，须能胜任本职工作，如果酋长和酋帅不能胜任职责，即被大家罢免。

第五，众人当家作主。如前所述，氏族组织的议事会议是由氏族全体成年成员参加的，它绝不是少数人的活动，氏族社会的所有公共事务，都是需要大家共同参与的，因而具有大众普遍参与的突出特征。大众参与和大众作出决定，表明了权力归属于全体氏族成年人，由氏族众人当家作主。

尽管马克思恩格斯对氏族组织实行的人类原初治理充满了景仰和推崇，但他们认为，当社会生产力有了一定程度的发展，公共财产逐渐有所增加积累，原始社会不可避免地走向解体和崩溃。恩格斯在《起源》中分析道："最卑下的利益——无耻的贪欲、狂暴的享受、卑劣的名利欲、对公共财产的自私自利的掠夺——揭开了新的、文明的阶级社会；最卑鄙的手段——偷盗、强制、欺诈、背信——毁坏了古老的没有阶级的氏族社会，把它引向崩溃。"① 阶级和国家的出现，必然导致原始社会的早期治理退出历史舞台，让位于兴起的国家治理。

在原始社会解体和崩溃后，恩格斯指出，国家的产生主要通过三种途径、形成了三个国家形式，即：雅典国家、罗马国家和德意志国家。在三个国家形式中，相对于其他的两个国家而言，雅典国家是从氏族社会本身内部发展起来的阶级对立中产生的，是在氏族制度废墟上兴起的，"它的形成过程非常纯粹，没有受到任何外来的或内部的暴力干涉"，其"民主共和国，直接从氏族社会中产生"②。实行民主共和国政体的雅典城邦，"政权是在全体公民手中"③，成为"全希腊的楷模，它的民主制度成为各

---

① 《马克思恩格斯选集》第 4 卷，人民出版社 2012 年版，第 110—111 页。
② 《马克思恩格斯选集》第 4 卷，人民出版社 2012 年版，第 186 页。
③ [古希腊] 修昔底德：《伯罗奔尼撒战争史》上册，谢德风译，商务印书馆 1985 年版，第 130 页。

邦效法的榜样"①。在古希腊的所有城邦中，马克思恩格斯对雅典城邦的国家治理最为关注，并就国家治理和政体形式与民主制度的关系作出确当的分析。

关于国家治理与共和政体。柏拉图和亚里士多德认为，城邦治理要有至善理念。但亚里士多德与柏拉图不同，他没有把城邦的优良治理寄托在"哲学王"这样的"治理者"身上，而是主张"应该全面研究大家所公认为治理良好的各城邦中业已实施有效的各种体制"②。古希腊城邦在400多年间先后出现了君主制、僭主制、贵族制、寡头制、民主制等政体。亚里士多德倾向于采用贵族制与民主制结合的政体形式，他把它称为"共和制"。"共和制"是一种混合政体，这种政体兼顾了"自由出身、财富和才德"三项同等重要的因素，既不像平民政体只讲自由出身，也不像寡头政体只讲财产，又不像贵族政体只讲才德。"共和政体的本旨只是混合贫富，兼顾资产阶级和自由出身的人们而已"③，它是"自由人对自由人之间的统治，被统治者和统治者的出身相同。这类治理的方式就是我们所谓城邦政治家的治理体系（宪政）"④。由是，亚里士多德强调："共和政体及温和的民主政体乃是对雅典最良好的政治制度。"⑤在共和政体下，议事职能具有最高权力，所议之事都要根据平民主义的安排进行。亚里士多德能够着眼政体的共和性质，着眼政体的人民性，其思想价值难能可贵。马克思曾尊称亚里士多德为"希腊哲学中的马其顿王亚历山大"⑥，是"古代最伟大的思想家"⑦。对于社会主义的国家治理应采取什么样的政体形式，马克思曾明确指出是"社会共和国"⑧，即是继资产阶级共和国之后形成的社会主义

---

① 顾准：《希腊城邦制度》，中国社会科学出版社1982年版，第133页。

② ［古希腊］亚里士多德：《政治学》，吴寿彭译，商务印书馆1965年版，第43页。

③ ［古希腊］亚里士多德：《政治学》，吴寿彭译，商务印书馆1965年版，第199页。

④ ［古希腊］亚里士多德：《政治学》，吴寿彭译，商务印书馆1965年版，第124页。

⑤ ［苏］B.C.塞尔格叶夫：《古希腊史》，缪灵珠译，高等教育出版社1957年版，第362页。

⑥ 《马克思恩格斯全集》第1卷，人民出版社1995年版，第15页。

⑦ 《马克思恩格斯全集》第44卷，人民出版社2001年版，第469页。

⑧ 《马克思恩格斯选集》第3卷，人民出版社2012年版，第150页。

共和国，认定了共和政体是国家治理的最好形式。恩格斯也指出："国家的最高形式，民主共和国，在我们现代的社会条件下正日益成为一种不可避免的必然性"①，"共和国是无产阶级将来进行统治的现成的政治形式。"②这是对古希腊城邦的国家治理选择共和制作为政体的肯定和借鉴。

马克思恩格斯认为，自原始社会以来，人类已经经历或正在经历的是奴隶社会、封建社会、资本主义社会等社会形态，与这些社会形态相适应存在着的是奴隶制国家、封建制国家、资本主义国家。正如恩格斯指出的："古希腊罗马时代的国家首先是奴隶主用来镇压奴隶的国家，封建国家是贵族用来镇压农奴和依附农的机关，现代的代议制的国家是资本剥削雇佣劳动的工具"③。未来，国家还将进入无产阶级专政的国家阶段。这说明，随着古希腊城邦国家的兴起、标志着人类进入国家治理后经历的奴隶制国家、封建制国家、资本主义国家和社会主义国家的所有的国家治理阶段。

但是，国家是会消亡的，国家治理的阶段也会随之完结。恩格斯指出："随着阶级的消失，国家也不可避免地要消失。在生产者自由平等的联合体的基础上按新方式来组织生产的社会，将把全部国家机器放到它应该去的地方，即放到古物陈列馆去，同纺车和青铜斧陈列在一起。"在经过无产阶级专政国家的过渡之后，人类将进入无阶级、无国家的"自由人联合体"④发展阶段。马克思恩格斯早在《共产党宣言》就指出："代替那存在着阶级和阶级对立的资产阶级旧社会的，将是这样一个联合体，在那里，每个人的自由发展是一切人的自由发展的条件。"⑤这样的联合体就是"自由人联合体"⑥"共产主义联合体"⑦，它是消灭了对立阶级、消除了阶级

---

① 《马克思恩格斯选集》第 4 卷，人民出版社 2012 年版，第 189 页。
② 《马克思恩格斯选集》第 4 卷，人民出版社 2012 年版，第 652 页。
③ 《马克思恩格斯选集》第 4 卷，人民出版社 2012 年版，第 188—189 页。
④ 《马克思恩格斯全集》第 44 卷，人民出版社 2001 年版，第 96 页。
⑤ 《马克思恩格斯选集》第 4 卷，人民出版社 2012 年版，第 422 页。
⑥ 《马克思恩格斯全集》第 44 卷，人民出版社 2001 年版，第 96 页。
⑦ 《马克思恩格斯选集》第 1 卷，人民出版社 2012 年版，第 308 页。

和阶层差别的共同体，人与人之间形成广泛普遍的内在性和谐关系的共产主义社会。"自由人联合体"的共产主义社会，是对原始社会无阶级、无国家的回归和重现，正如马克思在《摘要》里指出的："这（即更高级的社会制度）**将是古代氏族的自由、平等和博爱的复活，但却是在更高级形式上的复活**。"① 未来共产主义社会的治理，也将在更高级形式上复活了氏族社会的原初治理，更加全面地凸显其自由、平等、公正、民主和大众参与、当家作主的鲜明特色。

　　至此，马克思恩格斯通过阐发氏族社会的原初治理、分析古希腊雅典城邦的国家治理，并且预测了未来共产主义的社会治理，以如炬的历史目光穿越时空，洞察和展现了整个人类治理发展的总趋向（见下图）。

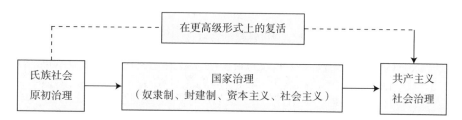

　　综上所述，马克思恩格斯认为，原始社会氏族组织的原初治理，开创了人类社会进行治理的先河，构成了人类治理的根本原则，代表着治理的价值取向和最终的目标与归宿。在随后继起的各个时期的国家治理，尽管"从一开始就是一种退化，一种离开古代氏族社会的纯朴道德高峰的堕落的势力"②，但它是人类社会发展的必经阶段。只有经过国家治理的阶段，人类才能迎来未来更高级形式的共产主义社会治理。这就是马克思恩格斯为人类治理展示的全图景。

---

① 《马克思恩格斯全集》第45卷，人民出版社1985年版，第398页。
② 《马克思恩格斯选集》第4卷，人民出版社2012年版，第110页。

第十二章　自由与共同体理论

　　马克思恩格斯提出"自由人联合体"（包括"共产主义""自由王国"等不同概念）的共同体理论，是以自由作为根基和本质特征建构的。自由，是政治哲学的一个重要理念和范畴。马克思恩格斯考察了人类历史上不同历史时期共同体思想的发展与演变，揭示了在不同形式共同体条件下人的现实命运和生存境遇，他们从人的本质是人真正的共同体的观念出发，认为社会历史的发展与个人的自由的发展是紧密地联系在一起的，并以人的自由发展为主轴和尺度，展开对"自然共同体""虚幻共同体""抽象共同体"等不同形态共同体的分析，在批判资本主义国家和社会的基础上，确立了未来社会实现了人的解放和全面而自由的发展的共同体是人类的"真正共同体"，从而确定了人类解放的最高目标和价值旨归。马克思恩格斯的共同体理论，构成马克思主义政治学说中最终的、最核心的部分。

一、作为共同体灵魂的马克思主义自由理念

　　自由，是人对人与自然的关系以及人与人、人与社会关系的一个基本思考，是人渴望免除、摆脱外界施加的束缚、限制或奴役，达到自身解放和全面发展最终目的的境界。人要生存，必须生产，但人是生产的目的，还是生产是人的目的，这是无法回避的问题。马克思认为，凡是把人作为"生产的目的"的社会，就是"发展"型的、"崇高"的社会，而把"生产

表现为人的目的""财富则表现为生产的目的",即"为了某种纯粹外在的目的而牺牲自己的目的本身"的社会,就是"异化"型的、"**鄙俗**"的社会①。要把人作为目的,就要使人得到自由的、全面的发展。因此,任何一个恢宏的思想体系和进步的社会制度,都要把人的自由发展,作为价值旨归,作为根本的出发点和落脚点。

马克思恩格斯认为,自由是人的自由,自由是人的本质的自我实现。从人的本质入手来论述自由问题,是马克思恩格斯认识自由问题一个重要特点。马克思指出,自由是人一出生就应享有的权利,是人的本性,"没有一种动物,尤其是有思想的人,是戴着镣铐出世的。"②马克思不仅把自由看作是人与生俱来的天然的权利,更是将自由比作是人类本性的永恒的贵族,他指出:"忌妒心想消灭的是人类本性的永恒的贵族,即平民也不能对它有半点怀疑的贵族——自由。"③虽然马克思认为自由是人的固有的本性需要,这当然是基于他的早期思想中对人的本质的理解,这样的人是脱离了社会现实的、抽象的人,因为此时的马克思还没有摆脱唯心的人本主义,还没有向着唯物主义的转变,但是马克思认为人是人的最高本质,却是革命民主主义思想的一个重要体现,同时也为最终科学地揭示人的本质提供了一个明确的方向,即把自由作为一个切入点。后来,马克思在《〈黑格尔法哲学批判〉导言》中就是这样指出的:"德国唯一**实际**可能的解放是以宣布人是人的最高本质**这个**理论为立足点的解放。"④因而,马克思早期关于自由的思想,无疑是肯定了自由对于人的重要意义,这正如恩格斯指出的:"最初的、从动物界分离出来的人,在一切本质方面是和动物本身一样不自由的",但人和动物根本不同,人可以改造世界,随着人的生产活动和"文化上的每一个进步,都是迈向自由的一步"⑤。从马克

---

① 参见《马克思恩格斯全集》第30卷,人民出版社1995年版,第479—480页。
② 《马克思恩格斯全集》第1卷,人民出版社1995年版,第171页。
③ 《马克思恩格斯全集》第1卷,人民出版社1995年版,第184页。
④ 《马克思恩格斯选集》第1卷,人民出版社2012年版,第16页。
⑤ 《马克思恩格斯选集》第3卷,人民出版社2012年版,第492页。

思恩格斯的这些论述中可知，人的本性不仅是他们认识自由的一个逻辑起点，同时也是他们认识人的本质的逻辑起点。尽管以人的本性来认识自由和人的本质，尚不具有立足于历史唯物主义原理认识的科学性、全面性，但是，马克思恩格斯把握住了认识自由的一个切入点，那就是人的自由始终是人的本质。

马克思恩格斯的自由理念，是建立在辩证唯物主义和历史唯物主义的基础上的。在完成从唯心主义转向唯物主义、从革命民主主义转向共产主义转变的过程中，马克思清算了黑格尔关于人的本质的唯心主义观点。马克思在《黑格尔法哲学批判》中指出："他忘记了特殊的个体性是人的个体性，国家的各种职能和活动是人的职能；他忘记了'特殊的人格'的本质不是它的胡子、它的血液、它的抽象的肉体，而是它的**社会特质**，而国家的职能等等只不过是人的社会特质的存在方式和活动方式。因此不言而喻，个人既然是国家各种职能和权力的承担者，那就应该按照他们的社会特质，而不应该按照他们的私人特质来考察他们。"① 马克思否定了与社会、国家脱离的作为抽象的、孤立的、个体的人的存在，而把人看作是社会的人、现实的人。在标志着马克思主义哲学形成的《关于费尔巴哈的提纲》中，马克思确立了实践唯物主义的观点。实践的观点是马克思主义的一个根本观点，也是马克思主义区别于以往学说的最根本的特征。事实上，实践的概念并非马克思首创，康德、黑格尔都使用过这个概念。但是他们的实践概念是一种纯粹的精神活动，并不是现实的活动。马克思对前人的实践观点进行批判和继承，创造性地提出了科学的实践思想。马克思认为，一切旧哲学和旧的自由理论其根本缺陷在于不懂得实践的科学含义，实践就是变革和改变客观世界。从这样的实践出发，马克思把人看成是社会实践的人，在对于人的本质的认识上彻底地划清了与唯心主义的界限，同时也划清了与机械唯物主义的界限。马克思批判了费尔巴哈的人本思想，他指出："费尔巴哈把宗教的本质归结于**人的**本质。但是，人

---

① 《马克思恩格斯全集》第 3 卷，人民出版社 1995 年版，第 29—30 页。

的本质不是单个人所固有的抽象物，在其现实性上，它是一切社会关系的总和。"①马克思提出要用实践来分析人的本质，他说："从前的一切唯物主义（包括费尔巴哈的唯物主义）的主要缺点是：对对象、现实、感性，只是从**客体**的**或者直观**的形式去理解，而不是把它们当做**感性的人的活动**，当做**实践**去理解，不是从主体方面去理解。"②马克思还指出："环境的改变和人的活动或自我改变的一致，只能被看做是并合理地理解为**革命的实践**。"③这就是说，实践是人的本质，这种实践是能动的、革命的，它既是客体的环境对人的改变，也是主体的人对环境的改变和对自我的改变，因而，只有通过这样的实践，人的本质才能得到科学的阐释。同样的，在自由的问题上，人只有通过实践，才能产生对自由的认识和对自由的追求与取得。由此，马克思基于实践这一重要环节，将人的本质与人的自由紧密地联系起来了，既然自由是实践的本质内涵，那么自由也就是人的本质属性。

人的本质与实践相联系，这表明实践的过程就是实现人的本质的过程。马克思指出："为了人并且通过人对人的本质和人的生命、对象性的人和人的**产品**的**感性的**占有，不应当仅仅被理解为**直接的**、片面的**享受**，不应当仅仅被理解为**占有**、**拥有**。人以一种全面的方式，就是说，作为一个完整的人，占有自己的全面的本质。"④通过人的实践，自由便渗透到人的社会关系的方方面面，人的实践因而就是实现自由的过程，就是人的社会关系实现的过程，就是人的本质实现的过程。马克思先前就曾说过："自由确实是人的本质"⑤，但它只有通过实践，才能作为人的本质，或者说是人的本质的实现过程，归根到底，也可以说它是实践过程的产物。自由得以实现的过程，在马克思看来，不仅包含了人与自然的斗争实践，同

---

① 《马克思恩格斯选集》第 1 卷，人民出版社 2012 年版，第 135 页。
② 《马克思恩格斯选集》第 1 卷，人民出版社 2012 年版，第 133 页。
③ 《马克思恩格斯选集》第 1 卷，人民出版社 2012 年版，第 134 页。
④ 《马克思恩格斯文集》第 1 卷，人民出版社 2009 年版，第 189 页。
⑤ 《马克思恩格斯全集》第 1 卷，人民出版社 1995 年版，第 167 页。

时也包含了人与人之间的社会阶级斗争实践，通过与自然的、社会的实践，人不仅获得了与自然关系的解放，同时也获得了与人的关系的解放，即自由实现了人的本质的回归，他指出："**任何**解放都是使人的世界和人的关系**回归于人自身**。"① 这种"回归于人自身"的过程，就是回归到人的本质，即实现了人是自由的人，诚如恩格斯在《社会主义从空想到科学的发展》中说的："人终于成为自己的社会结合的主人，从而也就成为自然界的主人，成为自身的主人——自由的人。"②

马克思恩格斯不仅为认识和理解自由奠定了科学的基础，而且论述了自由的内涵旨意。自由涉及与人相关的三层关系范畴。首先，自由是人在自然界中的生存发展能力，这是关于人与自然的关系所表现出来的自由。从人与自然的关系层次认识自由，恩格斯提出了对自由的认识，他指出："自由不在于幻想中摆脱自然规律而独立，而在于认识这些规律，从而能够有计划地使自然规律为一定的目的服务。"③ 在恩格斯看来，人生活在自然界受到了限制，但人不能通过幻想和所谓的神力摆脱自然的束缚。在自然面前，人要想获得自由就必须认识自然规律，同时利用这些规律来改造自然，从而满足人类生存和发展的要求。其次，自由是指人应享有的社会权利，这是关于人在社会中与他人的关系通过法律规范得到的自由。在人与他人的关系中，人不仅作为主体出现，同时也作为客体出现，实际上形成了人与社会的关系。从社会权利意义上谈自由，马克思认为，人类社会的历史是由许多单个的意志的相互冲突所形成的相互交错的力量作用的结果，不过是追求着自己目的的人的活动而已。但这样的社会运动是服从于一定规律的自然历史过程，这些规律不仅不以人们的意志、意识和愿望为转移，反而决定人们的意志、意识和愿望。为此，马克思提出了对社会权利的自由的认识，他指出："自由是可以做和可以从事任何不损害他人的事情的权利。每个人能够**不损害**他人而进行活动的界限是

---

① 《马克思恩格斯全集》第3卷，人民出版社2002年版，第189页。
② 《马克思恩格斯选集》第3卷，人民出版社2012年版，第817页。
③ 《马克思恩格斯选集》第3卷，人民出版社2012年版，第491页。

由法律规定的，正像两块田地之间的界限是由界桩确定的一样。"①法律作为对自由的肯定和保护的形式，马克思表示了十分的赞同，他指出："法律是肯定的、明确的、普遍的规范，在这些规范中自由获得了一种与个人无关的、理论的、不取决于个别人的任性的存在。法典就是人民自由的圣经。"②一定的法律规定，体现为一定的社会自由的程度，体现为人享有社会权利的自由的程度和水平。第三，自由是人的全面发展，这是从人与人自身的关系层次来考察自由。人自身也受制于人的生理条件，要想实现人的自由，就必须要认识自我。马克思指出："自由的首要条件是自我认识，而自我认识又不能离开自白。"③人要认识自身的结果，就要发现自身发展的规律，并根据这些规律在社会发展过程中逐渐改造自身，逐步全面实现自我，而这个过程就是人的全面发展的过程，也是逐步实现自由的过程。马克思指出："人不是由于具有避免某种事物发生的消极力量，而是由于具有表现本身的真正个性的积极力量才是自由的"④。人的积极力量的充分释放和体现，才能造成人的自由全面的发展。人的自由全面的发展，既包括个人的自由全面发展，也包括类的整体自由全面发展，但马克思恩格斯认为，个人自由不仅是衡量社会发展的基本尺度，同时也是促进社会发展的基本动力，因而，实现人的全面发展的关键是实现个人的全面发展，每个人的自由全面的发展，是一切人自由全面发展的条件。

在马克思恩格斯的自由理念中，无论自由所涉及的与人相关的三个层次关系中的哪一个层次关系，都涉及一个根本的问题，即自由与必然的关系问题，对必然的认识是自由的前提和基础。在马克思恩格斯看来，规律是客观的，人只能认识规律，而不能创造规律，必然就是客观规律，必然性不仅表现为自然规律，还表现为社会规律、表现为人自身发展的规律，

---

① 《马克思恩格斯全集》第 3 卷，人民出版社 2002 年版，第 183 页。
② 《马克思恩格斯全集》第 1 卷，人民出版社 1995 年版，第 176 页。
③ 《马克思恩格斯全集》第 1 卷，人民出版社 1995 年版，第 139 页。
④ 《马克思恩格斯文集》第 1 卷，人民出版社 2009 年版，第 335 页。

只有建立在对客观规律也就是对必然性认识基础上的自由，才是真正意义上的自由。谈到自然规律和社会规律，恩格斯指出："这两类规律，我们最多只能在观念中而不能在现实中把它们互相分开。"① 因为它们都是客观地存在着的规律。对于自然规律，人们的"意志自由只是借助于对事物的认识来作出决定的能力"②。因为"自由就在于根据对自然界的必然性的认识来支配我们自己和外部自然"③。对于社会规律，它和自然规律有所不同的是自然界和社会的区别的问题，"在自然界中（如果我们把人对自然界的反作用撇开不谈）全是没有意识的、盲目的动力，这些动力彼此发生作用，而一般规律就表现在这些动力的相互作用中。"④ 因而，自然规律可以说是"盲目的规律"。但社会规律"是具有意识的、经过思虑或凭激情行动的、追求某种目的的人；任何事情的发生都不是没有自觉的意图，没有预期的目的的。"⑤ 因而，社会规律可以说是"有目的的规律"。尽管社会规律和自然规律有着这样的差别，然而，"它丝毫不能改变这样一个事实：历史进程是受内在的一般规律支配的。"⑥ 恩格斯指出："因为在这一领域内，尽管各个人都有自觉预期的目的，总的说来在表面上好像也是偶然性在支配着。人们所预期的东西很少如愿以偿，许多预期的目的在大多数场合都互相干扰，彼此冲突，或者是这些目的本身一开始就是实现不了的，或者是缺乏实现的手段。这样，无数的单个愿望和单个行动的冲突，在历史领域内造成了一种同没有意识的自然界中占统治地位的状况完全相似的状况。行动的目的是预期的，但是行动实际产生的结果并不是预期的，或者这种结果起初似乎还和预期的目的相符合，而到了最后却完全不是预期的结果。这样，历史事件似乎总的说来同样是由偶然性支配着的。但是，在表面上是偶然性在起作用的地方，这种偶然性始终是受内部

---

① 《马克思恩格斯选集》第 3 卷，人民出版社 2012 年版，第 492 页。
② 《马克思恩格斯选集》第 3 卷，人民出版社 2012 年版，第 492 页。
③ 《马克思恩格斯选集》第 3 卷，人民出版社 2012 年版，第 492 页。
④ 《马克思恩格斯选集》第 4 卷，人民出版社 2012 年版，第 253 页。
⑤ 《马克思恩格斯选集》第 4 卷，人民出版社 2012 年版，第 253 页。
⑥ 《马克思恩格斯选集》第 4 卷，人民出版社 2012 年版，第 254 页。

的隐蔽着的规律支配的，而问题只是在于发现这些规律。"[1] 至于"对支配人本身的肉体存在和精神存在的规律来说"，即人自身的发展规律来说，它和自然规律、社会规律"都是一样的"[2]。恩格斯认为，在人自身的发展领域，它和自然规律、社会规律的相同之处在于，它们都不依赖于人的主观意志而存在。因此，他指出："在这里也完全像在自然领域里一样，应该通过发现现实的联系来清除这种臆造的人为的联系；这一任务，归根到底，就是要发现那些作为支配规律在人类社会的历史上起作用的一般运动规律。"[3] 总而言之，马克思恩格斯认为，只有建立在对必然性认识的基础上，人才能实现自由。

二、马克思恩格斯对社会形式和共同体的理论分析

自由的理念在马克思主义理论体系中占有极为重要的地位，将自由纳入历史发展的全过程来考察，用自由作为社会形态和共同体划分的价值判断尺度，是马克思恩格斯对自由做出的独特的认识和评估，形成了马克思主义鲜明的社会发展观。马克思恩格斯认为，自由是一个历史范畴，其特有的历史发展轨迹与整个社会历史发展的进程是一致的。借助自由的历史发展，可以明确地界定出社会历史发展的不同阶段。以自由对社会形式和共同体做出划分，这并不违背唯物主义历史观，而恰恰是遵循了自由的发展是生产力和生产关系、经济基础和上层建筑矛盾运动发展的必然结果的逻辑。

马克思认为，根据人在社会发展中通过依赖关系所表现出来的自由状态来划分，社会表现为三种形式，即："人的依赖关系（起初完全是自然发生的），是最初的社会形式，在这种形式下，人的生产能力只是在狭小

---

[1] 《马克思恩格斯选集》第 4 卷，人民出版社 2012 年版，第 254 页。
[2] 《马克思恩格斯选集》第 3 卷，人民出版社 2012 年版，第 492 页。
[3] 《马克思恩格斯选集》第 4 卷，人民出版社 2012 年版，第 253 页。

的范围内和孤立的地点上发展着。以**物的**依赖性为基础的人的独立性，是第二大形式，在这种形式下，才形成普遍的社会物质变换、全面的关系、多方面的需要以及全面的能力的体系。建立在个人全面发展和他们共同的、社会的生产能力成为从属于他们的社会财富这一基础上的自由个性，是第三个阶段。第二个阶段为第三个阶段创造条件。"① 在这段论述里，马克思把人的自由发展看成是一个历史过程，而这个历史过程中的三种不同的社会形式就表现为三个不同发展阶段。马克思划分社会历史阶段的依据就是基于人的自由的发展程度的分析。

一是以人身依附为基础形成人的依赖关系的最初的社会形式（第一个阶段）。在生产力条件极为低下的情况下，表现为人的生产能力只是在狭窄的范围内和孤立的地点上发展着的自然经济形态。在自然面前，人们为了生存和发展，必须通过地域、血缘等天然联系以及生产关系从属于一个特定的集团。这一形式在人的自由发展过程中，是自由水平最为低级的一个阶段，属于"人的依赖关系"阶段。这一阶段是人极不自由的阶段，马克思指出："这些古老的社会生产有机体比资产阶级的社会生产有机体简单明了得多，但它们或者以个人尚未成熟，尚未脱掉同其他人的自然血缘联系的脐带为基础，或者以直接的统治和服从的关系为基础。它们存在的条件是：劳动生产力处于低级发展阶段，与此相应，人们在物质生活生产过程内部的关系，即他们彼此之间以及他们同自然之间的关系是很狭隘的。"② 马克思认为，在这样的社会发展阶段，没有商品生产和交换，劳动和产品也就用不着采取与它们的实际存在不同的虚幻形式。它们作为劳役和实物贡赋而进入社会机构之中。在这里，劳动的自然形式，劳动的特殊性是劳动的直接社会形式，而不是像在商品生产基础上那样，劳动的一般性是劳动的直接社会形式。个人难以独立，"人都是互相依赖的：农奴和领主，陪臣和诸侯，俗人和牧师。物质生产的社会关系以及建立在这种

---

① 《马克思恩格斯全集》第 30 卷，人民出版社 1995 年版，第 107—108 页。
② 《马克思恩格斯全集》第 44 卷，人民出版社 2001 年版，第 97 页。

生产的基础上的生活领域，都是以人身依附为特征的。……人身依附关系构成该社会的基础"①，个人以及社会，都不可能想象会有自由的存在和发展。

二是以物的依赖性为基础形成人的独立性的社会形式（第二个阶段）。在这样的社会形式里，生产力水平有了很大的提高，人类从自然经济社会进入商品经济社会，开始形成一个普遍的社会物质变换、全面的关系、多方面的需要以及全面的能力的体系。在商品经济社会，人的依赖纽带、血统差别、教养差别等等统统被瓦解冲破，社会关系被重新划分，各个人不再表现为人身依附关系，成为自由的个体，具有独立的人格，能够自我决定、自我负责、自我照料。但在商品经济社会里，人的自由仍然是有限的，虽然每个人看起来能够独立自主地相互接触并在这种自由中互相交换，但又都处于"物的统治"之下，对物充满依赖性。由于资本主义社会是商品经济生产高度发展的社会，一切物品又都可以转化为商品，对物的依赖性就转化为对商品的依赖性，形成商品拜物教。市场经济的价值形式是货币价值形式，黄金、白银等金钱货币资本可以和一切商品交换，于是又转化对金钱货币资本的依赖，形成货币拜物教、资本拜物教。马克思以毕生精力撰写的《资本论》，就是要通过对资本逻辑的揭示，实现对拜物教的批判，揭开金钱、货币、资本等"物"与人的关系取代了人与人的直接关系。这种对物的依赖性和拜物教，必然使资本主义社会成为一种对抗性的社会关系类型或社会结构。在资本主义社会关系下，人们之间必然存在着激烈的对抗。尽管如此，在马克思看来，从对人的依赖发展到对物的依赖，却是人类迈向自由的一大进步。因为从最初的社会形式过渡到第二个社会形式，人的独立性开始出现，虽然这还不是真正的独立性，而是以物的依赖性为基础的独立性，但由于人的依赖关系已经消失，人的社会关系也相应地转化为物的社会关系了。马克思指出："在前一场合表现为人的限制即个人受他人限制的那种规定性，在后一场合则在发达的形态上表

---

① 《马克思恩格斯全集》第44卷，人民出版社2001年版，第94—95页。

现为物的限制即个人受不以他为转移并独立存在的关系的限制。""所以在第二个场合他的自由**看起来**比较大。"① 因而，第二阶段十分重要，如果没有第二个阶段社会形式的发展，人类就不可能进一步地发展到第三阶段的社会形式。

三是以自由个性为基础形成人的全面而自由发展的社会形式（第三个阶段）。在这个社会形式里，人不仅彻底地摆脱了对人的依赖关系，同时也彻底地摆脱了对物的依赖关系，获得了真正的自由个性。马克思指出："全面发展的个人——他们的社会关系作为他们自己的共同的关系，也是服从于他们自己的共同的控制的——不是自然的产物，而是历史的产物。要使**这种**个性成为可能，能力的发展就要达到一定的程度和全面性，这正是以建立在交换价值基础上的生产为前提的，这种生产才在产生出个人同自己和同别人相异化的普遍性的同时，也产生出个人关系和个人能力的普遍性和全面性。"② 在第三阶段的社会形式上，人们用公共的生产资料进行劳动，并且自觉地把他们许多个人劳动力当作一个社会劳动力来使用，"每个生产者在生活资料中得到的份额是由他的劳动时间决定的。这样，劳动时间就会起双重作用。劳动时间的社会的有计划的分配，调节着各种劳动职能同各种需要的适当的比例。另一方面，劳动时间又是计量生产者在共同劳动中个人所占份额的尺度，因而也是计量生产者在共同产品的个人可消费部分中所占份额的尺度。在那里，人们同他们的劳动和劳动产品的社会关系，无论在生产上还是在分配上，都是简单明了的。"③ 人们因而得到了全面的自由的发展，这是人类所追求的最自由、最理想的社会。

马克思以自由为尺度阐明人的发展的三个阶段社会形式，是与他创立的共同体理论相联系的、相契合的。"共同体"一词，在西方最早来自于古希腊语（Koinonia）。后来，亚里士多德把共同体理解为具有共同生活和共同利益为实现共同善为目标的城邦国家（Polis）。古罗马的西塞罗把

---

① 《马克思恩格斯全集》第 30 卷，人民出版社 1995 年版，第 114 页。
② 《马克思恩格斯全集》第 30 卷，人民出版社 1995 年版，第 112 页。
③ 《马克思恩格斯全集》第 44 卷，人民出版社 2001 年版，第 96—97 页。

共同体理解为人和神共同组成的社会，并从政治哲学的角度理解共同体为
"公共事务"或"人民的事务"。共同体在英文中有两个与之对应的词，一
是 commonwealth，意为"共同财富"；二是 community，主要是指"社群""社
区"。在德文中，共同体为 Gemeinde、Gemeinschaft、Gemeinwesen，具
有集体、团体、联盟、共同体以及结合、联合、联系等内涵，基本特征
为有机性和统一性。从马克思恩格斯使用的情况看，"Gemeinde"指人
们共同生活的组织空间和具体的集合结构，主要用于"自然形成的共同
体"即资本主义社会以前的以血缘关系为基础形成的社会的基本结构（资
本主义生产方式以前的形式），例如"古代的共同体""农业共同体"等；
Gemeinschaft 指没有异化的、没有阶级的社会，即人与人的交往无须中介
的共同体，基本特征是有机联合和统一，主要用于"原始共同体"和作为
未来理想社会的"真正共同体"或"真实共同体"；Gemeinwesen 指"共
同存在物"、共同存在、共同存在性、共同本质、共同性等意思，相当于
哲学意义上的"类本质""类存在物"，即人们共同的物质生产活动的本性。
人们如果不以一定方式结合起来共同活动和互相交换其活动，便不能进行
生产。为了进行生产，人们便发生一定的联系和关系；只有在这些社会联
系和社会关系的范围内，才会有他们对自然界的关系，才会有生产。人们
的共同活动本身就是生产力，个人会随着生产的发展和进步而普遍联系和
交往，每个人在这种联系和交往中因获得更多的发展条件而获得历史性的
解放，直至最终的普遍的人的解放。从概念意义而非时间意义上看，共同
体先于个体而存在；从社会历史意义上看，"现实的历史的人"的本质本
身就是共同体。人是社会存在物，因而，马克思指出**"人的本质是人的真
正的共同体"**①。

　　马克思创立的共同体理论，是在总结和批判地吸取前人尤其是在对德
国古典哲学家康德、黑格尔等人的共同体思想的基础上建立了自己的共同
体理论。

---

① 《马克思恩格斯全集》第 3 卷，人民出版社 2002 年版，第 394 页。

康德认为，国家是由所有生活在一个法律联合体中具有公共利益的人们所组成的共同体，它必须建立在人类文明的社会性基础之上，每个人以善良意志生活在法治状态的环境，形成一个公民联合体。在康德看来，虽然人之天性本是"善"，但由于他们身处的社会关系使人变得道德败坏和自私贪婪，为了摆脱这种局面，人类社会需要完成一项"特殊的义务"即联合成一个"伦理共同体"。在这个共同体中，人们心怀道德而遵守道德法则，实现了市民社会由坏到好的转变。康德认为，正是由于人的"善"的理性而使得"伦理共同体"获得了充分根据而得以实现。但人们的这种"善"需要培养，逐渐巩固。所以，人们要找到的联合起来的原则，一方面是内在的德行法则，另一方面是强制的外在律法。康德从律法秩序中提出"政治共同体"，它具有强制合法性。康德认为，伦理共同体和政治共同体可以共存一体，并把它称为"新的共同体"。

在黑格尔的理论体系中，伦理具有至关重要的地位，它是主观意志和客观意志的统一体。在谈及伦理与自由的关系时，黑格尔认为自由的理念作为活的善就是伦理，人的自我意识中有关伦理即自由理念的知识和意志，在人的自主活动中实现其现实性，伦理无论在现实世界中还是在自我意识中都体现为自由的概念。黑格尔指出，伦理既不是客观自在的，也不是主观自为的，而是活生生地存在于现实生活中。他具体地提出了伦理性的共同体：家庭、市民社会和国家，它们分别代表了伦理共同体发展的不同阶段，也体现了自由精神的形成过程。在黑格尔那里，受伦理理念统摄的共同体包括辩证统一的三个环节，展示了黑格尔独特的三段论逻辑架构。这三个环节分别是：作为直接伦理精神的自然共同体——家庭（肯定阶段）、作为伦理精神分化的共同体——市民社会（否定阶段），以及作为与伦理精神相统一的政治共同体——国家（否定之否定阶段）。这三个阶段遵循着黑格尔独特的家庭、市民社会和国家这三个环节在其观念辩证法框架中实现了个体和共同体的分裂与统一。

由上述可知，康德、黑格尔是基于抽象的道德和精神理性来谋划和建构抽象的政治伦理共同体，勾画人类未来理想性的永久和平的共同体。康德认为，只有在宗教意义上，才可能建立一个伦理共同体，必须依靠上帝的信仰证明确立人的道德约束力量，并为之提供出新共同体思想的论证。黑格尔则仅仅从人的精神本质出发区分市民社会与国家，意味着以伦理共同体的视角对抗市民社会中的利己个体。就是说，黑格尔看到了市民社会和政治国家的分离的事实，他认为通过私人等级的伦理来确定市民社会和政治国家两个分裂的领域联系起来是以市民社会内部个人的利益和需要为代价的手段。国家代表着共同体的普遍利益是伦理精神发展的最高阶段，黑格尔实际上是把国家作为人们共同生活基础的伦理与文化的共同体，而要使人成为具备普遍的伦理精神和文化传统的自由人必须保证君主血脉的沿袭。相比康德和黑格尔，马克思以活生生的、现实的个人从事生产实践活动和形成的社会关系为出发点，以物质利益关系的演变为逻辑基础，以生产力发展水平的变化为现实依据，以人的自由获得的程度为衡量标准，创立了建基于历史唯物主义的共同体理论，全面展现了唯物史观的基本原理。马克思指出："共同体以主体与其生产条件有着一定的客观统一为前提的，或者说，主体的一定的存在以作为生产条件的共同体本身为前提的所有一切形式"[1]，现实的人的共同体始终与生产实践紧密结合，绝不能离开社会生产条件和生产方式而谈共同体。共同体也不能依靠外部的"他者"比如上帝来营造，而要从劳动的本质中寻求共同体的内生性属人本质。马克思走向了人类社会的历史性和实践性的场域，通过对资本主义国家"虚幻的共同体"的批判与否定，提出使社会重新成为一个人们为了达到自己的崇高目的而结成的共同体思想，建构了未来社会的"自由人联合体"，又对前资本主义的共同体形式进行了历史考察，进一步深化关于"自然形成的共同体"的研究，深刻地揭示了资本主义共同体的历史暂时性和实现"真正的共同体"的必然性，完整地建构了马克思主义的共同体理论体系。

　　如前所述，马克思主义的共同体理论作为一个宏大的社会理论体系，是与人的发展三个阶段的社会形式紧密相连的。按照马克思思想发展的

_____

[1] 《马克思恩格斯文集》第 8 卷，人民出版社 2009 年版，第 148 页。

内在逻辑理解，他是在社会形式发展变迁的涵义上把握和使用"共同体"的概念的。在马克思晚年，他对原始社会问题的思考曾借助地质学"原生""次生""再次生"类型的术语来描述人类社会形式的发展，马克思提出了人类社会"正像地质的形成一样，在这些历史的形成中，有一系列原生的、次生的、再次生的等等类型"以及原生类型比"现代资本主义社会的生命力要强得多"①的重要观点。因而，马克思把以"人的依赖关系"为基础的前资本主义共同体视为第一阶段的共同体；把以"物的依赖性"为基础的资本主义虚假共同体视为第二阶段的共同体；把以"全面发展的个人"为基础的"自由人联合体"视为第三阶段的共同体，并认为它是在新的、更高级形式上对原生的自然共同体的"复活"。

第一阶段，以"人的依赖关系"为基础的前资本主义共同体。前资本主义共同体有三个形式，马克思把它们称为"亚细亚形式""古典古代形式"和"日耳曼形式"②。第一个形式，是在全世界范围内都曾广泛存在着的、因在亚细亚各国最为典型的、基于自然而自发地形成的"亚细亚形式"共同体，即"自然形成的共同体。家庭和扩大成为部落的家庭，或通过家庭之间互相通婚［而组成的部落］，或部落的联合"，"自然形成的部落共同体，或者也可以说群体——血缘、语言、习惯等等的共同性"③。此时，人类尚处于从动物界刚刚提升出来的阶段，几乎没有私有制和私人意识（包括个人的权利、财产、主体意识等），公有制程度最高，所有制的形式是部落所有制。第二个形式，是主要存在于西方社会、发端于地中海沿岸，以古希腊和古罗马最为典型的"古典古代形式"共同体。"古典古代形式"的共同体，是由古希腊、古罗马的古代公社所有制和古代奴隶制构成的共同体。马克思也将其概括为军事共同体，因为在物资富饶而又疆域狭小的地带，相对于公有制的私有制产生了，以私有财产与公社和国家的财产共存为特点。这一时期所建立的共同体是小国寡民的共同体，不可

---

① 《马克思恩格斯全集》第 19 卷，人民出版社 1963 年版，第 432 页。
② 参见《马克思恩格斯全集》第 30 卷，人民出版社 1995 年版，第 478、472、471 页。
③ 《马克思恩格斯全集》第 30 卷，人民出版社 1995 年版，第 466 页。

避免地按军事方式组织起来，由于在生产力水平极度低下的状况下，土地就成为战争的发起目标，为了保护土地，公社成了人们对抗外界的联合和安全的保障的军事共同体。在这种共同体中，所有制表现为双重形式，即国家所有和私人所有。与亚细亚共同体相比，古典古代共同体中的财产不再是纯粹的公有，而是私有财产和公共财产的分开和并存。就血缘特征来看，古典古代共同体各成员间的血缘关系不再明显和重要，私产和土地成了共同体成员身份的标志和象征，"作为公社成员，单个的人又是私有者。他把自己的私有财产看作就是土地，同时又看作就是他自己作为公社成员的身分；而保持他自己作为公社成员的身分，也正是保持公社的存在"①。这表明，个人在古典古代共同体中具有双重的身份，每个人既是共同体的成员，又是单个的私有者。个人作为单个私有者的前提必须首先是公社成员，失去了共同体成员身份也就等于失去了拥有私人财产的权利和机会。第三个形式，是"日耳曼形式"的共同体，它以公社为基础，通过公社成员的集会联合形成日耳曼民族共同体。在日耳曼共同体作为一种基于语言、血统的共同体，公有地和私有地同时并存，公有地作为补充，被共同占有和保卫，因而，共同体中的私有制成分较高，共有地只是个人财产的补充，逐渐形成奴隶转化为农奴或农民与土地占有者贵族和领主的身份差别，日耳曼封建所有制为整个欧洲后来兴盛起来的农奴制奠定了基础。

以上人类最初的三个共同体，是以内在的共同性或公共利益的联结为纽带作用，譬如由血缘、地缘、利益、军事、宗教关系同盟等逐渐形成的。前资本主义共同体的第一个原生类型自然共同体，是人类在社会生产力广泛形成之前的以自发公有制为基础的社会形式。前资本主义共同体的第二个次生形式，是从社会土地私有制开始的，共同体的内部出现了国有土地和私有土地的差别并进一步演化为市民与农民的差别。私人利益开始侵入了共同体的公共利益领域，无疑是对共同体公共性和普遍性的破坏。发展到了第三个形式，即出现了奴隶制和私有制的阶段，共同体就与作为

① 《马克思恩格斯全集》第30卷，人民出版社1995年版，第470页。

其基础的所有制关系一起瓦解了。这三个共同体的所有制基础不同，但马克思以"人的依赖关系"把握到了前资本主义共同体的总线索。随着社会生产力的发展，人的独立性也渐次提升，这必然决定了个人与共同体之间关系的变更，也决定了所有制形式必须随之改变。马克思指出："生产力的发展使这些形式解体，而它们的解体本身又是人类生产力的发展。"① 因此，生产力的发展突破了"人的依赖性"的局限，成为自然共同体解体的决定性力量。

第二阶段，以"物的依赖性"为基础的资本主义虚假共同体。马克思指出，作为人类的第二种共同体，是"以物的依赖性"为基础形成的"个体"本位的社会形式。这一形式共同体的基本特点是自然共同体的纽带被"物"所破坏殆尽，"物"就是商品、货币和资本。虽然个体已经摆脱了对自然共同体的依赖，但是仍要依赖于"物"。在资本主义社会，大工业生产力和商品经济占了统治地位，工业生产力和商品经济的发展，形成了无产阶级和资产阶级两大阶级，激化了无产阶级和资产阶级的阶级斗争。资本主义国家作为商品经济和资本的"物"的维护者，其各种的政体不论是君主立宪制还是民主共和制，都要维护资产阶级利益，都成为阶级斗争的工具而已。从古希腊、古罗马开始，国家这个概念就是一个共同体的含义，是作为代表全体人民的、"普遍性"的组织。亚里士多德说："城邦先于个人，就因为［个人只是城邦的组成部分］，每一个隔离的个人都不足以自给其生活，必须共同集合于城邦这个整体"② 。西塞罗阐述道："国家是一个民族的财产。但是一个民族并不是随随便便一群人，不管以什么方式聚集起来的集合体，而是很多人依据一项关于正义的协议和一个为了共同利益的伙伴关系而联合起来的一个集合体。"③ 然而，在国家"共同体"的形式下，每个个体都隶属于特定阶级，超阶级的个体是不存在的。资本主义国家更

---

① 《马克思恩格斯文集》第 8 卷，人民出版社 2009 年版，第 148 页。
② ［古希腊］亚里士多德：《政治学》，吴寿彭译，商务印书馆 1965 年版，第 9 页。
③ ［古罗马］西塞罗：《国家篇法律篇》，沈叔平、苏力译，商务印书馆 1999 年版，第 35 页。

是如此，市民社会是阶级社会，对立的阶级所代表的利益迥然不同，阶级利益成为个人利益的总代表，但它需要形式上的共同体来调节利益矛盾，马克思指出："正是由于特殊利益和共同利益之间的这种矛盾，共同利益才采取**国家**这种与实际的单个利益和全体利益相脱离的独立形式，同时采取虚幻的共同体的形式"[①]。于是，国家独立于市民社会又只是维护了统治阶级的私利，就以"冒充的共同体""虚假的共同体"[②] 形式借以代表普遍利益和以维护共同利益的身份出现。

对资本主义国家的进一步分析，马克思揭示了这个"虚假共同体"的本质和特点。马克思考察资本主义社会的无产阶级时，发现被资本家当作商品的"劳动力"与劳动者本意上的自由劳动是对立的，异化劳动所导致的劳动与资本的对立和无产者受到资本的压迫才是资本主义国家的本质。虽然马克思没有完全否定资本的进步方面和历史的合理性，资本突破了各个人在一定的狭隘的生产关系内的自发的联系，使自然共同体中人的依赖关系变成了普遍独立的关系，为生产力的全面和普遍的发展创造了充分的物质条件。但是，在资本主义私有制的生产方式下，资本不是单纯的纯粹的物，而是生产关系。马克思指出："资产阶级社会的基本前提是：劳动直接生产交换价值，从而生产货币；而货币也直接购买劳动，从而购买工人，只要后者在交换中让渡自己的活动。因此，一方的**雇佣劳动**和另一方的**资本**，都只不过是发达的交换价值和作为交换价值化身的货币的另一些形式。所以，货币同时直接是**现实的共同体**，因为它是一切人赖以生存的一般实体；同时又是一切人的共同产物。"[③] 马克思分析了资本主义社会中货币、资本与工人、雇佣劳动的种种现象，揭示了本质上是人与人的现实的社会生产关系。"货币本身就是**共同体**"[④]，这个共同体是资本关系构成了资本主义社会各种生产关系中占统治地位的、支配其他生产关系的基本

---

① 《马克思恩格斯选集》第 1 卷，人民出版社 2012 年版，第 164 页。
② 《马克思恩格斯选集》第 1 卷，人民出版社 2012 年版，第 199 页。
③ 《马克思恩格斯全集》第 30 卷，人民出版社 1995 年版，第 178 页。
④ 《马克思恩格斯全集》第 30 卷，人民出版社 1995 年版，第 175 页。

关系。资本的生产过程又以抽象劳动为前提，特殊的具体劳动变成了以追求商品价值增殖为目的的一般的抽象劳动。正是这样，在资本这种抽象的物成为现实的人与人之间直接联系的纽带的社会下，人们彼此之间原本具体的关系抽象了。因而，马克思认为，货币、资本等作为抽象的物取代资本主义"虚假共同体"中人与人之间的直接联系，人们向这些中介物顶礼膜拜，从而使人与人之间交往被这些抽象的力量支配着，由此提出了"在货币上共同体只是抽象"[1]的"抽象共同体"的提法，揭示了"抽象共同体"是共同体的异化形式与资本的绝对统治，这是对以"物的依赖性"为基础的资本主义虚假共同体最有力的批判。

第三阶段，以"全面发展的个人"为基础的"自由人联合体"。资本主义社会实现的个人联合在一起形成的共同体的目的，就是统治阶级利用一切手段实现对被统治阶级的压迫，因此，对于被统治阶级而言，这样的联合不过是"虚假的共同体"。只有通过在自己的联合中并通过这种联合获得人的自由和全面的发展，才是"真实的共同体"。马克思指出，"自由人联合体"就是这样的"真实的共同体"。在这样的阶段上，人与人之间形成广泛普遍的内在性和谐关系或者说同一关系。

未来所要建立的"自由人联合体"，是消灭了对立阶级、消除了阶级和阶层差别的共同体，这就是共产主义社会。在这样的社会中，生产力高度发达，财富充分涌流，个人在真正的共同体里共同劳动，每个人都以主体的方式自觉意识到自己是联合体中的成员，个人是独立的个体，每个人都是平等的，人们间相互自由的联系，不是出于物的依赖的需要，而是出于主体的需要，即出自彼此的能力、品德和成就的需要。随着自由交往领域的丰富，促进各个人之间差异的全面发展以及每一个人内在的差异的全面发展。因而，在这种社会形式中，个人既取得了主体的独立，又取得了客体的独立。

从历史的"自然共同体"，到现存的"资本共同体"，再到未来的"自

---

① 《马克思恩格斯全集》第30卷，人民出版社1995年版，第178页。

由人联合体"，马克思为人类社会指明了发展趋向和最高目标。在自然共同体中，个体处于湮没在共同体的状态；在资本共同体中，个体与共同体则处于相互敌对的状态；只有在"自由人联合体"中，个体与共同体实现了统一完美的状态。因为在"自由人联合体"中，人的主体就不是作为异化的外在他者而存在，不是由外在关系中离散的孤立个体组成，人自由地创造"自我"的个性和人格，"自由"和"自觉"的类特征或共同特征充分彰显，剥去了异化外衣的人的自由个性得到了普遍发展，从而真正地解决了个体和个体、共同体与共同体的双重分裂。"自由人联合体"中的人，克服了"人的依赖关系"阶段和"以物的依赖性"阶段的狭隘性和局限性，实现了人的本质的全面回复和"对**人的**本质的真正**占有**"[1]，"从而是人从宗教、家庭、国家等等向自己的**合乎人性的**存在即**社会的**存在的复归"[2]。

三、马克思恩格斯对人的全面而自由发展的内涵分析

马克思恩格斯在《共产党宣言》中指出，人类未来的共同体是"自由人联合体"。他们赋予"自由人联合体"精确、完美的内涵："在那里，每个人的自由发展是一切人的自由发展的条件。"[3] 每个人和所有的人都要自由发展，这里的核心和重点在于每个人的自由发展，必须以每个人的自由发展为先，以每个人的自由发展为基础，只有每一个人都自由发展了，所有的人才能自由发展。当然，每一个人的自由发展，也离不开共同体，"只有在共同体中，个人才能获得全面发展其才能的手段，也就是说，只有在共同体中才可能有个人自由。"[4] 因此，每个人的自由发展与所有人的自由发展必须协调一致。关于"自由人联合体"的定义，马克思在《资本论》

---

[1] 《马克思恩格斯文集》第 1 卷，人民出版社 2009 年版，第 185 页。
[2] 《马克思恩格斯文集》第 1 卷，人民出版社 2009 年版，第 186 页。
[3] 《马克思恩格斯选集》第 1 卷，人民出版社 2012 年版，第 422 页。
[4] 《马克思恩格斯选集》第 1 卷，人民出版社 2012 年版，第 199 页。

中又作出更为明确的表述，即它是"以每一个人的全面而自由的发展为基本原则"①的社会形式，未来共同体的鲜明特征是"建立在个人全面发展和他们共同的、社会的生产能力成为从属于他们的社会财富这一基础上的自由个性"②。这说明，在未来共同体中，人的发展包含两个重要方面：全面的发展和自由的发展，这两者不是彼此孤立、相互分割的，而是紧密地联系在一起的有机整体。马克思恩格斯为人的全面而自由的发展作出了深刻的论述。

人的全面发展，正如马克思说的，是"人以一种全面的方式，就是说，作为一个总体的人，占有自己的全面的本质"③。在这样的状态下，人的活动及其能力、人的社会关系、人的个性等各方面从片面到全面、从畸形到完整、从贫乏到丰富、从潜在到现实的发展，完全改变了在资本主义虚假共同体中因劳动的异化而导致人的能力的畸形和片面发展状况，以及少数人的发展总是以牺牲多数人为前提和条件的不平等发展状况。人的全面发展意味着，一个人既能够从事体力劳动又能够从事脑力劳动，既可以从事简单劳动又可以从事复杂劳动，既能胜任这个部门的工作又能胜任那个部门的工作，既能适应这个地区的工作环境又能适应别的地区的工作环境，可以说能文能武、多才多艺。人的全面发展的内涵包括四个方面：

第一，人的需要的全面发展。在马克思主义看来，人首先是有生命且具有需要的人，人的全面发展首先表现为人的需求得到多方面的满足。需要是人的内在规定性，也是人类一切活动的源泉和动力。"任何人如果不同时为了自己的某种需要和为了这种需要的器官而做事，他就什么也不能做"④，人的一切社会实践活动在一定程度上来说，都是为了追求和满足某方面的需要而进行的。人的需要的满足程度也直接关系到人的自我实现的程度。人的需要可以分为生存需要、生活需要和精神需要。而在社会生

① 《马克思恩格斯全集》第44卷，人民出版社2001年版，第683页。
② 《马克思恩格斯全集》第30卷，人民出版社1995年版，第107—108页。
③ 《马克思恩格斯全集》第3卷，人民出版社2002年版，第303页。
④ 《马克思恩格斯全集》第3卷，人民出版社1960年版，第286页。

产力发展的不同阶段，人们的需要也会不断发展变化。在物质资料匮乏时期，人们更多关注的是自身的生存需要，还有对"人的依赖"。随着生产力的发展，人的衣食住行得到保障，人们会在生存的基础上追求生活需要，也表现为对"物的依赖"。当物质资料丰富，人的物质需要得到满足后便会关注精神世界的需要，开始寻求在多方面实现其内在本质力量的需要。全面发展的人的本质需要不仅是以"占有"来实现欲望，而且是以"实现"来使自己内在本质力量得到充实。人的全面发展程度是随着人的需求的满足而深化的，人的现实需求也会随着社会的进步而提升。人为了满足自身不断变化和提升的需要，会不断地提高自身能力，从而实现超越自我，实现人的全面发展。

第二，人的劳动能力的全面发展。人的劳动能力就是"劳动者自己的肉体和精神的能力"，包括体力和智力，而人的劳动能力如何获得发展呢？马克思指出："它把整个自然界——首先作为人的直接的生活资料，其次作为人的生命活动的对象（材料）和工具——变成人的**无机的**身体。"① 也就是说，在生产活动中，主体一方面通过物质和能量的输出改变着客体，同时主体也需要把一部分对象作为直接的生活资料加以消费，或者把物质工具作为自己身体器官的延长包括在主体的生命活动中。实际上，人通过改造对象的活动消化精神产品，使之转化为主体意识的一部分。人通过客体非对象化这种形式占有、吸收对象，不断丰富人的本质力量，从而提高着主体能力，使人能以新的更高的水平去改造客体。在未来的"自由人联合体"中，马克思指出："在迫使个人奴隶般地服从分工的情形已经消失，从而脑力劳动和体力劳动的对立也随之消失之后；在劳动已经不仅仅是谋生的手段，而且本身成了生活的第一需要之后；在随着个人的全面发展，他们的生产力也增长起来"②，劳动成为人的全面发展的创造性活动。与此同时，随着生产力的极大发展，以及自动化机器系统的飞速发展和智能化

---

① 《马克思恩格斯文集》第 1 卷，人民出版社 2009 年版，第 161 页。
② 《马克思恩格斯选集》第 3 卷，人民出版社 2012 年版，第 364—365 页。

生产的高度发展，极大地提高了人们的劳动生产率，社会成员生产自身生存发展的物质财富的必要劳动时间大大减少，从而为人们赢得了更多的全面发展的自由时间。

第三，人的社会关系的全面发展。人生活在世界上，首先面临着生存的斗争。在人的生存和发展的斗争中，人们不仅面对着与自然的关系，也面对着人的社会关系，并且人的社会关系的发展同人与自然关系的发展密切关联。"自然界的人的本质只有对社会的人来说才是存在的；因为只有在社会中，自然界对人来说才是人与**人联系的纽带**，才是他为别人的存在和别人为他的存在，只有在社会中，自然界才是人自己的**合乎人性的**存在的**基础**，才是人的现实的生活要素。只有在社会中，人的**自然的**存在对他来说才是人的**合乎人性的**存在，并且自然界对他来说才成为人。因此，**社会**是人同自然界的完成了的本质的统一"①。在改造自然界的过程中，随着人的对象性关系的不断生成和丰富，必然带来社会关系的高度丰富，分工就是一定社会关系发展的表现。所以，个人的发展决定于社会关系，也就是说，决定于社会分工，而分工决定了个人的职业和能力。人存在于各种社会关系之中并形成自己的规定性，人也正是通过处理各种社会关系的活动来实现、表现和确证自己的各种规定性及其内在统一性。在未来的"自由人联合体"中，人的社会关系发展不仅表现在人的社会关系的丰富性上，而且表现在人对社会关系的全面占有和共同控制上。每一个人全面地占有这些社会关系，使其成为一切人的全面发展的条件。

第四，人的个性的全面发展。人的个性具有独特性和差异性，是现实的人个体间相区别的显著特征，它是一个人特有的、作为特殊性而具有的自身的特点。马克思指出："人是**特殊的**个体，并且正是人的特殊性使人成为个体，成为现实的、**单个的**社会存在物"②。正是人的这种独特性和差异性，成为不可被别人所取代的存在物。独特性和差异性包括个人的唯一

---

① 《马克思恩格斯文集》第 1 卷，人民出版社 2009 年版，第 187 页。
② 《马克思恩格斯文集》第 1 卷，人民出版社 2009 年版，第 188 页。

性、不可重复性、不可取代性和自我性，其中自我性是根本的。个人在与他人的关系和比较中，产生了对它自己的"自我"意识，使自己和自己发生了反思关系，这种反思使个人意识到"自我"有独立存在的地位和价值，有自己的独特性。不仅如此，自我意识的出现又产生了自我和外部世界的反思关系，这种关系是"为我"而存在的，而且"我"的出现既可能使个人成为主体，又使这一主体具有一种主体活动的"为我"的意向性和趋向。正是这种个性，使个体把自我和外部世界区别开来了。个性作为个体的特征是多样的，人人都有个性，但人的个性各不相同。正是这些具有千差万别个性的人，组成了生动活泼、丰富多彩的大千世界和各种各样的既相互联系又相互制约的人类群体，推动着历史的前进和时代的变迁。个性代表了多样性。人类社会越是向前发展，社会生活越具有丰富的内容和多样的联系，就越要求其社会成员发展多样的个性。人的个性发展在资本主义前的社会里普遍受到压抑和扭曲，在资本主义社会里人的个性有了进一步的发展，但远远不够；社会主义制度的建立为人的个性的健康发展创造了基本前提，只有在未来的"自由人联合体"中，人的个性才能获得彻底解放，才能全面发展。

人的自由发展，指的是人在不屈从于外在目的和压迫的情况下，能够根据自己的兴趣和爱好，自觉、自愿和自主的发展。它针对的是劳动的不自由、人格的依附性以及个性的模式化等现象。自由自觉的劳动作为人的生命活动，同时也成了人的意识和意志对象。在未来"自由人联合体"中，人们可以自由地选择职业。所谓人的自由发展，就是指人们职业的变换将不再受任何制度的体制的法律的和自身能力的限制，人人都能随心所欲地选择职业和工作环境，这样就既不会感到工作的枯燥，也不会感到工作的压力。也只有这样，未来社会的人才最终脱离动物界而成为真正的人、自由发展的人，这正如恩格斯指出的："人终于成为自己的社会结合的主人，从而也就成为自然界的主人，成为自身的主人——自由的人。"① 恩格斯概

---

① 《马克思恩格斯选集》第3卷，人民出版社2012年版，第817页。

括的"三个主人",最为科学地揭示了人的自由发展的深刻内涵。

首先,人的自由发展是人成为与自己的社会结合的主人。马克思指出:"**人**不是抽象的蛰居于世界之外的存在物。人就是**人的世界**,就是国家,社会。"①人与外部的世界、国家、社会之间存在着内在的、不可分割的联系,因而,人的自由发展必然同社会的发展紧密联系起来。人的自由存在于人的普遍的社会联系中,但在世界上还存在着国家、阶级的情况下,人们间的社会联系受到严重的扭曲、束缚和制约。马克思恩格斯阐述道:"每一个单个人的解放的程度是与历史完全转变为世界历史的程度一致的。至于个人在精神上的现实丰富性完全取决于他的现实关系的丰富性,根据上面的叙述,这已经很清楚了。只有这样,单个人才能摆脱种种民族局限和地域局限而同整个世界的生产(也同精神的生产)发生实际联系,才能获得利用全球的这种全面的生产(人们的创造)的能力。各个人的**全面的**依存关系、他们的这种自然形成的**世界历史性的**共同活动的最初形式,由于这种共产主义革命而转化为对下述力量的控制和自觉的驾驭,这些力量本来是由人们的相互作用产生的,但是迄今为止对他们来说都作为完全异己的力量威慑和驾驭着他们。"②概言之,只有在阶级消灭、国家消亡之后,形成了世界性的全面的社会联系,人在社会生活中彻底地"**推翻**使人成为被侮辱、被奴役、被遗弃和被蔑视的东西的**一切关系**"③,才是第一次真正地成为与社会结合的主人,真正地获得自由的发展。

其次,人的自由发展是成为自然界的主人。在自然界面前,人要获得自由,就要获得对客观规律的认识、把握以及自觉地运用。以往,人在与自然界的相互关系中之所以沦为奴仆,是因为自然规律在人面前成为"盲目的必然性"的力量,人被迫臣服于自然的威力和支配,失去自由发展的可能。因此,恩格斯指出:"自由就在于根据对自然界的必然性的认识来

① 《马克思恩格斯全集》第3卷,人民出版社2002年版,第199页。
② 《马克思恩格斯文集》第1卷,人民出版社2009年版,第541—542页。
③ 《马克思恩格斯文集》第1卷,人民出版社2009年版,第11页。

支配我们自己和外部自然"①。在未来的"自由人联合体"中，由于人认识了自然界的必然性，认识了自然界的规律，"从而能够有计划地使自然规律为一定的目的服务。"②但是，这丝毫不意味着人类可以开始对自然界任意地索取，而只能合理地调节他们与自然之间的物质变换，以维护人类本性为前提，有节制地进行这种物质变换。因而，对于人在自然界中的自由，马克思说："这个领域内的自由只能是：社会化的人，联合起来的生产者，将合理地调节他们和自然之间的物质变换，把它置于他们的共同控制之下，而不让它作为一种盲目的力量来统治自己；靠消耗最小的力量，在最无愧于和最适合于他们的人类本性的条件下来进行这种物质变换。"③只有这样，人在一定范围内摆脱外部力量的控制和束缚，并能按照自己的意志驾驭自然界，才是人在同自然界的关系中获得的自由发展，也就是人作为主体充分发挥自觉能动性掌握自然界的规律并为自身的需要和发展服务的自由发展。人作为自然界的主人，是为了"通过社会化生产，不仅可能保证一切社会成员有富足的和一天比一天充裕的物质生活，而且还可能保证他们的体力和智力获得充分的自由的发展和运用"④，这就是人在同自然界的关系中获得的自由发展。

再次，人成为自身的主人。人在摆脱了对物的依赖后能够高度地自主选择，恢复了"一个种的整体特性、种的类特性就在于生命活动的性质，而自由的有意识的活动恰恰就是人的类特性。"⑤"类特性"在人身上的恢复和发展，使人重新占有了人之为人的本质，从而使人成为自身的主人。人成为自身的主人后，也是人的主体性的全面发展。主体性是指凭借自己的综合素质与实践活动，而处于支配地位。其一，人的主体性是人成为自身主人的重要条件。它体现为：自主性。自主性与依附性、从属性和奴役

① 《马克思恩格斯选集》第 3 卷，人民出版社 2012 年版，第 492 页。
② 《马克思恩格斯选集》第 3 卷，人民出版社 2012 年版，第 491 页。
③ 《马克思恩格斯全集》第 46 卷，人民出版社 2003 年版，第 928—929 页。
④ 《马克思恩格斯选集》第 3 卷，人民出版社 2012 年版，第 814 页。
⑤ 《马克思恩格斯选集》第 1 卷，人民出版社 2012 年版，第 56 页。

性相对立，是对依赖性的一种扬弃，是个人的一种"自立"及自我确证。马克思恩格斯把人的主体活动称为"自主活动"，认为："这种自主活动就是对生产力总和的占有以及由此而来的才能总和的发挥。"①自主性既表现为对社会的独立自主性，又表现为个人的自我判断、自我控制、自我调节和自我行为的能力。其二，自觉能动性。自觉能动性包含两层含义：一是主体在活动中处于积极、主动和活跃的状态，自觉地调动起潜藏在自身的生理、心理能量，最大限度地发挥自身的智慧和能力；二是主体的活动具有目的性和计划性，目的性或指向性体现了主体的需要，是经过了主体自主选择的结果，而对于目的与达到目的的手段、方法、措施的系统思考就形成了人的活动的计划。人有了自觉能动性，就能既按照人的尺度，又按照任何客体的尺度来创造自己的世界，使外部世界成为对人来说具有价值意义的世界。其三，创造性。创造性是人在对象性活动中作为主体具有的主体性的最重要的标志。创造性体现了人的自尊自信，具有批判精神，敢于向权威挑战，能独立提出问题、设想并进行验证，有着永不枯竭的动力和活力。创造的目的在于改造世界，在于更好地为人的目的服务，使人获得自由发展。

马克思恩格斯在设想人的未来发展状态时，始终把人的全面发展和人的自由发展视为一个整体来思考。人的"全面"和"自由"的发展，有着紧密的内在逻辑联系，实质上是"一体两面"的关系。其一，人的全面发展是人的自由发展的逻辑前提。人的需求和劳动的能力发展越全面，人的自由选择和自主性的范围也就越广，从而也就越能按照自己的兴趣和爱好自由地发展自己。其二，人的自由发展规定着人的全面发展。只有当人能够自由地操纵和驾驭外部强制性力量之时，人才有获得全面发展的可能，自由构成了个人全面发展的决定性因素和归宿。其三，人的全面发展和人的自由发展相互依存、相互渗透、相互转换、相互促进。人的自由发展意味着人能够认识和掌握自然、社会和人自身发展规律，能够根据自己的兴

① 《马克思恩格斯文集》第1卷，人民出版社2009年版，第581页。

趣和爱好自觉地发展多方面的能力，其指向必然是人的全面发展。同样地，人的全面发展，意味着只要个人有某方面的兴趣和爱好，现实就能够为个人该方面的发展创造和提供必要条件，其结果也同样必然指向人的自由发展。在进入"自由人联合体"后，人类就从必然王国进入自由王国，人的全面而自由发展将进入全新的境界和新的发展过程。

四、对未来促进人的全面而自由发展的科技条件分析

马克思恩格斯的共同体理论，不仅科学地阐述了未来在自由人共同体中人的全面而自由发展，而且还考察了造成人的全面而自由发展的极为重要的因素——科技革命和工业革命，由此揭示了人在科技革命与科技发展下发生的演化，分析了人类朝着自主劳动、实现全面而自由发展的必不缺少的科技条件。

科技革命和工业革命是相互联系、相互影响的。科技革命包括科学革命和技术革命，科学转化为技术，技术应用于工业，科技革命引发了工业革命，为工业革命提供了基础和支撑；工业革命的发展不断地为科技革命提出新的难题和课题，反过来又推动了科技革命的发展。对科技发展史所作的研究表明，迄今为止人类已发生了四次科学革命，即：16世纪的哥白尼天文学和17—18世纪的牛顿力学，19世纪的法拉第电磁力学，20世纪以普朗克、玻尔、海森堡、薛定谔、玻恩、费米、狄拉克、爱因斯坦等人为代表的量子力学，21世纪的智能科学；四次技术革命是：18世纪的蒸汽技术，19世纪的电气技术，20世纪的信息技术，21世纪以来的智能技术。以上四次科学革命和技术革命，造成了四次工业革命、形成了四大产业，即：18世纪的蒸汽革命，形成蒸汽化产业；19世纪的电气革命，形成电气化产业；20世纪的信息革命，形成信息化产业；21世纪以来的智能革命，形成智能化产业。科学和技术的发展，使二者更加紧密地结合起来，到了当代，科学和技术的融合甚至已经很难再把它们截然分开。

马克思恩格斯的共同体理论，归根到底是要实现无产阶级解放和人类解放，才能达到人的全面而自由的发展。本书在前面的第三章中已作出论述，由于工业革命的发动和进展，产生了无产阶级，随着无产阶级的成长壮大，在其发展的过程中无产阶级必将经历政治解放、经济解放、社会解放，走向人的全面而自由的发展，但这些论述还未涉及科技革命与科技发展对于人的全面而自由发展所起的作用问题。科技革命与发展对于无产阶级解放和人的全面而自由发展起着至关重要的作用，构成马克思恩格斯共同体理论的重要组成部分。

马克思恩格斯对科学革命和工业革命及其发展，作出了最全面、最深刻的认识。他们指出，科学本身和工业一样是生产力，每一次的科学革命造成的工业革命，都创造和形塑了一种前所未有的新的生产力。马克思恩格斯分析了生产力的结构，他们阐明，生产力是由多元因素组成的一个系统，组成生产力系统的要素主要是劳动者和劳动资料（亦称劳动手段）。马克思说："生产力中也包括科学"①。这是因为，到了大工业时代，作为生产力中的劳动者——人，需要掌握一定的科学技术知识和技能；作为劳动手段的生产工具，如机器，则完全是应用科学技术制造出来的。因而，科学技术理所当然地构成生产力的一部分，而且是最为重要的部分。对此，邓小平曾经指出："马克思说过，科学技术是生产力，事实证明这话讲得很对。依我看，科学技术是第一生产力。"②特别是随着科学革命和工业革命的深入发展，科学与生产力的关系越来越密切了。科学技术作为生产力，越来越显示出巨大的能量。马克思最重视科学技术生产力的发展，恩格斯曾这样说道："在马克思看来，科学是一种在历史上起推动作用的、革命的力量。任何一门理论科学中的每一个新发现——它的实际应用也许还根本无法预见——都使马克思感到衷心喜悦，而当他看到那种对工业、对一般历史发展立即产生革命性影响的发现的时候，他的喜悦就非同寻

---

① 《马克思恩格斯全集》第31卷，人民出版社1998年版，第94页。
② 《邓小平文选》第三卷，人民出版社1993年版，第274页。

常了。"①马克思恩格斯从生产力决定生产关系并最终决定上层建筑的历史唯物主义基本原理出发，强调了生产力是构成全部社会生活的物质前提，奠定了人类社会向前发展的坚实基础，是推动社会进步的最活跃、最革命的要素，是衡量和区分各个社会发展与人的发展不同阶段的界标。正因为如此，他们才时刻注视科学技术作为第一生产力的最新发展。

马克思恩格斯密切关注科学技术第一生产力的发展，是因为它深刻地影响着无产阶级的劳动方式，从而引起无产阶级结构性、整体性的演化。无产阶级是一个人数庞大的队伍，它除了丧失了生产资料，一无所有，只能依靠出卖劳动力，成为雇佣劳动者这一共同性外，其内部结构是丰富多样的。他们认为，在以生产资料占有关系划分了阶级的前提下，结合着如职业、教育、收入、财富等多元因素，还要对阶级的内部进行阶层划分。马克思恩格斯曾把无产阶级的内部结构划分为"产业无产阶级""商业无产阶级""农业无产阶级"等。尤其是他们把以从事体力劳动为主的产业工人称作体力劳动无产阶级，把受雇从事社会公共事务如行政、司法以及医务、科学、艺术等行业的管理人员、律师、医生、学者、教授、作家、诗人、画家等雇佣劳动者称为"脑力劳动无产阶级"②，这一划分有着特别重大的意义。在马克思有生之年，随着大机器工业体系的发展，他已经看到了："操纵机器的工人所完成的这些动作的特点，是它们的**被动性**，它们对机器本身的作业和运动的适应性和从属性。这种**被动性的专业化**，即作为专业化的专业化本身的消灭，是机器劳动的特点。"③这就是说，在机械化的生产过程中，工人已不再扮演生产的主力军角色，变成了"对总机器体系的从属"④，只需要被动地完成几个简单的、重复性的动作，而就连这样的动作，也会为"机器代替劳动"⑤。在完全"自动化"的生产过程

① 《马克思恩格斯选集》第 3 卷，人民出版社 2012 年版，第 1003 页。
② 《马克思恩格斯全集》第 22 卷，人民出版社 1965 年版，第 487 页。
③ 《马克思恩格斯全集》第 37 卷，人民出版社 2019 年版，第 154 页。
④ 《马克思恩格斯全集》第 37 卷，人民出版社 2019 年版，第 155 页。
⑤ 《马克思恩格斯全集》第 37 卷，人民出版社 2019 年版，第 173 页。

中，"[机器本身体现出：] **生产的连续性**（也就是原材料加工所经历的各阶段的连续性）；**自动化**（只有在排除偶然故障时才需要人）"①。马克思所说的"自动化"即是"无人化"的生产劳动，这在智能化时代有了更进一步的发展。马克思的这个预见已为当今智能化时代的事实所证明，随着一系列智能化的"无人工厂""无人商店""无人驾驶"等越来越多"无人化"的涌现，今后的体力劳动无产阶级注定要消亡的。有鉴于此，1893年恩格斯在致信国际社会主义者大学生代表大会时就指出："工人阶级的解放，……还需要医生、工程师、化学家、农艺师及其他专门人材，因为问题在于不仅要掌管政治机器，而且要掌管全部社会生产，而在这里需要的决不是响亮的词句，而是丰富的知识。"②恩格斯的这段话十分明确地预示了，原来主要由体力劳动者构成的无产阶级，将结构性、整体性地转变为具有文化和科学技术的脑力劳动无产阶级或知识化工人阶级。无产阶级要解放，就要解放劳动，无产阶级只有摆脱繁重、枯燥的体力劳动，摆脱奴隶般地服从分工的情形，从而使脑力劳动和体力劳动的对立归于消失，能够从事创造性、快乐型的自主劳动，才能获得真正解放。

马克思恩格斯强调科学技术第一生产力的重要性在于，只有依靠科技革命和科技发展提供无比强大的生产力，具有无穷无尽的生产能力，使社会集体财富的一切源泉都充分地涌流，才能保障无产阶级获得彻底解放，达到人的全面而自由发展的目的，否则，无产阶级的解放就是天方夜谭。在当代，随着人类社会跨入智能时代和智能化产业的飞速发展，各种各样的机器人已经不仅能够代替人类的体力劳动，甚至可以代替人的一部分或大部分的脑力劳动。机器人是现代经济社会智能化变革的关键工具，是人类社会加速智能化的显著标志。据报道，2022年中国工业机器人装机量占全球比重超过50%，稳居全球第一大市场，制造业机器人密度达到每万名工人392台。服务型机器人和特种类型的机器人在物流、医疗、

---

① 《马克思恩格斯全集》第37卷，人民出版社2019年版，第65—66页。
② 《马克思恩格斯全集》第22卷，人民出版社1965年版，第487页。

建筑等领域大显身手，已经实现了规模化应用。① 这极大地提高了社会的劳动生产率，人类为生产自身生存发展的物质财富的必要劳动时间会大大减少，从而为自身赢得更多的全面发展的自由时间和空间。马克思早就指出，机器体系的发明和应用，"有利于解放了的劳动，也是使劳动获得解放的条件"②，它"为整个社会和社会的每个成员**创造大量可以自由支配的时间**"③。

毫无疑问，当代的科技革命与发展，为无产阶级解放趋向于全面、自由发展的人，奠定了丰厚的物质基础，提供了不竭的动力和能力。展望未来科技革命与发展的宏伟前景，人的全面而自由发展的目标一定能够实现。

---

① 《我国工业机器人装机量占全球比重超 50%》，《人民日报》2023 年 8 月 20 日。
② 《马克思恩格斯全集》第 31 卷，人民出版社 1998 年版，第 97 页。
③ 《马克思恩格斯全集》第 31 卷，人民出版社 1998 年版，第 103 页。

主要参考文献

一、著作

《马克思恩格斯全集》中文第一版，第1—50卷，人民出版社 1956—1985 年版。

《马克思恩格斯全集》中文第二版，第1、2、3、10、11、12、13、14、16、19、21、25、26、28、29、30、31、32、33、34、35、36、37、38、39、40、42、43、44、45、46、47、48、49、50卷，人民出版社 1995—2020 年版。

《马克思恩格斯文集》第1—10卷，人民出版社 2009 年版。

《马克思恩格斯选集》第1—4卷，人民出版社 2012 年版。

《马克思恩格斯全集》历史考证版第二版第1部分第1卷（KARL MARX FRIEDRICH ENGELS GESAMTAUSGABE（MEGA²I）BAND 1,Berlin：Dietz Verlag,1975.）。

陈叔平编：《马克思关于巴黎公社报刊消息摘录》，商务印书馆 1975 年版。

中国人民大学马克思列宁主义基础系政治学教研室编：《马克思列宁主义政治学纲要》，中国人民大学出版社 1962 年版。

李振海：《马克思主义政治学说史纲》，天津教育出版社 1990 年版。

白铁民、邱秀田、范明英、徐蕙芬主编：《马克思主义政治学》，吉林人民出版社 1990 年版。

王中惠主编：《马克思主义政治学——科学社会主义》，中国商业出版社 1990 年版。

蔡灿津：《马克思主义政治学》，新疆人民出版社 1992 年版。

刘星汉、王邦佐、孙关宏、王沪宁主编：《马克思主义政治学》，复旦大学出版社 1992 年版。

曹文光：《当代马克思主义政治学》，河南人民出版社 1992 年版。

李承主编：《马克思主义政治学》，新华出版社 1994 年版。

王沪宁主编：《政治的逻辑——马克思主义政治学原理》，上海人民出版社 2016 年版。

刘彤：《马克思主义政治学说：进程、体系和逻辑》，东北师范大学出版社 2017 年版。

李延明、刘青建、杨海蛟：《马克思恩格斯政治学说研究》，人民出版社 2002 年版。

万斌、郁建兴等著：《马克思主义政治理论与实践》，浙江人民出版社 2002 年版。

［美］约翰·麦克里兰：《西方政治思想史》，彭淮栋译，海南出版社 2003 年版。

徐大同总主编：《西方政治思想史》第 1—5 卷，天津人民出版社 2005 年版。

张文喜、臧峰宇：《马克思主义政治哲学史》，中国人民大学出版社 2017 年版。

朱进东、陈亚丽：《高卢的雄鸡：古典马克思主义政治哲学史研究》，南京大学出版社 2017 年版。

陈先达、靳辉明：《马克思早期思想研究》，北京出版社 1983 年版。

中国人民大学马列主义发展史研究所：《马克思恩格斯思想史》，上海人民出版社 1982 年版。

葛锡有、赵邺方、靳辉明、蔡金发：《马克思主义诞生史》，吉林人民出版社 1982 年版。

［意］加尔维诺·德拉—沃尔佩著:《卢梭和马克思》,赵培杰译,重庆出版社 1993 年版。

［法］科尔纽:《马克思恩格斯传》第一卷,刘磊、王以铸、杨静远译,持平校,生活·读书·新知三联书店 1963 年版。

［法］科尔纽:《马克思恩格斯传》第二卷,樊集译,生活·读书·新知三联书店 1965 年版。

［法］科尔纽:《马克思恩格斯传》第三卷,管士滨译,生活·读书·新知三联书店 1980 年版。

［德］梅林:《马克思传》,樊集译,持平校,人民出版社 1965 年版。

［德］梅林:《马克思传》,胡晓琛、高杉译,中央编译出版社 2022 年版。

［德］海因里希·格姆科夫等:《马克思传》,易廷镇、侯焕良译,生活·读书·新知三联书店 1978 年版。

［德］海因里希·格姆科夫等:《恩格斯传》,易廷镇、侯焕良译,生活·读书·新知三联书店 1980 年版。

［英］戴维·麦克莱伦:《恩格斯传》,臧峰宇译,中国人民大学出版社 2017 年版。

［德］古斯达夫·梅尔:《恩格斯传》,郭大力译,中央编译出版社 2022 年版。

［古希腊］柏拉图:《理想国》,郭斌、张竹明译,商务印书馆 1986 年版。

［古希腊］亚里士多德:《政治学》,吴寿彭译,商务印书馆 1965 年版。

［英］托马斯·莫尔:《乌托邦》,戴镏龄译,商务印书馆 1982 年版。

［法］卢梭:《社会契约论》,何兆武译,商务印书馆 1980 年版。

［法］卢梭:《论人类不平等的起源和基础》,李常山译,商务印书馆 1962 年版。

［德］黑格尔:《法哲学原理》,范扬、张企泰译,商务印书馆 1961 年版。

〔美〕路易斯·亨·摩尔根:《古代社会》上册,杨东莼、马雍、马巨译,商务印书馆 1981 年版。

〔苏〕K. A. 莫基切夫主编:《政治学说史》(上册),中国社会科学院法学研究所编译室译,中国社会科学出版社 1979 年版。

〔苏〕B.C. 塞尔格叶夫:《古希腊史》,缪灵珠译,高等教育出版社 1957 年版。

〔英〕厄奈斯特·巴克:《希腊政治理论》(上、下),卢华萍译,吉林人民出版社 2011 年版。

〔苏〕凯尔任策夫:《巴黎公社史》,中国人民大学编译室译,三联书店 1961 年版。

〔法〕阿·阿达莫夫编:《巴黎公社史料辑要》,黎星译,商务印书馆 1962 年版。

〔法〕普·利沙加勒:《一八七一年公社史》,柯新译,人民出版社 1962 年版。

〔苏〕热卢博夫斯卡娅编:《巴黎公社会议记录》第 2 卷,何清新译,商务印书馆 1963 年版。

〔新西兰〕布洛恩·S. 罗珀:《民主的历史:马克思主义解读》,王如君译,人民日报出版社 2015 年版。

周辅成编:《从文艺复兴到十九世纪资产阶级哲学家政治思想家有关人道主义人性论言论选辑》,商务印书馆 1966 年版。

周一良、吴于廑主编:《世界通史资料选辑(近代部分下册)》,商务印书馆 1964 年版。

《巴黎公社公告集》,罗新璋编译,上海人民出版社 1978 年版。

《巴黎公社公报集》第一集、第二集,李平沤、狄玉明译,商务印书馆 2013 年版。

薛汉伟、辛仲勤、潘国华:《革命与不断革命研究》,甘肃人民出版社 1984 年版。

黄澍霖主编:《国际共产主义运动史简明教程》,山东人民出版社 1986

年版。

高放：《国际共产主义运动别史》，中国书籍出版社 2001 年版。

《国际共产主义运动史》编写组编：《国际共产主义运动史》，人民出版社 2012 年版。

王学东主编：《国际共产主义运动历史文献》第 1—16 卷，中央编译出版社 2011—2013 年版。

冯留建：《马克思主义国家理论与中国国家治理现代化》，人民出版社 2017 年版。

二、论文

杨洪源：《马克思创立唯物史观的发生学探究》，《中国社会科学》 2023 年第 10 期。

林育川：《马克思政治哲学的社会向度》，《学术研究》2023 年第 7 期。

郭奕鹏：《马克思思想中的古典与现代——基于马克思与亚里士多德关系的考察》，《现代哲学》2013 年第 4 期。

刘冰菁：《走向现实深处的青年马克思——基于〈克罗茨纳赫笔记〉〈巴黎笔记〉文本的再考察》，《中国社会科学》2023 年第 8 期。

邓安琪、卜祥记：《〈克罗茨纳赫笔记〉的历史学研究及其思想史意义》，《武汉大学学报》2019 年第 6 期。

王沪宁：《〈黑格尔法哲学批判〉和马克思主义政治学》，《政治学研究》 1987 年第 5 期。

王沪宁：《马克思"人的自由"概念发展概观》，《上海社会科学院学术季刊》1990 年第 2 期。

臧峰宇、姚颖：《重塑古希腊"自由"观念：马克思政治哲学的初始语境》，《人文杂志》2017 年第 11 期。

赵庆云：《阶级理论与马克思主义史学》，《史学理论研究》2022 年第 3 期。

吴忠民：《从阶级分析到当代社会分层研究》，《学术界》2004年第1期。

张式谷：《论马克思恩格斯无产阶级革命学说的变迁》，《湖北大学学报》1986年第2期。

薛汉伟：《关于马克思革命理论的若干问题》，《高校理论参考》1994年第8期。

匡萃坚：《马克思和"不断革命论"——一点质疑》，《上饶师专学报（社会科学版）》1981年第1期。

魏丽：《马克思"打碎旧国家机器"思想的历史演进、理论内涵及现实意义》，《科学社会主义》2023年第5期。

金伟、李娇楠：《马克思恩格斯国家职能思想及其当代价值》，《马克思主义理论学科研究》2023年第6期。

郝菲菲：《马克思人民主权思想的理论渊源及其超越性——一个思想史的考察》，《现代交际》2023年第7期。

王时中：《论"人民主权"的二律背反——对马克思的波拿巴主义批判的康德式重构》，《理论探讨》2023年第4期。

王水洁：《溯源、发展、价值：马克思社会主义国家治理思想研究——基于对马克思经典文本的深度梳理》，《北京警察学院学报》2022年第5期。

李海青：《马克思主义使命型政党理论溯源——对〈共产党宣言〉的政治哲学解读》，《哲学动态》2018年第5期。

张荣臣：《始终坚持党的工人阶级先锋队性质——马克思恩格斯晚年的政党理论》，《党建研究》2017年第6期。

宫维明：《马克思恩格斯政党建设理论的四重维度》，《理论视野》2021年第10期。

郭丽兰：《马克思民主观的经济学视阈——兼论〈资本论〉中的民主思想》，《武汉大学学报（人文科学版）》2010年第2期。

冯波：《雅典城邦与巴黎公社——试论亚里士多德与马克思的民主思想的关联》，《马克思主义与现实》2014年第5期。

梁宇：《马克思的国家治理思想探析》，《哲学研究》2015年第5期。

李晓乐:《马克思主义经典作家国家治理思想及其当代价值》,《内蒙古社会科学》2017 年第 4 期。

刘同舫:《马克思人类解放理论的理想性与现实性》,《学术研究》2009 年第 3 期。

刘同舫:《马克思人类解放理论的叙事结构及实现方式》,《中国社会科学》2012 年第 8 期。

高放:《论社会主义与自由》,《湖南师范大学社会科学学报》2004 年第 1 期。

张二芳:《马克思主义自由观的丰富内涵及其中国化表达》,《理论探讨》2020 年第 5 期。

何玲玲、文海鸿:《"人的全面而自由的发展"理论探讨——澄清并还原马克思恩格斯人的远景发展思想》,《社会主义研究》2007 年第 4 期。

石云霞:《马克思恩格斯的社会共同体思想研究》,《马克思主义理论学科研究》2016 第 1 期。

徐斌、巩永丹:《马克思共同体理论的历史逻辑及其当代表现》,《马克思主义与现实》2019 年第 2 期。

胡为雄:《全面把握马克思的共同体理论——基于〈政治经济学批判(1857—1858 年手稿)〉研究》,《毛泽东邓小平理论研究》2020 年第 1 期。

后 记

自大学毕业后，无论是在高校还是在干部教育培训院校工作，我都以从事马克思主义政治学说的研究与教学为主，这本书可以说是自己多年来问学的一个积累。

本书能够列入出版计划，得益于人民出版社毕于慧编辑的大力支持与推动。2020年，由胡仙芝研究员等撰著的、并由我担任学术指导和顾问的中国行政体制改革研究基金重大项目研究成果——《新时代中国特色社会主义行政改革研究》一书，是由她作为责任编辑出版的。也正是在和她进行工作联系的过程中，我将撰写这部书稿的设想告诉她，她很快地就为我促成了此事，签订了出版合同。近四年来，在写作本书的时间里，我先后参与和主持了国家社会科学基金的三项项目(特别委托项目、重点项目、重大项目)，尤其是2022年立项的重大项目，拓宽了本书的研究视域与深度。在时光的催促下，在责编的关注中，我终于勉力完成了书稿。本书即将付梓了，在此，特向毕于慧编辑表示诚挚的谢意！

本书对马克思主义政治学说的探索研究还是初步的、粗浅的，我期待着同行专家和广大读者的批评指正。

作者谨识

2024 年 6 月 13 日

责任编辑：毕于慧

封面设计：石笑梦

版式设计：东　昌

图书在版编目（CIP）数据

马克思主义政治学说论纲／许耀桐 著 . —北京：人民出版社，2024.6

ISBN 978－7－01－026435－6

I.①马⋯　II.①许⋯　III.①马克思主义－政治学－研究　IV.① D0–0

中国国家版本馆 CIP 数据核字（2024）第 061991 号

马克思主义政治学说论纲

MAKESIZHUYI ZHENGZHI XUESHUO LUNGANG

许耀桐　著

人民出版社 出版发行

（100706　北京市东城区隆福寺街 99 号）

北京中科印刷有限公司印刷　新华书店经销

2024 年 6 月第 1 版　2024 年 6 月北京第 1 次印刷

开本：710 毫米 ×1000 毫米 1/16　印张：21.5

字数：312 千字

ISBN 978－7－01－026435－6　定价：85.00 元

邮购地址 100706　北京市东城区隆福寺街 99 号

人民东方图书销售中心　电话（010）65250042　65289539